Autodesk® Revit® 2019 Fundamentals for Structure

構造の基本

Learning Guide
Metric Units - 1st Edition

ASCENT - Center for Technical Knowledge®
Autodesk® Revit® 2019
構造の基本
メートル法 – 第1版

準備・製作：

ASCENT Center for Technical Knowledge
630 Peter Jefferson Parkway, Suite 175
Charlottesville, VA 22911

866-527-2368
www.ASCENTed.com

筆頭寄稿者：Martha Hollowell

アセント－技術知識センターはランドワールドワイド社の一部門であり、主要なエンジニアソフトアプリ用にカスタマイズされた高度な知的製品とサービスを提供しています。アセントは、教室型学習と技術研修の長所を取り入れた教育プログラム作成を専門に取り組んでいます。

本ガイド、または弊社製品に関してご意見がありましたらお寄せください。以下のアドレスにメールを送信してください。
問い合わせ先：feedback@ASCENTed.com

© ASCENT - Center for Technical Knowledge, 2018

無断複写・転載を禁じます。本ガイドは、ランドワールドワイド社の一部門であるアセントからの書面よる許可がない限り、写真、電子情報、機械、その他の手段による形態を問わず、その一部たりとも複製することは認められず、また、情報記憶・検索システムでの使用も認められません。

以下に掲げるものは、オートデスク社またはアメリカその他の国におけるその子会社もしくは関連会社の登録商標または 商 標 です：123D, 3ds Max, Alias, ATC, AutoCAD LT, AutoCAD, Autodesk, the Autodesk logo, Autodesk 123D, Autodesk Homestyler, Autodesk Inventor, Autodesk MapGuide, Autodesk Streamline, AutoLISP, AutoSketch, AutoSnap, AutoTrack, Backburner, Backdraft, Beast, BIM 360, Burn, Buzzsaw, CADmep, CAiCE, CAMduct, Civil 3D, Combustion, Communication Specification, Configurator 360, Constructware, Content Explorer, Creative Bridge, Dancing Baby (image), DesignCenter, DesignKids, DesignStudio, Discreet, DWF, DWG, DWG (design/logo), DWG Extreme, DWG TrueConvert, DWG TrueView, DWGX, DXF, Ecotect, Ember, ESTmep, FABmep, Face Robot, FBX, Fempro, Fire, Flame, Flare, Flint, ForceEffect, FormIt 360, Freewheel, Fusion 360, Glue, Green Building Studio, Heidi, Homestyler, HumanIK, i-drop, ImageModeler, Incinerator, Inferno, InfraWorks, Instructables, Instructables (stylized robot design/logo), Inventor, Inventor HSM, Inventor LT, Lustre, Maya, Maya LT, MIMI, Mockup 360, Moldflow Plastics Advisers, Moldflow Plastics Insight, Moldflow, Moondust, MotionBuilder, Movimento, MPA (design/logo), MPA, MPI (design/logo), MPX (design/logo), MPX, Mudbox, Navisworks, ObjectARX, ObjectDBX, Opticore, P9, Pier 9, Pixlr, Pixlr-o-matic, Productstream, Publisher 360, RasterDWG, RealDWG, ReCap, ReCap 360, Remote, Revit LT, Revit, RiverCAD, Robot, Scaleform, Showcase, Showcase 360, SketchBook, Smoke, Socialcam, Softimage, Spark & Design, Spark Logo, Sparks, SteeringWheels, Stitcher, Stone, StormNET, TinkerBox, Tinkercad, Tinkerplay, ToolClip, Topobase, Toxik, TrustedDWG, T-Splines, ViewCube, Visual LISP, Visual, VRED, Wire, Wiretap, WiretapCentral, XSI

NASTRAN はアメリカ航空宇宙局の登録商標です。

その他全てのブランド名、商品名、商標の権利は、各所有者に帰属します。

一般免責条項：

これと異なる言語に関わらず、本書に含まれる内容は、いかなる申し出、勧誘、約束または契約も構成せず、また、それらを構成することを意図していません。本書に記載されるデータは情報提供のみを目的としており、間違いがない旨の表明を行いません。アセント、その代理人および従業員は、たとえアセントまたはその代表者がその損害、損失またはその他の費用の可能性を忠告されていたとしても、その資料の使用または性能不良、間違い、欠落に関連して生じる損害、損失、その他の費用に対して、一切の責任を負わないことを明示的に宣言します。第三者がこれらの資料を使用したことまたはその使用による直接的・間接的な結果に対し、アセントまたはランドワールドワイド社に結果損失の賠償を求めることはできません。

本書に記載される情報はユーザにとって一般的なものを意図しており、「現状そのままの状態で」で提供され、特定の個人または法人の状況を取り扱うものではありません。本書に含まれる内容は専門職によるアドバイスには該当せず、議論される問題の包括的または完全な説明文には当たりません。アセントは、文書または情報が間違いのないものであること、または特定の性能や品質の基準を満たすことを保証しません。特に（ただしこれに限定されない）、その資料の主題（すなわち該当のソフト）に変更が生じることで、情報が不正確になる場合があります。ランドワールドワイド社は、特定目的への適合性の保証を含めて、明示または黙示のいかなる保証も負わないことを明確に宣言します。

AS-RST1901-FND1MT-SG   //   IS-RST1901-FND1MT-SG

目　次

序文 ··· xiii

本ガイドの説明 ·· xv

実習ファイル ·· xix

Chapter 1：BIM と Autodesk Revit の紹介 ············· **1（1–1）**

  1.1　BIM と Autodesk Revit ························· **2（1–2）**
     ワークフローと BIM ······························· 3（1–3）
     Revit の用語 ······································· 4（1–4）
     Revit と設計図書 ································· 5（1–5）

  1.2　インターフェイスの概要 ··················· **6（1–6）**

  1.3　プロジェクトを開始する ··················· **19（1–19）**
     プロジェクトを開く ······························· 20（1–20）
     新しいプロジェクトを開始する ··················· 22（1–22）
     プロジェクトの保存 ······························· 23（1–23）

  1.4　ビューイングコマンド ····················· **26（1–26）**
     拡大・縮小表示と画面移動 ······················· 26（1–26）
     3D で見る ··· 28（1–28）
     ビジュアルスタイル ······························· 32（1–32）

  実習 1a プロジェクトを開き、確認する ········· **34（1–34）**

  Chapter の復習 ······························· **41（1–41）**

  コマンド概要 ································· **43（1–43）**

Chapter 2：スケッチと編集の基本ツール ············· **45（2–1）**

  2.1　一般的なスケッチ作成ツールを使用する ····· **46（2–2）**
     描画ツール ······································· 46（2–2）
     作図支援ツール ··································· 49（2–5）
     参照面 ··· 52（2–8）

© 2018, ASCENT - Center for Technical Knowledge®

Autodesk Revit 2019：構造の基本

2.2	エレメントを編集する	53（2–9）
	複数エレメントの選択	56（2–12）
	選択セットのフィルター処理	58（2–14）
実習 2a	エレメントをスケッチして編集する	60（2–16）
2.3	基本的な修正ツールを操作する	67（2–23）
	エレメントの移動とコピー	67（2–23）
	エレメントの回転	69（2–25）
	エレメントの鏡像化	71（2–27）
	直線状・円形状の配列の作成	72（2–28）
実習 2b	基本的な修正ツールを操作する	76（2–32）
2.4	追加の修正ツールを操作する	83（2–39）
	エレメントの位置合わせ	83（2–39）
	線状エレメントの分割	84（2–40）
	トリムと延長	85（2–41）
	エレメントのオフセット	87（2–43）
実習 2c	追加的な修正ツールを操作する	89（2–45）
	Chapter の復習	92（2–48）
	コマンド概要	96（2–52）
Chapter 3：構造プロジェクトの開始		99（3–1）
3.1	CAD ファイルのリンクとインポート	100（3–2）
実習 3a	CAD ベースの構造プロジェクトを開始する	104（3–6）
3.2	Revit モデル内でリンクする	107（3–9）
	リンクの管理	110（3–12）
実習 3b	モデルベースの構造プロジェクトを開始する	112（3–14）
3.3	レベル面を設定する	115（3–17）
	レベル面の変更	117（3–19）
	平面図ビューの作成	119（3–21）
3.4	エレメントのコピーとモニタリング	121（3–23）
実習 3c	エレメントをコピーしてモニタリングする	124（3–26）
3.5	リンクモデルを連携させる	130（3–32）
実習 3d	リンクモデルを連携させる	134（3–36）
	Chapter の復習	137（3–39）
	コマンド概要	139（3–41）

© 2018, ASCENT - Center for Technical Knowledge®

目　次

Chapter 4：ビューの取扱い　　141（4–1）

4.1　ビューの表示を設定する　　142（4–2）
グラフィックスの非表示と上書き　　142（4–2）
ビューのプロパティ　　148（4–8）
ビューテンプレートの使用　　153（4–13）

4.2　ビューを複製する　　155（4–15）
複製のタイプ　　155（4–15）

実習 4a ビューを複製し、ビューの表示を設定する　　158（4–18）

4.3　吹き出しビューを追加する　　161（4–21）
吹き出しの編集　　162（4–22）

実習 4b 吹き出しビューを追加する　　164（4–24）

4.4　立面図と断面図を作成する　　166（4–26）
立面図　　167（4–27）
断面図　　169（4–29）
立面図と断面図の編集　　171（4–31）

実習 4c 立面図と断面図を作成する　　175（4–35）

Chapter の復習　　182（4–42）

コマンド概要　　185（4–45）

Chapter 5：構造芯と構造柱　　187（5–1）

5.1　構造芯を追加する　　188（5–2）
通芯の編集　　189（5–3）

実習 5a 構造芯を追加する　　191（5–5）

5.2　構造柱を配置する　　196（5–10）
柱の編集　　198（5–12）
構造コンテンツの読み込み　　199（5–13）
使用しないエレメントの消去　　201（5–15）

実習 5b 構造柱を配置する　　202（5–16）

Chapter の復習　　204（5–18）

コマンド概要　　205（5–19）

Chapter 6：基礎　　207（6–1）

6.1　壁をモデリングする　　208（6–2）
壁の編集　　210（6–4）
壁の結合　　212（6–6）
壁の開口部　　213（6–7）

© 2018, ASCENT - Center for Technical Knowledge®

Autodesk Revit 2019：構造の基本

6.2	**連続フーチングを追加する**	**215（6–9）**
	壁の形状とフーチング	218（6–12）
実習 6a 壁と連続フーチングをモデリングする		**221（6–15）**
6.3	**柱脚と柱型を作成する**	**226（6–20）**
実習 6b 柱脚と柱型を作成する		**229（6–23）**
6.4	**独立フーチングを追加する**	**232（6–26）**
	カスタムファミリの取扱い	234（6–28）
実習 6c 独立フーチングを追加する		**236（6–30）**
Chapter の復習		**242（6–36）**
コマンド概要		**244（6–38）**

Chapter 7：構造フレーム — **245（7–1）**

7.1	**構造フレームのモデリング**	**246（7–2）**
	梁システム	248（7–4）
	ブレースの追加	252（7–8）
	X 型ブレースの追加	253（7–9）
実習 7a モデル構造フレーム		**255（7–11）**
7.2	**構造フレームの編集**	**263（7–19）**
	梁の傾斜またはオフセット	265（7–21）
	片持梁とカットバックの追加	267（7–23）
	カットバックの変更	269（7–25）
	位置揃えを変更する	270（7–26）
	柱を梁にアタッチする	273（7–29）
	梁の切り欠きの適用	274（7–30）
	梁結合の編集	275（7–31）
実習 7b 構造フレームを編集する		**277（7–33）**
7.3	**トラスを追加する**	**281（7–37）**
	屋根にトラスをアタッチする	282（7–38）
	トラスのフレームタイプの設定	283（7–39）
実習 7c トラスを追加する		**285（7–41）**
Chapter の復習		**290（7–46）**
コマンド概要		**292（7–48）**

Chapter 8：構造スラブの追加 — **295（8–1）**

8.1	**構造スラブをモデリングする**	**296（8–2）**
	スラブの編集	300（8–6）

© 2018, ASCENT - Center for Technical Knowledge®

目 次

スラブエッジ ································ 301（8–7）
ジオメトリの結合 ··························· 302（8–8）

実習 8a 構造スラブをモデリングする ··············· 303（8–9）

8.2 シャフト開口部の作成 ··················· 311（8–17）

実習 8b シャフト開口部の作成 ················· 313（8–19）

Chapter の復習 ······················· 316（8–22）

コマンド概要 ························ 318（8–24）

Chapter 9：構造の補強 ··················· 319（9–1）

9.1 構造補強 ························ 320（9–2）
鉄筋のかぶり厚の設定 ······················ 321（9–3）
配筋設定 ································· 323（9–5）
鉄筋の可視性 ····························· 328（9–10）

9.2 鉄筋を追加する ····················· 329（9–11）
鉄筋形状のスケッチ ························ 333（9–15）
多平面鉄筋 ······························ 334（9–16）
フリーフォームの鉄筋 ······················ 336（9–18）

9.3 鉄筋を編集する ····················· 338（9–20）

実習 9a 鉄筋を追加する ··················· 343（9–25）

9.4 壁、床、スラブに配筋する ················ 350（9–32）
面配筋 ································· 351（9–33）
パス配筋 ································· 353（9–35）
メッシュ筋 ······························ 355（9–37）
面配筋・パス配筋・メッシュ筋の編集 ············· 361（9–43）

実習 9b 構造エレメントを補強する ············· 364（9–46）

Chapter の復習 ······················· 373（9–55）

コマンド概要 ························ 376（9–58）

Chapter 10：構造解析 ···················· 379（10–1）

10.1 構造解析用にプロジェクトを用意する ·········· 380（10–2）
構造設定 ································· 381（10–3）

10.2 解析モデルを表示する ·················· 388（10–10）
解析モデルカテゴリのグラフィックの上書き ·········· 390（10–12）

実習 10a 解析設定とビュー ················· 393（10–15）

10.3 解析モデルを調整する ·················· 398（10–20）

© 2018, ASCENT - Center for Technical Knowledge®

Autodesk Revit 2019：構造の基本

解析位置揃え ································ 399（10–21）
解析プロパティ ···························· 400（10–22）
解析モデルの手動による調整 ··············· 402（10–24）
解析用リンクの作成 ························· 404（10–26）

10.4 荷重を加える ·························· **406（10–28）**
境界条件 ································· 406（10–28）
荷重の追加 ······························ 408（10–30）

実習 10b 荷重を加える ····················· **412（10–34）**

Chapter の復習 ·························· **419（10–41）**

コマンド概要 ···························· **422（10–44）**

Chapter 11：コンクリート構造のプロジェクト ······· **425（11–1）**

11.1 構造プロジェクトを開始する ·············· **426（11–2）**

11.2 基礎エレメントを作成する ················ **430（11–6）**

11.3 コンクリート構造をフレーミングする ········· **433（11–9）**

Chapter 12：設計図書の作成 ················· **439（12–1）**

12.1 シートの設定を行う ···················· **440（12–2）**
シート（タイトルブロック）のプロパティ ········ 442（12–4）

12.2 シート上でビューの配置と編集を行う ········ **443（12–5）**

実習 12a 設計図書を作成する ················· **450（12–12）**

12.3 シートを出力する ····················· **455（12–17）**
出力オプション ··························· 455（12–17）

Chapter の復習 ·························· **459（12–21）**

コマンド概要 ···························· **462（12–24）**

Chapter 13：設計図書への注釈の記入 ··········· **463（13–1）**

13.1 寸法の操作 ·························· **464（13–2）**
寸法の編集 ······························ 467（13–5）
拘束の設定 ······························ 470（13–8）
複数鉄筋の注釈 ··························· 475（13–13）

実習 13a 寸法を操作する ···················· **477（13–15）**

13.2 テキストを操作する ···················· **481（13–19）**
テキストの編集 ··························· 484（13–22）
スペルチェック ··························· 488（13–26）
新しいテキストタイプの作成 ················· 489（13–27）

© 2018, ASCENT - Center for Technical Knowledge®

実習 13b テキストを操作する		491（13–29）
13.3 タグを追加する		496（13–34）
	3D ビューでのタグの追加	502（13–40）
	梁の注釈	503（13–41）
13.4 詳細線分と記号の追加		506（13–44）
	記号の使用	507（13–45）
	構造に固有の記号	507（13–45）
実習 13c タグと記号を追加する		511（13–49）
13.5 凡例を作成する		515（13–53）
実習 13d 凡例を作成する		518（13–56）
Chapter の復習		523（13–61）
コマンド概要		525（13–63）
Chapter 14：詳細の作成		527（14–1）
14.1 詳細ビューを設定する		528（14–2）
	製図ビューの参照	530（14–4）
	製図ビューの保存	531（14–5）
14.2 詳細コンポーネントを追加する		534（14–8）
	詳細コンポーネント	534（14–8）
	繰り返し詳細	536（14–10）
14.3 詳細への注釈の記入		538（14–12）
	塗り潰し領域の作成	538（14–12）
	詳細タグの追加	541（14–15）
実習 14a 断面吹き出しをもとに詳細を作成する		543（14–17）
実習 14b ブレース詳細を作成する		551（14–25）
実習 14c その他の詳細		554（14–28）
Chapter の復習		556（14–30）
コマンド概要		558（14–32）
Chapter 15：集計表の作成		559（15–1）
15.1 構造集計表		560（15–2）
15.2 柱リスト図		561（15–3）
	柱リスト図の編集	562（15–4）
実習 15a 柱リスト図を作成する		565（15–7）

Autodesk Revit 2019：構造の基本

15.3 集計表を作成する 568（15–10）
集計表の変更 569（15–11）
シート上で集計表を編集する 571（15–13）

実習 15b 集計表を操作する 572（15–14）

Chapter の復習 577（15–19）

コマンド概要 578（15–20）

付録 A：ワークセットの紹介 579（A–1）

A.1 ワークセットの紹介 580（A–2）
ワークセット関連ファイルの保存 582（A–4）

コマンド概要 584（A–6）

付録 B：追加のツール 585（B–1）

B.1 選択セットを再び利用する 586（B–2）

B.2 傾斜構造柱を配置する 589（B–5）

B.3 壁結合部を編集する 592（B–8）

B.4 スラブタイプを作成する 594（B–10）

B.5 鉄筋タイプを作成する 596（B–12）

B.6 平面と断面の外形を編集する 598（B–14）

B.7 シートのガイドグリッドを操作する 599（B–15）

B.8 改訂の追跡 601（B–17）
改訂の発行 605（B–21）

B.9 従属ビューに注釈を付ける 606（B–22）
ビューに注釈を付ける 607（B–23）

B.10 集計表のインポートとエクスポート 610（B–26）

B.11 建物コンポーネントの集計表を作成する 612（B–28）
集計表プロパティ 620（B–36）
数量積算集計表 620（B–36）

B.12 繰り返し詳細を作成する 622（B–38）

コマンド概要 624（B–40）

**付録 C：Autodesk Revit Structure Certification
Exam Objectives** 625（C–1）

xii © 2018, ASCENT - Center for Technical Knowledge®

序　文

この *Autodesk® Revit® 2019：構造の基本* ガイドは、ビルディング・インフォメーション・モデリング（BIM）を最大限に利用するために、技術設計から設計図書の作成まで、構造建物の 3D パラメトリックモデルの作成に関するコンセプトと基本原理を学べるように構成されています。

本学習ガイドは、Autodesk Revit ソフトを強力でフレキシブルな構造モデリングツールにするユーザーインターフェースと基本的な建物コンポーネントについて、学習者に説明することを目的としています。また本ガイドは、パラメトリックモデルを作成、編集、解析し、資料を作成するために必要な各種ツールについて学習者が理解することを目標としています。建築モデル内でのリンク作成から設計図書に至るまで、構造プロジェクト全体の基本を学んでいけるよう、参考例と実習が構成されています。

記載内容

- Autodesk Revit ソフトの紹介

- 基本的な描画ツールと編集ツール

- レベル面と通芯の設定

- ビューの取扱い

- リンクした建築モデルを基にした構造プロジェクトの開始

- 構造柱と構造壁の追加

- 基礎と構造スラブの追加

- 構造補強

- 梁、トラス、フレーミングシステム

- 解析モデルと荷重の追加

- 理解を深めるためのプロジェクト実習

- 設計図書

- 設計図書への注釈の記入

- 詳細と集計表の作成

© 2018, ASCENT - Center for Technical Knowledge®

Autodesk Revit 2019：構造の基本

必要条件

- 2019年版のソフトウェアにアクセスしてください。本ガイドに含まれる実習とファイルは旧バージョンでは互換性がない可能性があります。

- 本ガイドでは、Autodesk Revit ソフトを学習する上で基本となるスキル、特に構造ツールを説明します。学習者が構造エンジニアリングとその用語に関する知識や経験を持っていることが強く推奨されます。

ソフトウェア・セットアップに関する注意

本ガイドはインストール時、デフォルトのプリファレンスを利用した標準インストールを想定しています。レクチャーや実習では、コンテンツライブラリの標準ソフトウェアテンプレートやデフォルトオプションを使用しています。

筆頭寄稿者：マーサ ホロウェル（Martha Hollowell）

マーサは、関わるプロジェクト全てに建築設計と教育への情熱を注いできました。そこには、建築設計、機械・電気・衛生設備、構造エンジニアリング、ランドスケープデザインのための Autodesk Revit 指導ガイドの作成も含まれます。マーサは1990年代から Autodesk 製品に関わっており、特に直近の18年間は Autodesk Revit に最も注力しています。

マーサは、バージニア大学で建築の理学士号を取得後に建築事務所に勤め、AutoCAD の企業向けセットアップやカスタマイズのコンサルティングに携わってきました。

マーサには研修者および教育設計者として20年以上のキャリアがあります。マーサは個人や小規模のグループの指導において、彼らの持つ可能性を理解させ、伸ばすことに優れています。マーサは Instructional Design（教育設計）のトレーニングを積んでおり、オートデスク認定インストラクタ（ACI）と、Revit Architecture のオートデスク認定プロフェッショナルの資格を有します。

2008年以来、マーサ ホロウェルは *Autodesk Revit Fundamentals for Structure（構造の基本）* の筆頭寄稿者となっています。

本ガイドの説明

以下の画像を使って、本ガイドの特徴をいくつか説明します。

実習ファイルへのリンク

実習ファイル
実習ファイルのページには、本ガイド用の実習ファイルのダウンロードとインストールの方法が記載されています。

各 Chapter の学習目標

Chapter
各 Chapter の始めには、その Chapter の概要と学習目標のリストが記載されています。

余白の注記

余白の注記には、そのトピックに関するヒントや追加情報が記載されます。

指導内容

各 Chapter は、取り扱うトピックの教育コンテンツ毎にいくつかのセクションに分かれています。これらのレクチャーには、その Chapter の学習目標を達成するために必要な解説、詳細手順、図、ヒントや情報が含まれています。

実習の目標

実習

実習により、ユーザはそのトピックで学んだことを実践し、復習することができます。実習によっては、実習ファイルのページにあるリンクから、用意されたファイルをダウンロードして使用します。

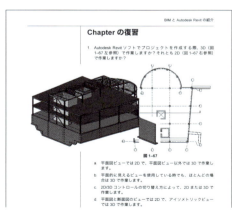

Chapter の復習

各 Chapter の最後にある復習問題では、その Chapter の重要コンセプトと学習目標を復習することができます。

本ガイドの説明

コマンド概要

各 Chapter の最後には、コマンド概要があります。ここには、その章で使用したコマンドのリストがあり、そのコマンドがソフト内のどこにあるかが記載されています。

付録：オートデスク認定試験

付録には、オートデスク認定試験に関するテーマと試験項目のリストが記載されており、関連する内容がどの Chapter のどのセクションにあるかを探すことができます。

実習ファイル

本ガイドの実習ファイルは、以下の手順でダウンロードしてください。

1. お使いのブラウザのアドレスバーに、以下の URL を入力してください。URL は**正確に**入力してください。

2. <Enter> を押すと、実習ファイルを含む ZIP ファイルをダウンロードできます。

3. ダウンロードが完了したら、ZIP ファイルをローカルフォルダに展開してください。展開したファイルには EXE ファイルが含まれます。

4. EXE ファイルをダブルクリックし、実習ファイルがパソコンの C:\ ドライブに自動的にインストールされるよう指示に従ってください。

   実習ファイルがインストールされる場所を**変更しないでください**。実習を完了する際にエラーが起こる可能性があります。

http://www.ASCENTed.com/getfile?id=cowani

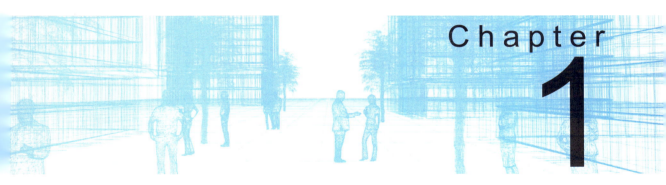

Chapter 1

BIM と Autodesk Revit の紹介

Autodesk® の Revit® ソフトは、ビルディング・インフォメーション・モデリング（BIM）を駆使して、建築プロセスの全ての段階で精度の高い有用な 3D モデルの作成を支援します。ソフトのインターフェイスと用語を理解することで、強力なモデルを作成し、モデルの様々なビューをより自由に使いこなすことができます。

この Chapter の学習目標

- 本ソフトに関連して、ビルディング・インフォメーション・モデリングのコンセプトとワークフローを説明します。
- Ribbon（ツールの大半が含まれる場所）、Properties palette（エレメント情報に変更を加える場所）、Project Browser（モデルの様々なビューを開くことができる場所）を含むグラフィックユーザーインターフェイスを操作します。
- 既存のプロジェクトを開きます。またテンプレートを用いて、新しいプロジェクトを開始します。
- ビューイングコマンドを用いて、モデルを 2D と 3D ビュー上で表示します。

1.1 BIM と Autodesk Revit

ビルディング・インフォメーション・モデリング（BIM）は、設計、施工、および施設管理を含む建物のライフサイクル全体へ通じる手法です。BIM プロセスは、各分野に渡るチームメンバーと設計データを連携、更新、共有する能力をサポートします。

Autodesk Revit は本当の意味で BIM 製品と呼べるソフトで、設計図書を通じて多くの情報を提供する完全な 3D 建物モデル（図 1–1 左側）の作成を可能にし、これらのモデルを他のソフトで共有することで、より規模の大きな分析を行うことができます。

The Autodesk® Revit® ソフトには、建築、機械、電気、衛生および構造設計のためのツールが含まれています。

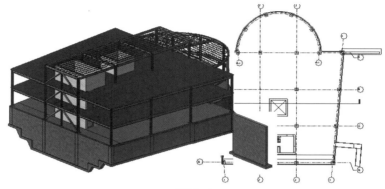

図 1–1

Autodesk Revit は、パラメトリック・ビルディング・モデラーとみなされるソフトです。

- *パラメトリック*：建物のエレメント間で関係性が確立されます。1 つのエレメントが変化すると、関係する別のエレメントも変化します。例えば、平面図ビューでエレメントを追加すると、その他全てのビューでもそれが表示されます。

- *ビルディング*：このソフトは、機器類や高速道路などではなく、建物やその周辺のランドスケープを扱うようデザインされています。

- *モデラー*：図 1–1 左側に示されるように、3D ビルディングモデルを基本として、1 つのプロジェクトが単一ファイル内に作成されます。平面図（図 1–1 右側）、立面図、断面図といった全てのビュー、および詳細、設計図書、情報レポートがこのモデルをもとに作成されます。

- プロジェクトで協働している全ての人が同じバージョン / ビルドのソフトで作業することが重要です。

ワークフローと BIM

BIM は、どのように建造物が計画され、予算化され、設計され、建設されるか、また（一部のケースでは）運用され、維持されるかといったプロセスを変えました。

従来の設計プロセスでは通常、平面図、断面図、立面図、詳細図、および注釈を含む設計図書が個別に作成されます。これらのドキュメントに加えて、場合により 3D モデルが別途作成されます。図 1–2 に示すように、1 つの図書において、例えば平面図内に照明器具を追加するといった変更を行うと、図面セット内の残りの図書や集計表も変更しなければなりません。

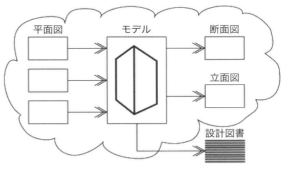

図 1–2

BIM では図 1–3 に示すように、設計プロセスがモデルを中心に展開します。平面図、立面図、断面図といったビューは単純に 3D モデルの 2D バージョンであり、集計表とはこのモデル内に格納された情報の記録です。1 つのビュー内において適用された変更は、全てのビューと関連する集計表において自動的に更新されます。設計図書についても、シート番号と同期された吹き出しタグと共に自動的に更新されます。これを双方向の連想性と呼びます。

完全なモデルとこれらのモデルの連動するビューを作成することにより、Autodesk Revit ソフトは建築設計における面倒な作業を排除してくれます。

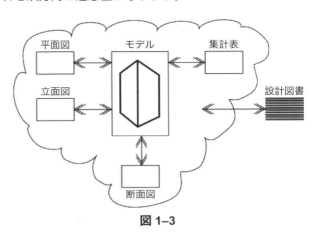

図 1–3

Autodesk Revit 2019：構造の基本

Revit の用語

Autodesk Revit で作業するにあたっては、項目の説明に使われる一般用語を知ることが重要です。ビューと情報レポートには、プロジェクトを構成する各要素に関する情報が表示されます。下記で説明し、図1–4 に示すように、エレメントにはモデルエレメント、基準エレメント、およびビュー固有のエレメントの 3 つのタイプがあります。

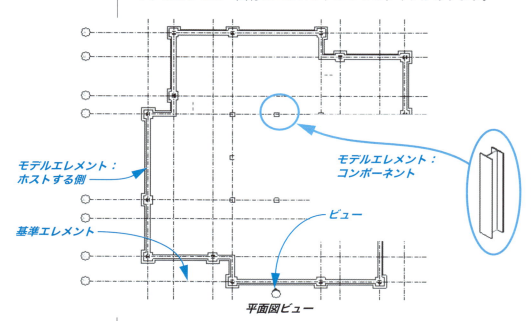

図 1–4

ビュー	モデルを表示し、操作することを可能にします。例えば、平面図、天井伏図、立面図、断面図、集計表や 3D ビュー内で表示したり、作業を行うことができます。どのビューからでも設計を変更することが可能です。全てのビューがプロジェクト内に保存されています。
情報リポート	集計表を含むこの情報レポートには、ビルディングモデルのエレメントから、設計図書に表記できる情報、または分析に使用できる情報が収集されます。
モデルエレメント	壁や床、屋根、天井、扉、窓、衛生器具、照明器具、機械設備、柱、梁、家具、植栽、その他建物のすべての部分を含みます。 • ホストする側のエレメントは、その他のカテゴリのエレメントをサポートします。 • ホストされる側のエレメントは、ホストする側のエレメントに接着していなければなりません。 • 単独エレメントはホストを必要としません。
基準エレメント	階のレベル面や、その他の垂直距離、柱芯、参照面といったプロジェクトの環境を定義します。

BIM と Autodesk Revit の紹介

ビュー固有のエレメント	エレメントが配置されたビューのみで表示されます。ビューのスケールによって、ビュー固有のエレメントの大きさが制御されます。ビュー固有のエレメントには、寸法や文字、タグ、記号といった注釈エレメントと共に、詳細線分、塗り潰し領域、2D 詳細コンポーネントなどの詳細エレメントが含まれます。

- Autodesk Revit の各エレメント内では高度な情報処理が行われています。Autodesk Revit では各エレメントが、壁、柱、植栽、ダクト、または照明器具として認識されます。プロパティとして格納されるこれらの情報は集計表上でも自動的に更新され、ビューや情報レポートが必ず単一のモデルから生成されて、プロジェクト全体で同期されるよう自動的に処理します。

Revit と設計図書

従来のワークフローでは、設計図書の作成がプロジェクトで最も時間のかかる部分でした。BIM を用いると、図書の基本ビュー（すなわち Plan［平面図］、Elevation［立面図］、Section［断面図］および集計表）は自動的に生成され、またモデルが更新されるとビューも更新されるため、作業時間が大幅に削減されます。その後これらのビューは設計図書一式を構成するシート上に配置されます。

例えば、平面図が複製されたとします。その複製されたビューにおいて、必要となるエレメントのカテゴリ以外は非表示または中間色表示になり、注釈が加えられます。その後この平面図は、図 1–5 に示すようにシート上に配置されます。

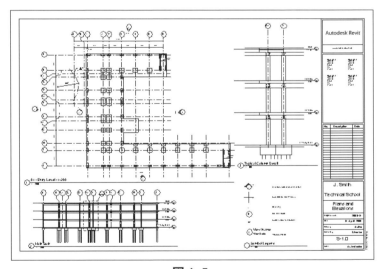

図 1–5

- 作業はビュー上で継続することが可能で、シート上でも自動的に更新されます。
- 基本設計段階では多くの場合、ビューへの注釈の追加は要求されません。プロジェクトが進行するまで注釈の利用を保留することができます。

Autodesk Revit 2019：構造の基本

1.2 インターフェイスの概要

Autodesk Revit のインターフェイスは、直感的、効率的に各種コマンドやビューにアクセスできるようデザインされています。インターフェイスには、他のほとんどの Autodesk® ソフトと共通である Ribbon、Quick Access Toolbar、Navigation Bar および Status Bar が含まれます。また Properties Palette や Project Browser、View Control Bar といった Autodesk Revit ソフトに特有のツールも含まれます。インターフェイス画面を図 1–6 に示します。

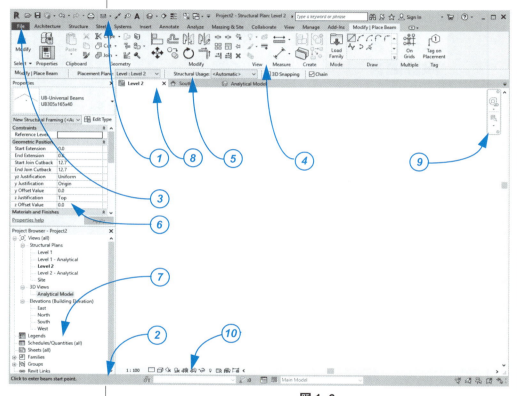

図 1–6

1. Quick Access Toolbar	6. Properties Palette
2. Status Bar	7. Project Browser
3. File tab	8. View Tab
4. Ribbon	9. Navigation Bar
5. Options Bar	10. View Control Bar

1. Quick Access Toolbar

Quick Access Toolbar（図 1–7 参照）には、**Open**、**Save**、**Undo**、**Redo** や **Print** といった一般的に使用されるコマンドが含まれます。ここには、各種測定ツールなど頻繁に使用される注釈ツールや、**Aligned Dimension**、**Tag by Category**、**Text** なども含まれます。いくつかの異なる 3D ビューや **Sections** といったビューイングツールにもここから容易にアクセスできます。

図 1–7

> **ヒント：Quick Access Toolbar のカスタマイズ**
>
> Quick Access Toolbar 上で右クリックし、Ribbon の上段か下段に Toolbar の格納場所を変更したり、Toolbar 上でツールを追加・削除したり、位置を変更することができます。また Ribbon 内のツールを右クリックし、図 1–8 のように **Add to Quick Access Toolbar** コマンドでツールを Quick Access Toolbar に追加できます。
>
>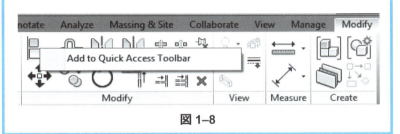
>
> 図 1–8

最上段の Toolbar には InfoCenter（図 1–9）もあり、ウェブ上でヘルプを探すための検索フィールドがあるほか、Communication Center、Autodesk A360 へのログイン画面、Autodesk App Store やその他のヘルプオプションにアクセスできます。

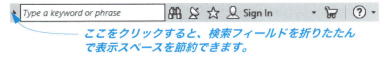

図 1–9

2. Status Bar

Status Bar は図 1-10 に示すように、コマンドの次の処理といった現行プロセスに関する情報を提供します。

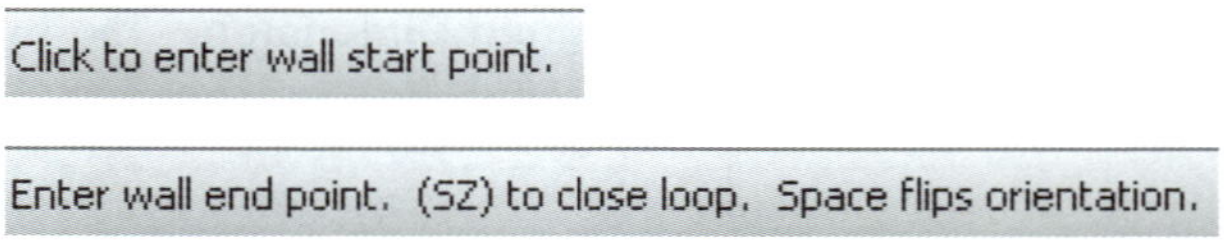

Click to enter wall start point.

Enter wall end point. (SZ) to close loop. Space flips orientation.

図 1-10

- Status Bar の他のオプションは、Workset や Design Options（高度ツール）、選択方法やフィルターに関係するものです。

ヒント：ショートカットメニュー

ショートカットメニューからは必要なコマンドに素早くアクセスすることが可能であるため、スムーズかつ効率的に作業しやすくなります。これらのメニューからは、図 1-11 にあるように、基本的なビューイングコマンド、最近使用したコマンド、そして現在利用可能な Browsers へアクセスすることができます。追加オプションは、使用中のエレメントやコマンドによって異なります。

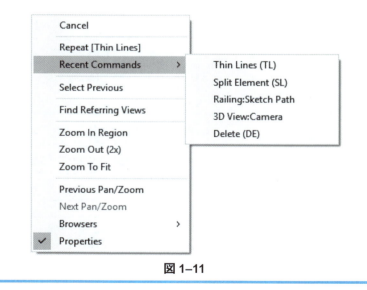

図 1-11

BIM と Autodesk Revit の紹介

3. File Tab

Ribbon の *File* tab からは、図 1–12 に示すように、File コマンド、設定、ドキュメントにアクセスすることができます。カーソルをコマンドのアイコン上に重ねると、追加ツールのリストが表示されます。

矢印ではなくアイコンをクリックすると、デフォルトのコマンド動作を開始します。

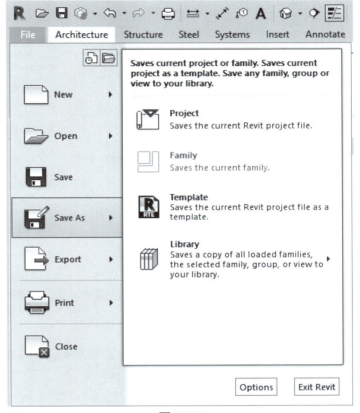

図 1–12

- 最近使用したドキュメントのリストを表示するには、🔍 (Recent Documents) をクリックします。図 1–13 に示す形でドキュメントの順番を変えることができます。

ドキュメント名の隣にある (Pin) をクリックすると、そのドキュメントを利用できる状態が持続します。

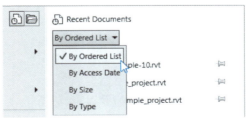

図 1–13

Autodesk Revit 2019：構造の基本

- 開いているドキュメントのリストを表示するには、 (Open Documents) をクリックします。図 1–14 に示すように、開いているドキュメントとビューのリストが表示されます。

Open Documents リストを利用して、別のビューに切り替えることができます。

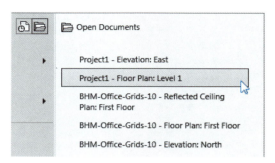

図 1–14

- (Close) をクリックして、現在のプロジェクトを閉じます。
- メニューの一番下にある **Options** をクリックして Options ダイアログボックスを開くか、または **Exit Revit** をクリックしてソフトを終了します。

4. Ribbon

Ribbon は図 1–15 に示すように、一連のタブ内に各種ツールとパネルが格納されています。タブを選択すると、関連するパネルグループが表示されます。このパネルには様々なツールがタスク毎にグループ化されて格納されています。

図 1–15

新しいエレメントを作成するコマンドを実行するか、またはエレメントを選択すると、Ribbon に *Modify | Contextual tab* が表示されます。図 1–16 に示すように、ここには一般的な修正コマンドやコマンドに特有のツールが含まれています。

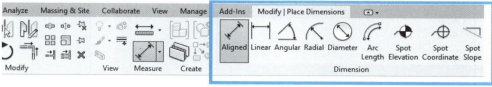

Contextual tab

図 1–16

- Ribbon にあるツール上にカーソルを重ねると、ツールヒントウィンドウにツールの名前と短い説明が表示されます。カーソルをツール上にそのまま重ねていると、図 1–17 に示すように図面（場合によっては動画）が表示されます。

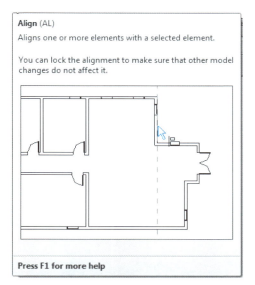

図 1–17

- 多くのコマンドにはショートカットキーが与えられています。例えば、**AL** と入力すると **Align**、**MV** と入力すると **Move** コマンドが実行されます。ショートカットはツールヒントにあるコマンド名の横にリスト表示されます。ショートカットを入力する際は、<Enter> キーを押さないでください。

- 表示される Ribbon のタブの順番を変えるには、タブを選択し、<Ctrl> キーを押したまま新しい位置にドラッグします。この位置はソフトを再起動した後も記憶されます。

- どのパネルも、タイトル部分をドラッグしてビューウィンドウ内に移動させると、フローティングパネルにすることができます。**Return Panels to Ribbon** のボタンをクリックすると（図 1–18 参照）パネルが Ribbon 内に再び格納されます。

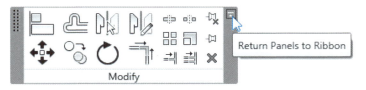

図 1–18

ヒント：Autodesk Revit ソフトの使用中は、常に何らかのコマンドを使用しています

1 つのツールでの作業が終了すると､通常は初期設定である **Modify** コマンドに戻ります。コマンドを終了するには、以下のいずれかの方法を使用します。

- Ribbon 上のいずれかのタブで (Modify) をクリックする。
- <Esc> を 1 度または 2 度押して **Modify** に戻る。
- 右クリックで Cancel... を 1 度または 2 度選択する。
- 別のコマンドを実行する。

5. Options Bar

Options Bar では、選択されたコマンドやエレメントに関連するオプションが表示されます。例えば、**Rotate** コマンドを実行中の場合は、図 1–19 上部に示すように、選択されたエレメントを回転するためのオプションが表示されます。**Place Dimensions** コマンドを実行中の場合は、図 1–19 下部に示すように、寸法に関連するオプションが表示されます。

Modify | Multi-Select
Disjoin
Copy
Angle: 45
Center of rotation: Place
Default

Rotate コマンド実行時の Options Bar

Modify | Place Dimensions
Wall centerline
Pick: Individual Reference
Options

Dimension コマンド実行時の Options Bar

図 1–19

6. Properties Palette

Properties palette は、図 1–20 に示すようにいくつかの部分に分かれています。一番上には、今追加したり、変更を加えているエレメントのサイズやスタイルを選択できる Type Selector があります。このパレット上のオプションを利用して、情報（パラメータ）に変更を加えることができます。Properties には以下の 2 種類があります。

- **Instance Properties** は、ユーザによって作成・変更される個別のエレメント（複数可）に対して設定されます。

- **Type Properties** は、同じタイプの全てのエレメントに関するオプションを管理します。これらのパラメータの値を変更すると、選択されたタイプの全てのエレメントが変化します。

© 2018, ASCENT - Center for Technical Knowledge®

BIM と Autodesk Revit の紹介

Properties palette はプロジェクトの作業中、通常は開いたままになっており、いつでも容易に変更が可能です。これが表示されていないときは、Modify tab > Properties panel で ▣ (パラメータ) をクリックするか、または PP と入力します。

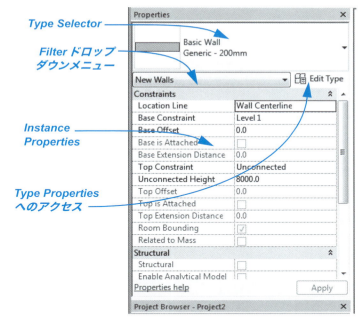

図 1–20

エレメントを編集している時だけ利用可能なパラメータもあります。利用できない場合にはグレー表示になります。

- **Modify** コマンドが有効でもエレメントを選択していない場合は、現在のビューのオプションが表示されます。

- コマンドまたはエレメントが選択されている場合は、関連するエレメントのオプションが表示されます。

- カーソルをパレット外に移動するか、<Enter> キーを押すか、または **Apply** をクリックすることで、変更を保存することができます。

- 図 1–21 に示すように、コマンドを実行するかまたはエレメントを選択すると、Type Selector でエレメントのタイプを設定できます。

検索ボックスに文字を入力して、ドロップダウンリストに表示される内容を制限することができます。

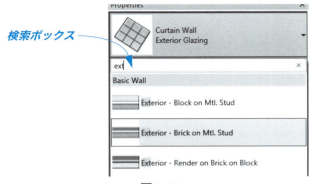

図 1–21

© 2018, ASCENT - Center for Technical Knowledge®   1–13   13

Autodesk Revit 2019：構造の基本

- 複数のエレメントが選択された場合は、図 1–22 に示すように、ドロップダウンリストに表示されるエレメントのタイプをフィルター処理できます。

- Properties palette は図 1–23 に示すように、セカンドモニター上に動かしたり、Project Browser または他の一体化可能なパレット上で分離表示やサイズ変更、一体化することが可能です。タブをクリックして関連するパネルを表示します。

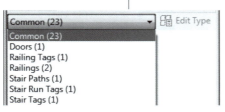

図 1–22

図 1–23

7. Project Browser

Project Browser は、作業可能なモデルの全てのビュー（図 1–24 参照）や、Floor Plans（平面図）、Ceiling Plans（天井伏図）、3D Views（3次元ビュー）、Elevations（立面図）、Sections（断面図）など、作成する追加のビューをリスト表示します。これには Schedules（集計表）、Legends（凡例）、Sheets（図面作成用シート）、カテゴリ別の Families リスト、Groups（グループ）、および Autodesk Revit Links も含まれます。

Project Browser は使用中のプロジェクトの名前を表示します。

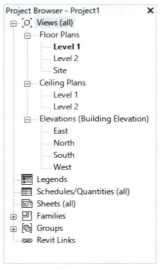

図 1–24

- ビューを開くには、ビューの名前をダブルクリックするか、または右クリックして **Open** を選択します。

14　1–14　　　　　　　　　　　　　　© 2018, ASCENT - Center for Technical Knowledge®

BIM と Autodesk Revit の紹介

ビューの名前を変更するには、名前をゆっくりとダブルクリックすると図 1–25 に示すように文字がハイライト表示され、変更可能になります。またビューの名前を右クリックして **Rename...** を選択し、<F2> キーを押すことでも変更が可能です。

- ビューのタイプに関するビューを表示するには、セクション名の横にある ➕（展開）をクリックします。非表示にする場合は ➖（閉じる）をクリックします。また、図 1–26 に示すように、ショートカットメニューで開いたり閉じたりすることもできます。

 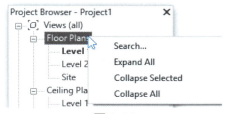

図 1–25   図 1–26

- 不要になったビューは削除することができます。Project Browser 内で不要なビューの名前を右クリックして **Delete** を選択します。
- Project Browser は Properties palette からの分離表示、サイズ変更、パレットへの一体化やカスタマイズが可能です。Properties palette と Project Browser が互いに一体化されている場合には、該当するタブをクリックして必要なパネルを表示します。

操作手順：Project Browser で検索する

1. Project Browser で、ビューの名前ではなくビューのタイプ上で右クリックして **Search...** を選択します。
2. Project Browser ダイアログボックス内の検索ボックスに知りたい単語を入力し（図 1–27 参照）、**Next** をクリックします。
3. 図 1–28 で示すように、検索による最初のインスタンスが Project Browser で表示されます。

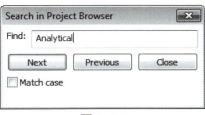 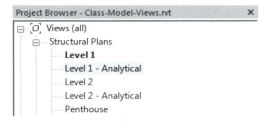

図 1–27   図 1–28

4. **Next** と **Previous** を続けて使用しながらリスト内を移動します。

© 2018, ASCENT - Center for Technical Knowledge® 　　　　1–15　　15

8. View Tab

プロジェクトの各ビューはそれ自身のタブで開きます。図 1–29 に示すように、各ビューでは Navigation Bar（ビューイングツールへのクイックアクセス用）と View Control Bar が表示されます。タブはドラッグして別のモニターへ移動することが可能です。

3D ビューでは、View Cube を使用してビューを回転させることができます。

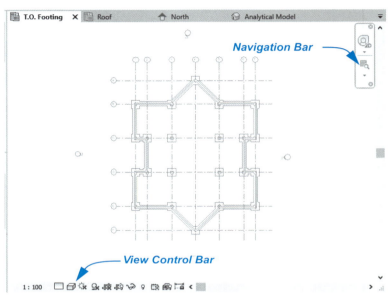

図 1–29

- ビューを切り替えるにはタブをクリックします。または、
    - <Ctrl> キーと <Tab> キーを押します。
    - Project Browser でビューを選択します。
    - Quick Access Toolbar または View tab > Windows Panel で（Switch Windows）を展開し、リストからビューを選択します。
    - 図 1–30 に示すように、タブの一番端にあるドロップダウンリストを展開します

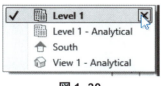

図 1–30

- タブを閉じるには、図 1–30 に示すように、タブやリスト中の名前にカーソルを重ねた時に表示される **X** をクリックします。

BIM と Autodesk Revit の紹介

- 現在のビュー以外で開いている全てのビューを閉じる時は、Quick Access Toolbar または *View* tab > Windows の (Close Inactive Views) をクリックします。複数のプロジェクトが開いている場合は、各プロジェクトの 1 つのビューか開いた状態になります。

- タブ化されてタイル表示されたビューの間で切り替えを行うには、図 1–31 で示すように、*View* tab > Windows panel で (Tab Views) または (Tile Views) をクリックします。

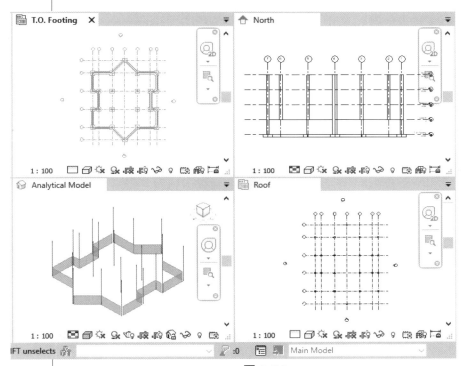

図 1–31

- タイル表示されたビューの縁をドラッグしてサイズを変更します。その他のビューはそれに合わせてサイズが変更されます。

9. Navigation Bar

Navigation Bar は図 1–32 で示すように、様々なビューイングコマンドへのアクセスを可能にします。

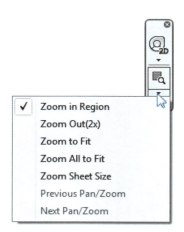

図 1–32

10. View Control Bar

View Control Bar（図 1–33 参照）は、各ビューウィンドウの一番下に表示されます。これは、スケールや詳細度合といったビューの側面をコントロールします。また、ここにはビューの各部分を表示したり、ビュー内のエレメントを非表示または分離するツールなどが含まれます。

図 1–33

- 3D ビュー内にいる時、View Control Bar のオプションの数は変化します。

1.3 プロジェクトを開始する

Autodesk Revit で既存のファイルを開く、テンプレートから新しいファイルを作成する、またはファイルを保存する作業は、図 1-34 に示すように File tab から行います。

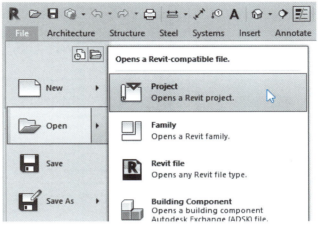

図 1-34

ファイルには主に 3 つのフォーマットがあります。

- **Project ファイル（.rvt）**：ビルディングモデル内でエレメントを追加する、ビューを作成する、ビューに注釈を加える、印刷可能なシートを設定するといった作業の大部分を行う場所です。プロジェクトファイルは、初期設定ではテンプレートファイルをもとにして作成されます。

- **Family ファイル（.rfa）**：プロジェクト内に挿入できる別個のコンポーネントです。独立したエレメント（例：テーブル、柱、機械設備の部品）またはその他のエレメントに従属している（ホストされている）アイテム（例：壁内の扉や天井の照明器具）が含まれます。Title block（タイトルブロック）と Annotation Symbol（注釈記号）ファイルは特別な種類の Family ファイルです。

- **Template ファイル（.rte と .rft）**：新しいプロジェクトやファミリのもととなるファイルです。プロジェクトのテンプレートには、新しいプロジェクトファイルを作成するための基本情報・設定が保持されています。このソフトには、様々な種類のプロジェクト用にいくつかのテンプレートが含まれますが、ユーザが独自にテンプレートを作成することも可能です。Family テンプレートには各種ファミリのための基本情報が含まれます。テンプレートファイルは通常、新しいファイルとして保存されます。

Autodesk Revit 2019：構造の基本

プロジェクトを開く

既存のプロジェクトを開くには、Quick Access Toolbar または *File* tab で 📂（Open）をクリックするか、<Ctrl>+<O> キーを押します。Open ダイアログボックスが開き（図 1–35）、必要なフォルダにアクセスしてプロジェクトファイルを選択することができます。

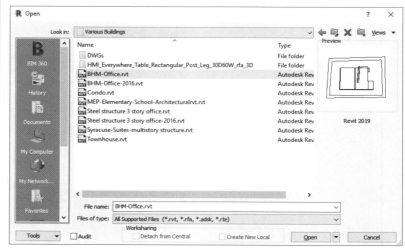

図 1–35

- プロジェクトを選択する際、Preview の下にプロジェクトを作成した Revit ソフトのリリースバージョンが表示されます。これにより、前のバージョンのまま保持されるべき図面を開かないよう、ユーザに注意を促します。一度保存したプロジェクトは、以前のバージョンに戻すことはできません。

- Autodesk Revit を起動すると、図 1–36 に示すようにスタートアップ画面が最初に表示され、最近使用した Project と Family ファイルのリストを示します。全てのプロジェクトを閉じた際にもこの画面が表示されます。

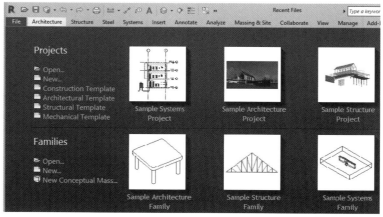

図 1–36

- 最近開いたプロジェクトのイメージを選択するか、左側にあるオプションの1つを用いて開く、もしくはデフォルトのテンプレートを用いて新しいプロジェクトを開始することができます。

> **ヒント：ワークセット関連ファイルを開く**
>
> Workset（ワークセット）は、プロジェクトが大きくなり、同時に複数の人が作業する必要が生じた場合に使用されます。プロジェクト責任者はこの時点で、チームメンバーが使用する複数のワークセット（例：エレメントの内部、建物の外殻、敷地など）から構成される中央ファイルを作成します。
>
> 図 1–37 に示すように、ワークセット関連ファイルを開く際にはコンピューター上に新しいローカルファイルが作成されますので、中央ファイル上では作業をしないでください。
>
>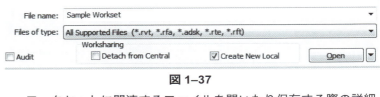
>
> 図 1–37
>
> - ワークセットに関連するファイルを開いたり保存する際の詳細については、*付録 A. ワークセットの紹介（P.580（A–2））* を参照してください。
>
> - ワークセットの作成と利用についての情報は、*Autodesk Revit : Collaboration Tools* 学習ガイド（本書とは別の書籍となります。この本の邦訳はございません）を参照してください。

- プロジェクトで作業をする全員が同じソフトウェアバージョンを使用することが非常に重要です。使用しているバージョンより前のバージョンであれば開くことはできますが、より新しいバージョンを開くことはできません。

Autodesk Revit 2019：構造の基本

- 以前のバージョンで作成されたファイルを開く際、Model Upgrade ダイアログボックス（図 1–38 参照）には、ファイルを作成したバージョンと更新予定のバージョンが示されます。必要であれば、更新が完了する前にキャンセルすることができます。

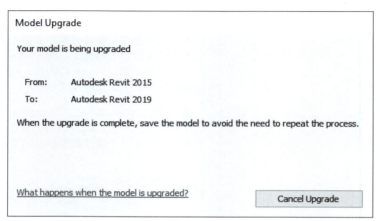

図 1–38

新しいプロジェクトを開始する

新しいプロジェクトは、テンプレートファイルをもとに作成されます。このテンプレートファイルには、予め設定されたレベル面、各種ビュー、壁やテキストのスタイルといった数種類のファミリが含まれています。プロジェクトにおいてどのテンプレートを使用すべきかを BIM 責任者に確認してください。会社によっては、設計している建物の種類により使用するテンプレートが 2 つ以上になる場合があります。

操作手順：新しいプロジェクトを開始する

1. 図 1–39 で示すように、File tab で (New) を展開し、(Project) をクリックするか、<Ctrl> +<N> キーを押します。

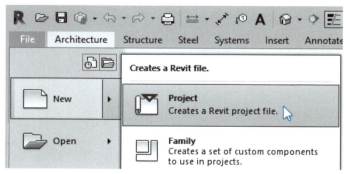

図 1–39

2. New Project ダイアログボックス（図 1–40 参照）で、使用するテンプレートを選択して **OK** をクリックします。

テンプレートファイルのリストは、*File Locations* ウィンドウにある *Options* ダイアログボックス内で設定されます。この設定は、インストールされている製品と社内標準によって異なる場合があります。

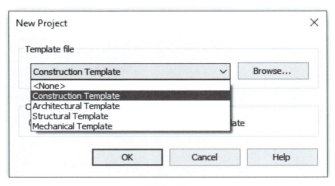

図 1–40

- 使用するテンプレートが BIM 責任者によりすでに決定されている場合は、テンプレートリストからそのテンプレートを選択することができます。

- （New）を Quick Access Toolbar に追加することができます。図 1–41 に示すように、Quick Access Toolbar の一番端にある（Customize Quick Access Toolbar）をクリックし、**New** を選択します。

図 1–41

プロジェクトの保存

プロジェクトは頻繁に保存することが不可欠です。Quick Access Toolbar または *File* tab の (Save) をクリックするか、<Ctrl>+<S> キーを押してプロジェクトを保存します。まだ一度もプロジェクトが保存されていない場合は、Save As ダイアログボックスが開き、ファイルの保存場所と名前を指定できます。

- 既存のプロジェクトを新しい名前で保存するには、*File* tab の （Save As）を展開し、 （Project）をクリックします。

- 設定された時間内に保存しなかった場合、このソフトは図 1–42 に示すように Project Not Saved Recently の警告ボックスを表示しますので、その際は **Save the project** を選択します。アラートの表示間隔を設定したい場合、または現時点ではプロジェクトを保存しない場合には、その他のオプションを選択します。

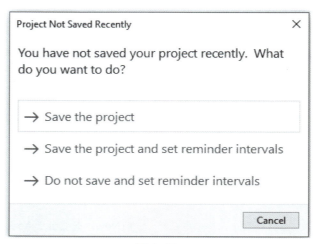

図 1–42

- *Save Reminder interval* では、警告表示を **15・30 分**、または **1・2・4 時間**ごとに設定するか、警告を表示しないよう設定することができます。*File* tab 内で **Options** をクリックすると Options ダイアログボックスが開きますので、図 1–43 に示すようにボックス左側にある **General** を選択し、警告表示間隔を設定します。

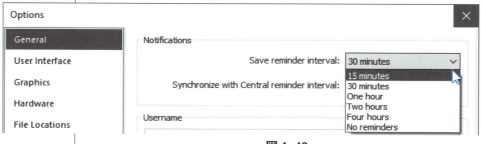

図 1–43

BIM と Autodesk Revit の紹介

バックアップコピーを保存する

Autodesk Revit ソフトではデフォルトにより、プロジェクトを保存する際にバックアップコピーも同時に保存されます。バックアップコピーは徐々に番号が大きくなる形で（例：**My Project.0001.rvt**、**My Project.0002.rvt** など）オリジナルファイルと同じフォルダ内に保存されます。Save As ダイアログボックス内の **Options...** をクリックすると、保存するバックアップコピーの数を管理できます。デフォルトではバックアップは 3 つとなっており、この数を超えた場合には最も古いバックアップファイルが削除されます。

ヒント：ワークセットに関連するプロジェクトを保存する

プロジェクトでワークセットを使用する場合、プロジェクトをローカルファイルと中央ファイルに保存する必要があります。ローカルファイルはその他のファイルと同様に頻繁に保存し、中央ファイルへは 1 時間程度毎に、または中央ファイルと同期する形で保存することが推奨されます。

変更点をメインのファイルと同期するには、Quick Access Toolbar 内で 🔳（Synchronize and Modify Settings）を展開し、🔳（Synchronize Now）をクリックします。中央ファイルに保存した後、このファイルをローカルにも保存します。

その日の終わり、または現在の作業を終了する時に、Quick Access Toolbar 内の 🔳（Synchronize and Modify Settings）を展開し、🔳（Synchronize and Modify Settings）をクリックして、これまで作業していたファイルを中央ファイルに移行（Relinquish）します。

• ワークセットに対応するファイルの最大バックアップ数は、デフォルトでは 20 に設定されています。

© 2018, ASCENT - Center for Technical Knowledge®   1–25   25

1.4 ビューイングコマンド

ビューイングコマンドは、ほとんどの図面やモデリングプログラムで効率的に作業する上で必要不可欠なものであり、Autodesk Revit ソフトでも例外ではありません。ビューに入ると、Zoom コントロールを使用してその中を移動することができます。拡大表示（ズームイン）・縮小表示（ズームアウト）、画面移動（パン）はどのビューにおいても可能です。また 3D での表示用に特有のツールもあります。

拡大・縮小表示と画面移動

拡大・縮小表示と画面移動にマウスを使用する

モデルの周囲を移動する主な手段として、マウスホイール（図 1–44 参照）を使用します。

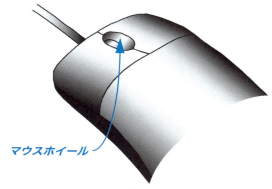

図 1–44

- マウスホイールを上にスクロールすると拡大表示、下にスクロールすると縮小表示します。
- ホイールを押したままマウスを動かすと画面移動します。
- ホイールをダブルクリックすると、ビューの範囲に合わせて拡大または縮小表示します。
- <Shift> キーとマウスホイールを押したまま 3D ビュー内でマウスを動かすと、モデルが回転します。

- モデルを保存してソフトを終了する際、各ビューの画面移動と拡大・縮小表示の位置が記憶されます。これは複雑なモデルの場合には特に重要になります。

BIM と Autodesk Revit の紹介

ズームコントロール

様々なズームの方法によって画面表示をコントロールすることが可能です。**Zoom** と **Pan** コマンドは他のコマンドを使用中でも常に実行することができます。

- **Zoom** コマンドへは、ビューの右上隅にある Navigation Bar（図 1–45 参照）からアクセス可能です。ほとんどのショートカットメニューから、またはショートカットコマンドを入力することでもアクセスできます。

（2D Wheel）からは、カーソル特有の動作を利用して **Zoom** と **Pan** にアクセスできます。

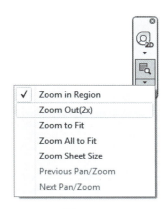

図 1–45

Zoom コマンド

	Zoom In Region (ZR)	指定した区域内へズームします。カーソルをドラッグするか 2 点を選択することで、拡大表示したい長方形の区域を指定します。これがデフォルトのコマンドです。
	Zoom Out (2x) (ZO)	エレメント中心部の周辺を、現在の半分の拡大率に縮小表示します。
	Zoom To Fit (ZF または ZE)	画面上の現在のビュー内にプロジェクトの全体を表示するよう縮小表示します。
	Zoom All To Fit (ZA)	画面上で開いている全てのビュー内にプロジェクトの全体を表示するよう縮小表示します。
	Zoom Sheet Size (ZS)	シートサイズに合わせて拡大表示、または縮小表示します。
N/A	**Previous Pan/ Zoom (ZP)**	**Zoom** コマンドを 1 ステップ分戻ります。
N/A	**Next Pan/Zoom**	**Previous Pan / Zoom** を実行した後に、**Zoom** コマンドを 1 ステップ分進めます。

© 2018, ASCENT - Center for Technical Knowledge®

3D で見る

プロジェクトを完全な平面図ビューで開始した場合でも、図 1–46 に示すようにモデルの 3D ビューをすぐに作成できます。3D ビューには、**Default 3D View** コマンドによって作成されるアイソメトリックビューと、**Camera** コマンドによって作成されるパースペクティブビューの 2 種類があります。

図 1–46

3D ビューで作業することは、プロジェクトを視覚化し、エレメントを正確に配置する際の手助けとなります。エレメントの作成や変更は、平面図ビューで可能であるのと同様に、アイソメトリックビューとパースペクティブビューのいずれの 3D ビューでも可能です。

- 一度 3D ビューを作成して保存すれば、後で簡単にこのビューに戻ることができます。

操作手順：3D アイソメトリックビューの作成と保存

1. Quick Access Toolbar または *View* tab > Create panel で 🏠（Default 3D View）をクリックします。図 1–47 に示すように、デフォルトの 3D South-East アイソメトリックビューが開きます。

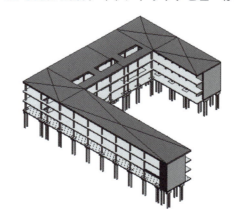

図 1–47

2. ビューを変更して別の方向から建物を表示します。

マウスホイールまたは 3 ボタンマウスのミドルボタンを使用して、ビューを別の角度に回転させることができます。
<Shift> キーを押したままホイールかミドルボタンを押し、そのままカーソルをドラッグします。

3. Project Browser でゆっくりとダブルクリックするか、{3D} ビュー上で右クリックして **Rename...** を選択します。
4. 図 1–48 に示すように、この時テキストボックス内にはもとの名前がハイライト表示されています。図 1–49 に示すように、Rename View ダイアログボックス内に新しい名前を入力します。

図 1–48　　　　　　　　　　図 1–49

全てのタイプのビューの名前を変更できます。

- デフォルトの 3D ビューへの変更が保存された後に、別のデフォルトの 3D ビューを開始する時は、South-East アイソメトリックビューが再び表示されます。デフォルトの 3D ビューを変更したものの新しい名前で保存しなかった場合は、**Default 3D View** コマンドは最後に指定した方向でビューを開きます。

操作手順：パースペクティブビューを作成する

1. Floor Plan のビューに変更します。
2. Quick Access Toolbar または *View* tab > Create panel で (Default 3D View) を展開し、(Camera) をクリックします。
3. ビューの中にカメラを配置します。
4. 図 1–50 に示すようにビュー上にターゲットが配置されるようにして、カメラを向けたい方向に配置します。

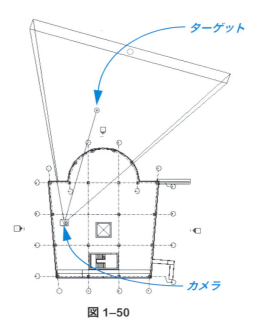

図 1–50

この時、図 1–51 のような新たなビューが表示されます。

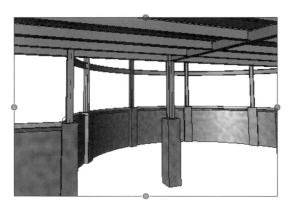

図 1–51

Round コントロールを用いてビューの表示サイズを修正し、<Shift> キーとマウスホイールを押してビューを変更します。

5. Properties palette 内を下にスクロールし、必要に応じて *Eye Elevation* と *Target Elevation* を調整します。

- ビューが歪んでしまった場合には、ターゲットをリセットして、ビューの境界内（トリミング領域と呼びます）の中央に来るようにします。

  Modify | Cameras tab > Camera panel 内で (Reset Target) をクリックします。

- ビューには影を加えることができます。View Control Bar にて (Shadows Off) と (Shadows On) を切り替えます。影は 3D ビューに限らずどのビューでも表示されます。

ヒント：ビューキューブを利用する

ViewCube は、3D ビュー内のどこにいるかを把握する視覚的な手がかりとなります。これにより特定のビュー（Top、Front、Right など）だけでなく図 1–52 に示すような角や方向性のあるビューにも素早くアクセスできるため、モデル内を動き回りやすくなります。

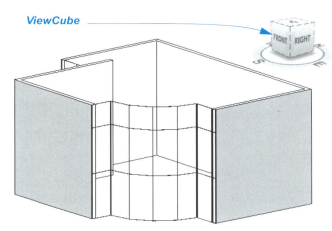

図 1–52

ViewCube の表面上で自由にカーソルを動かしてハイライト表示させます。面がハイライトされたらその面を選択して、モデルの方向を変えることができます。また ViewCube でクリックとドラッグによりボックスを回転させると、モデル自体を回転させることができます。

- （Home）は、カーソルを ViewCube 上で動かすと表示されます。これをクリックすると、Home として定めたビューに戻ります。Home View を希望するビューに変更するには、ViewCube 上で右クリックし、Set Current View as Home を選択します。

- ViewCube はアイソメトリックビューとパースペクティブビューで利用可能です。

- ViewCube 上で右クリックし、Perspective または Orthographic を選択することで、Isometric モードと Perspective モードを切り替えることができます。

ビジュアルスタイル

いずれのビューにもビジュアルスタイルを適用することができます。View Control Bar にある **Visual Style** のオプション（図 1–53 参照）で、ビルディングモデルの Shaded（シェイディング）オプションを指定します。これらのオプションは平面図、立面図、断面図および 3D のビューで適用されます。

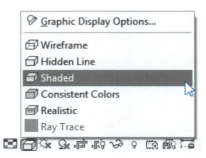

図 1–53

- （Wireframe）はエレメントを構成するラインやエッジを表示しますが、表面は表示しません。複雑な交点を扱う場合に効果的です。

- （Hidden Line）はエレメントのライン、エッジ、表面を表示しますが、色は表示しません。これは、設計作業で最も一般的に使用されるビジュアルスタイルです。

- （Shaded）と（Consistent Colors）では、透明なガラスなどの素材の雰囲気を見ることができます。Consistent Colors を使用した一例を図 1–54 に示します。

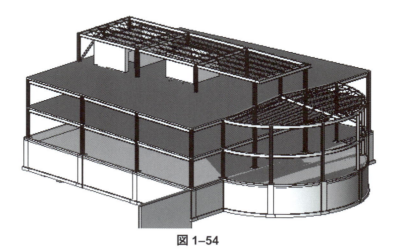

図 1–54

BIM と Autodesk Revit の紹介

- ⬚（Realistic）は、ビューをレンダリングした際に視覚化される、RPC（Rich Photorealistic Content）の構成要素や人工光などの内容を表示します。このビジュアルスタイルを実行するには多くの計算能力を必要とするため、作業時間の大半は別のビジュアルスタイルを使用することを推奨します。

- ⬚（Ray Trace）は、レンダリングしたい 3D ビューを作成した時に効果的なビジュアルスタイルです。ビューの表示は、ドラフト解像度からフォトリアリスティックなレベルへと段階的に向上していきます。このプロセスはいつでも停止することができます。

実習 1a プロジェクトを開き、確認する

この実習の目標

- グラフィックユーザーインターフェイスを操作します。
- ズームとパン（画面移動）のコマンドを使って 2D と 3D ビューを操作します。
- 3D アイソメトリックビューとパースペクティブビューを作成します。
- ビューのビジュアルスタイルを設定します。

この実習では、プロジェクトファイルを開き、インターフェイス上の様々な領域をそれぞれ表示します。エレメント、コマンド、オプションを探求します。Project Browser を通してビューを開き、図 1–55 で示すようにモデルを 3D で表示します。

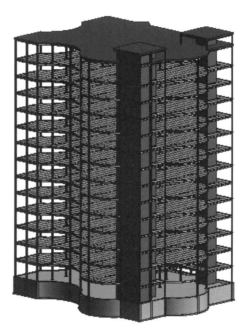

図 1–55

- これは、学習ガイド全体を通して行うメインプロジェクトの 1 つのバージョンです。

タスク 1 – インターフェイスを探求する

1. *File* tab で を展開し、 をクリックします。

2. Open ダイアログボックス内で実習ファイルのフォルダへ行き、**Syracuse-Suites-M.rvt** を選択します。

3. **Open** をクリックします。ビューウィンドウで、建物の 3D ビューが開きます。

4. Project Browser で、**Structural Plans: 00 GROUND FLOOR** のビューをダブルクリックします。Visual Style が **Wireframe** に設定された図面が開かれ、スラブがその上にあるかどうかに関わらず、フーチングと基礎壁が表示されます。

5. View Control Bar で、*Visual Style* を **Hidden Line** に変更します。図 1–56 に示すように、ビューで非表示にされている線が点線で表示されます。

Project Browser と Properties palette が互いに重なっている場合は、最下部にある Project Browser タブを利用してそれを表示します。

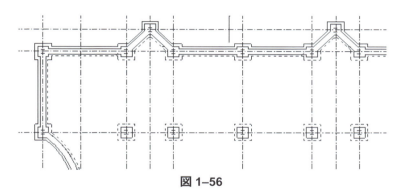

図 1–56

6. Project Browser で、**Structural Plans: T.O. FOOTING** のビューをダブルクリックします。帯状フーチングと直接基礎はスラブで覆われていないため、図 1–57 で示すように、連続した線で表示されます。

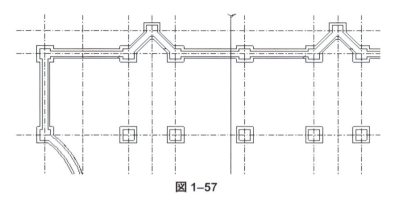

図 1–57

7. 建物の角の1つを拡大表示します。図1–58に示すように、基礎壁は適切なコンクリートのパターンで埋められています。

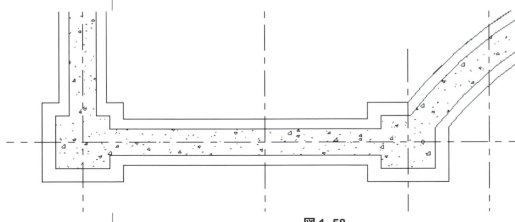

図 1–58

8. マウスホイールをダブルクリックするか、または **ZE** と入力して、ビューの範囲に合わせて縮小表示します（**ZA** と入力すると、その時開いているビューウィンドウ全てに収まるように縮小表示します）。図1–59に示すように、モデルに沿って縦に伸びる断面図マーカーを見つけます。

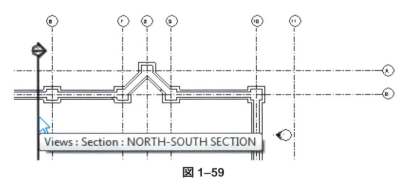

図 1–59

9. 断面記号をダブルクリックし、
NORTH-SOUTH SECTION のビューを開きます。

10. Project Browser で、 *Sections (Building Section)* のカテゴリまで行くと、**NORTH-SOUTH SECTION** のビュー名が太字になっています。Project Browser でエレメントをダブルクリックするか、またはモデルのグラフィカルなビューエレメントを使って、モデル内を移動することができます。

11. 断面図ビューで、図 1–60 に示すように吹き出しが配置されている領域を拡大表示します。吹き出し記号をダブルクリックして **TYPICAL EDGE DETAIL** のビューを開きます。

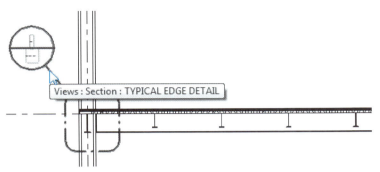

図 1–60

12. 図 1–61 に示すように、**TYPICAL EDGE DETAIL** のビューで床を選択します。

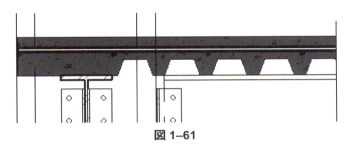

図 1–61

13. これは、完全な 3D の床エレメントです。図 1–62 に示すように、*Modify | Floors* contextual tab のツールを使って編集できます。

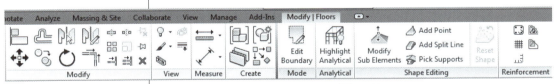

図 1–62

Autodesk Revit 2019：構造の基本

ここでの変更は、選択されているエレメントにのみ適用されます。

14. Properties palette では、図 1–63 に示すように、エレメントの Instance Parameters が表示されます。

図 1–63

15. Properties で ▧ (Edit Type) をクリックし、図 1–64 に示すように、Type Parameters の Type Properties ダイアログボックスにアクセスします。

ここでのエレメントに関する変更は、プロジェクトにおけるそのエレメントの他の全てのインスタンスに適用されます。

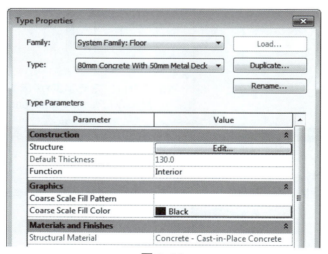

図 1–64

16. **Cancel** をクリックし、Type Properties ダイアログボックスを閉じます。
17. <Esc> を押すか、または空白をクリックして、選択を解除します。
18. ボルト接続部を 1 つ選択してください。これは、詳細コンポーネント（2D エレメント）です。図 1–65 に示すように、*Modify | Detail Items* Contextual tab で、このエレメント特有の修正オプションが表示されます。

38　1–38　　　　　　　　　© 2018, ASCENT - Center for Technical Knowledge®

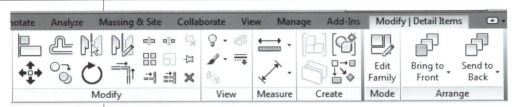

図 1–65

19. <Esc> を押して、選択を解除します。

タスク 2 – 複数のビューおよび 3D ビューを操作する

1. ビューの最上部で各タブをクリックすると、開いているビューの間を行き来できます。

2. *View* tab > Windows panel で ▭ (Tile Views) をクリックします。開いている全てのビューがタイル表示されます。**ZA**（Zoom All）と入力して、図 1–66 のように各ビューの範囲に合わせて縮小表示します。

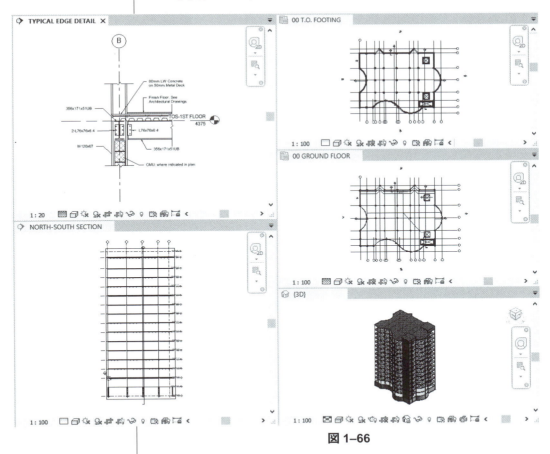

図 1–66

Autodesk Revit 2019：構造の基本

3. 3D ビュー内でクリックし、これをアクティブ状態にします。

4. *View* tab > Windows panel で、 □ （Tab Views）をクリックします。ビューがタブの中に戻り、3D ビューがグループの最初に来ます。

5. Quick Access Toolbar で （Close Inactive Windows）をクリックし、現在のウィンドウ以外を閉じます。

6. マウスホイールを使って建物を拡大表示します。

7. <Shift> を押した状態で、マウスホイールを押したままにします。マウスを動かし 3D モデルを動的に見ます。ビューの右上隅の ViewCube を使って 3D 内を移動することもできます。

8. *File* tab を展開し、 （Close）をクリックしてプロジェクトを閉じます。変更は保存しないでください。

Chapter の復習

1. Autodesk Revit ソフトでプロジェクトを作成する際、3D（図 1–67 左参照）で作業しますか？それとも 2D（図 1–67 右参照）で作業しますか？

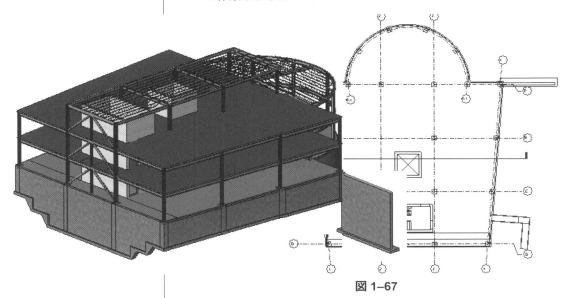

図 1–67

   a. 平面図ビューでは 2D で、平面図ビュー以外では 3D で作業します。
   b. 平面的に見えるビューを使用している時でも、ほとんどの場合は 3D で作業します。
   c. 2D/3D コントロールの切り替え方によって、2D または 3D で作業します。
   d. 平面図と断面図のビューでは 2D で、アイソメトリックビューでは 3D で作業します。

2. Project Browser の目的は何ですか？
   a. ウォークスルーと同様に、建物プロジェクトの全体を閲覧することができます。
   b. 建物の完全な建築モデルを作成するのに必要な全てのファイルを管理するインターフェイスです。
   c. Windows Explorer の使用の代替として、複数の Autodesk Revit プロジェクトを管理します。
   d. プロジェクトのビューへのアクセスと管理に使用されます。

Autodesk Revit 2019：構造の基本

3. あなたが使用しているコマンドに応じて、インターフェイスのどの部分が変化しますか？（該当する全てを選んでください）

   a. Ribbon
   b. View Control Bar
   c. Options Bar
   d. Properties Palette

4. Type Properties と Properties（Ribbon の場所は図 1-68 参照）の違いは何ですか？

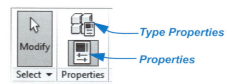

図 1-68

   a. Properties は、選択された個別のエレメント（複数の場合あり）に適用するパラメータを記憶します。Type Properties は、プロジェクト内の同じタイプのエレメント全てに影響を与えるパラメータを記憶します。
   b. Properties は、エレメントの位置パラメータを記憶します。Type Properties は、エレメントのサイズと識別パラメータを記憶します。
   c. Properties は、ビューのパラメータのみを記憶します。Type Properties は、モデルコンポーネントのパラメータを記憶します。

5. 新しいプロジェクトを開始する際、この新しいファイルの基本情報をどのように指定しますか？

   a. 既存のプロジェクトから基本情報を移行します。
   b. タスクに適切なテンプレートを選択します。
   c. Autodesk Revit ソフトは、インポートまたはリンクされたファイル（複数の場合あり）から基本情報を自動的に抽出します。

6. （Default 3D View）を用いて作成されたビューと、（Camera）を用いて作成されたビューの主な違いは何ですか？

   a. 外観のビューには **Default 3D View** を使用し、内装には **Camera** を使用します。
   b. **Default 3D View** は静的なイメージを作成しますが、**Camera** ビューは動的であり、常に更新されます。
   c. **Default 3D View** はアイソメトリックビューで、**Camera** ビューはパースペクティブビューです。
   d. **Default 3D View** は建物全体を見る時に、**Camera** ビューは狭い空間を見る時に使用されます。

BIM と Autodesk Revit の紹介

コマンド概要

アイコン	コマンド	場所
	一般的ツール	
	Modify	• **Ribbon**: 全ての tab > Select panel • **ショートカットキー**：MD
	New	• **Quick Access Toolbar**（オプション） • *File* tab • **ショートカットキー**：<Ctrl> +<N>
	Open	• **Quick Access Toolbar** • *File* tab • **ショートカットキー**：<Ctrl>+<O>
	Open Documents	• *File* tab
	Properties	• **Ribbon**: *Modify* tab > Properties panel • **ショートカットキー**：PP
	Recent Documents	• *File* tab
	Save	• **Quick Access Toolbar** • *File* tab • **ショートカットキー**：<Ctrl > +<S >
	Synchronize and Modify Settings	• **Quick Access Toolbar**
	Synchronize Now/	• **Quick Access Toolbar >** Synchronize、Modify Settings を展開
	Type Properties	• **Ribbon**: *Modify* tab > Properties panel • **Properties palette**
	ビューイングツール	
	Camera	• **Quick Access Toolbar >** Default 3D View を展開 • **Ribbon**: *View* tab > Create panel > Default 3D View を展開
	Close Inactive Views	• **Quick Access Toolbar** • **Ribbon**: *View* tab > Windows panel
	Default 3D View	• **Quick Access Toolbar** • **Ribbon**: *View* tab > Create panel
	Home	• **ViewCube**
N/A	Next Pan/Zoom	• **Navigation Bar** • **ショートカットメニュー**
N/A	Previous Pan/ Zoom	• **Navigation Bar** • **ショートカットメニュー** • **ショートカットキー**：ZP

© 2018, ASCENT - Center for Technical Knowledge®

Autodesk Revit 2019：構造の基本

◒ ◒✗	**Shadows On/Off**	• **View Control Bar**
	Show Rendering Dialog/Render	• **View Control Bar** • **Ribbon**: *View* tab > Graphics panel • **Shortcut**: RR
	Switch Windows	• **Quick Access Toolbar** • **Ribbon**: *View* tab > Windows panel
	Tab Views	• **Ribbon**: *View* tab > Windows panel • ショートカットキー：**TW**
	Tile Views	• **Ribbon**: *View* tab > Windows panel • ショートカットキー：**WT**
	Zoom All to Fit	• **Navigation Bar** • ショートカットキー：ZA
	Zoom in Region	• **Navigation Bar** • ショートカットメニュー • ショートカットキー：ZR
	Zoom Out（2x）	• **Navigation Bar** • ショートカットメニュー • ショートカットキー：ZO
	Zoom Sheet Size	• **Navigation Bar** • ショートカットキー：ZS
	Zoom to Fit	• **Navigation Bar** • ショートカットメニュー • ショートカットキー：ZF、ZE

ビジュアルスタイル

	Consistent Colors	• **View Control Bar**
	Hidden Line	• **View Control Bar** • ショートカットキー：HL
	Ray Trace	• **View Control Bar**
	Realistic	• **View Control Bar**
	Shaded	• **View Control Bar** • ショートカットキー：SD
	Wireframe	• **View Control Bar** • ショートカットキー：WF

Chapter 2

スケッチと編集の基本ツール

Autodesk® Revit® ソフトにおいてスケッチや選択、編集のための基本ツールは、全てのタイプのエレメントを扱う上で基礎となるものです。これらのツールを作図時に使用することでエレメントを配置、変更しやすくなり、正確なビルディングモデルを作成することができます。

この Chapter の学習目標

- 壁、梁、配管などの線状エレメントをスケッチします。
- Alignment line（位置合わせ線）、Temporary dimension（仮寸法）、Snap（スナップ）といった作図支援ツールを取り入れて、エレメントの配置を容易にします。
- Reference Plane（参照面）を一時的なガイドラインとして配置します。
- エレメントのグループを選択してフィルター処理するテクニックを使用します。
- Contextual tab、Properties、Temporary dimension、Control を使ってエレメントを編集します。
- エレメントを移動、コピー、回転、鏡像化し、直線状や円形状にコピーを作成します。
- エレメントを他のエレメントの縁に位置合わせし、トリム、延長します。
- 線状エレメントを分割します。
- エレメントをオフセットし、元の位置から特定の間隔をあけて複製を作成します。

© 2018, ASCENT - Center for Technical Knowledge®

2.1 一般的なスケッチ作成ツールを使用する

コマンドを開始する際、Ribbon の Contextual tab、Options Bar、Properties palette 上で、プロジェクト内に配置する新しいエレメント毎に機能を設定することができます。作業中には、図 2–1 に示すような*作図支援ツール*が表示されます。これらは設計を迅速に、かつ正確に行う手助けをします。

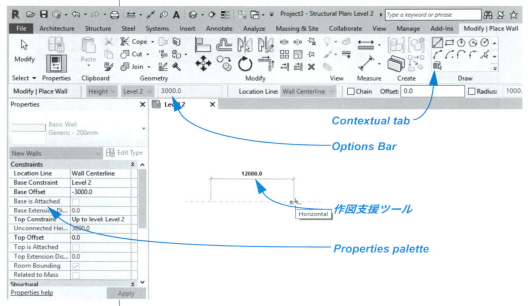

図 2–1

- Autodesk Revit では 2D スケッチよりむしろ 3D モデルのエレメントを作成する頻度が最も高いです。本ソフトでは、これらのツールを 3D と 2D の両方で使用します。

描画ツール

図 2–1 の壁のように、多くの線状エレメント（壁、梁、ダクト、配管、電線管など）は、*Draw*（描画）パネルの Contextual tab にあるツールを使ってモデリングされます。他のエレメント（床、天井、屋根、スラブなど）には境界があり、多くの同じツールを使ってスケッチされます。Draw ツールは、詳細図や基本設計図面を作成する際にも使われます。

スケッチと編集の基本ツール

描画には 2 つの方法があります。

- 幾何学形態を用いてエレメントを*描画*する。
- 新しいエレメントのジオメトリと位置の基礎となる既存のエレメント（線、面、壁など）を*選択*する

モデリングするエレメントによって、使用するツールは異なります。

操作手順：線状エレメントを作成する

1. 使用するコマンド操作を開始します。
2. Contextual tab > Draw panel において、図 2–2 で示すように描画ツールを選択します。
3. エレメントを定義する点を選択します。

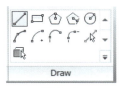

図 2–2

コマンド操作の途中でも、Draw ツールを変更することができます。

4. 以下の標準的な方法のいずれかを用いて、コマンドを終了します。

- （Modify）をクリックする。
- <Esc> を 2 回押す。
- 別のコマンドを実行する。

描画オプション

描画モードの際、図 2–3 に示すように Options Bar に複数のオプションが表示されます。

図 2–3

選択されているエレメントまたは実行中のコマンドによって、異なるオプションが表示されます。

- **Chain**：1 つのプロセスで作成されるセグメントの数を管理します。このオプションが選択されていない場合は、**Line** と **Arc** ツールは 1 回に 1 つのセグメントしか作成しません。これが選択されている場合は、<Esc> を押すかまたは再度コマンドを選択するまで、セグメントが追加され続けます。

- **Offset**：数値を入力することで、選択した点やエレメントから特定の距離を置いて線状エレメントを作成することができます。

- **Radius**：スケッチ作成時に、半径指定ツールで数値を入力したり、線状エレメントのコーナー部分に半径を加えることができます。

© 2018, ASCENT - Center for Technical Knowledge®

Autodesk Revit 2019：構造の基本

描画ツール

	Line	始点と終点に定義された直線が描画されます。Chain が有効となっている場合、複数のセグメントに対して端点を選択し続けることができます。
	Rectangle	対角にある 2 つの端点に定義された矩形が描画されます。両端点を選択後、寸法を編集することができます。
	Inscribed Polygon	Options Bar で指定した数の辺を持つポリゴンが、仮定の円に内接して描画されます
	Circumscribed Polygon	Options Bar で指定した数の辺を持つポリゴンが、仮定の円に外接して描画されます。
	Circle	中心と半径によって定義された円が描画されます。
	Start-End-Radius Arc	始点、終点、円弧の半径によって定義された曲線が描画されます。外側に表示される寸法は円弧の角度です。内側の寸法は半径です。
	Center-ends Arc	中心、半径、角度によって定義された曲線が描画されます。半径の選択点は円弧の始点も定義します。
	Tangent End Arc	他のエレメントに接する曲線が描画されます。始点に対して終点を選択しますが、2 つ以上のエレメントの交点は選択してはいけません。その後、円弧の角度に基づいて 2 点目を選択してください。
	Fillet Arc	2 つの他のエレメントと半径によって定義された曲線が描画されます。クリックによって正確な半径を選択するのは難しいため、このコマンドは自動的に編集モードに移ります。寸法を選択し、フィレットの半径を編集します。
	Spline	選択された点に基づいてスプライン曲線が描画されます。曲線は実際には点に交わりません（Model と Detail Lines のみ）。
	Ellipse	一次軸と二次軸から楕円が描画されます（Model と Detail Lines のみ）。
	Partial Ellipse	円弧のような楕円の一部のみが描画されます。部分的楕円にも一次軸と二次軸があります（Model と Detail Lines のみ）。

48   2–4

© 2018, ASCENT - Center for Technical Knowledge®

選択ツール

	Pick Lines	プロジェクトに存在する線状エレメントを選択する際にこのオプションを使用して下さい。インポートした 2D 図面からプロジェクトを始める際に有用です。
	Pick Face	3D マスエレメントの面を選択する際にこのオプションを使用して下さい（壁と 3D ビューのみ）。
	Pick Walls	新たなスケッチ線の基準となるプロジェクト内の既存壁（床、天井など）を選択する際にこのオプションを使用してください。

作図支援ツール

スケッチの作成やエレメントの配置を始めるとすぐに、図 2–4 に示す 3 つの作図支援ツールが表示されます。

- Alignment lines（位置合わせ線）
- Temporary dimensions（仮寸法）
- Snaps（スナップ）

これらの作図支援ツールは、ほとんどのモデリングや多くの修正コマンドで利用可能です。

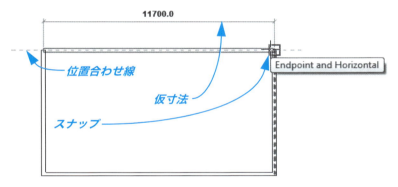

図 2–4

位置合わせ線は、付近のエレメント上でカーソルが動くとすぐに表示されます。線が水平、垂直、または指定した角度を維持するよう支援します。またこの機能は、壁とその他のエレメントが交差する箇所を示します。

- 強制的に直交（90 度の角度のみ）に位置合わせするには、<Shift> キーを押したままにします。

仮寸法は、エレメントを正確な長さや角度、位置に配置するよう支援します。

- 数値を入力するか、または希望する寸法になるまでカーソルを移動します。別の方法として、エレメントを配置してから必要に応じて数値を修正することもできます。

- ビューのズーム状態によって、長さと角度の増減量は変化します。

> **ヒント：仮寸法と確定寸法**
>
> 仮寸法は、エレメントの追加が完了するとすぐに表示が消えます。これを確定寸法として残すには、図 2–5 に示すコントロールを選択します。
>
>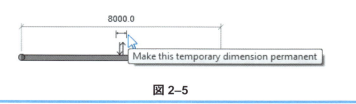
>
> 図 2–5

スナップは図 2–6 に示すように、モデリングする際に、既存エレメントの基準となる正確な地点を把握する手掛かりとなります。

図 2–6

- エレメント上でカーソルを動かすと、このスナップ記号が表示されます。スナップ箇所のタイプ毎に異なる記号が表示されます。

スケッチと編集の基本ツール

ヒント：スナップの設定と解除

Manage tab > Settings panel で (Snaps) をクリックして、図 2–7 に示す Snaps ダイアログボックスを開きます。Snaps ダイアログボックスでは、アクティブにするスナップポイントを設定したり、仮寸法（直線と角度の両方）の表示変化単位を設定することができます。

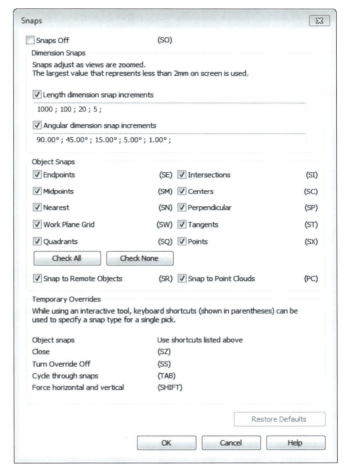

図 2–7

- 各スナップへのショートカットキーを使用すると、自動スナップ処理を解除することができます。Temporary overrides（一時的解除）は単一選択のみに影響しますが、自分が使用する以外のスナップポイントが近くにある場合に非常に役に立ちます。

Autodesk Revit 2019：構造の基本

参照面

Autodesk Revit ソフトで設計を進める中で、特定の位置を定める手助けとなる線が必要になるときがあります。その場合は、エレメントを並べる際に常にスナップできる Reference plane（緑の点線で表示された参照面のこと）を作成します。図 2-8 の例で示すように、参照面を用いて構造の開口部が配置されます。

- 参照面を挿入するには、*Architecture*、*Structure* または *Systems* tab > Work Plane panel で 🗾（Ref Plane）をクリックするか、または **RP** と入力します。

参照面は 3D ビューでは表示されません。

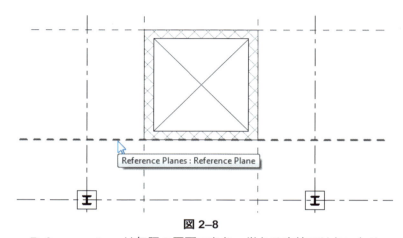

図 2-8

- Reference plane は無限の平面であり、単なる直線ではないため、連動するビュー内でも表示されます。

- 図 2-9 に示すように **<Click to name>** をクリックし、テキストボックス内に入力することで、Reference plane に名前を付けることができます。

図 2-9

- Sketch Mode で（床や同様のエレメントを作成する際に）参照面を作図すると、スケッチ終了時に参照面は非表示になります。

- プロジェクトですでに設定されている場合は、参照面に様々な線種を割り当てることが可能です。Properties の Subcategory リストからスタイルを選択します。

スケッチと編集の基本ツール

2.2 エレメントを編集する

設計プロジェクトの構築過程において、通常、多くの変更がモデルに加えられます。Autodesk Revit ソフトは、このような変更を迅速かつ効率的に行えるようデザインされています。図 2–10 に示す方法や、以下に記す方法を用いてエレメントに変更を加えることができます。

- Type Selector により、異なるタイプを指定することが可能です。この方法は、エレメントのサイズやスタイルを変更するのに頻繁に使用されます。

- Properties により、選択されたエレメントに関連する情報（パラメータ）を修正することが可能です。

- Ribbon にある Contextual tab は、Modify コマンドと、そのエレメントに特有のツールが含まれます。

- Temporary dimensions（仮寸法）により、エレメントの寸法や位置を変更することが可能です。

- Controls（コントロール）により、エレメントをドラッグ、フリップ、ロック、回転することが可能です。

- Shape handles（形状ハンドル）により、エレメントをドラッグして高さや長さを変更することが可能です。

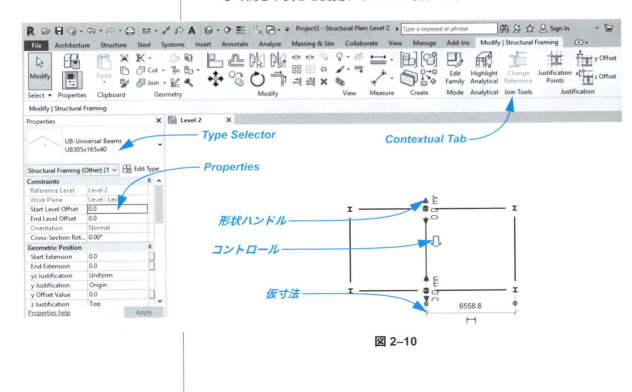

図 2–10

- エレメントを消去するには、そのエレメントを選択して <Delete> キーを押す、右クリックして **Delete** を選択する、あるいは Modify パネルで ✖ (Delete) をクリックします。

コントロールと形状ハンドルを操作する

エレメントを選択した際、そのエレメントやビューに応じて様々な Control (コントロール) と Shape Handle (形状ハンドル) が表示されます。例えば、平面図ビューではコントロールを使って、壁の端をドラッグしその方向を変えることができます。3D ビューでも壁の端をドラッグすることができ、矢印型のハンドルを利用して図 2–11 で示すように壁の高さを変えることができます。

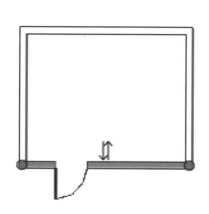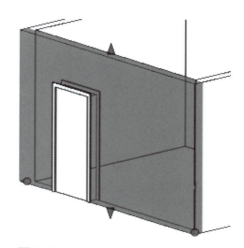

図 2–11

- コントロールまたは形状ハンドルの上にカーソルを合わせると、ツールヒントが表示され、その機能が示されます。

> **ヒント：仮寸法を編集する**
>
> 仮寸法は、一番近い壁を自動的に参照します。この参照先を変更するには、*Witness Line*（補助線）コントロール（図2–12 参照）をドラッグし、新しい基準点へと接続します。またコントロールをクリックし、壁の位置調整点を切り替えることもできます。
>
>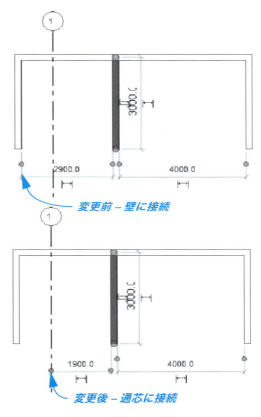
>
> 図 2–12
>
> - エレメントの仮寸法の新しい位置は、このソフトのセッションが終了するまで記憶されます。

複数エレメントの選択

- 少なくとも1つのエレメントを選択したら、<Ctrl>キーを押したまま別のアイテムを選択し、選択項目のセットに追加します。
- エレメントを選択セットから除外する場合は、<Shift>キーを押した状態でそのエレメントを選択します。
- クリックしてカーソルをドラッグし、エレメント周辺にウィンドウを描くと、図2-13に示すように2つの選択オプションが利用できます。カーソルを左から右にドラッグすると、ウィンドウの内側に完全に含まれるエレメントのみが選択されます。右から左にドラッグすると、このウィンドウの内側にあるエレメントおよびウィンドウと交差したエレメントが選択されます。

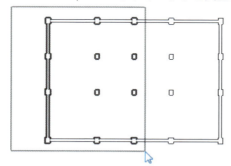
囲み：左から右

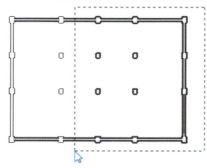
交差：右から左

図 2-13

- 複数のエレメントが互いに重なっているかまたは近くにある場合は、クリックする前に<Tab>を押して、これらを切り替えることができます。結合された壁のように互いにリンクされている可能性のあるエレメントの場合、<Tab>を押すと一連のエレメントが選択されます。
- <Ctrl>+<Left Arrow>キーを押すと、1つ前の選択セットを再び選択することができます。何も選択されていない図面ウィンドウを右クリックして、**Select Previous**（1つ前を選択）を選択することもできます。
- 特定のタイプのエレメントを全て選択する場合は、エレメント上で右クリックし、図2-14に示すように **Select All Instances > Visible in View** または **In Entire Project** を選択します。例えば、特定のサイズの柱を選択してこのコマンドを使用すると、そのサイズの柱のみが選択されます。

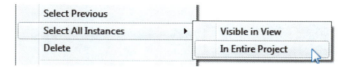

図 2-14

- 選択を保存し、再び使用することができます。詳しくは*付録B.1 選択セットを再び利用する（P.586（B-2））*を参照してください。

ヒント：測定ツール

モデルを編集している時、エレメント間の距離を知ることができれば便利です。これは仮寸法または、より一般的には Quick Access Toolbar または図 2–15 に示すように *Modify tab* > Measure panel にある測定ツールを使用することで、可能になります。

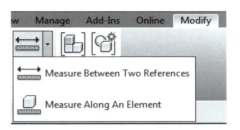

図 2–15

- ⬌（Measure Between Two References / 2 つの基準間を測定）：2 つのエレメントを選択すると、測定値が表示されます。

- 📐（Measure Along An Element / エレメントに沿って測定）：線状エレメントの端部を選択すると、長さの合計値が表示されます。<Tab> を使用して他のエレメントを選択しクリックすると、図 2–16 のように選択したエレメントに沿って測定されます。

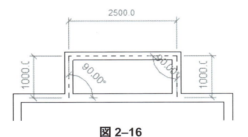

図 2–16

- 参照には、全てのスナップポイント、壁線、エレメントのその他の部分（扉の中心線など）が含まれます。

選択セットの フィルター処理

複数のエレメントカテゴリが選択された際、Ribbon 内に *Multi-Select contextual tab* が開きます。これにより、全ての Modify ツールと **Filter** コマンドにアクセスできます。この **Filter** コマンドでは、選択するエレメントのタイプを指定することができます。例えば、図 2–17 に示すように柱のみを選択する場合などです。

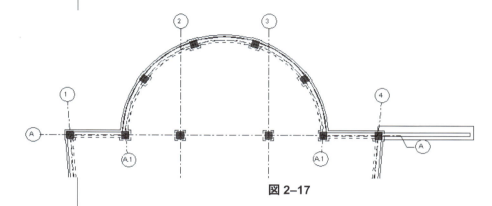

図 2–17

操作手順：選択されたセットをフィルター処理する

1. 必要なエリア内の全てを選択します。
2. *Modify | Multi-Select* tab > Selection panel または Status Bar 内で ▼ (Filter) をクリックします。図 2–18 に示すような Filter ダイアログボックスが開きます。

この Filter ダイアログボックスでは、当初の選択セットに含まれる全てのタイプのエレメントが表示されます。

選択中のエレメントの数は、ステータスバーの右端または Properties palette に表示されます。

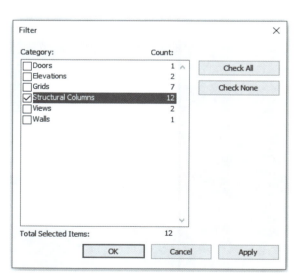

図 2–18

3. 各カテゴリを選択または選択解除し、**OK** をクリックします。

スケッチと編集の基本ツール

ヒント：選択のオプション

ソフトがプロジェクトにおいて特定のエレメントをどのように選択するかは、図 2–19 に示す Status Bar 上の選択オプションを切り替えることで管理できます。別の方法として、Ribbon 上のいずれかのタブで Select パネルのタイトルを展開し、オプションを選択することもできます。

図 2–19

- **Select links**：これをオンにすると、リンクされた CAD 図面または Autodesk Revit モデルを選択できます。オフにすると、**Modify** または **Move** を使用している時はこれらを選択できなくなります。

- **Select underlay Element**：これをオンにすると、下敷参照したエレメントを選択できます。オフにすると、**Modify** または **Move** を使用している時はこれらを選択できなくなります。

- **Select pinned Element**：これをオンにすると、ピンで固定したエレメントを選択できます。オフにすると、**Modify** または **Move** を使用している時はこれらを選択できなくなります。

- **Select Element by face**：これをオンにすると、インテリアの面やエッジを選択することでエレメント（展開図にある床あるいは壁など）を選択できるようになります。オフにすると、エッジを選択することによってのみエレメントを選択できるようになります。

- **Drag Element on selection**：これをオンにすると、カーソルの置かれたエレメントを選択し、新しい位置にこれをドラッグして移動できます。オフにすると、エレメント上にいる場合でもこれを押してドラッグすると、Crossing（交差）モードまたは Box select（ボックス選択）モードが起動します。エレメントが選択されると、これらを新しい位置にドラッグできます。

© 2018, ASCENT - Center for Technical Knowledge®

実習 2a

エレメントをスケッチして編集する

この実習の目標

- 編集ツールと作図支援ツールを使用します。

この実習では、様々な方法でエレメントを選択したり、Filter ダイアログボックスで 1 つのタイプのエレメントのみを選択したり、ビュー内で 1 つのタイプのエレメントのみを選択したり、Type Selector でタイプを変更したりします。その後、図 2-20 で示すように、仮寸法を用いてエレメント位置を変更します。

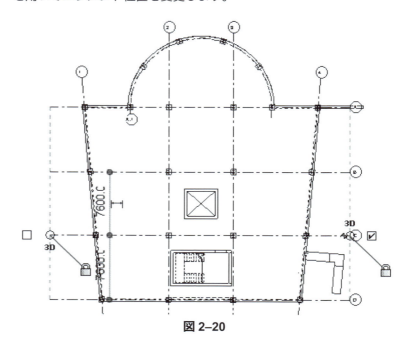

図 2-20

タスク 1 - エレメントを選択する

1. プロジェクト Practice-Model-Select-M.rvt を開いてください。
2. 建物の左上角のすぐ外側の点を 1 つ選択します。

3. マウスボタンを押しながら、図 2–21 に示すようにウィンドウを右下角に向かってドラッグします。

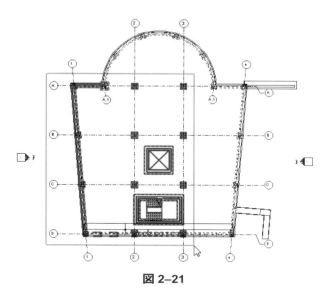

図 **2–21**

4. 2 点目を選択します。ウィンドウ内の全エレメントが選択され、ウィンドウの外側にあるものは選択されません。<Esc> を押します。

5. 図 2–22 で示すように、建物の右上角から左下角に向かって 2 つの点を選択します。ウィンドウの内側にある全エレメントと、ウィンドウが触れたものが選択されます。

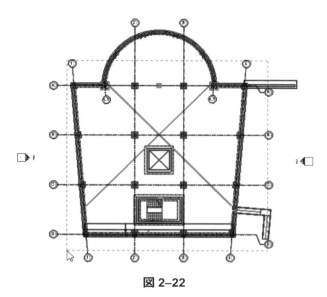

図 **2–22**

Autodesk Revit 2019：構造の基本

この手順と次の手順では、選択セットによって数が微妙に違う場合があります。

6. Status Bar で、▽（Filter）をクリックします。

7. 図 2–23 に示す Filter ダイアログボックスで、選択済みのエレメントカテゴリを確認します。

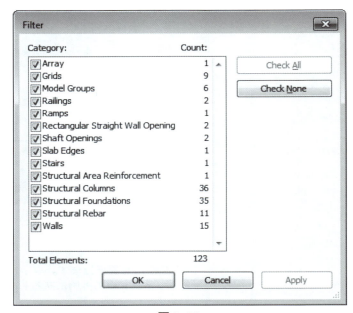

図 2–23

8. **Check None** をクリックします。

9. Structural Columns（構造柱）カテゴリのみを選択し、**OK** をクリックします。

10. 図 2–24 に示すように、Structural Columns の選択セットの合計が Status Bar に表示されます。

図 2–24

11. Properties では、複数のファミリが選択されていることが示されています。

12. 空白をクリックし、選択を解除します。

13. 建物の左下角を拡大表示し、図 2–25 に示すように Structural Column を 1 つだけ選択します。

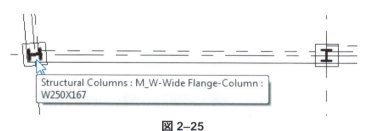

図 2–25

14. Type Selector では、図 2–26 に示すように柱の名前とタイプが表示されます。

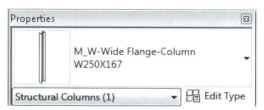

図 2–26

15. ビュー内で右クリックし、図 2–27 に示すように、**Select All Instances** を展開して **Visible in View** を選択します。

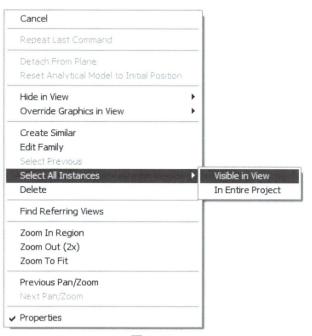

図 2–27

Autodesk Revit 2019：構造の基本

16. このタイプの柱の数の合計が、Filter により Status Bar と Properties に表示されます。

17. Type Selector で、図 2–28 に示すように **UC-Universal Column-Column: 254x254x73UC** を選択します。

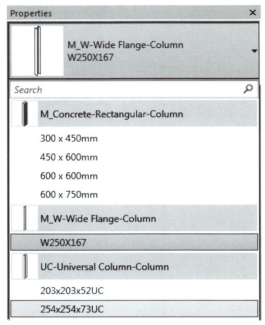

図 2–28

18. ビューが再生成され、選択された柱が新しいタイプに更新されます。<Esc> を押して選択を解除します。

タスク 2 – 仮寸法を使用する

1. 縮小表示して、建物全体が見えるようにします。

2. C 通りを選択します。

3. 仮寸法が表示されない場合は、Options Bar で **Activate Dimensions**（寸法のアクティブ化）をクリックします。

4. 仮寸法が自動的に、直近の構造エレメントに接続します。

5. 図 2–29 に示すように、仮寸法上で **Move Witness Line** コントロールを使用し、直近の通芯まで移動します。

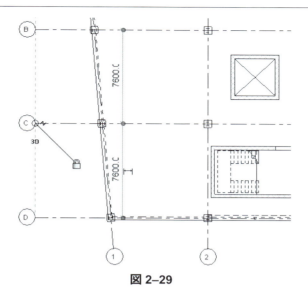

図 2–29

6. 󰀀（Make this temporary dimension line permanent/ この仮寸法を確定する）をクリックします。

7. 空白をクリックして選択を解除します。新しい寸法がビューの一部になります。

8. C 通りを再度選択します。

9. 必要に応じて、Activate Dimensions をクリックします。

10. 下側の寸法テキストを選択し、図 2–30 に示すように 7300mm に変更します。<Enter> を押します。

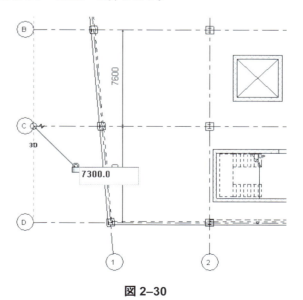

図 2–30

Autodesk Revit 2019：構造の基本

11. モデルが再生成され、図 2–31 に示すように、Status Bar に進捗がパーセント表示されます。この変更は、モデル全体を通して、エレメントが通芯に触れている全箇所で適用されることになります。

図 2–31

12. プロジェクトを保存して閉じます。

スケッチと編集の基本ツール

2.3 基本的な修正ツールを操作する

Move、**Copy**、**Rotate**、**Mirror** および **Array** の基本修正ツールは、個別のエレメントまたは選択されたいずれのエレメントに対しても使用できます。これらのツールは、*Modify* タブ内にある Modify パネル（図 2–32 参照）と Contextual tab にあります。

図 2–32

- これらの修正コマンドについては、エレメントを選択してコマンドを実行するかまたはコマンドを実行してからエレメントを選択し、<Enter> キーを押して選択を終了してから、コマンドの次の段階へ進みます。

エレメントの移動とコピー

Move と **Copy** コマンドにより、エレメント（複数可）を選択してある場所から別の場所に移動させるか、またはコピーすることができます。エレメントを配置する際は、図 2–33 に示すように、位置合わせ線や仮寸法、スナップを配置の手助けとして利用することができます。

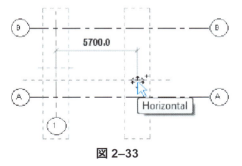

図 2–33

Autodesk Revit 2019：構造の基本

Move するには *MV*、*Copy* するには *CO* のショートカットが使えます。

操作手順：エレメントを移動またはコピーする

1. 移動またはコピーするエレメントを選択します。
2. Modify パネルで、 ✜ (Move) または ⟳ (Copy) をクリックします。選択されたエレメントの周囲に境界ボックスが表示されます。
3. エレメント上またはその付近で、移動の開始点を選択します。
4. 2 点目を選択します。この時、エレメントの配置は位置合わせ線と仮寸法が支援します。
5. この作業を完了した後、選択したままのエレメントに別の修正コマンドを適用するか、または Modify に戻ってコマンドを終了します。

* Move コマンドを実行せずに、エレメントを新しい位置にドラッグすることが可能です。<Ctrl> キーを押したままドラッグすると、エレメントがコピーされます。この方法だと素早くコピーできますが、あまり正確ではありません。

Move/Copy エレメントのオプション

Move と Copy コマンドには、図 2–34 に示す Options Bar に表示される通り、いくつかのオプションがあります。

☐ Constrain　☐ Disjoin　☐ Multiple

図 2–34

Constrain	カーソルの動きを、水平、垂直または角度のあるアイテムの軸線に沿うよう制限します。これにより、斜めの点を間違って選択することを防ぎます。Constrain はデフォルトではオフになっています。
Disjoin（Move のみ）	移動するエレメントとその他のエレメントの間にある接続を切断します。Disjoin がオンの場合、エレメントは別々に移動します。オフの場合は、接続されたエレメントも一緒に移動または拡張します。Disjoin はデフォルトではオフになっています。
Multiple（Copy のみ）	選択された 1 つのエレメントを複数コピーすることができます。Multiple はデフォルトではオフになっています。

* これらのコマンドは現在のビューの中でのみ機能し、異なるビューやプロジェクトの間では機能しません。異なるビューまたはプロジェクトの間でコピーするには、

  Modify tab > Clipboard panel で 📋 (Copy to Clipboard)、✂ (Cut to the Clipboard) および 📋 (Paste from Clipboard) を使用します。

スケッチと編集の基本ツール

> **ヒント：エレメントをピンする**
>
> エレメントを移動させたくない場合は、図 2–35 で示すようにその場所にピンで固定できます。エレメントを選択し、Modify タブの Modify パネルで （Pin）をクリックします。ピンで固定されたエレメントはコピーが可能ですが、移動することはできません。ピンされたエレメントを消去しようとすると警告ダイアログボックスが表示され、そのコマンドが開始される前にエレメントのピンを解除しなければならないことを注意されます。
>
>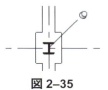
>
> 図 2–35
>
> エレメントを選択して （Unpin）をクリックするか、またはショートカットの UP を入力してピンを解除します。

エレメントの回転

Rotate コマンドにより、選択したエレメントを図 2–36 に示すように、回転の中心または原点を中心として回転させることができます。この時、位置合わせ線、仮寸法、スナップは、回転の中心や角度の指定を支援します。また回転時にエレメントのコピーを作成することも可能です。

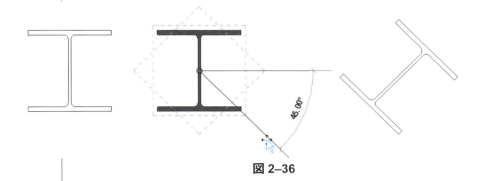

図 2–36

操作手順：エレメントを回転させる

1. 回転させるエレメント（複数可）を選択します。

2. Modify panel で （Rotate）をクリックするか、またはショートカットの **RO** を入力します。

3. 回転の中心は、図 2-37 左側に示すように、自動的にエレメントの中心部またはエレメントのグループの中心部に設定されます。図 2-37 右側で示すように、回転の中心を変更するには、以下の方法を使用します。

   - ⟳（Center of Rotation）コントロールを新しい点までドラッグします。
   - **Center of rotation** の隣にある Options Bar 内の **Place** をクリックし、スナップを用いて新しい位置に移動します。
   - <Spacebar> キーを押して回転の中心を選択し、クリックして新しい場所に移動します。

回転の中心を選択するよう促す Rotate コマンドを実行するには、最初にエレメントを選択し、次に R3 と入力します

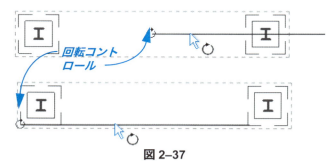

図 2-37

4. Options Bar で、コピー（**Copy** を選択）を作る場合はそれを指定し、*Angle* フィールド（図 2-38 参照）に角度を入力して <Enter> キーを押します。仮寸法を利用して画面上で角度を指定することもできます。

図 2-38

5. 回転エレメント（複数の場合あり）はハイライト表示されたままになり、選択を保持した状態で別のコマンドを実行できます。または、（Modify）をクリックして終了します。

- **Disjoin** オプションは、回転させるエレメントと他のエレメントの間にある接続を全て切断します。**Disjoin** がオンの場合（オプション選択時）、エレメントは個別に回転します。オフの場合（オプション非選択時）は、接続されたエレメントも図 2-39 に示すように移動または拡張されます。**Disjoin** はデフォルトではオフになっています。

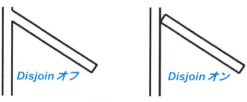

図 2-39

エレメントの鏡像化

Mirror（鏡像化）コマンドを使って、図 2–40 に示すように選択したエレメントまたは選択した点で規定される軸をもとにして、エレメントを鏡像化することができます。

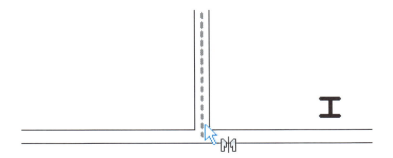

図 2–40

操作手順：エレメントを鏡像化する

1. 鏡像化するエレメント（複数可）を選択します。
2. Modify パネルで、使用する方法を選択します。

    - （Mirror - Pick Axis）をクリックするか、またはショートカットとして MM と入力します。すると、Axis of Reflection（反射の中心線）としてエレメントを選択するよう促されます。

    - （Mirror - Draw Axis）をクリックするか、またはショートカットとして DM と入力します。すると、エレメントを鏡像化するための中心線を規定する 2 点を選択するよう促されます。

3. 鏡像化された新しいエレメント（複数の場合あり）はハイライト表示されたままなので、別のコマンドを実行するか、または Modify に戻って終了します。

    - デフォルトでは、鏡像化された元のエレメントは消えずに残ります。元のエレメントを消去するには、Options Bar にある Copy オプションの選択を外します。

Autodesk Revit 2019：構造の基本

> **ヒント：スケール**
>
> Autodesk Revit ソフトは、実寸のエレメントを扱うようデザインされています。このため、大幅なスケーリング（拡大や縮小）ができません。例えば、壁をスケールすると、長さは伸びますが、壁タイプで設定されている幅には影響ありません。
>
> ただし、 （Scale）を、参照面、画像、および他のソフトからインポートされたファイルにおいて使用することができます。

直線状・円形状の配列の作成

直線状の配列はエレメントの直線的パターンを作成し、円形状の配列は1つの中心点の周囲に円形のパターンを作成します。

Array（配列）コマンドでは、図2-41に示すように、選択されたエレメントの複数のコピーを直線状または円形状に作成します。例えば、通芯上に等間隔に並んだ1列の柱や、1列の駐車スペースを配置することが可能になります。配置されたエレメントはグループ化したり、個別のエレメントとして配置することができます。

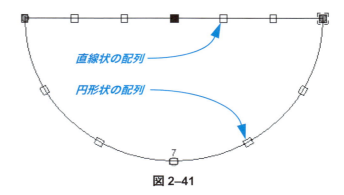

図 2-41

操作手順：直線状の配列を作成する

1. Array コマンドを適用するエレメント（複数可）を選択します。
2. Modify パネルで、 （Array）をクリックするか、またはショートカットとして **AR** と入力します。
3. Options Bar で、 （Linear）をクリックします。
4. 必要に応じて、その他のオプションを指定します。
5. 始点と終点を選択して配列の間隔と方向を設定すると、配列が表示されます。

6. **Group and Associate** が選択されている場合、図 2–42 に示すようにアイテムの数が再び表示されます。新しい数を入力するか、または画面をクリックしてコマンドを終了します。

図 2–42

- 直線状の配列を 2 方向に作成するには、1 方向の配列をまず行い、配列されたエレメントを選択してから別の方向に再び配列コマンドを実行します。

Array オプション

Options Bar で、**Linear Array**（図 2–43 上部）または **Radial Array**（図 2–43 下部）の **Array** オプションを設定します。

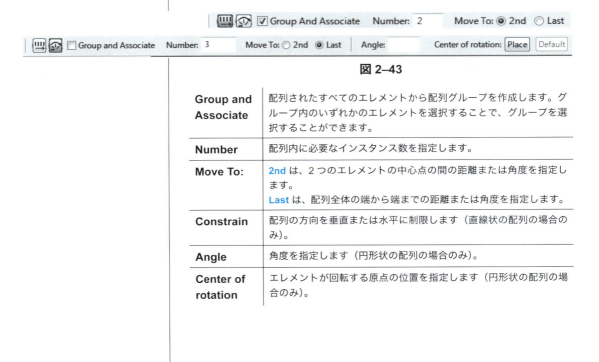

図 2–43

Group and Associate	配列されたすべてのエレメントから配列グループを作成します。グループ内のいずれかのエレメントを選択することで、グループを選択することができます。
Number	配列内に必要なインスタンス数を指定します。
Move To:	**2nd** は、2 つのエレメントの中心点の間の距離または角度を指定します。 **Last** は、配列全体の端から端までの距離または角度を指定します。
Constrain	配列の方向を垂直または水平に制限します（直線状の配列の場合のみ）。
Angle	角度を指定します（円形状の配列の場合のみ）。
Center of rotation	エレメントが回転する原点の位置を指定します（円形状の配列の場合のみ）。

操作手順：円形状の配列を作成する

1. Array コマンドを適用するエレメント（複数可）を選択します。
2. Modify パネルで（Array）をクリックします。
3. Options Bar で（Radial）をクリックします。
4. （Center of Rotation）をドラッグするか、または **Place** を使用して、図 2-44 に示すように回転の中心を適切な場所に移動します。

> まず *Center of Rotation* コントロールを設定してください。これは、角度を指定する前に回転の中心の移動を忘れやすいためです。

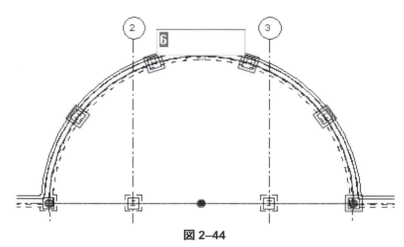

図 2-44

5. 必要に応じて、その他のオプションを指定します。
6. Options Bar で角度を入力して <Enter> キーを押すか、または画面上の複数の点を選択して回転角を指定します。

配列グループを変更する

グループ化された配列内のエレメントを 1 つ選択する際、図 2-45 に示すように、配列内のインスタンス数を変更することが可能です。円形状の配列の場合、中心までの距離を変更することもできます。

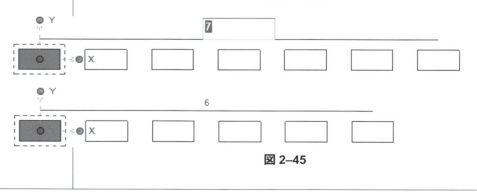

図 2-45

- グループ内のエレメント（複数可）を点線が取り囲み、XY コントロールでグループの原点を移動することが可能になります。

配列グループ内のエレメントの 1 つを移動する場合、その他のエレメントは図 2–46 に示すように、距離や角度に応じて移動します。

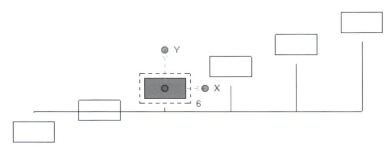

図 2–46

- グループに対する配列の制限を解除するには、その配列グループ内にある全てのエレメントを選択し、*Modify* contextual Tab > Group panel で (Ungroup) をクリックします。

- 配列内の独立したエレメントを 1 つ選択して (Ungroup) をクリックすると、選択したエレメントは配列から除外されますが、その他のエレメントは配列グループに残ったままになります。

- **Model Group** だけを確実に選択するよう、(Filter) を使用します。

実習 2b　基本的な修正ツールを操作する

この実習の目標

- Move、Copy、Rotate、Array などの基本的な修正ツールを使用します。

この実習では、プロジェクトの既存エレメントから、**Move** と **Copy** を使って柱付きの通芯を作成します。その後、通芯と柱のうちの1本を回転させ、新しい通芯を鏡像化し、建物の反対側を作成します。最後に、図 2–47 に示すように円弧の周りに1式の柱を配列し、その配列の通芯を作成します。

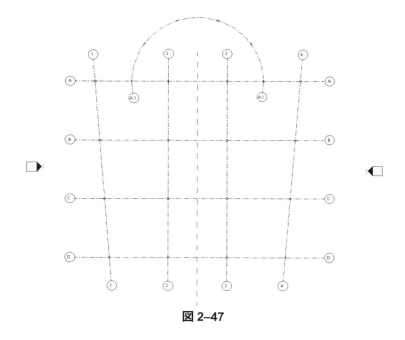

図 2–47

タスク 1 – エレメントを移動・コピーする

1. プロジェクト **Practice-Model-Editing-M.rvt** を開いてください。

2. A 通りと交点にある構造柱を選択します（**ヒント**：<Ctrl> を押すと複数のエレメントを選択できます）。

3. *Modify | Multi-Select* tab > Modify panel で （Copy）をクリックします。

4. Options Bar で、図 2–48 に示すように **Multiple** を選択します。

図 2–48

5. 通芯沿いのいずれかの場所で開始点を選択します。

6. 通芯の下にカーソルを動かし、**7400mm** と入力します。7400mm 離れたコピーをもう 2 つ作成します。合計 4 つの横向きの通芯ができます。

7. （Modify）をクリックし、コマンドを終了します。

8. 1 通りと、1 通り沿いにある構造柱 4 本を選択します。右側にエレメントを **7400mm** 離してコピーします。関連する柱と一緒に、縦の通芯が合計 4 本になるまで続けます。（Modify）をクリックし、コマンドを終了します。

9. 図 2–49 に示すように、通芯に番号を振り直します。

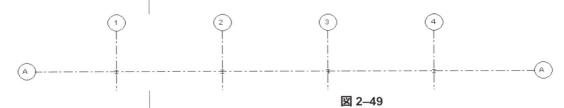

図 2–49

10. 柱 **A1** を拡大表示します。

11. 柱 **A1**（通芯は含まない）を選択します。*Modify tab* > Modify panel で、図 2–50 に示すように（Move）をクリックし、左に **1800mm** 移動させます。

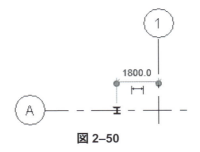

図 2–50

12. プロジェクトを保存します。

タスク 2 – エレメントを回転させる

1. 1 通りを選択します。

2. *Modify | Grids* tab > Modify panel で (Rotate) をクリックします。

3. Options Bar で **Place** をクリックし、柱 **D1** の中央点を回転の中心点として選択します。

4. 回転を実行するために、**A** 通りと **1** 通りの交点を選択します。

5. 回転を終了するために、図 2–51 に示すように、先ほど移動した柱の中央点を選択します。

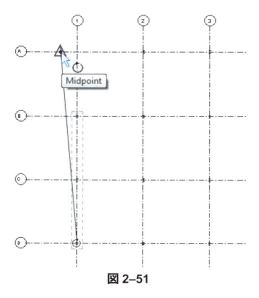

図 2–51

6. 柱 **A1** を拡大表示します。

7. 柱 **A1** を選択し、 (Rotate) をクリックします。中心点が正しい位置にあります。

8. 図 2–52 に示すように A 通り沿いの右側の点を選択し、開始角度を決めます。

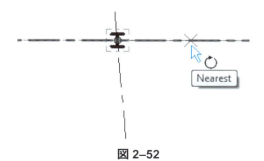

図 2–52

9. 2 番目の角度用には、図 2–53 左側に示すように 1 通り沿いの点を選択します。柱が回転し、図 2–53 右側で示すように 1 通りの角度に対して直角になります。

図 2–53

10. 1 通り沿いにある残りの柱に、同様の手順を繰り返します。

11. プロジェクトを保存します。

タスク 3 – エレメントを鏡像化する

1. 4 通りとその柱を削除します。その後、1 通りとその柱を 4 通りの位置に鏡像化します。

2. *Structure* tab > Work Plane panel で、(Ref Plane) をクリックします。

3. *Modify | Place Reference Plane* tab > Draw panel で、(Line) をクリックします。

Autodesk Revit 2019：構造の基本

4. 2 通りと 3 通りの間に縦線を描画し、図 2–54 に示すように、仮寸法を用いて各グリッドから **3700mm** の距離を設定します。

    ▷ （Modify）をクリックして終了します。

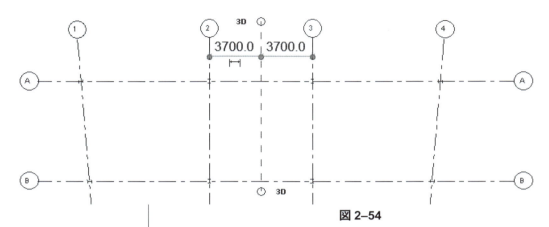

図 2–54

5. 1 通りとその全ての柱を選択します（複数のエレメントを選択するには、グループの周りにウィンドウを描画します。または、<Ctrl> を押したまま選択します）。

6. *Modify | Multi-Select* tab > Modify panel で （Pick Mirror Axis）をクリックします。

7. 図 2–55 に示すように、先に作成しておいた縦の参照面を選択します。新しい通芯に **4** と番号を振り直します。

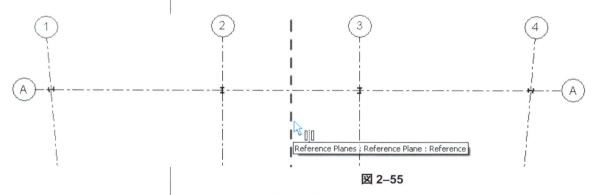

図 2–55

8. プロジェクトを保存します。

スケッチと編集の基本ツール

タスク 4 – エレメントを配列する

1. 柱 **A3** を選択します。(Copy)をクリックし、柱 A3 を **4500mm** 右側にコピーします。新しい柱が選択されます。

2. *Modify | Structural Columns* tab > Modify panel で、(Array) をクリックします。

3. 警告ダイアログボックスが開きますが、これは後の工程で修正されますので **OK** をクリックします。

4. Options Bar で (Radial) をクリックし、**Group** と **Associate** を選択します。*Number* を **8** に、*Move to:* を **Last** に設定します。

5. 図 2–56 に示すように、配列の中心を変更するために、縦参照面と 1 通りの交点に向かってをドラッグします。

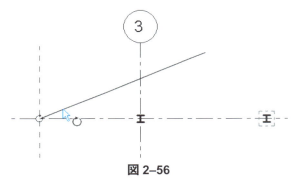

図 2–56

6. Options Bar で *Angle* を **180** に設定し、<Enter> を押します。図 2–57 に示すように、番号が選択された状態の新しい柱が円弧に沿って表示されます。

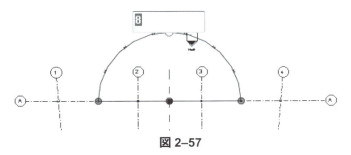

図 2–57

© 2018, ASCENT - Center for Technical Knowledge® 2–37 81

7. 番号を 6 に変更します。

8. 空白をクリックし、選択を解除します。

9. 立面図マーカーを邪魔にならない場所へ移動します。

10. *Structure* tab > Datum panel で ⌗ （Grid）をクリックします。

11. Draw パネルで ⌁ （Pick Lines）をクリックします。

12. 図 2–58 に示すように、カーソルを配列の領域に重ねます。円弧が表示されたらそれを選択します。

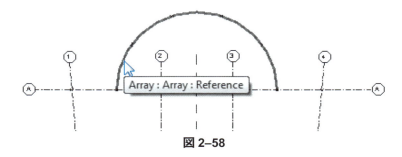

図 2–58

13. ⌁ （Modify）をクリックします。

14. 図 2–59 に示すように、通芯記号を柱の先までドラッグして下ろし、新しい通芯の名前を A.1 に変更します。

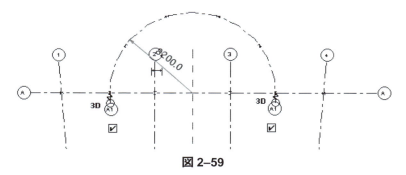

図 2–59

15. プロジェクトを保存します。

スケッチと編集の基本ツール

2.4 追加の修正ツールを操作する

プロジェクトで作業を行う際、*Modify* tab > Modify panel の追加ツール（図 2–60 参照）は、エレメントの配置や編集、制限の手助けとなります。Align コマンドは様々なエレメントに使用することができ、Split Element、Trim / Extend、Offset コマンドは直線上のエレメントにのみ使用することが可能です。

図 2–60

エレメントの位置合わせ

Align コマンドにより、図 2–61 に示すように、1 つのエレメントを別のエレメントと位置合わせすることができます。Autodesk Revit の大半のエレメントは位置合わせが可能です。

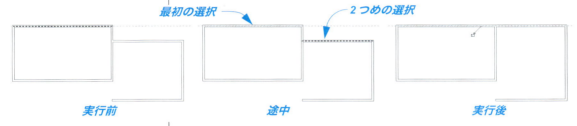

図 2–61

操作手順：エレメントの位置合わせをする

1. *Modify* tab > Modify panel で（Align）をクリックします。
2. エレメント上で移動させない線または点を選択します。壁の場合は、<Tab> キーを押して適切な壁の面を選択します。
3. エレメント上の Align コマンドを適用する線または点を選択します。2 つ目のエレメントが最初のエレメントの位置と揃うように移動します。

- Align（位置合わせ）コマンドは、平行ビューやパースペクティブ 3D ビューを含む全てのモデルビューで機能します。

- エレメントの1つを移動した際に他のエレメントが一緒に移動するように、位置合わせをロックすることができます。位置合わせを一度作成すると、南京錠が表示されます。図 2–62 に示す南京錠をクリックして位置合わせをロックします

図 2–62

エレメントをロックするとプロジェクトファイルのサイズが大きくなりますので、このオプションの使用には注意してください。

- 複数のエレメントを最初のエレメントと位置合わせするには **Multiple Alignment** を選択します。<Ctrl> キーを押しながら選択しても複数の位置合わせができます。

- 図 2–63 に示すように、**Wall Centerlines**、**Wall faces**、**Center of core** または **Faces of core** のコマンドを好む場合はそれを指定することが可能です。ここで言う Core（コア）とは、シートロックのような表面素材に対して、壁の構造部材を意味します。

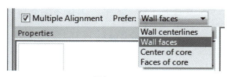

図 2–63

線状エレメントの分割

Split Element コマンドにより、線状エレメントを指定した点で Split（分割）することができます。位置合わせ線、スナップ、仮寸法を使用すると、分割点を配置しやすくなります。図 2–64 に示すように、線状エレメントを分割した後で、2 つになったパーツに別の修正コマンドを適用して修正したり、一方のタイプを変更することが可能です。

平面図、立面図または 3D のどのビューでも壁を分割することができます。

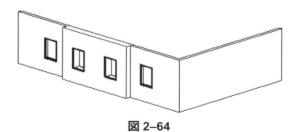

図 2–64

- **Split Element** コマンドは構造柱と構造エレメントに使用できます。このコマンドには、接続や位置揃え、その他の設定が影響します。

操作手順：線状エレメントを分割する

1. *Modify tab* > Modify panel で （Split Element）をクリックするか、またはショートカットの **SL** を入力します。
2. Options Bar で **Delete Inner Segment** オプションを選択または解除します。
3. Split コマンドを適用する点にカーソルを移動し、その点を選択します。
4. 分割するその他の点でもこの操作を繰り返します。
5. 必要であれば、分割されたエレメントを編集します。

- **Delete Inner Segment** オプションは、1つの線状エレメント上で2つの分割点を選択する場合に使用されます。このオプションが選択された時、これら2つの分割点の間にあるパーツは自動的に消去されます。

- 追加オプションの （Split with Gap）は、選択した点で線状エレメントを分割する（図 2–65 参照）ほか、Options Bar で指定した *Joint Gap*（結合部の隙間）を作ります。

このコマンドは通常、構造のプレキャストスラブに使われます。

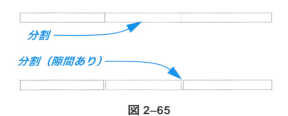

図 2–65

トリムと延長

線状エレメントに使用できるトリム・延長の方法は3つあります。その方法とは **Trim / Extend to Corner**、**Trim / Extend Single Element**、そして **Trim / Extend Multiple Elements** です。

- トリムするエレメントを選択する際、このエレメント内の残したい部分をクリックします。この線の反対部分がトリムされます。

操作手順：トリム・延長してコーナーを作る

1. *Modify tab* > Modify panel で （Trim / Extend to Corner）をクリックするか、またはショートカットの **TR** を入力します。
2. 最初の線状エレメントの残したい側を選択します。

3. 図 2–66 に示すように、2 番目の線状エレメントの残したい側を選択します。

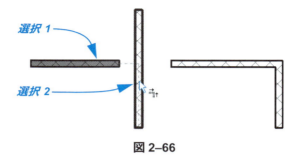

図 2–66

操作手順：単一エレメントをトリム・延長する

1. *Modify tab* > Modify panel で (Trim / Extend Single Element) をクリックします。
2. 切断部または境界部の線を選択します。
3. 図 2–67 に示すように、トリムまたは延長される線状エレメントを選択します。

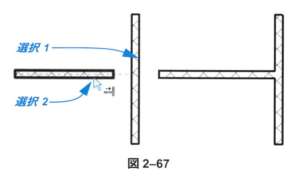

図 2–67

操作手順：複数エレメントのトリム・延長

1. *Modify tab* > Modify panel で (Trim / Extend Single Element) をクリックします。
2. 切断部または境界部の線を選択します。

3. 図 2–68 に示すように、トリムまたは延長される線状エレメントを 1 つずつ、または交差窓を用いて選択します。トリムするには、残したい側を選択します。

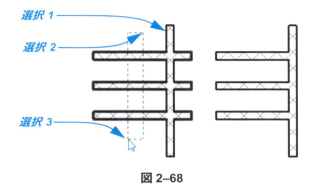

図 2–68

- 画面の空白でクリックして選択を解除し、別の切断・境界部の線を選択します。

エレメントのオフセット

Offset コマンドは図 2–69 に示すように、指定した間隔で線状エレメントの平行なコピーを作成する簡単な方法です。壁、梁、ブレースや線分といった要素は、オフセットコマンドの適用が可能なエレメントです。

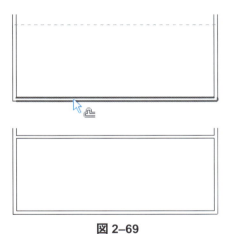

図 2–69

- 扉や窓が埋め込まれた壁をオフセットした場合、オフセットされた壁とともにエレメントがコピーされます。

オフセットの間隔は、図 2–70 に示すように、距離を入力する方法（**Numerical**：数値入力）または画面上で複数点を選択する方法（**Graphical**：画面操作）で設定することができます。

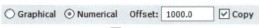

図 2–70

操作手順：数値入力でオフセットを適用する

Copy オプション（デフォルトではオン）は、オフセットされるエレメントのコピーを作成します。このオプションが選択されていない場合は、***Offset*** コマンドは指定した距離にエレメントを移動します。

1. *Modify tab* > Modify panel で （Offset）をクリックするか、またはショートカットの **OF** を入力します。
2. Options Bar で **Numerical** オプションを選択します。
3. Options Bar で *Offset* フィールドに希望する距離を入力します。
4. オフセットするエレメント上にカーソルを移動します。点線が表示され、オフセット先の位置がプレビューされます。必要に応じて、カーソルを移動して両側をひっくり返します。
5. クリックしてオフセットを作成します。
6. ステップ 4 と 5 を繰り返して他のエレメントを同じ間隔でオフセットするか、または別のオフセットを作成するために距離を変更します。

- **Numerical** オプションを利用すると、接続された複数の線状エレメントを選択してオフセットすることができます。カーソルを 1 つのエレメント上に移動し、関連するその他のエレメントがハイライト表示されるまで <Tab> キーを押します。それらのエレメントを選択し、全てのエレメントを同時にオフセットします。

操作手順：画面操作でオフセットを適用する

1. **Offset** コマンドを開始します。
2. Options Bar で **Graphical** オプションを選択します。
3. オフセットする線状エレメントを選択します。
4. オフセットを適用する側で、オフセットの距離を決める 2 点を選択します。2 点目の選択時には、仮寸法を上書きして書き換えることができます。

- 図 2–71 に示すように、屈曲部で接続される線状エレメントの大半は、オフセットされた場所でも接続するよう自動的にトリムまたは延長処理されます。

図 2–71

実習 2c

追加的な修正ツールを操作する

この実習の目標

- エレメントを Align（位置揃え）、Split（分割）、Trim/Extend（トリム・延長）、Offset（オフセット）します。

この実習では、**Split** と **Trim** を使用し、プロジェクト内の既存の壁をクリーンアップします。その後、図 2–72 に示すように、レンガ造の建築ファサードを支持できるように基礎全体を通芯からオフセットします。

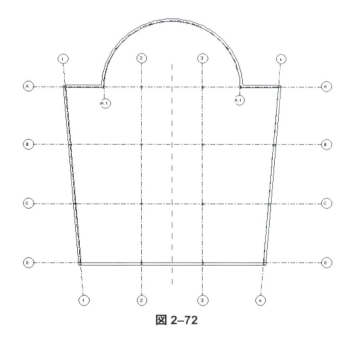

図 2–72

タスク 1 – エレメントを分割してトリムする

1. プロジェクト **Practice-Model-Modify-M.rvt** を開いてください。

2. A 通り上で、水平の基礎壁を選択します。

3. *Modify | Walls* tab > Modify panel で、（Split Element）をクリックします。

4. 図 2–73 に示すように、参照面と A 通り沿いの基礎壁の交点を選択します。

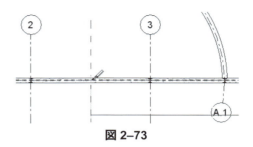

図 2–73

5. *Modify tab* > Modify panel で (Trim/Extend to Corner) をクリックします。

6. 図 2–74 に示すように、水平壁を選択します。壁の残す側を選択することを忘れないでください。

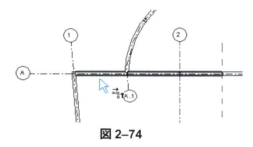

図 2–74

7. 曲線の壁を選択します。図 2–75 のように、壁がトリミングされます。

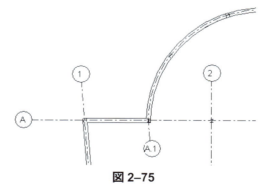

図 2–75

8. 警告ダイアログボックスが開いたら、閉じてください。

9. 反対側でもこの処理を繰り返します。

タスク 2 – エレメントをオフセットする

1. *Modify tab* > Edit panel で、🗒 (Offset) をクリックします。

2. 図 2–76 に示すように、Options Bar で **Numerical** を選択し、*Offset* を **100mm** に設定し、**Copy** オプションを選択解除します。

図 2–76

3. 基礎壁にカーソルを重ねますが、選択はしないでください。青色の位置合わせ線が壁の内側、かつ、通芯の外側に表示されます。

4. <Tab> を押します。図 2–77 に示すように、全ての基礎壁が選択されます。

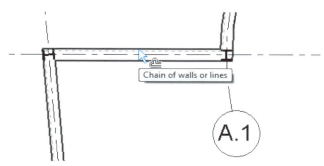

図 2–77

5. 壁が全てハイライト表示され、青色の位置合わせ線が通芯外側に表示されたら、1 点を選択してください。図 2–78 に示すように、基礎が通芯からオフセットされます。

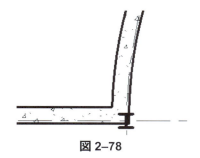

図 2–78

6. <Esc> を押してコマンドを終了します。

7. モデルを保存し、閉じます。

Chapter の復習

1. 位置合わせ線の目的は何ですか？

    a. 配置中またはモデリング中の新しいエレメントが、通芯と揃っている際に表示される。

    b. 配置中またはモデリング中の新しいエレメントが、既存のエレメントと揃っていることを示す。

    c. 配置中またはモデリング中の新しいエレメントが、選択した追跡点と揃っている際に表示される。

    d. 新しいエレメントが、プロジェクト上の北側ではなく真の北側に揃っていることを示す

2. 線状エレメントをモデリングしている（編集ではなく）際、図2–79 に示すような仮寸法を編集するにはどうしますか？

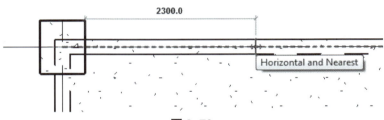

図 2–79

    a. 仮寸法を選択し、新しい値を入力する。

    b. 新しい値を入力し、<Enter> を押す。

    c. Options Bar の Distance/Length ボックスに新たな値を入力し、<Enter> を押す。

3. ビューにある様々なサイズの構造柱を全て選択しつつ、その他のエレメントは選択しない方法は以下のうちどれですか？

    a. Project Browser で *Structural Column* カテゴリを選択する。

    b. 構造柱を 1 つ選択し、右クリックして **Select All Instances > Visible in View** を選択する。

    c. ビューにある全てのエレメントを選択し、(Filter) を用いてその他のカテゴリを除外する。

    d. 構造柱を 1 つ選択し、Ribbon にある (Select Multiple) をクリックする。

4. **Move** や **Copy**、**Rotate**、**Mirror**、**Array** などのコマンドを開始する 2 つの方法は以下のうちどれですか？ *Modify* タブからコマンドを開始し、エレメントを選択するか、または…

   a. エレメントを選択し、次にコマンドを開始する。

   b. エレメントを選択し、次に Status Bar からコマンドを選択する。

   c. エレメントを選択し、右クリックしてリストからコマンドを選択する。

5. 図 2–80 に示すように、選択された壁タイプを変更する方法は次のうちどれですか？

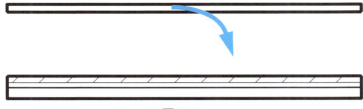

図 2–80

   a. *Modify | Walls* tab > Properties panel で (Type Properties) をクリックし、ダイアログボックスで新しい壁のタイプを選択する。

   b. Options Bar で **Change Element Type** をクリックする。

   c. 選択された壁の隣にある動的コントロールを選択し、ドロップダウンリストから新しいタイプを選択する。

   d. Properties の Type Selector ドロップダウンリストから、新しいタイプを選択する。

6. ○ (Rotate) と 品 (Array) で、⟲ (Radial) が付くものには、エレメントまたはエレメントグループの中心をデフォルトとする回転の中心があります。図 2–81 に示すように、この回転の中心を別の点に移動するにはどのような方法がありますか？（該当するものを全て選択してください）

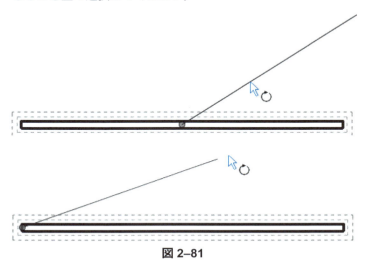

図 2–81

  a. 回転の中心を選択し、これを新しい位置にドラッグする。
  b. Options Bar で **Place** をクリックし、新しい点を選択する。
  c. *Modify tab* > Placement panel で ⊙ (Center) をクリックし、新しい点を選択する。
  d. 右クリックして **Snap Overrides > Centers** を選択し、新しい点を選択する。

7. 壁の一部を除去するには、どのコマンドを使用しますか？

  a. ⊸ (Split Element)
  b. ⌐ (Wall Joins)
  c. ⌐ (Cut Geometry)
  d. ⚒ (Demolish)

8. 図 2–82 に示すように、追加で平行な壁を作成する際、次のどのコマンドを使用しますか？（該当するものを全て選択してください）

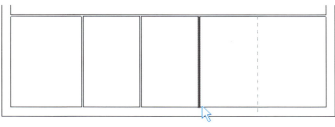

図 2–82

a. **Trim/Extend Multiple Elements** ツールを使用する。

b. *Modify* タブの **Offset** ツールを使用する。

c. 既存の壁を選択し、<Ctrl> を押しながら新しい位置にドラッグする。

d. **Align** コマンドをオフセットと共に使用する。

9. 図 2–83 に示すように、接していない 2 つの壁を 1 つにする場合はどのコマンドを使用しますか？

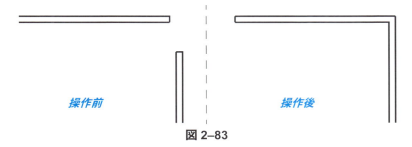

図 2–83

a. （Edit Wall Joins）

b. （Trim/Extend to Corner）

c. （Join Geometry）

d. （Edit Profile）

Autodesk Revit 2019：構造の基本

コマンド概要

アイコン	コマンド	場所
描画ツール		
	Center-ends Arc	• **Ribbon**: *Modify |（様々な線状エレメントの）tab* > Draw panel
	Circle	• **Ribbon**: *Modify |（様々な線状エレメントの）tab* > Draw panel
	Circumscribed Polygon	• **Ribbon**: *Modify |（様々な線状エレメントの）tab* > Draw panel
	Ellipse	• **Ribbon**: *Modify	Place Lines、Place Detail Lines および様々な境界スケッチ* > Draw panel
	Ellipse Arc	• **Ribbon**: *Modify	Place Lines、Place Detail Lines および様々な境界スケッチ* > Draw panel
	Fillet Arc	• **Ribbon**: *Modify |（様々な線状エレメントの）tab* > Draw panel
	Inscribed Polygon	• **Ribbon**: *Modify |（様々な線状エレメントの）tab* > Draw panel
	Line	• **Ribbon**: *Modify |（様々な線状エレメントの）tab* > Draw panel
	Pick Faces	• **Ribbon**: *Modify	Place Wall* > Draw panel
	Pick Lines	• **Ribbon**: *Modify |（様々な線状エレメントの）tab* > Draw panel
	Pick Walls	• **Ribbon**: *Modify |（様々な境界スケッチ）* > Draw panel
	Rectangle	• **Ribbon**: *Modify |（様々な線状エレメントの）tab* > Draw panel
	Spline	• **Ribbon**: *Modify	Place Lines、Place Detail Lines および様々な境界スケッチ* > Draw panel
	Start-End-Radius Arc	• **Ribbon**: *Modify |（様々な線状エレメントの）tab* > Draw panel
	Tangent End Arc	• **Ribbon**: *Modify |（様々な線状エレメントの）tab* > Draw panel
修正ツール		
	Align	• **Ribbon**: *Modify tab* > Modify panel • **ショートカットキー**: AL
	Array	• **Ribbon**: *Modify tab* > Modify panel • **ショートカットキー**: AR
	Copy	• **Ribbon**: *Modify tab* > Modify panel • **ショートカットキー**: CO

96   2–52   © 2018, ASCENT - Center for Technical Knowledge®

スケッチと編集の基本ツール

🗐	**Copy to Clipboard**	• **Ribbon**: *Modify tab* > Clipboard panel • **ショートカットキー**: <Ctrl>+<C>
✖	**Delete**	• **Ribbon**: *Modify tab* > Modify panel • **ショートカットキー**: DE
🗐	**Mirror - Draw Axis**	• **Ribbon**: *Modify tab* > Modify panel • **ショートカットキー**: DM
🗐	**Mirror - Pick Axis**	• **Ribbon**: *Modify tab* > Modify panel • **ショートカットキー**: MM
✛	**Move**	• **Ribbon**: *Modify tab* > Modify panel • **ショートカットキー**: MV
🗐	**Offset**	• **Ribbon**: *Modify tab* > Modify panel • **ショートカットキー**: OF
🗐	**Paste**	• **Ribbon**: *Modify tab* > Clipboard panel • **ショートカットキー**: <Ctrl>+<V>
📌	**Pin**	• **Ribbon**: *Modify tab* > Modify panel • **ショートカットキー**: PN
↻	**Rotate**	• **Ribbon**: *Modify tab* > Modify panel • **ショートカットキー**: RO
🗐	**Scale**	• **Ribbon**: *Modify tab* > Modify panel • **ショートカットキー**: RE
🗐	**Split Element**	• **Ribbon**: *Modify tab* > Modify panel • **ショートカットキー**: SL
🗐	**Split with Gap**	• **Ribbon**: *Modify tab* > Modify panel
🗐	**Trim/Extend Multiple Elements**	• **Ribbon**: *Modify tab* > Modify panel
🗐	**Trim/Extend Single Element**	• **Ribbon**: *Modify tab* > Modify panel
🗐	**Trim/Extend to Corner**	• **Ribbon**: *Modify tab* > Modify panel • **ショートカットキー**: TR
🗐	**Unpin**	• **Ribbon**: *Modify tab* > Modify panel • **ショートカットキー**: UP

選択ツール

🗐	**Drag elements on selection**	• **Ribbon**: すべての tabs > Select panel を展開 • **Status Bar**
🗐	**Filter**	• **Ribbon**: *Modify* | *Multi-Select* tab > Filter panel • **Status Bar**
🗐	**Select Elements By Face**	• **Ribbon**: すべての tabs > Select panel を展開 • **Status Bar**

© 2018, ASCENT - Center for Technical Knowledge®

Autodesk Revit 2019：構造の基本

	Select Links	• **Ribbon**: すべての tabs > Select panel を展開 • **Status Bar**
	Select Pinned Elements	• **Ribbon**: すべての tabs > Select panel を展開 • **Status Bar**
	Select Underlay Elements	• **Ribbon**: すべての tabs > Select panel を展開 • **Status Bar**

追加のツール

	Aligned Dimension	• **Ribbon**: *Modify tab* > Measure panel • Quick Access Toolbar
	Detail Line	• **Ribbon**: *Annotate* tab > Detail panel • **ショートカットキー**：DL
	Model Line	• **Ribbon**: *Architectural* tab > Model panel • **ショートカットキー**：LI
	Reference Plane	• **Ribbon**: *Architecture/Structure/ Systems* tab > Work Plane panel

Chapter 3

構造プロジェクトの開始

構造プロジェクトは通常、建築プロジェクトが進行した後に開始されるため、建築設計者から提供される情報がそのベースとして必要になります。CAD 図面または Autodesk® Revit® モデルをリンクさせ、必要な情報を建築モデルから構造プロジェクトにコピーし、モニタリングしながら構造モデルを構築します。

この Chapter の学習目標

- 設計のベースとして使うため、CAD ファイルをリンクまたはインポートします。
- 構造プロジェクトを設計できるように、Revit モデルをプロジェクトにリンクします。
- 階高やその他の垂直基準点を定めるために、レベル面を追加します。
- リンクされた Revit モデルからエレメントをコピーし、いつ変更が加えられたかを確認できるようにモニタリングします。
- Coordination Review（コーディネーションの再検討）を実施し、プロジェクトの現状とリンクされたモデルの間の変化を特定します。

© 2018, ASCENT - Center for Technical Knowledge®

3.1 CAD ファイルのリンクとインポート

Autodesk Revit 構造プロジェクトへは、CAD ファイルをリンクまたはインポートすることができます。例えば、建築設計者が標準的な 2D AutoCAD® ソフトで平面図を設計し、その情報を構造モデルに組み入れるケースなどです。また、多くのリノベーションプロジェクトは、既存の 2D 図面から着手します。最初から描画し直す代わりに、CAD ファイル（図 3–1 参照）を Autodesk Revit ソフトにリンクまたはインポートしてトレースするとよいでしょう。

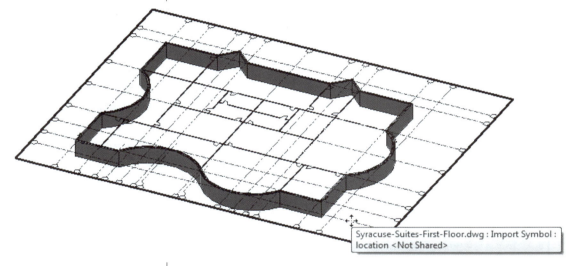

図 3–1

- リンクまたはインポートが可能な CAD ファイルには、AutoCAD® の DWG と DXF ファイル、MicroStation の DGN ファイル、3D ACIS のモデルカーネル（SAT）ファイル、SketchUp の SKP ファイルが含まれます。

リンクとインポートの違い

- **リンク**：元のファイルとの関連は保たれ、元のファイルの更新に応じてリンクも更新されます。

- **インポート**：元のファイルとの関連は保たれません。Autodesk Revit モデル内では独立したエレメントとなります。

操作手順：CAD ファイルをリンクまたはインポートする

1. リンクまたはインポートするファイル内でビューを開きます。
   - 2D ファイルの場合、ビューは 2D ビューになります。3D ファイルの場合は 3D ビューが開きます。
2. Insert tab > Link panel で (Link CAD) をクリックするか、または Insert tab > Import panel で (Import CAD) をクリックします。
3. Link CAD Formats または Import CAD Formats ダイアログボックス（図 3–2 参照）でインポートするファイルを選択します。

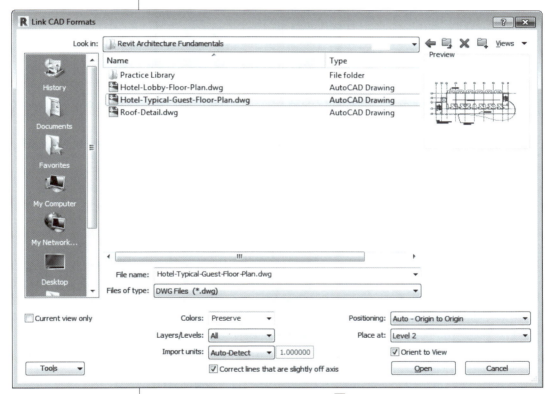

図 3–2

- Link CAD Formats と Import CAD Formats のダイアログボックスは同じです。
- **Files of Type** ドロップダウンリストでファイル形式を選択し、表示されるファイルを制限します。

4. 以下の概要に示す通り、その他のオプションを設定します。
5. **Open** をクリックします。

リンクとインポートのオプション

Current view only	CAD ファイルが全てのビューに配置されるか、現在のビューのみに配置されるかを決定します。このオプションは、ビューが 1 つだけでよい 2D 平面図での作業に特に便利です。
Colors	カラー設定を指定します。一般的な Autodesk Revit プロジェクトは白黒ですが、他のソフトではカラーを使用するケースが多くなります。元のカラーを Invert（反転）、Preserve（保持）または全てを Black and White（白黒）に変更することができます。
Layers / Levels	どの CAD レイヤをモデル内に取り込むかを指示します。All、Visible または Specify... のうち、どのようにレイヤ / レベル面をインポートするかを選択します。 • レイヤは DWG ファイル、レベル面は DGN ファイルです。
Import units	必要に応じて、元ファイルの単位を選択します。 大抵の場合、Auto-Detect が機能します。
Correct Lines...	CAD ファイルの線に座標軸から 0.1 度以内のずれがある場合、このオプションを選択するとこれらの線を修正します。デフォルトでは選択された状態です。
Positioning	Auto-Center to Center、Auto-Origin to Origin、Manual-Origin、Manual-Base Point、Manual-Center のうち、どのようにインポートファイルを現在のプロジェクト内に配置するかを指定します。デフォルトの配置オプションは Auto-Origin to Origin です。ファイルをリンクする場合には、Auto-By Shared Coordinates オプションも指定可能です。
Place at	インポートファイルを配置するレベル面を指定します。Current view only を選択した場合、このオプションはグレー表示されて選択できなくなります。
Orient to View	作業中のビューが True North（これは Project North とはまた別です）に設定されている場合は、CAD ファイルを True North に揃うように選択してください。

CAD ファイルのインポートとリンクについての詳細情報は、Autodesk Revit Collaboration Tools ガイドを参照してください。

- ファイルを Auto-Origin to Origin で配置すると、ファイルはピンされて移動できなくなります。そのファイルを移動するには、図 3–3 に示す通り、ピンをクリックして無効にします。TW - get figure on this page.

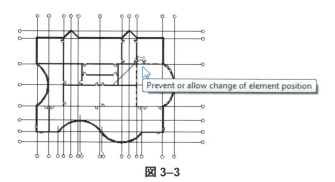

図 3–3

構造プロジェクトの開始

インポートまたはリンクしたファイルのハーフトーン設定

図 3–4 に示すように、新しいエレメントとリンクまたはインポートしたファイルの間に差異を付けるため、ファイルをハーフトーン表示に設定できます。

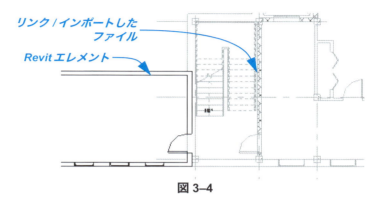

図 3–4

操作手順：エレメントをハーフトーンに設定する

1. インポートしたファイルを選択します。
2. 右クリックして、**Override Graphics in View > By Element...** を選択します。
3. View Specific Element Graphics ダイアログボックスで、図 3–5 に示すように **Halftone** を選択します。

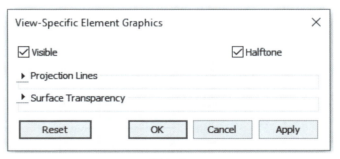

図 3–5

4. **OK** をクリックします。

> **ヒント：レイヤを描画**
>
> リンクされた CAD ファイルは、通常はビューの背景にあります。この設定を変更するには、CAD ファイルを選択し、Options Bar または Properties の *Other* エリアで、*Draw Layer*（レイヤを描画）を **Foreground**（最前面）に変更します。

Autodesk Revit 2019：構造の基本

実習 3a　CAD ベースの構造プロジェクトを開始する

この実習の目標

- 2D DWG ファイルを新しいプロジェクトにリンクします。

この実習では、AutoCAD（DWG）ファイルをプロジェクトの基本平面図としてリンクし、現行のプロジェクトで立面図マーカーを建物の規模に合わせて移動して、リンクファイルの可視性グラフィックスを編集し、図 3–6 に示すようにハーフトーンで表示します。

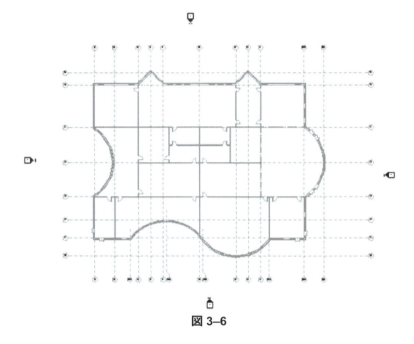

図 3–6

タスク 1 – AutoCAD ファイルをリンクする

1. *File* タブで (New) をクリックします。
2. New Project ダイアログボックスで **Browse...** をクリックします。
3. Choose Template ダイアログボックスで、**Structural Analysis-Default_Metric.rte** を選択します。Open をクリックして、次に **OK** をクリックします。
    - このテンプレートは、Autodesk Revit ソフトの米国メートル法版を使用しています。このバージョンをお持ちでない場合は、同テンプレートは、実習ファイルのフォルダ内からご利用いただけます。

構造プロジェクトの開始

4. Project Browser で、**Structural Plans: Level 1** のビューを開きます（デフォルトの構造テンプレートでは、自動的に Level 2 が開きます。AutoCAD ファイルから **Level 1** の平面図をインポートするため、このビューを開く必要があります）。

5. *Insert* tab > Link panel で （Link CAD）をクリックします。

6. Link CAD Formats ダイアログボックスで、自身の実習ファイルのフォルダに移動し、**Syracuse-Suites-First-Floor-M.dwg** を選択しますが、まだ開かないでください。

7. オプションを以下の通り設定、または確認してください。

   - **Current view only** を選択する。
   - *Colors:* **Black and White**
   - *Layers:* **All**
   - *Import Units:* **Auto-Detect**
   - *Positioning:* **Auto-Origin-to-Origin**

8. **Open** をクリックします。

9. ビューの範囲に合わせてズームアウトします（ヒント：**ZE** と入力するか、またはマウスホイールをダブルクリックします）。

10. 1 図 3–7 に示すように、Building Elevation（立面図）マーカーを、インポートした図面の外側に来るように移動します。立面図マーカーの両パーツ（矢印と正方形）を選択します。

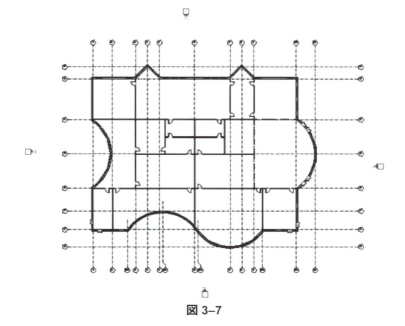

図 3–7

11. リンクファイル（インポート記号ともいいます）を右クリックして **Override Graphics in View > By Element** を選択します。

12. View-Specific Element Graphics ダイアログボックスで、図 3–8 に示す通り **Halftone** を選択します。

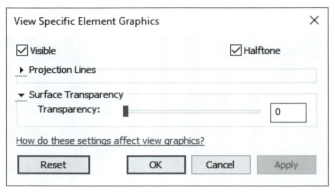

図 3–8

13. **OK** をクリックします

14. リンクファイルから離れた場所をクリックし、選択を解除します。

15. Quick Access Toolbar で (Default 3D View) をクリックします。ファイルは Level 1 のビューでのみリンクされているため、ここでは表示されません。

16. **Structural Plans: Level 1** のビューに戻ります。

17. モデル名を **Syracuse-Suites-CAD.rvt** として保存し、プロジェクトを閉じます。

3.2 Revit モデル内でリンクする

Autodesk Revit ソフトの建築または設備モデルは、構造プロジェクトに直接リンクすることが可能です。モデルが構造プロジェクトにリンクされると、デフォルトでは床、柱、壁といった構造関連のエレメントのみを表示します。図 3–9 に例を示します。

元のファイルが変更されると、リンクモデルも自動的に更新されます。

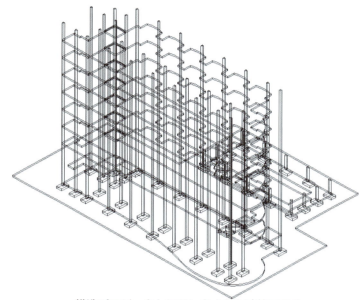

構造プロジェクトにリンクされた建築モデル

図 3–9

- Autodesk Revit ソフトで作成された建築・構造および設備モデルは、同じバージョン・ビルドで作成されている限り相互にリンクすることが可能です。

- リンクされたモデル（リンクモデル）を使用する際、設計分野間の不整合が検出され、情報がやり取りされます。

- Revit モデルは常にリンクされるもので、インポートできません。

> **ヒント：ビューと分野**
> 構造テンプレートを使用している際、ビューの多くでは構造エレメントのみ表示されるよう設定されています。建築情報（または他の設計分野の情報）を表示するには、Properties でビューの *Discipline*（設計分野）を変更してください。

操作手順：ホストプロジェクトにリンクモデルを追加する

1. *Insert* tab > Link panel で をクリックします。
2. Import/Link RVT ダイアログボックスで、リンクするファイルを選択します。このファイルを開く前に、図 3–10 に示す通り *Positioning* を設定します。

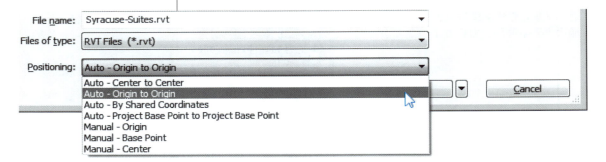

図 3–10

3. Open をクリックします。
4. 選択する配置方法に応じて、ファイルは自動的にプロジェクトに配置されます。自動で配置されない場合はカーソルを使って手動で配置できます。

- リンクが読み込まれる間は、画面やボタンをクリックしないでください。プロジェクト内にリンクが増えるほど、読み込みに時間がかかります。

リンクモデルを複数コピーする

リンクモデルのコピーによるインスタンスは、一般的には大学のキャンパスで同一の学生寮を 6 つ配置する場合など、同じ建物が複数の場所に配置されたマスタープロジェクトを作成する時などに使われます。

- リンクモデルは移動やコピー、回転、配列、鏡像化することができます。リンクモデルが 1 つだけの場合、いずれのコピーもリンクに対する追加のインスタンスとなります。

- コピーは自動的に番号付けされます。コピーの名前は、インスタンスが選択された際に Properties で変更できます。

構造プロジェクトの開始

- プロジェクト内にリンクを配置している場合、図 3–11 に示すように Project Browser > **Revit Links** node からリンクのコピーをドラッグ＆ドロップしてプロジェクトに追加することができます。

図 3–11

> **ヒント：リンクモデルが移動するのを防ぐ**
>
> リンクモデルが正しい位置に配置されたら、間違って動かしたり選択しないよう、その位置にロックすることができます。
>
> - リンクを選択できないようにするには、Status Bar で （Select Links）をクリックします。
> - 正しい位置でリンクモデルをピンするには、リンクモデルを選択し、Modify tab > Modify panel で、 （Pin）をクリックします。
> - ピンされたエレメントが選択されないようにするには、Status Bar で （Select Pinned Elements）をクリックします。
> - リンクを選択できないようにするには、Status Bar で （Select Links）をクリックします。
>
> リンクされたファイルが移動した場合は、Project Base Point（プロジェクト基点）または Internal Origin（内部原点）に再配置することができます。図 3–12 に示すように、ファイルを右クリックしてオプションを選択します。
>
>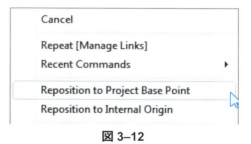
>
> 図 3–12

リンクの管理

Manage Links ダイアログボックス（図 3–13 参照）では、リンクの再読み込みや読み込み解除、追加、削除を行うほか、他のオプションの設定へもアクセスできます。Manage Links ダイアログボックスを開くには、Insert tab > Link panel で (Manage Links) をクリックするか、またはリンクを選択し、Modify | RVT Links tab > Link panel で (Manage Links) をクリックします。

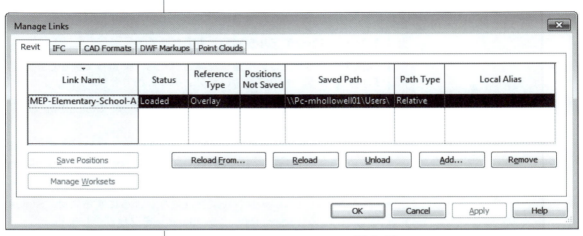

図 3–13

Manage Links ダイアログボックスで設定可能なオプションには、以下のものがあります。

- **Reload From**：再読み込みするファイルを選択する Add Link ダイアログボックスを開きます。リンクファイルの場所や名前が変更された場合に、このオプションを使用します。

- **Reload**：確認なしに即座にファイルを再読み込みします。

- **Unload**：プロジェクト内にリンクは保持したまま、ファイルが表示されないように、または計算されないように読み込みを解除します。**Reload** コマンドを使用して、読み込み状態を復元します。

- **Add**：ホストプロジェクト内に追加のモデルをリンクする Import/Link RVT ダイアログボックスを開きます。

- **Remove**：ファイルからリンクを削除します。

リンクは互いにネストすることができます。ホストプロジェクトが別のプロジェクト内にどのようにリンクされているかは、Reference Type 欄のオプションに準じます。

- **Overlay**：ネストされたリンクモデルは、新しいホストプロジェクトでは参照されません。

Project Browser でも Reload コマンドの適用が可能です。Revit Links ノードを展開し、Revit Link 上で右クリックして、Reload または Reload From... を選択します。

構造プロジェクトの開始

- **Attach**：ネストされたリンクモデルが、新しいホストプロジェクトで表示されます。

Path Type 欄のオプションは、リンク場所の記憶方法を管理します。

- **Relative**
    - 現在のプロジェクトのルートフォルダを検索します。
    - 元ファイルが移動している場合でも、Autodesk Revit ソフトはファイルの検索を行います。

- **Absolute**
    - ファイルが当初保存されていたフォルダのみ検索します。
    - 元ファイルが移動している場合は、Autodesk Revit ソフトはファイルの検索ができなくなります。

その他のオプションは、リンクファイルがどのように Worksets および Shared Positioning と接続されるかを管理します。

> **ヒント：可視性グラフィックスとリンクファイル**
>
> Visibility/Graphics ダイアログボックスを開く際（**VV** または **VG** と入力）、図 3–14 に示すように Revit リンクのグラフィックスの上書きを変更することができます。これは、ビューのクリーンアップや利用するビューの割り当てを支援します。
>
>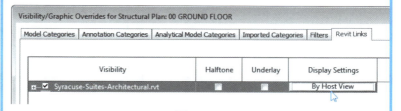
>
> 図 3–14
>
> *Display Settings* には以下が含まれます。
>
> - **By Host View**：Revit リンクの表示は、ホストモデル内の現行ビューのビュープロパティを基本にします。
>
> - **By Linked View**：Revit リンクの見た目は、選択されたリンクビューのプロパティに基づいており、現行ビューのビュープロパティは無視されます。
>
> - **Custom**：全てのグラフィックエレメントを上書きできます。

実習 3b | モデルベースの構造プロジェクトを開始する

この実習の目標

- テンプレートから新しいプロジェクトを開始します。
- 構造プロジェクト内に建築モデルをリンクします。

この実習では、Autodesk Revit で作成した建築モデルを新しい構造プロジェクトにリンクし、リンクモデルを正しい位置にピンします。その後、図 3–15 に示すように、ビュープロパティを構造的および建築的要素を表示するコーディネーションビューに変更します。

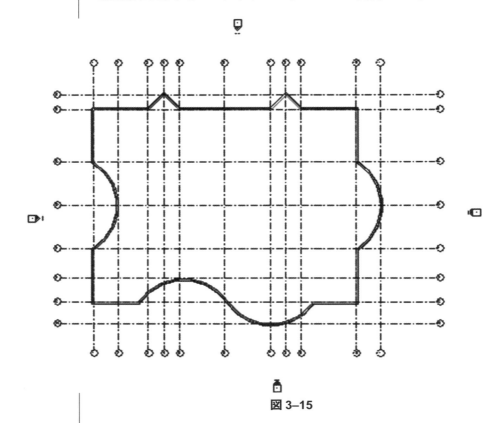

図 3–15

構造プロジェクトの開始

タスク 1 – 建築モデルを構造プロジェクトにリンクする

1. **Structural Analysis-DefaultMetric.rte** のテンプレートをもとに、新しいプロジェクトを開始します。ファイルは、自動的に **Structural Plans: Level 2** のビューで開きます。

   - このテンプレートは、Autodesk Revit ソフトの米国メートル法版を使用しています。このバージョンをお持ちでない場合、同テンプレートは実習ファイルのフォルダ内からご利用いただけます。

2. *Insert* tab > Link panel で 📇 (Link Revit) をクリックします。

3. Import/Link RVT ダイアログボックスで、自身の実習ファイルのフォルダから **Syracuse- Suites-Architectural-M.rvt** のファイルを選択します。*Positioning:* が **Auto - Origin to Origin** に設定されていることを確認し、**Open** をクリックします。

4. そのビューでリンクモデルを選択します（通芯のみ表示されます）。

5. *Modify | RVT Links* tab > Modify panel で 🕮 (Pin) をクリックします。これにより、ビュー内でリンクモデルが間違えて移動することがなくなります。

6. 図 3–16 に示すように、Building Elevation（立面図）マーカーを、リンク周辺に来るように調整します。

このビューは、構造エレメントのみを表示するよう設定されているため、ここでは通芯のみが表示されています。

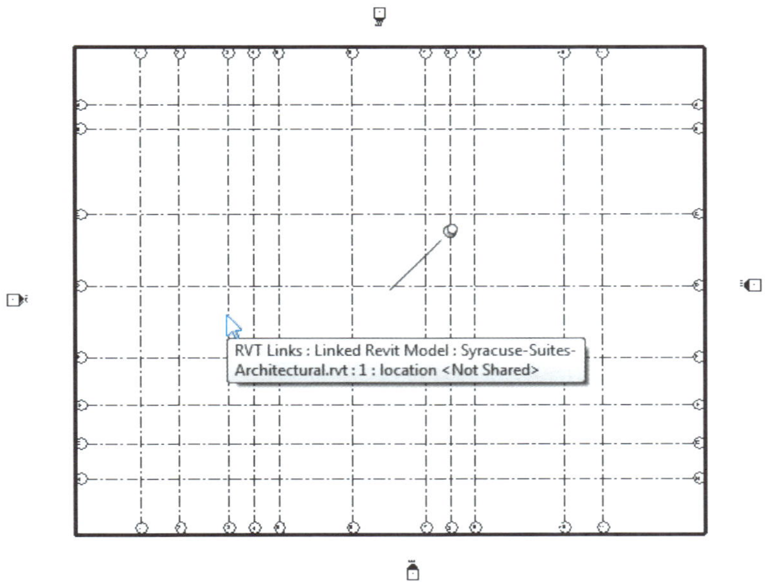

図 3–16

© 2018, ASCENT - Center for Technical Knowledge®

7. プロジェクト全体がビューに表示されるように縮小表示します（ヒント：**ZF** と入力）。

8. 新しいビューの Structural Plan Properties を表示させるため、何も選択されていないことを確認してください。

9. 図 3–17 に示す通り、Properties で *Discipline* を **Coordination** に変更します。

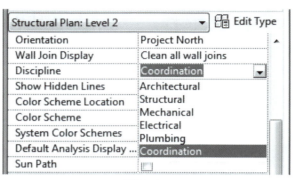

図 3–17

10. **Apply** をクリックします。建築壁が表示されます。

11. プロジェクトを **Syracuse Suites- < ユーザのイニシャル > .rvt** として、実習ファイルのフォルダに保存します。

構造プロジェクトの開始

3.3 レベル面を設定する

レベルは、図 3-18 に示すように、階層や他の垂直方向の高さを定義します。デフォルトのシステムテンプレートには予め2つのレベル面が含まれていますが、必要であればプロジェクト内には希望する数のレベル面を設定することができます。レベル面は下層階（地下用）または高層階方向に動かすことができます。

階の高さは主に建築設計者によって設定され、それを構造モデル内にコピーしてモニタリングする必要があります。必要に応じて、プロジェクト内に直接レベル面を描き込むことも可能です。

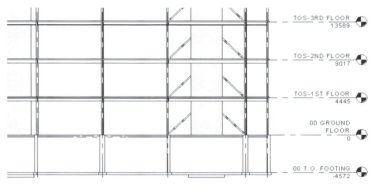

図 3-18

- レベル面を設定するのは、立面図または断面図のビュー内にいる時でなければなりません。

- 一度エレメントをあるレベル面に固定して拘束すると、エレメントはこのレベル面が変更された際に一緒に移動します。

操作手順：レベル面を設定する

1. 立面図または断面図ビューを開いてください。
2. *Structure* tab > Datum panel で (Level) をクリックするか、または **LL** と入力します。
3. 必要に応じて Type Selector でレベル記号のタイプを設定します。
4. 必要に応じて Options Bar で **Make Plan View** を選択するか、または選択を解除します。**Plan View Types...** をクリックして、レベル面を設定する際のビューのタイプを選択することも可能です。
5. *Modify | Place Level* tab > Draw panel で、

    - (Line) をクリックし、レベル面を描画します。
    - (Pick Lines) をクリックし、オフセットを使用するエレメントを選択します。

    Pick Lines を使用する際は、間違って複数のレベル面を重ねて配置したり、他のエレメント上に配置しないよう注意します。

6. 必要に応じて、引き続きレベル面を追加します。

- レベル面の名前は、これらを配置する順に番号が自動的に割り振られます。これはシンプルに名前をつけるのに便利です（例：First Floor、Second Floor ではなく、Floor 1、Floor 2 など）。これにより、Project Browser 内でビューを見つけやすくなります。

- 複数のレベル面の作成には、オフセットを利用する (Pick Lines) オプションを使用すると素早くできます。Options Bar で *Offset* を指定し、既存のレベル面を選択した後、図 3–19 に示すようにその上側または下側で新しいレベル面を選択します。

カーソルをオフセットの上側か下側のうち必要な側に合わせて指定します。

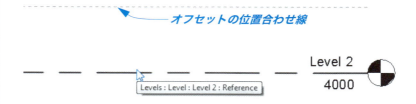

図 3–19

- (Line) オプションを使用する際は、図 3–20 に示すように位置合わせと仮寸法を使用すると線を正確に配置できます。

レベル面の記号を図面のどちら側に配置するかによって、レベル線を左から右に向かって描くか、右から左に向かって描くかを選択します。ただし、必ず同じ方向に描くようにします。

図 3–20

- レベル線は、 (Copy) を用いて複製することもできます。レベル面の名前がそれぞれ割り振られますが、平面図ビューは作成されません。

- レベル面はデフォルトの 3D ビューで表示されます。これらは変更したりコピーすることができますが、このビュー内で作成することはできません。

- いずれのビューにおいても、レベル面を非表示にすることが可能です。

構造プロジェクトの開始

レベル面の変更

レベル面は図 3–21 に示すように、基本コントロールや仮寸法を使って変更することができます。また Properties palette 内でも変更を加えることが可能です。

図 3–21

- ☑ ☐（Hide / Show Bubble）は、レベル線のいずれかの端に表示されるもので、レベル記号とレベル面情報の表示をオン・オフに切り替えます。

- 2D 3D（Switch to 3d / 2d extents）は、レベル線に加えられた移動や調整が別のビュー（3D）に反映されるかどうか、または現在のビュー（2D）のみに影響するかを管理します。

- （Modify the level by dragging its model end）はレベル線の両端にあり、レベル記号を別の場所にドラッグすることができます。

- （Create or remove a length or alignment constraint）は、他のレベル面と一直線上にあるレベル面がロックされるかどうかを管理します。ロックされている場合は、レベル線が引き延ばされるとその他全てのレベル線も引き延ばされます。ロックされていない場合は、このレベル線はその他のレベル面からは独立して引き延ばされます。

- （Add Elbow）をクリックすると、図 3–22 に示すようにレベル線に屈折部が追加されます。必要に応じて、形状ハンドルを新しい位置にドラッグします。これはビューに固有の変更です。

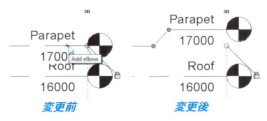

図 3–22

- レベル面の名前、または高さを変更するには、図 3–23 に示すように、レベル記号の隣にある情報をダブルクリックするか、または Properties でレベル面を選び、Name または Elevation を変更します。

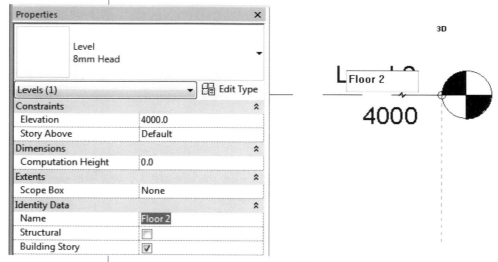

図 3–23

- Level の名前を変更する際、図 3–24 に示すような警告ボックスが開き、対応するビューの名前を変更するかどうかを確認します。

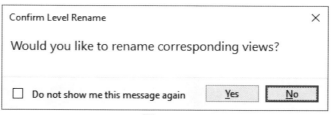

図 3–24

- ビューの名前は Project Browser 上でも変更されます。

構造プロジェクトの開始

- レベル面を消去すると、このレベルに関連するビューも消去されます。図 3–25 に示すように、警告が表示されます。

図 3–25

> **ヒント：他のプロジェクトからレベル面と通芯をコピーする**
>
> インポートまたはリンクされた CAD ファイルの既存のレベル面や通芯の上に描くことで、レベル面や通芯を追加することができます。リンクされた Autodesk® Revit® ファイルからもレベル面や通芯をコピーおよびモニタリングすることができます。両方の手法が必要となるプロジェクトもあります。

平面図ビューの作成

デフォルトでは、レベル面を配置するとそのレベル面の平面図ビューが自動的に作成されます。レベル面を追加する際に **Make Plan View** がオフになっていた場合、またはレベル面がコピーされた場合に、このレベル面に合った平面図ビューを作成することができます。

- 図 3–26 で示すように、ビューを伴うレベル記号は青色、関連するビューを持たないレベル記号は黒色で表示されます。

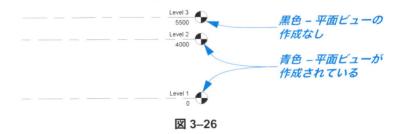

図 3–26

通常、基礎壁の上端やトラスの支持点の高さなど、データを示すレベルには平面図ビューを作成する必要はありません。

操作手順：平面図ビューを作成する

1. *View* tab > Create panel で（Plan Views）を展開し、図 3–27 左側で示すように、作成する平面図ビューのタイプを選択します。
2. New Plan ダイアログボックス（図 3–27 右側）で、作成する平面図ビューのレベル面を選択します。

2つ以上のレベル面を選択するには、<Ctrl> キーまたは <Shift> キーを押したまま選択します。

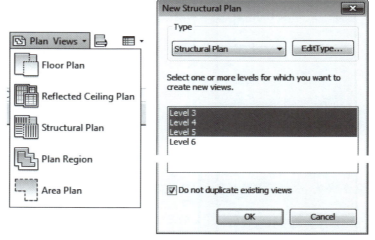

図 3–27

3. **OK** をクリックします

- **Do not duplicate existing views** が選択されていると、平面図タイプが選択されていないビューがリストに表示されます。

3.4 エレメントのコピーとモニタリング

リンクされた建築モデルが配置されると次のステップは、必要なエレメントをリンクファイルから構造プロジェクトにコピーしてモニタリングすることです。頻繁にコピーしてモニタリングするエレメントは、通芯、レベル面、柱、壁、床などです。コピーしたエレメントはモニタリングシステムにより追跡され、何かが変更された場合には更新するよう注意を促します。図 3–28 の例では、通芯が建築モデルからリンクされ、モニタリング対象とされるエレメントが (Monitor) アイコンで示されています。

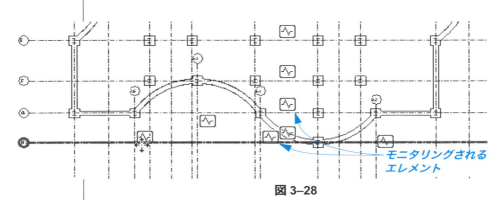

図 3–28

- **Copy** は、現在のプロジェクト内で選択されたエレメントの複製を作成し、リンクモデルまたは現在のプロジェクト内の選択されたエレメントに対して監視します。

- **Monitor** は、同タイプの 2 つのエレメント（リンクモデルから現在のプロジェクトへコピーされたもの（図 3–29 参照）または現在のプロジェクト内のもの）を相互比較します。

図 3–29

操作手順：リンクファイルからエレメントをコピーし、モニタリングする

1. *Collaborate* tab > Coordinate panel で、(Copy/Monitor) を展開し、(Select Link) をクリックします。
2. リンクを選択します。
3. *Copy/Monitor* tab > Tools panel で、(Copy) または (Monitor) をクリックします。
4. リンクファイルからコピーする場合には、コピーするエレメントを 1 つずつ選択します。別の方法としては、**Multiple** オプションを使用します。
    - 図 3–30 に示すように、Options Bar で **Multiple** を選択します。

図 3–30

- <Ctrl> を押したまま、モデルへ個別にコピーするエレメントを選択するか、または複数のエレメントを囲むウィンドウをドラッグして選択します。
- Options Bar で **Finish** をクリックします。

リンクモデル内のエレメントと共に現在のプロジェクト内のエレメントをモニタリングする場合は、最初に現在のプロジェクト内のエレメントを選択し、次にリンクモデル内のエレメントを選択します。

5. (Finish) をクリックし、Copy / Monitor の工程を終了します。

操作手順：現在のプロジェクトでエレメントをコピーし、モニタリングする

1. *Collaborate* tab > Coordinate panel で、(Copy/Monitor) を展開し、(Use Current Project) をクリックします。
2. *Copy/Monitor* tab > Tools panel で、(Copy) または (Monitor) をクリックします。
3. モニタリングする 2 つのエレメントを選択します。
4. エレメントを追加する場合は、上記手順を繰り返します。
5. (Finish) をクリックしてコマンドを終了します。

- ソフトがエレメントをモニタリングするには、これらが同じ高さまたは場所にある必要はありません。

複製されたタイプまたは名前が変更されたタイプに関して警告が表示される場合があります。

構造プロジェクトの開始

コピーとモニタリングの設定

コピーとモニタリングを行う前に、エレメントタイプの設定を編集できます。

- *Copy/Monitor* tab > Tools panel で、🔧（Options）をクリックします。図 3–31 に示すように、Copy/Monitor Options ダイアログボックスで、コピーするエレメントのタイプのタブを *Levels*、*Grids*、*Columns*、*Walls*、*Floors* の中から選択します。

タブには、リンクされたプロジェクト内にあるカテゴリが表示されます。

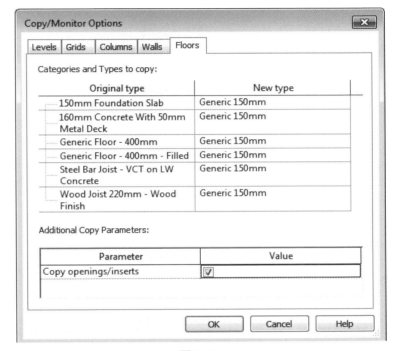

図 3–31

Autodesk Revit 2019：構造の基本

実習 3c エレメントをコピーしてモニタリングする

この実習の目標

- リンクモデルから現在のプロジェクトにエレメントをコピーしてモニタリングします。

この実習では、図 3–32 に示すように、既存のレベル面をモニタリングし、リンクされた建築モデルから現在の構造プロジェクトに別のレベル面をコピーします。

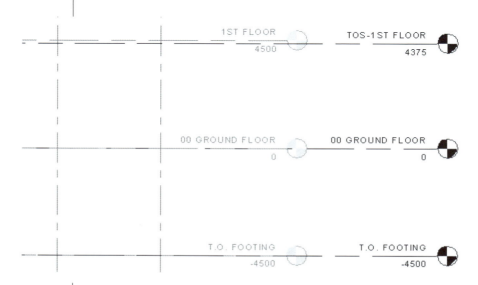

図 3–32

タスク 1 – リンクモデルが入った作業中のプロジェクト内のエレメントをモニタリングする

1. プロジェクト **Syracuse-Suites-Monitor-M.rvt** を開いてください。
    - リンクファイルの再読み込みが必要な場合は、Manage Links ダイアログボックスで **Reload From** をクリックします。実習フォルダに移動し、**Syracuse-Suites-Architecture-M.rvt** を選択して **Open** をクリックします。

2. Project Browser で **Elevations（Building Elevation）：South** のビューを開きます。

3. リンクを選択します。図 3–33 に示すように、現在のプロジェクトには 2 つの既存レベル面、リンクモデルには数多くのレベル面があります。

構造プロジェクトの開始

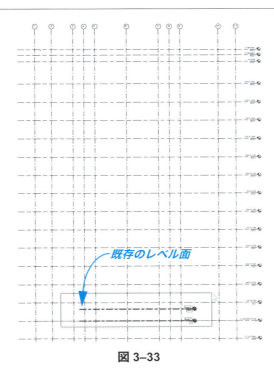

図 3–33

4. リンク上で右クリックし **Override graphics in View > By Category** を選択します。

5. View-Specific Category Graphics ダイアログボックスで、**Halftone** を選択して **OK** をクリックします。

6. ▶ (Modify) をクリックし、**Level 2** を削除します。図 3–34 に示すような警告ダイアログボックスが開きます。**OK** をクリックして対応するビューを削除します。これらのビューは、このプロジェクトでは必要ないためです。

後のステップで新しいレベル面が作成され、リンクモデルのレベル面に基づき自動的に名前が付けられます。

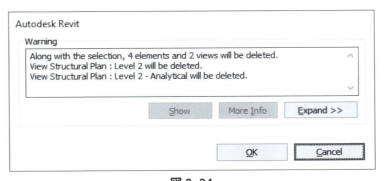

図 3–34

Autodesk Revit 2019：構造の基本

7. **Level 1** を選択します。コントロールを使用し、ホストプロジェクト内のレベル線をリンクモデル上のレベル線よりも長くして違いを確認できるようにします。必要に応じてズーム（拡大・縮小表示）とパン（画面移動）を使用します。

8. 図 3–35 に示す通り、レベル名をクリックして **00 GROUND FLOOR** に変更します。

図 3–35

9. **Yes** をクリックし、関連するビューに名前を付けます。

10. Project Browser では、図 3–36 に示すように以前の **Level 1** のビューの名前が **00 GROUND FLOOR** に変更されています。

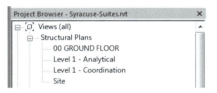

図 3–36

11. Project Browser で、他の 2 つの Level 1 のビューを右クリックし、**00 GROUND FLOOR – Analytical** と **00 GROUND FLOOR - Coordination** に名前を変更します。

12. 構造平面ビューが 1 つまたは複数開いていたらそれを閉じ、南立面図ビューに戻ります（ヒント：Quick Access Toolbar で （Close Inactive Windows）をクリックします）。

13. プロジェクトを保存します。

タスク 2 – レベル面をコピーしてモニタリングする

1. *Collaborate* tab > Coordinate panel で、 （Copy/Monitor）を展開し （Select Link）をクリックします。

2. リンクモデルを選択します。

3. *Copy/Monitor* tab > Tools panel で、 （Monitor）をクリックします。

構造プロジェクトの開始

4. 現在のプロジェクトで **00 GROUND FLOOR** というレベル面を選択した後、リンクモデルで対応するレベル面を選択します。図 3–37 に示すように、レベル面のモニタリングが開始します。

図 3–37

- モニタのアイコンを見るには、縮小表示が必要な場合があります。

5. *Copy/Monitor* tab > Tools panel で、🔧（Options）をクリックします。

6. Copy/Monitor Options ダイアログボックスで、*Levels* タブを選択します。図 3–38 に示す通り、*Reuse matching Levels* を **Reuse if Elements match exactly** に変更します。

Parameter	Value
Offset Level	0.0
Reuse Levels with the same name	☑
Reuse matching Levels	Reuse if Elements match exactly
Add suffix to Level Name	Don't reuse
Add prefix to Level Name	Reuse if Elements match exactly
	Reuse if within offset

図 3–38

7. **OK** をクリックします。

8. *Copy/Monitor* tab > Tools panel で、（Copy）をクリックします。

9. **T.O. Footing** というレベル面を選択します。

10. 名前を変更する Grid Head（通芯記号）のコピーに関する警告メッセージを閉じます。図 3–39 に示すように、リンクモデル内のレベル面の複製が現在のプロジェクトにコピーされます。

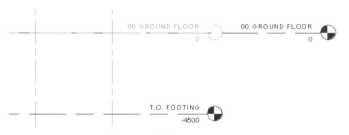

図 3–39

11. *Copy/Monitor* tab > Tools panel で、🔧（Options）をクリックします。

12. Copy/Monitor Options ダイアログボックスで、*Levels* タブを選択します。図 3–40 に示す通り、*Offset Level* を **-**（マイナス）**125mm** に、*Add prefix to Level Name*（レベル面に接頭辞を追加）を **TOS-** に設定します。

Parameter	Value
Offset Level	-125.0
Reuse Levels with the same name	✓
Reuse matching Levels	Reuse if Elements match exactly
Add suffix to Level Name	
Add prefix to Level Name	TOS-

図 3–40

13. **OK** をクリックします。

14. *Copy/Monitor* tab > Tools panel で、（Copy）をクリックします。

15. 1 階から 14 階までの各レベル面を選択します。各レベル線が配置されるごとに、（Monitor）が表示されます。

16. Copy/Monitor パネルで、✓（Finish）をクリックします。

17. 図 3–41 に示すように、TOS- という接頭辞の新しいレベル面が現在のプロジェクトにコピーされ、リンクモデルのレベル面から **125mm** 下に配置されます。

レベル記号の位置合わせをして、現在のレベル面とリンクされたレベル面の両方を両端で見られるようにします。

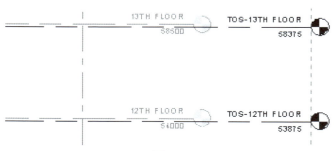

図 3–41

18. ビューの範囲に合わせて縮小表示（ZF と入力）し、プロジェクトを保存します。

タスク 3 – ビューを設定する

1. 図 3–42 に示すように、Project Browser で新しいレベル面の平面図が表示されていないことに留意します。

図 3–42

2. *View* tab > Create panel で、 (Plan Views) を展開し、 (Structural Plan) をクリックします。

3. New Structural Plan ダイアログボックスで、図 3–43 に示すように全てのレベル面を選択します。**OK** をクリックします。

4. 図 3–44 に示すように、Project Browser で新しいビューが表示されます。**TOS-14 ROOF**（最後に作成した平面図）が自動的に開きます。

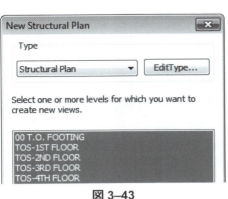

図 3–43

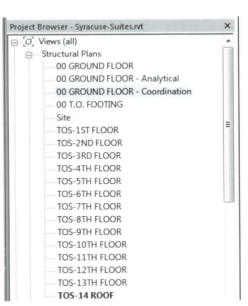

図 3–44

5. **Elevations（Building Elevation）：South** のビューを開きます。
6. プロジェクトを保存して閉じます。

3.5 リンクモデルを連携させる

エレメントをモニタリングすると、データや位置の変更が識別されます。例えば、通芯を動かすと、図 3–45 に示すような Coordination Monitor 警告が表示されます。Coordination Review（コーディネーションの再検討）を実行して、これらの変更の訂正または承諾を行います。

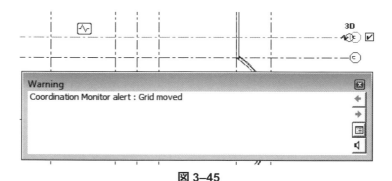

図 3–45

- 開こうとするファイルに、これまで修正され、モニタリングされてきたエレメントを含むファイルがリンクされている場合には、図 3–46 に示すような Warning（警告）が表示されます。

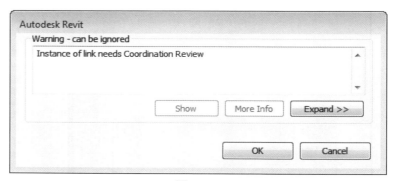

図 3–46

- 警告は変更作業を妨げるものではなく、エレメントがモニタリングされ、さらなる調整が必要であることを警告するものです。

- エレメントがこれ以上モニタリングされないようにするには、そのエレメントを選択し、関連する *Modify* tab > Monitor panel で、（Stop Monitoring）をクリックします。

操作手順：コーディネーションの再検討を実行する

1. *Collaborate* tab > Coordinate panel で、(Coordination Review) を展開し、(Use Current Project) または (Select Link) をクリックします。すると図 3–47 に示すように、検出された全ての問題点が Coordination Review ダイアログボックスにリスト表示されます。

   • 問題点がない場合は、*Message* エリアには何も表示されません。

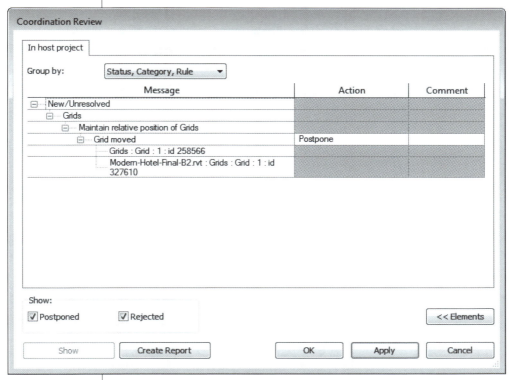

図 3–47

2. Group by: ドロップダウンリストでは、情報を様々な方法で **Status**、**Category**、**Rule** 毎にグループ分けできます。これは確認するエレメントが多い場合に重要です。

3. 図 3–48 に示すように、該当のエレメントに関係する各問題点に対して、Action（対応）を1つ選択します。

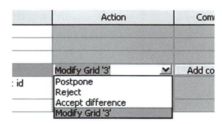

図 3–48

- **Postpone** – この時点では何もせずそのままにします。
- **Reject** – 変更を受け入れません。変更は別のモデルで行う必要があります。
- **Accept Difference** – 現在のプロジェクト内にあるモニタリング対象のエレメントに対しては変更を加えませんが、モニタリング状況の変更（エレメント間の距離など）を受け入れます。
- **Rename/Modify/Move** – モニタリングされているエレメントに対して変更を適用します。
- 特殊なケースが発生した場合には、他のオプションが表示されます。詳しい情報については Autodesk Revit ヘルプファイルを参照してください。

4. コメントを追加するには、右側の列にある **Add comment** をクリックします。これにより、変更日など変更に関する注記を加えることができます。
5. エレメントの名前を選択するかまたは **Show** をクリックして、問題のある項目を表示します。**Show** をクリックするとビューが変更され、エレメントを画面中央に表示します。名前を選択した場合にはビューは変更されません。
6. **Create Report** をクリックして、図 3–49 に示すような他のユーザと共有できる HTML フォーマットのレポートを作成します。

Revit Coordination Report

In host project

New/Unresolved	Levels	Maintain Position	Level moved by 1' - 0"	Levels : Level : TOS-14 ROOF : id 518290 Syracuse-Suites-Architectural-TEST.rvt : Levels : Level : 14 ROOF : id 199895

図 3–49

構造プロジェクトの開始

ヒント：トラブルシューティング

様々なエレメントを使って作業をしている際、異常があると警告ダイアログボックス（例：図 3–50 参照）が表示されますが、作業は継続できます。大半の場合、警告ダイアログボックスを閉じて問題を修正するか、または後で対処することもできます。

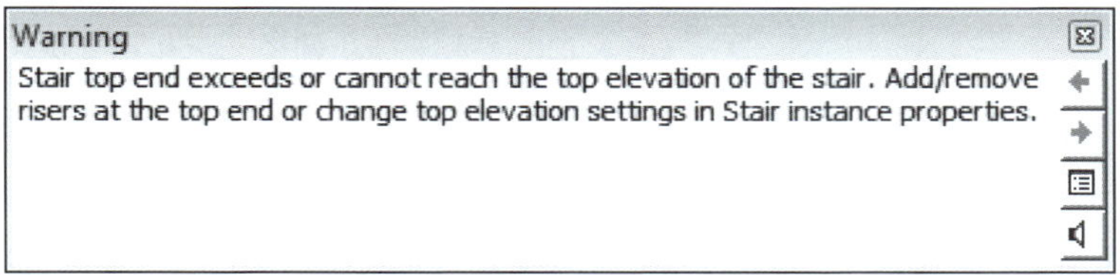

```
Warning                                                    ☒
Stair top end exceeds or cannot reach the top elevation of the stair. Add/remove   ←
risers at the top end or change top elevation settings in Stair instance properties.  →
                                                            ▤
                                                            ◁
```

図 3–50

対応不可避なエラーが表示される場合もあります。その場合は、作業を止めて修正対応が必要になります。

警告の対象となるエレメントを選択すると、Ribbon に ⚠ （Show Related Warnings）が表示され、関連する警告内容を確認できるダイアログボックスが開きます。

また、*Manage* tab > Inquiry panel で 📇 （Review Warnings）をクリックし、プロジェクト内の全ての警告を記載したリストを表示することができます。

実習 3d　リンクモデルを連携させる

この実習の目標

- 建築モデルに変更を加えます。
- コーディネーションの再検討を実行します。

この実習では、建築モデルに変更を加えた後、変更に関する確認を促す構造プロジェクトを開いてコーディネーションの再検討を実行し、図 3–51 に示すように、建築モデルにおける変更と一致するよう構造プロジェクトを更新します。

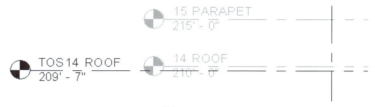

図 3–51

タスク 1 – 建築モデルを編集する

1. 実習ファイルのフォルダから、**Syracuse-Suites-Architectural-M.rvt** を開いてください。

2. **Elevations（Building Elevation）：SOUTH ELEVATION** のビューを開きます。

3. 建物上部のレベル面を拡大表示します。

4. **14 ROOF** 下部の番号をダブルクリックし、図 3–52 に示すように高さを **64000mm** に変更します。

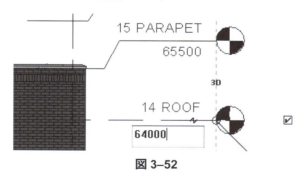

図 3–52

5. モデルを保存して閉じます。

タスク 2 – 建築モデルと構造モデルを連携させる

1. **Syracuse Suites-Coordinate-M.rvt** を開いてください。
2. 図 3–53 に示すように、リンクファイルに Coordination Review が必要であるという内容の警告ダイアログボックスが表示されます。

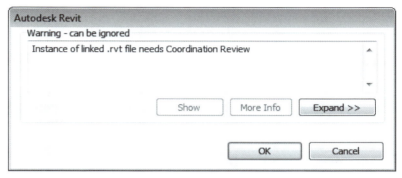

図 3–53

3. **OK** をクリックします。
4. リンクモデルを選択し、*Modify RVT Links* tab > Monitor panel で、 （Coordination Review）をクリックします。
5. Coordination Review ダイアログボックスで、**Level Moved** ノードを展開します。図 3–54 に示すように、*Action* の列でドロップダウンリストを展開し、**Move Level 'TOS-14 ROOF'** を選択します。

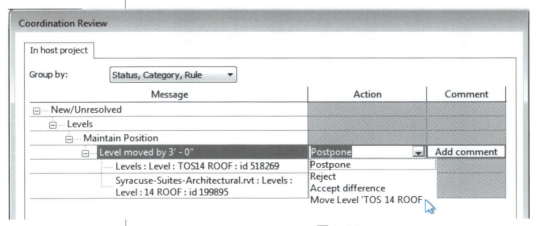

図 3–54

6. **OK** をクリックします。図 3–55 に示すように、リンクモデルと現在のモデルの両方で、レベル面の変更が反映されます。

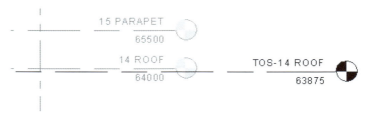

図 3–55

7. 縮小表示し、立面図全体を確認します。

8. プロジェクトを保存して閉じます。

Chapter の復習

1. CAD ファイルを Autodesk Revit ソフトにインポートすると、図 3–56 に示すように、線とテキストになります。

   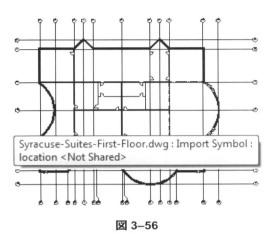

   図 3–56

   a. 正しい
   b. 間違っている

2. レベル面をプロジェクトに追加する際、どのタイプのビュー内にいる必要がありますか？

   a. 平面図ビュー以外のいずれか
   b. レベル面の追加はダイアログボックスで行うため、どのビューでもよい
   c. 3D ビュー以外のいずれか
   d. 断面図または立面図ビュー

3. 以下のエレメントのうち、コピー / モニタリング可能なものはどれですか？（該当するものを全て選択してください）

   a. 通芯
   b. レベル面
   c. 梁
   d. ブレース

4. 以下のエレメントタイプのうち、ホストプロジェクトとともにコーディネーションの再検討が実行可能なものはどれですか？

    a. CAD リンク

    b. CAD インポート

    c. Revit リンク

    d. Revit インポート

5. 建築モデルを構造プロジェクトにリンクする際にリンクモデルのサイズが変わる場合は、図 3–57 に示す配置方法のうちモデルの位置が変わらないのはどれですか？

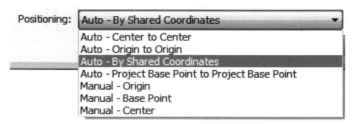

図 3–57

    a. Auto - Center-to-Center

    b. Auto - Origin-to-Origin

    c. Manual - Basepoint

    d. Manual - Center

6. 1 つのプロジェクトは何回まで別のプロジェクトとリンクすることができますか？

    a. 1 回

    b. リンクのサイズによって制限される

    c. 希望する限り何回でも

構造プロジェクトの開始

コマンド概要

アイコン	コマンド	場所
一般的ツール		
	Level	• **Ribbon**: *Architecture* tab > Datum panel • **ショートカットキー** : LL
	Override By Category	• **Ribbon**: *Modify* tab > View panel で Override Graphics in View を展開 • **ショートカットメニュー** : Override Graphics in View > By Category...
	Override By Element	• **Ribbon**: *Modify* tab > View panel で Override Graphics in View を展開 • **ショートカットメニュー** : Override Graphics in View > By Element...
	Pin	• **Ribbon**: *Modify* tab > Modify Panel
	Select Links	• **Status Bar**
	Select Pinned Elements	• **Status Bar**
CAD ファイル		
	Import CAD	• **Ribbon**: *Insert* tab > Import panel
	Link CAD	• **Ribbon**: *Insert* tab > Link panel
リンクされた Revit ファイル		
	Coordination Review	• **Ribbon**: *Collaborate* tab > Coordinate panel
	Copy (from linked file)	• **Ribbon**: *Copy/Monitor* tab > Tools panel
	Copy/Monitor > Select Link	• **Ribbon**: *Collaborate* tab > Coordinate panel で Copy/Monitor を展開
	Copy/Monitor > Use Current Project	• **Ribbon**: *Collaborate* tab > Coordinate panel で Copy/Monitor を展開
	Link Revit	• **Ribbon**: *Insert* tab > Link panel
	Manage Links	• **Ribbon**: *Manage* tab > Manage Projects panel または *Insert* tab > Link panel
	Monitor	• **Ribbon**: *Copy/Monitor* tab > Tools panel
	Options (Copy/ Monitor)	• **Ribbon**: *Copy/Monitor* tab > Tools panel

© 2018, ASCENT - Center for Technical Knowledge®

Chapter 4

ビューの取扱い

ビューとは、Autodesk® Revit® モデルの作業において基礎となるもので、モデルを 2D と 3D の両方で見ることができます。作業中にビューを複製したり変更したりすることで、モデルの同じビューをもとに異なる情報を表示することができます。吹き出し、立面図、断面図は設計図書を作成する上で特に重要なビューです。

この Chapter の学習目標

- 異なるビューでのエレメントの表示方法を変更して必要な情報を表示し、設計図書用のビューを設定します。
- モデル作成時や設計図書用に表示方法を変更できるように、ビューを複製します。
- 詳細図作成のために、平面図、断面図、または立面図の各部分の吹き出しビューを作成します。
- どのように建物が建てられるかを説明する、建物とインテリアの立面図を追加します。
- モデルの作成を支援し、設計図書に含めるための建物と壁の断面図を作成します。

4.1 ビューの表示を設定する

ビューは、建物のエレメントを再度作成することなくモデルを複数のバージョンで作成できるとても便利なツールです。例えば、モデルでの作業に特化したビューを設定したり、注釈を加えたり、設計図書用に別のビューを作成することができます。図4–1に示すように、設計分野によって異なるビューを設定し、それぞれに必要な機能だけを表示することも可能です。ビューはそれぞれに独立したプロパティを持っています。

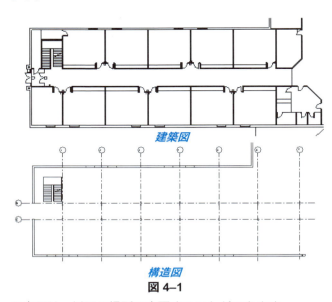

建築図

構造図

図 4–1

ビューの表示は、以下の場所で変更することができます。

- View Control Bar
- Properties
- Shortcut menu
- Visibility/Graphic Overrides ダイアログボックス

グラフィックスの非表示と上書き

よく使われるビューのカスタマイズ方法は以下の2つです。

- 個々のエレメントまたはカテゴリを非表示にする。
- エレメントまたはカテゴリのグラフィック表示の方法を変更する（例：線の太さ、色またはパターンの変更）。

エレメントとは独立したアイテム（ビューの中の1つの壁など）ですが、カテゴリには選択したエレメントの全てのインスタンス（ビューの中のすべての壁など）が含まれることに注意します。

例えば、図4–2に示すように、構造平面図中のカテゴリを編集することで、全ての基礎エレメントをグレー表示にできます。

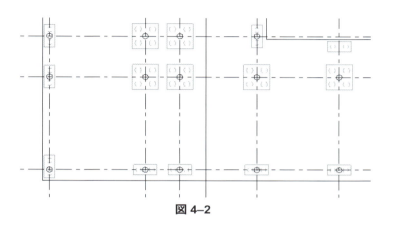

図 4–2

操作手順：ビュー内でエレメントとカテゴリを非表示にする

1. 非表示にするエレメントまたはカテゴリを選択します。
2. 右クリックして、図4–3に示すように **Hide in View > Elements** または **Hide in View > Category** を選択します。
3. エレメントまたはカテゴリが現在のビューのみで非表示になります。

全カテゴリを素早く非表示にするには、エレメント（複数可）を選択して **VH** と入力します。

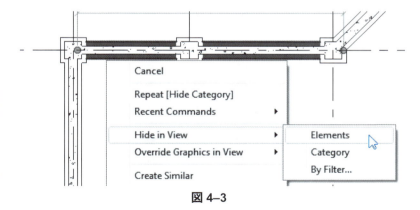

図 4–3

操作手順：ビュー内でエレメントまたはカテゴリのグラフィックスを上書きする

1. 変更するエレメント（複数可）を選択します。
2. 右クリックして **Override Graphics in View > By Element** または **By Category** を選択します。図 4–4 に示すように、View-Specific Element（または Category）Graphics ダイアログボックスが開きます。

ダイアログボックス内のオプションは、厳密には選択したエレメントのタイプによって異なります。

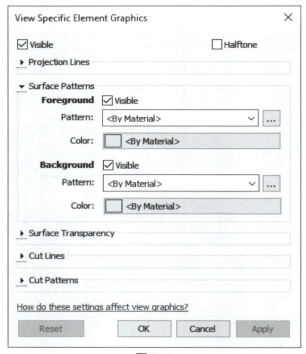

図 4–4

3. 変更するものを選択し、**OK** をクリックします。

ビュー毎に適用されるオプション

- **Visible** オプションの解除は、エレメントまたはカテゴリを非表示にするのと同じ結果になります。

- **Halftone** オプションを選択すると、エレメントまたはカテゴリがグレー表示になります。

- *Projection Lines*（投影線）と *Cut Lines*（切断線）のオプションには、**Weight**（太さ）、**Color**、**Pattern** があります。図 4–4 に示すように、*Surface Patterns* と *Cut Patterns* のオプションには、前面と背面に関する **Visibility**（表示設定）、**Pattern**、**Color** があります。

ビューの取扱い

- **Surface Transparency**（サーフェスの透明度）は、図 4–5 に示すようにスライダーバーを動かして設定します。

図 4–5

- View-Specific Category Graphics ダイアログボックスには **Open the Visibility Graphics dialog...** が含まれ、これを選択するとオプションに関するダイアログボックス全体が開きます。

Visibility/Graphic Overrides ダイアログボックス

Visibility/Graphic Overrides ダイアログボックスのオプション（図 4–6 参照）は、エレメントの各カテゴリとサブカテゴリがビュー毎にどのように表示されるかを管理します。カテゴリのオン・オフの切り替えや、*Projection/Surface* と *Cut* 情報の上書き、カテゴリの **Halftone** 設定、*Detail Level* の変更ができます。

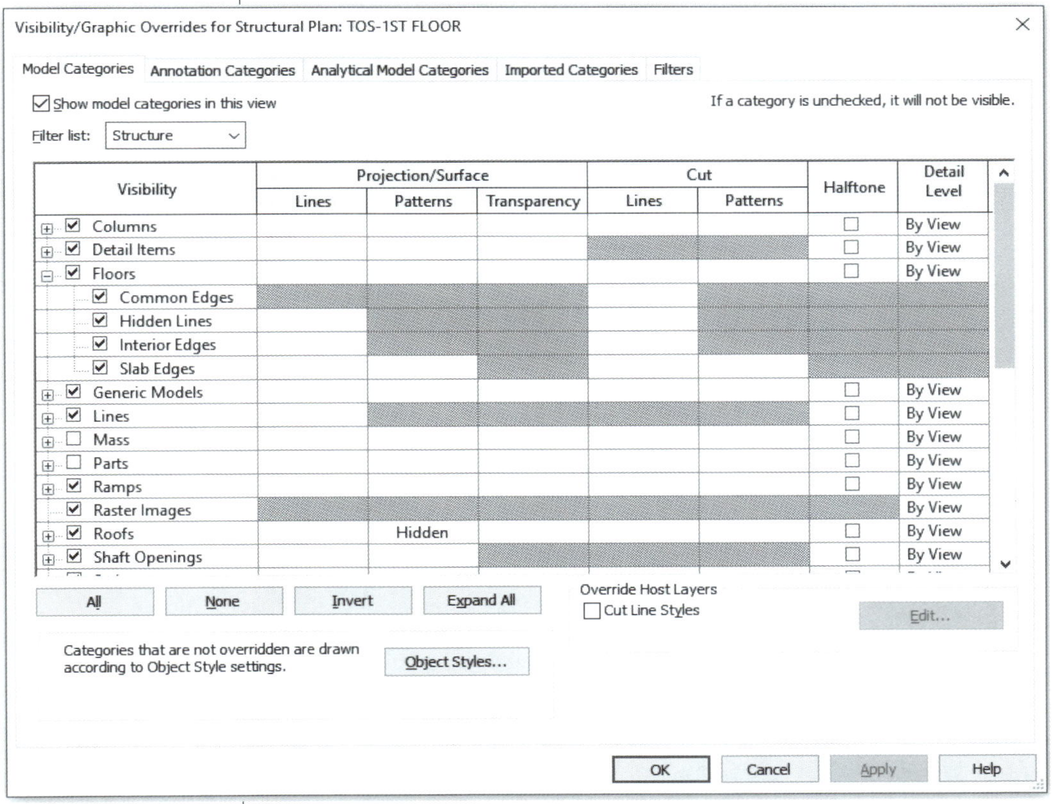

図 4–6

Visibility/Graphic Overrides ダイアログボックスを開くには、**VV** または **VG** と入力します。このダイアログボックスは、Properties の *Graphics* エリアで、*Visibility/Graphic Overrides* の横にある **Edit...** をクリックしても開きます。

- Visibility/Graphic Overrides は、*Model*、*Annotation*、*Analytical Model*、*Imported*、*Filters* のカテゴリに分かれています。

- 特定のデータがプロジェクトに含まれている場合は、*Design Options* や *Linked Files*、*Worksets* といった別のカテゴリを選択できる場合があります。

- ダイアログボックス内で表示されるカテゴリの数を制限するには、図 4–7 に示すように *Filter list* から設計分野を選択します。

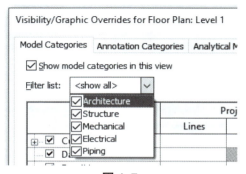

図 4–7

- **All**、**None**、**Invert** ボタンを使用すると、カテゴリの選択が容易になります。**Expand All** ボタンを押すと、全てのサブカテゴリが表示されます。

> **ヒント：非表示のエレメントまたはカテゴリを復元する**
>
> 非表示になっているカテゴリは、Visibility/Graphic Overrides ダイアログボックスを使って表示することができます。ただし非表示のエレメントを表示するには、エレメントをまず一時的に可視化しなければなりません。
>
> 1. View Control Bar で、 (Reveal Hidden Elements) をクリックします。図 4–8 に示すように、境界と全ての非表示エレメントがマゼンタ色で表示され、このビューで表示されているエレメントはグレー表示になります。
>
>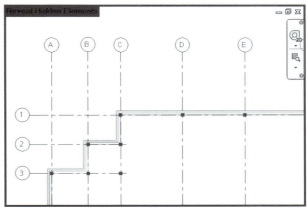
>
> 図 4–8
>
> 2. 再表示させたい非表示のエレメントを選択し、右クリックして **Unhide in View > Elements** または **Unhide in View > Category** を選択します。別の方法として、*Modify* | *contextual tab* > Reveal Hidden Elements panel で (Unhide Element) または (Unhide Category) をクリックします。
>
> 3. これらの作業が終了したら、View Control Bar で (Close Reveal Hidden Elements) を、または *Modify* | *contextual tab* > Reveal Hidden Elements panel で (Toggle Reveal Hidden Elements Mode) をクリックします。

ビューの
プロパティ

最も基本的なビューのプロパティには、図 4–9 に示す View Control Bar からアクセスします。ここには、*Scale*、*Detail Level*、*Visual Style* のオプションなどが含まれます。その他のオプションには、一時的な上書きやその他の高度な設定が含まれます。

図 4–9

ビューに関するその他の変更は、図 4–10 に示す Properties で行うことができます。これらのプロパティには *Underlays*（下敷参照）、*View Range*（ビュー範囲）、*Crop Regions*（トリミング領域）が含まれます。

Properties のオプションは、ビューのタイプによって異なります。平面図ビューには 3D ビューとは異なる Properties があります。

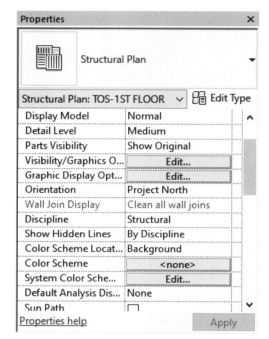

図 4–10

下敷参照を設定する

Underlay（下敷参照）を設定すると、図 4–11 に示すように、1 階の平面図を下敷参照として地下平面図とともに表示する際などに役立ちます。これにより、このエレメントをトレースしたり、ビューの現在のレベル面をコピーすることも可能になります。

下敷参照は平面図と天井伏図のビューのみで利用可能です。

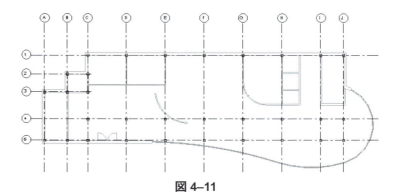

図 **4–11**

Properties の Underlay エリアで、Range: Base Level と Range: Top Level を指定します。また図 4–12 に示すように、Underlay Orientation を **Look down**（見下げ）または **Look up**（見上げ）に指定することができます。

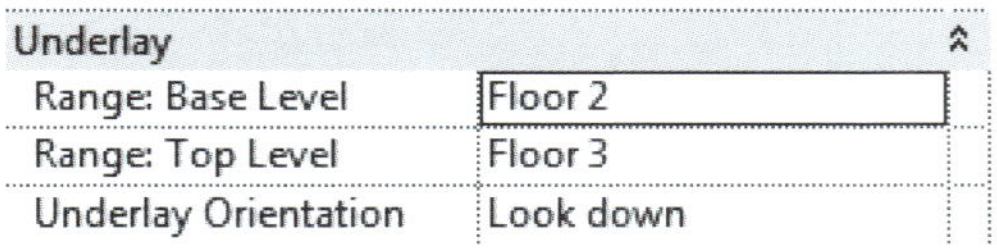

図 **4–12**

- 下敷参照にあるエレメントが誤って動くのを防ぐには、Select パネルでパネルタイトルを展開し、**Select underlay elements** の選択を解除します。Status Bar で (Select Underlay Elements) を使ってオン / オフを切り替えることもできます。

操作手順：ビューの範囲を設定する

1. Properties の Extents エリアで、View Range の横にある **Edit...** を選択するか、または **VR** と入力します。
2. 図 4–13 に示すように、View Range ダイアログボックスで Primary Range（メイン範囲）と View Depth（ビューの奥行き）の Levels と Offsets を変更します。
    - **<<Show** をクリックして Sample View Range グラフィックスと、様々なオプションに関する Key を表示します。
3. **OK** をクリックします。

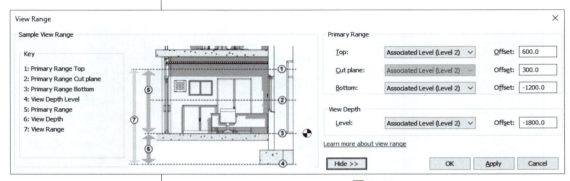

図 4–13

- 使用した設定がグラフィック表示できない場合には、矛盾点を示す警告が表示されます。

部分切断領域

平面図ビューに複数のレベル面を持つ床または天井が含まれる場合には、図 4–14 で示す一式の高窓のように、ビューの一部分について異なるビュー範囲を設定できる部分切断領域を作成することができます。

ビューの取扱い

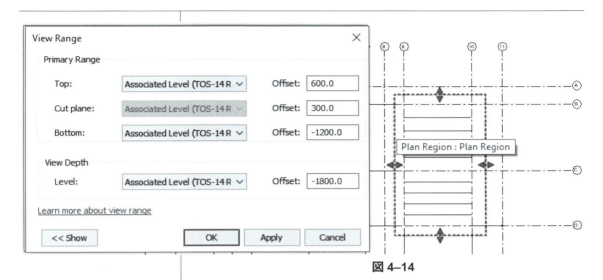

図 4–14

操作手順：部分切断領域を作成する

1. 平面図ビューにおいて、*View* tab > Create panel で (Plan Views) を展開し、 (Plan Region) を選択します。
2. *Modify | Create Plan Region Boundary* tab > Draw panel で描画ツールを選択し、部分切断領域のための境界を作成します。

    - 境界は閉じている必要があります。また別の部分切断領域の境界と隣接しても問題はありませんが、重なってはいけません。

3. (Finish Edit Mode) をクリックします。
4. *Modify | Plan Region* tab > Region panel で (View Range) をクリックします。
5. View Range ダイアログボックスで、部分切断領域のためのオフセットを指定し、**OK** をクリックします。選択されたエリアに部分切断領域が適用されます。

- 部分切断領域はクリップボードにコピーし、別の平面図ビューに貼り付けることができます。

- 部分切断領域の境界のサイズは、境界自体を編集せずに、形状ハンドルを用いて変更できます。

- 部分切断領域は、*Annotation Categories* タブの Visibility/Graphic Overrides ダイアログボックス内でオンとオフに切り替えることができます。これらが表示されている場合は、印刷やエクスポートの際にその部分切断領域も含められます。

> **ヒント：Depth Clipping**（奥行きクリップ）**と Far Clipping**（前方クリップ）
>
> **Depth Clipping**（図 4–15 参照）は、平面図の *View Range* が限定的なビューに設定されている場合に、傾斜のある壁がどのように表示されるかを設定するビューのオプションです。
>
> **Far Clipping**（図 4–16 参照）は、断面図ビューと立面図ビューで使用可能です。
>
>
>
> 　　　図 4–15　　　　　　　　　図 4–16
>
> - 追加的な Graphic Display Option で *Depth Cueing*（奥行きの表現）を指定すると、遠くにあるアイテムの色を薄くすることができます。

トリミング領域

平面図、断面図、立面図および 3D の全てのビューにおいて、モデルのどれくらいの部分をビュー内で表示するかを変更することができます。これを行う 1 つの方法は、Crop region（トリミング領域）を設定することです。図 4–17 に示すように、必要なトリミング領域の近くに寸法やタグ、テキストなどがある場合は、Annotation Crop Region（注釈のトリミング領域）を用いてこれらを含めることができます。

ビューの取扱い

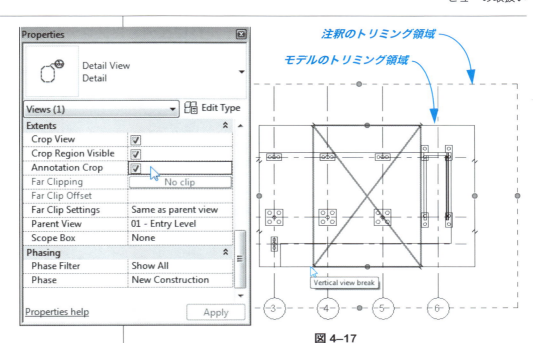

図 4–17

表示の設定をしたのにトリミング領域が表示されない場合は、ズームで縮小表示してください。

- ビューのサイズを変更するには、トリミング領域が表示されていなければなりません。View Control Bar で (Show Crop Region) をクリックします。または別の方法として、Properties の Extents エリアで Crop Region Visible を選択します。このエリアでは Annotation Crop も選択可能です。

- 領域の各側にある ● コントロールを用いて、トリミング領域のサイズを変更します。

トリミング領域の破断機能は通常、断面図または詳細図で用いられます。

- (Break Line) コントロールをクリックして、ビューを水平または垂直方向の2つの領域に分割します。分割後、必要なものを表示するために、ビューの各部分のサイズを変更したり個別に移動することができます。

- シート上にビューを配置する前に、トリミング領域を非表示にすることが最善の方法です。View Control Bar で (Hide Crop Region) をクリックします。

ビューテンプレートの使用

ビューを効果的に用いる有力な方法の1つは、ビューを設定した後にこれを View Template として保存することです。ビューに個別にビューテンプレートを適用するか、または Properties パレットから適用することが可能です。Properties パレットを用いて View Template を設定することにより、このビューを扱いながら不用意に変更してしまうことを防ぎます。

Autodesk Revit 2019：構造の基本

操作手順：ビューからビューテンプレートを作成する

1. 必要に応じてビューを設定します。
2. Project Browser でビューを右クリックし、**Create View Template** を選択します。
3. New View Template ダイアログボックスで名前を入力し、**OK** をクリックします。
4. 新しいテンプレートが View Templates ダイアログボックスに表示されます。ここで必要な変更を行います。
5. **OK** をクリックします。

操作手順：ビュー作成のためのビューテンプレートを指定する

1. Project Browser でビューテンプレートを適用するビュー（複数可）を選択します。
2. Properties で *Identity Data* セクションまで下にスクロールし、*View Template* 横のボタンをクリックします。
3. Apply View Template ダイアログボックスで、図 4–18 に示すようにリストからビューテンプレートを選択します。

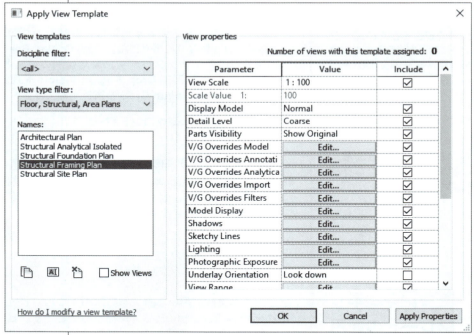

図 4–18

4. **OK** をクリックします。

- View Control Bar で（Temporary View Properties）を用いて、ビューに一時的にビューテンプレートを適用します。

4.2 ビューを複製する

モデルを一度作成すると、異なるスケールのエレメントを再度作成したりコピーしたりせずに、これらのエレメントを2つ以上のシートで使用することができます。必要となるビューを複製し、ニーズに応じてビューを修正することも可能です。

複製のタイプ

Duplicate は図4–19に示すように、建物のエレメントのみを含むビューのコピーを作成します。注釈や詳細は新しいビューにはコピーされません。建物のモデルエレメントは全てのビューにおいて自動的に変更されますが、新しいビューに対して適用されるこのビュー独自の変更は、オリジナルのビューには反映されません。

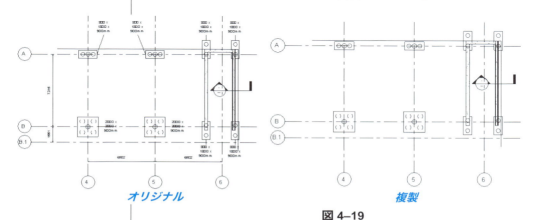

オリジナル　　　*複製*

図 4–19

Duplicate with Detailing は図4–20に示すように、全ての注釈や詳細なエレメント（タグなど）を含むビューのコピーを作成します。新しいビュー内に作成される注釈やビュー独自のエレメントはオリジナルのビューには反映されません。

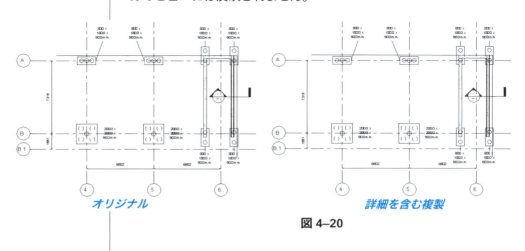

オリジナル　　　*詳細を含む複製*

図 4–20

Duplicate as a Dependent は、図 4–21 の Project Browser が示すように、ビューのコピーを作成しこれをオリジナル（親）ビューとリンクします。Scale の変更など、全体ビューに加えられたビュー独自の変更についても、従属ビュー（子）において反映され、その逆の場合も同様です。

図 4–21

- 建物モデルが非常に大きく建物を別々のシートに分割する必要がある場合は、従属ビューを使用します。この際、全てのビューが同じスケールであることを確認します。

- 従属ビューをオリジナルビューから分離する場合は、この従属ビューを右クリックし、**Convert to independent view** を選択します。

操作手順：ビューの複製を作成する

1. 複製するビューを開きます。
2. 図 4–22 に示す通り、View tab > Create panel で **Duplicate View** を展開し、作成したい複製ビューのタイプを選択します。

ビューのほとんどのタイプが複製可能です。

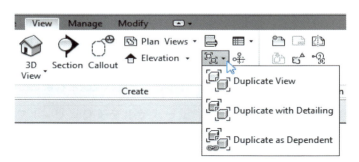

図 4–22

ビューの取扱い

- 別の方法として、図 4–23 に示すように Project Browser にあるビューを右クリックし、使用する複製のタイプを選択します。

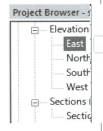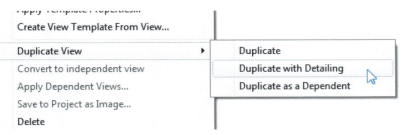

図 4–23

- ビューの名前を変更するには、ビューの名前をゆっくりと右クリックすると、図 4–24 に示すように文字がハイライト表示されます。あるいは、ビューの名前を右クリックして Rename... を選択するか、または <F2> キーを押します。

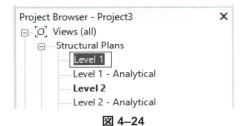

図 4–24

実習 4a ビューを複製し、ビューの表示を設定する

この実習の目標

- ビューを複製します。
- ビューテンプレートを変更します。

この実習では、図 4–25 に示すように、ビューを複製し、ビュー表示を設定する解析ビューテンプレートを適用して、解析ビューを作成します。

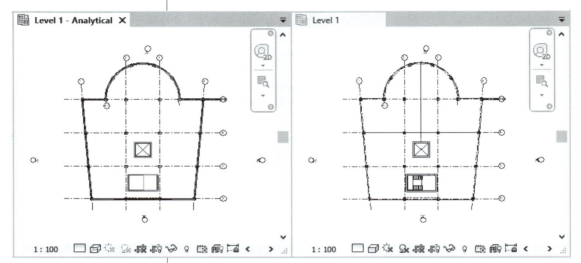

図 4–25

タスク 1 – ビューを複製し、ビューテンプレートを適用する

1. **Practice-Model-Views-M.rvt** を開いてください。

2. **Structural Plans: Level 2** のビューを開いてください。

3. **Structural Plans: Level 2 – Analytical** のビューを開き、2 つのビューの違いを確認します。

4. **Level 2** のビューを両方とも閉じます。

5. **Level 1** を右クリックし、**Duplicate View > Duplicate** を選択します。

6. Project Browser で、名前を **Level 1 - Analytical** に変更します。

7. **Level 1** の2つのビューだけが開いていることを確認し、これらをタイル表示します（ヒント：**WT** と入力します）。

8. 各ビューを縮小表示し、建物全体が見えるようにします（ヒント：**ZA** と入力します）。

9. 図 4–26 に示すように、2つのビューは同じに見えます。

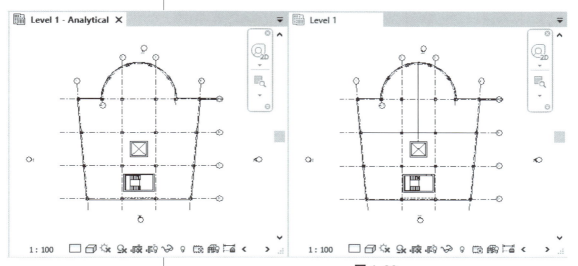

図 4–26

10. Project Browser で、新しい **Level 1 – Analytical** のビューを選択します。右クリックして **Apply Template Properties...** を選択します。

11. Apply View Template ダイアログボックスの *Names* エリアで **Structural Analytical Stick** を選択し、**OK** をクリックします。

12. ビューを拡大表示し、図 4–27 に示すように解析指標を確認します。

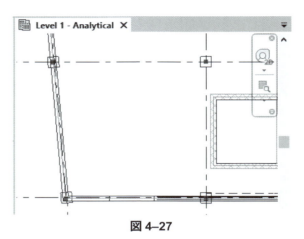

図 4–27

13. 解析ビューを閉じ、Level 1 のビューウィンドウを最大表示します。

14. プロジェクトを保存します。

4.3 吹き出しビューを追加する

吹き出しとは、平面図、立面図または断面図ビューの詳細を意味します。図 4-28 に示すように吹き出しをビュー内に配置する際、図 4-29 に示すように、吹き出しの境界範囲に切り抜かれた新しいビューが自動的に作成されます。吹き出しボックスのサイズをオリジナルのビューで変更すると、吹き出しビューは自動的に更新され、その逆の場合も同様です。吹き出しの境界は、長方形またはスケッチで作成することができます。

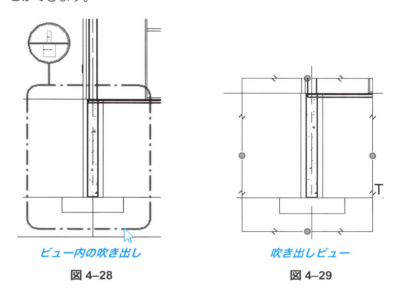

ビュー内の吹き出し　　　　　吹き出しビュー

図 4-28　　　　　　　　　図 4-29

操作手順：長方形の吹き出しを作成する

1. *View tab > Create panel* で (Callout) をクリックします。
2. 吹き出しボックスを定義するため、詳細化するエリアの周囲で向かい合う 2 つのコーナーを選択します。
3. 吹き出しを選択し、形状ハンドルを用いて吹き出しやその他のエッジ部など、変更が必要な部分を変更します。
4. Project Browser で吹き出しの名前を変更します。

操作手順：図案状の吹き出しを作成する

1. *View tab > Create panel* で (Callout) を展開し、 (Sketch) をクリックします。

2. 図 4-30 に示す *Modify | Edit Profile* tab > Draw panel のツールを使って、吹き出しの形状を描きます。

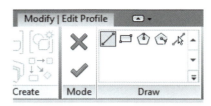

図 4-30

3. ✔ (Finish) をクリックして、境界の描画を完了します。
4. この吹き出しを選択し、形状ハンドルを用いて吹き出しの位置やその他のエッジ部など、変更が必要な部分を変更します。
5. Project Browser で吹き出しの名前を変更します。

• 吹き出しビューは Project Browser において、オリジナルのビューと同じノードに保存されます。例えば、ある平面図の吹き出しは Floor Plan ノードに配置されます。

• 吹き出しビューを開くには、Project Browser の吹き出しの名前または吹き出し記号をダブルクリックします（この吹き出しをダブルクリックする前に、吹き出し自体が選択されていないことを確認します）。

吹き出しの編集

吹き出し記号は、シートにビューが配置される際に数字が表示されます。

吹き出しが作成されたオリジナルのビューにおいて、図 4-31 に示すように形状ハンドルを用いて吹き出しの境界や記号の位置を変更することができます。

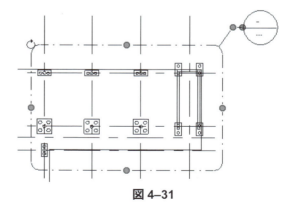

図 4-31

• 吹き出しボックスは、⟳ (Rotate) コントロールをドラッグするか、または吹き出しのエッジ部を右クリックして **Rotate** を選択し、回転させることができます。

図 4–32 に示すように、吹き出しビューで形状ハンドルやビュー破断機能を用いて、トリミング領域を変更することができます。

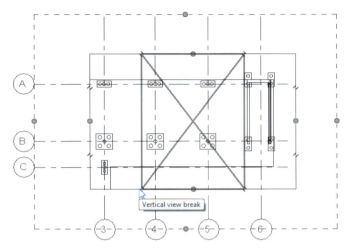

図 **4–32**

- ビューの境界のトリミング領域を編集したい場合は、トリミング領域を選択し、*Modify | Floor Plan* tab > Mode panel で (Edit Crop) をクリックします。

- 変更されたトリミング領域をオリジナルの長方形の構成に戻すには、 (Reset Crop) をクリックします。

- トリミング領域や文字の注釈トリミング領域のサイズは、図 4–33 に示す Crop Region Size ダイアログボックスでも変更できます。*Modify | Floor Plan* tab > Crop panel で (Size Crop) をクリックして、このダイアログボックスを開きます。

図 **4–33**

実習 4b 吹き出しビューを追加する

この実習の目標

- 吹き出しを作成します。

この実習では、図 4–34 に示すように、エレベーターピット壁の吹き出しビューを作成します。

図 4–34

タスク 1 – 吹き出しビューを追加する

1. **Practice-Model-Callouts-M.rvt** を開いてください。

2. **Structural Plans: Level 1** のビューにいることを確認してください。

3. 図 4–35 に示すように、View Control Bar でビューの *Scale* と *Detail Level* をクリックします。

   図 4–35

4. *View tab* > Create panel で (Callout) をクリックします。

5. 図 4–36 に示すように、エレベーターピット壁の周りに吹き出しボックスを描画します。必要に応じて、吹き出し記号を移動します。

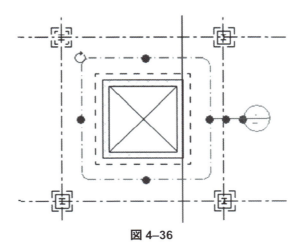

図 4–36

6. Project Browser の Structural Plans エリアで、Level 1- Callout の名前を **Elevator Pit Enlarged Plan** に変更します。

7. ビューを開き、吹き出しを表示します。

8. View Control Bar で Scale を **1:50** に、Detail Level を **Fine** に設定します。

9. View Control Bar で、(Hide Crop Region) をクリックします。

10. **Level 1** のビューに戻ります。

11. プロジェクトを保存します。

4.4 立面図と断面図を作成する

断面図と断面図は設計図書の重要な要素であり、モデル上で作業している際に手助けとなるものです。これらのビュー（例えば図 4–37 内の断面図）のいずれか 1 つに適用された変更はモデル全体を変更し、プロジェクトのモデルに適用された変更は立面図と断面図においても表示されます。

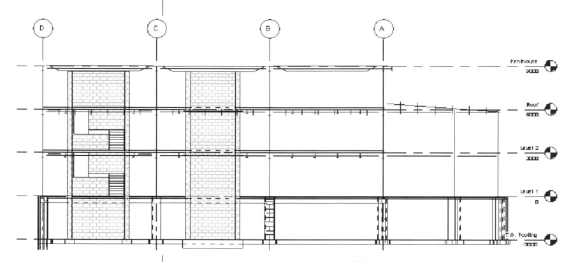

図 4–37

- Project Browser では図 4–38 で示すように、立面図（Elevations）は立面のタイプによって、また断面図（Sections）は断面のタイプによって区別されます。

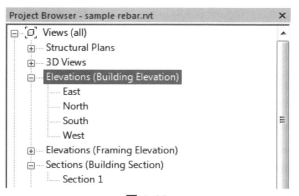

図 4–38

- 立面図または断面図ビューを開くには、Project Browser 内の矢印マーカーまたは名前をダブルクリックします。

- 立面図または断面図に名前を付けるには、Project Browser でゆっくりと名前をダブルクリックするか、または右クリックして **Rename...** を選択します。

立面図

立面図（または展開図）とは、建物の外側と内側を正面から見たビューを指します。デフォルトのテンプレートでは、**North**、**South**、**East** および **West** の 4 つのビューがあらかじめ定義されています。図 4–39 に示すように、異なる角度からの立面図ビューや軸組図ビューを追加で作成することができます。

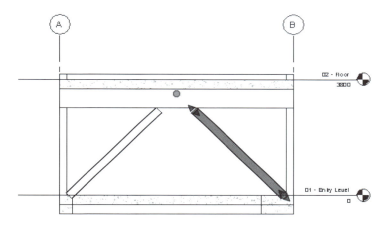

図 4–39

- 立面図（または展開図）は平面図ビューで作成されなければなりません。

- 軸組図は、建物の 1 つのエリアの立面において、他のモデルエレメントの背後にあるフレーミング（骨格）エレメントのみを表示するように設定されています。
    - デフォルトでは、軸組図は Options Bar の **Attach to Grid** に従ってスナップし、通芯に沿って範囲が設定されます。

- 軸組図の最も一般的な用途は、ブレースや耐力壁の立面図の生成です。

- 立面図や断面図をシートに追加する際、詳細とシート番号がビューのタイトルに自動的に追加されます。

操作手順：立面図を作成する

1. *View* tab > Create panel で （Elevation）を展開し、 （Elevation）をクリックします。
2. Type Selector で立面図のタイプを選択します。テンプレートには **Building Elevation**（立面図）と **Framing Elevation**（軸組図）の2種類が含まれています。
3. 立面図を作成する壁の1つにカーソルを近づけます。マーカーが壁の角度に合わせて向きを変えます。
4. クリックしてマーカーを配置します。

- 立面図の長さ、幅および高さは、立面図マーカーが指し示す壁や天井/床によって定義されます。
- 建物内部の展開図を作成する際、展開図を作成する前に床または天井を配置するようにします。そうしないと、立面図マーカーが全ての階で表示されないように、展開図のトリミング領域を修正しなければならなくなります。

このソフトでは、最後に使用された立面図のタイプが記憶されるため、同じ立面図コマンドを使いたい場合は一番上のボタンをクリックします。

操作手順：軸組図を作成する

1. 平面図ビューを開いてください。
2. *View* tab > Create panel で、 （Elevation）を展開し、 （Framing Elevation）をクリックします。
3. 図4–40に示すように、通芯にカーソルを重ね、立面図エレメントを表示します。クリックしてマーカーを追加します。

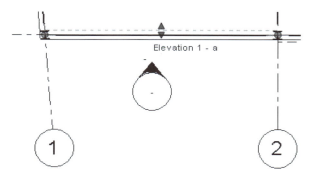

図4–40

4. （Modify）をクリックしてマーカーを選択します。軸組図の範囲は、ブレースの区画（bracing bay）のみに限定されます。必要に応じて、円形セグメントハンドルを使って立面図の長さを延長することができます。

Framing Elevations（軸組図）は、Project Browser の Elevations (Framing Elevation) エリアにリスト表示されます。

断面図

断面図とは、モデルをスライスしたビューを指します。図 4–41 に示すように建物全体の断面図を作成したり、詳細を示すために 1 つの壁の断面図を作成することができます。

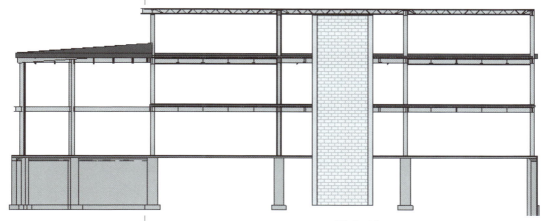

図 4–41

- 断面図は、平面図、立面図およびその他の断面図ビューで作成することができます。

操作手順：断面図を作成する

1. *View* tab > Create panel または Quick Access Toolbar で （Section）をクリックします。
2. Type Selector で **Section: Building Section** または **Section: Wall Section** を選択します。製図ビューで断面図が必要な場合は、**Detail View: Detail** を選択します。
3. このビューで、記号と矢印を配置する点を選択します。
4. 断面部分を定める他方の終点を選択します。
5. 形状コントロールが表示されます。矢印を反転させたり、切断面のサイズ、記号やフラグの位置を変更することができます。

Autodesk Revit 2019：構造の基本

> **ヒント：選択ボックス**
>
> 3D ビューを変更して、図 4–42 に示すように建物の各部分を表示することができます。
>
>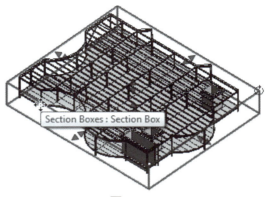
>
> 図 4–42
>
> 1. 3D ビューで、切り取るエレメントを選択します。図 4–42 の例では、前面の壁が選択されています。
> 2. *Modify* tab > View panel で、🗒 (Selection Box) をクリックするか、または **BX** と入力します。
> 3. このビューは、選択されたアイテム周辺のボックスに制限されます。
> 4. Section Box（断面ボックス）のコントロールを使って、必要なものを正確に表示するようにボックスサイズを編集します。
>
> - 断面ボックスをオフにしてモデル全体を復元するには、ビューの Properties の *Extents* エリアで **Section Box** のチェックを外します。

立面図と断面図の編集

立面図と断面図を編集するには、次の2つの段階があります。

- ビューを変更するには（図4-43参照）、コントロールを使ってサイズを変更するか、またはビューに破断線を入れます。

- マーカーを変更するには（図4-44参照）、コントロールを使って立面図と断面図の長さと奥行きを変更します。それ以外の特定のタイプオプションもあります。

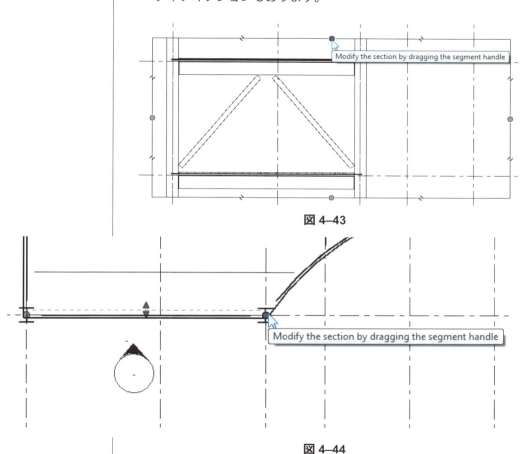

図 4-43

図 4-44

立面図マーカーを変更する

立面図（または展開図）マーカーを編集する際は、図4-45で示すように、クリップ面の長さと奥行きを指定することができます。

- 立面図マーカーの矢印（円形部ではない）を選択し、クリップ面を表示させます。

- 円形の形状ハンドルをドラッグし、立面図を引き延ばすかまたは短くします。

- ◆ (Drag) コントロールを調整し、立面図の奥行きを変更します。

1つのマーカーから追加の展開図を表示するには、図 4–45 に示すように円形部分（矢印以外）を選択し、表示する方向にある Show Arrow ボックスにチェックマークを入れます。

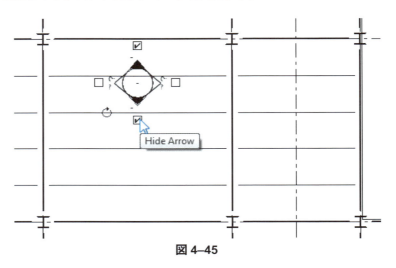

図 4–45

- ↻ (Rotate) コントロールを用いて、マーカーの角度（角度のある部屋の壁など）を調整します。

断面図マーカーを変更する

断面図マーカーを変更する際は、図 4–46 に示すような様々な形状ハンドル、コントロールを用いて断面図を変更することができます。

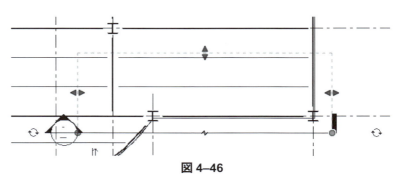

図 4–46

- ◆ (Drag) コントロールを調節して、切断平面の長さと奥行きを変更します。

- 断面線のいずれかの終端にある円形コントロールをドラッグして、切断境界を変更することなく矢印またはフラグの位置を変更します。
- ↔ (Flip Section) をクリックして矢印の方向を変更すると、断面図全体も反転します。
- ↻ (Cycle Section Head/Tail) をクリックして、断面の端部の矢印、フラグ、または記号無しの切り替えを行います。
- ⇝ (Gaps in Segments4) をクリックして、図 4–47 に示すように断面線に切れ目を作成します。完全な断面線を復元するには、これを再び選択します。

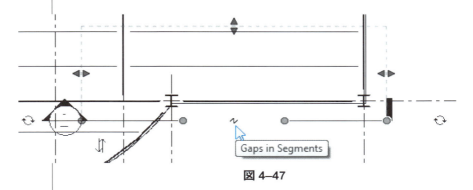

図 4–47

操作手順：断面の切断面を変更する

1. 変更する断面線を選択します。
2. *Modify | Views* tab > Section panel で ▣ (Split Segment) をクリックします。
3. 図 4–48 に示すように、線分上で分割する部分を選択します。
4. 図 4–49 に示すように、分割線の場所を指定します。

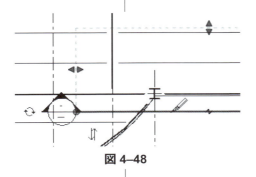

図 4–48

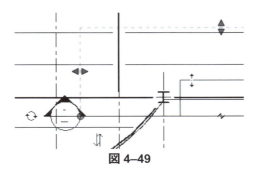

図 4–49

- 断面線上の線分の位置を調整する必要がある場合は、図 4–50 に示すように、各線分に沿って形状ハンドルをドラッグして変更します。

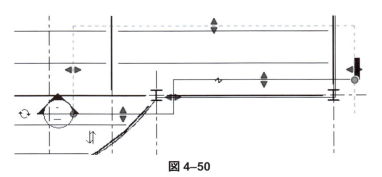

図 4–50

分割された線分を元の場所に戻すには、形状ハンドルを用いて、ずらした線分が残りの線分と揃うまでドラッグします。

> **ヒント：細線を使用する**
>
> このソフトでは、図 4–51 左側の断面図で示すように、各ビューにおいて自動的に線の太さが適用されます。線が太すぎる、またはエレメント上の作業内容を邪魔する場合は、Quick Access Toolbar または View tab > Graphics panel で、 （Thin Lines）をクリックするか、または **TL** と入力します。すると図 4–51 右側に示すように、線は同じ太さで表示されます。
>
>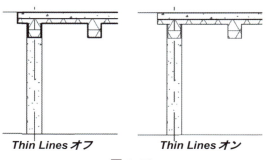
>
> 図 4–51
>
> - **Thin Line**（細線）設定は、ソフトを終了して再起動した場合でも、この設定を変更するまで記憶されます。

実習 4c　立面図と断面図を作成する

この実習の目標

- 建物の断面図と壁の断面図を追加します。
- 軸組図を追加します。

この実習では、既存プロジェクトに建物の断面図と壁の断面図を追加します。また、図 4–52 に示すように軸組図も追加します。

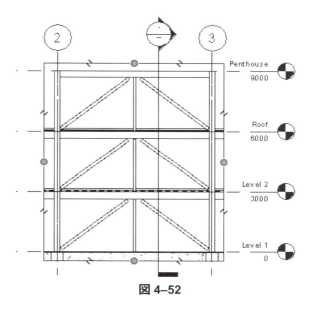

図 4–52

タスク 1 – 断面図を作成する

1. **Practice-Model-Sections-M.rvt** を開いてください。

2. Project Browser で **Structural Plans: Level 1** のビューを開きます。

3. *View tab* > Create panel または Quick Access Toolbar で、◯（Section）をクリックします。

4. 中央から少しだけオフセットした縦断面図を作成します。図 4–53 に示すように、コントロールを使用して断面図の幅を調整します。

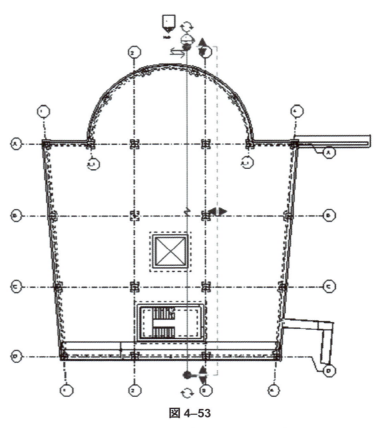

図 4–53

5. Project Browser で、*Sections (Building Section)* を展開します。新しい断面図で右クリックし、図 4–54 に示すように名前を **Building Section** に変更します。

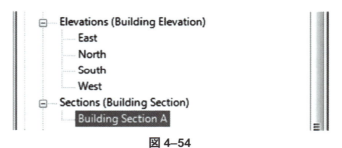

図 4–54

6. Project Browserで、新しい断面図の名前をダブルクリックして開きます。図4–55に示すように、建物全体が表示されます。断面図の配置位置によってビューは変わりますのでご注意ください。

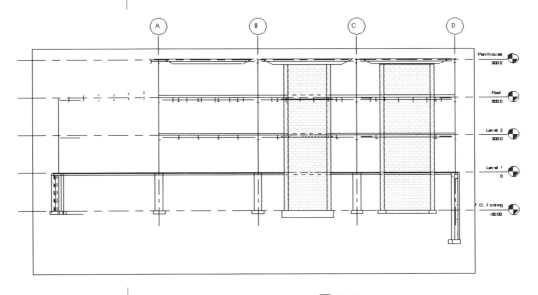

図 4–55

7. トリミング領域を選択し、コントロールを使って断面図を短くし、図4–56に示すように左側の曲面壁を非表示にします。

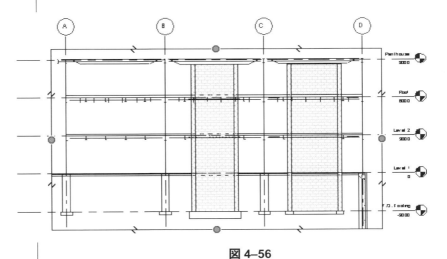

図 4–56

8. Level 1 のビューに戻ります。図 4–57 左側に示すように、断面図の境界が変更されます。図 4–57 右側に示すように、円形コントロールを用いて断面記号を下に移動します。

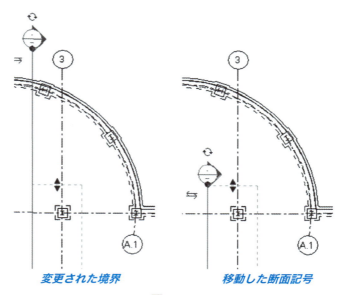

図 4–57

9. **Section** コマンドを再度実行します。

10. Type Selector で、**Section: Wall Section** を選択します。

11. 図 4–58 に示すように、壁を通過する短い断面を描画します。壁以外のものに触れないように、断面の境界を編集します。

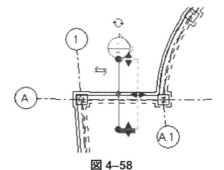

図 4–58

12. Project Browser で、*Sections (Wall Section)* を展開し、断面の名前を **Foundation Section** に変更します。

13. 新しい断面図ビューを開きます。

14. View Control Bar で、*Scale* を **1:20** に変更します。

15. デフォルトでは、断面図はプロジェクトの高さいっぱいに拡大します。コントロールを用いて断面図のサイズを調整し、図 4–59 に示すように基礎のみを表示します。

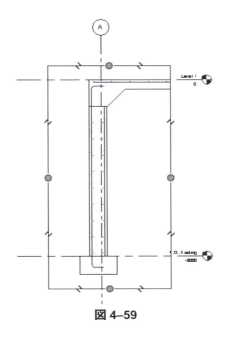

図 4–59

タスク 2 – 軸組図を追加する

1. **Structural Plans: Level 1** のビューを開いてください。

2. 柱 2 と柱 3 の間にある南側の壁を拡大表示します。

3. *View tab* > Create panel で、⬆ (Elevation) を展開し、⬇ (Framing Elevation) をクリックします。

4. 図 4–60 に示すように、D 通りにカーソルを重ねます。立面図マーカーが建物の外側にある時に、点を 1 つ選びます。

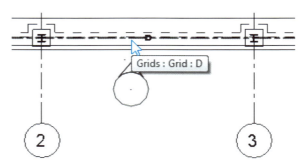

図 4–60

5. Project Browser の Elevations (Framing Elevation) エリアで、ビューの名前を Typical Bracing に変更します。

6. 立面図マーカーのポインターをクリックします。図 4–61 に示すように、立面図の長さを柱の両端にちょうど合うように延長します。

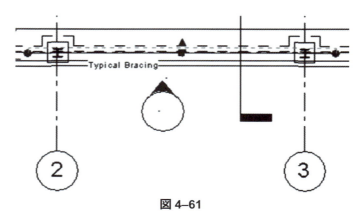

図 4–61

7. 軸組図を開きます。

8. View Control Bar で、Detail Level を ▨ (Fine) に変更します。

9. 図 4–62 に示すように立面図のサイズを変更し、ブレースのみを表示します。

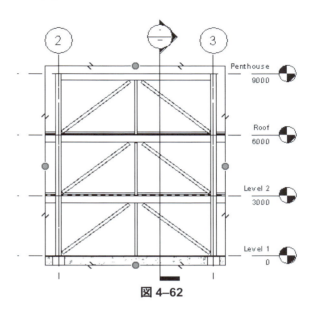

図 4–62

10. **Structural Plans: Level 1** のビューに戻ります。

11. 縮小表示して、建物全体を表示します。

12. Quick Access Toolbar で、 (Close Hidden Windows) をクリックします。

13. プロジェクトを保存します。

Chapter の復習

1. 図 4–63 に示すコマンドのうち、同じモデルの形状を表示し、注釈のコピーを含んだ個別のビューを作成するのはどれですか？

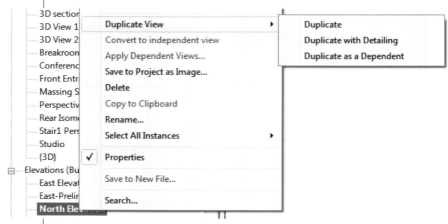

図 4–63

   a. Duplicate
   b. Duplicate with Detailing
   c. Duplicate as a Dependent

2. Visibility Graphic Overrides ダイアログボックスに関して、次のうち正しいものはどれですか？

   a. ダイアログボックスで適用された変更は、現在のビューのみに影響する。
   b. カテゴリのオン / オフ切り替えのみに使用される。
   c. 個別のエレメントのオン / オフ切り替えに使用される。
   d. 個別のエレメントの色を変更する際に使用される。

3. 吹き出しの目的は、何を作成することですか？

   a. 雲マークと同様、手直しが必要なモデルの一部分を取り囲む境界
   b. さらに詳細を加えるために AutoCAD® ソフトにエクスポートするモデルの一部分のビュー
   c. メインビューとリンクされ、取り込み先であるモデルの一部分のビュー
   d. モデルの一部分の 2D ビュー

4. ビューに寸法を記入したところ、そのうちのいくつかは表示され、その他は非表示になっています（図 4–64 参照）。図 4–65 のように表示させる予定だったとすると、現在非表示の寸法を表示させるには、次のうちの何を変更する必要がありますか？

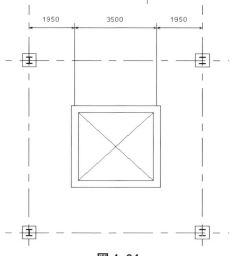

図 4–64

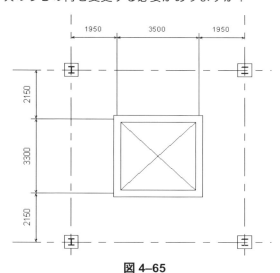

図 4–65

    a. Dimension Settings
    b. Dimension Type
    c. Visibility Graphic Overrides
    d. Annotation Crop Region

5. 図 4–66 に示すように、切断面を変えた建物断面図を作成するには、どうしたら良いですか？

図 4–66

a. *Modify* tab > Modify panel にある **Split Element** ツールを使用する。

b. 建物断面図を選択し、次に Contextual tab にある **Split Segment** をクリックする。

c. 建物断面図を選択し、次に断面線の中央部にある青色のコントロールをクリックする。

d. 2本の断面線を描き、**Section Jog** ツールを使ってこれらを一体化し、切断面の異なる断面図にする。

ビューの取扱い

コマンド概要

アイコン	コマンド	場所
ビュー関連		
	Elevation	• **Ribbon**: *View* tab > Create panel > Elevation を展開
	Callout: Rectangle	• **Ribbon**: *View* tab > Create panel> Callout を展開
	Callout: Sketch	• **Ribbon**: *View* tab > Create panel > Callout を展開
	Duplicate	• **Ribbon**: *View* tab > Create panel > Duplicate View を展開 • **右クリック**:（*Project Browser のビュー*で）Duplicate View を展開
	Duplicate as Dependent	• **Ribbon**: *View* tab > Create panel > Duplicate View を展開 • **右クリック**:（*Project Browser のビュー*で）Duplicate View を展開
	Duplicate with Detailing	• **Ribbon**: *View* tab > Create panel > Duplicate View を展開 • **右クリック**:（*Project Browser のビュー*で）Duplicate View を展開
	Plan Region	• **Ribbon**: *View* tab > Create panel > Plan Views を展開
	Section	• **Ribbon**: *View* tab > Create panel • **Quick Access Toolbar**
	Split Segment	• **Ribbon**:（*立面図または断面図マーカーが選択された状態で*）*Modify	Views* tab > Section panel
クロップビュー関連		
	Crop View	• **View Control Bar** • **View Properties**: Crop View（*チェック有*）
	Do Not Crop View	• **View Control Bar** • **View Properties**: Crop View（*チェック無*）
	Edit Crop	• **Ribbon**:（*吹き出しや立面図ビューまたは断面図ビューのトリミング領域が選択された状態で*）*Modify	Views* tab > Mode panel
	Hide Crop Region	• **View Control Bar** • **View Properties**: Crop Region Visible（*チェック無*）
	Reset Crop	• **Ribbon**:（*吹き出しや立面図ビューまたは断面図ビューのトリミング領域が選択された状態で*）*Modify	Views* tab > Mode panel

© 2018, ASCENT - Center for Technical Knowledge®

Autodesk Revit 2019：構造の基本

	Show Crop Region	• **View Control Bar** • **View Properties**: Crop Region Visible（チェック有）
	Size Crop	• **Ribbon**:（吹き出しや立面図ビューまたは断面図ビューのトリミング領域が選択された状態で）Modify	Views tab > Mode panel

ビュー表示関連

	Hide in View	• **Ribbon**: Modify tab > View Graphics panel > Hide > Elements または By Category • **右クリック**:（あるエレメントが選択された状態で）Hide in View > Elements or Category
	Override Graphics in View	• **Ribbon**: Modify tab > View Graphics panel > Hide > Elements または By Category • **右クリック**:（あるエレメントが選択された状態で）Override Graphics in View > By Element または By Category • **ショートカットキー**:（カテゴリのみ）VV または VG
	Reveal Hidden Elements	• **View Control Bar**
	Temporary Hide/Isolate	• **View Control Bar**
	Temporary View Properties	• **View Control Bar**

186   4–46   © 2018, ASCENT - Center for Technical Knowledge®

Chapter
5

構造芯と構造柱

構造芯は、構造柱のパターンと位置を示します。柱を配置すると、残りの構造設計が可能になります。

この Chapter の学習目標

- 構造柱の位置を示す構造芯を追加します。
- 最初の設計項目として、プロジェクトに構造柱を追加します。

5.1 構造芯を追加する

構造芯は、図5–1に示すように、どのくらいの間隔で建物の柱を設け、柱をどこに配置するかを示します。通芯の変更は全て、それを参照するエレメントに影響を与えます。

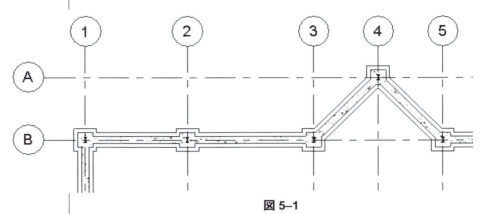

図 5–1

- 通芯の各線や円弧はそれぞれに独立した存在であり、個々に配置、移動、編集することができます。

- 通芯とレベル線は、描画と編集の方法がよく似ています。

操作手順：構造芯を作成する

1. *Structure* tab > Datum panel で、(Grid) をクリックするか、または **GR** と入力します。
2. Type Selector で、記号のサイズと線スタイルを決める Grid タイプを選択します。
3. *Modify | Place Grid* tab > Draw panel で（図5–2参照）、構造芯の作成方法を選択します。

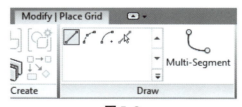

図 5–2

4. Options Bar で、必要に応じて *Offset* を設定します。
5. 必要に応じて、引き続き通芯を追加します。

構造芯と構造柱

- 通芯はどの角度にも描画できますが、並行する通芯は全て同じ方向に描画しなければなりません（例：左から右、下から上）。
- Multi-Segment ツール（図 5–3 参照）を使う場合は、線をスケッチし、✔ （Finish Edit Mode）をクリックして完成させます。

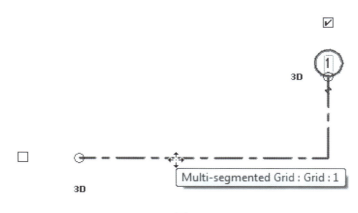

図 5–3

通芯の編集　通芯はレベル線にとてもよく似ています。通芯は、コントロール、位置合わせ、仮寸法（図 5–4 参照）を使って編集することができます。Properties palette や Type Selector からも編集が可能です。

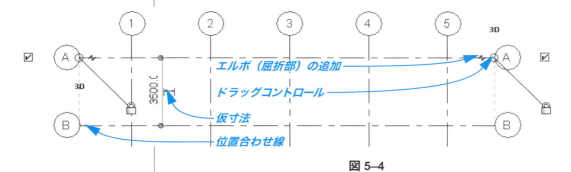

図 5–4

- 通芯番号を変更するには、記号の中の番号をダブルクリックして新しい番号を入力します。通芯番号は、番号、文字、またはその組み合わせにすることもできます。
- 通芯番号は自動的に増加します。

> **ヒント：基準面の範囲を拡大する**
>
> 柱芯がビュー内に表示されない場合は、通芯を追加した後にレベル面を追加したことが原因かもしれません。平面図ビューで通芯を表示するには、まず通芯が表示されているビュー内でその通芯を選択します。*Modify | Grids* tab > Datum panel で、 (Propagate Extents) をクリックします。
> Propagate Datum Extents ダイアログボックスで（図 5–5 参照）、通芯を投影するビューを選択してください。
>
>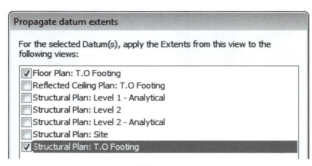
>
> 図 5–5
>
> - レベル面に対しても同様です。
>
> - (Propagate Extents) は、特に全てのビューで通芯を同様に表示させる際に便利です。

実習 5a

構造芯を追加する

この実習の目標

- リンクした建築モデルから通芯をコピー＆モニタします。
- 構造芯を追加します。

この実習では、リンクした建築モデルから通芯をコピー＆モニタします。その後、図 5–6 に示すように、曲線壁の更にサポートが必要な部分に通芯を追加します。

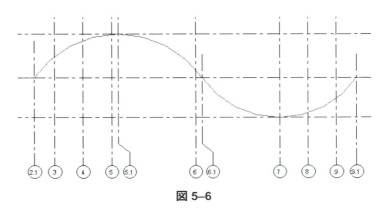

図 5–6

タスク 1 – 通芯をコピー＆モニタする

1. プロジェクト **Syracuse-Suites-Grids-M.rvt** を開いてください。

2. **Structural Plans: 00 GROUND FLOOR** のビューを開きます。

3. **Copy/Monitor** コマンドを実行し、リンクモデルを選択します。

4. *Copy/Monitor* tab > Tools panel で、（Copy）をクリックします。

5. Options Bar で、**Multiple** を選択します。

6. 全ての通芯を選択します。<Ctrl> を押しながら 1 つずつ選択するか、または右から左にクリック＆ドラッグを使い、ウィンドウを描いて選択することもできます。

7. Options Bar で、**Finish** をクリックします。

8. 警告を閉じます。

> このケースでは、通芯のみプロジェクトにコピーできます。他のエレメントがある場合は、**Filter** コマンドを使って選択セットを制限できます。

Autodesk Revit 2019：構造の基本

9. 図 5–7 で示すように、[Monitor] が各通芯に表示されます。

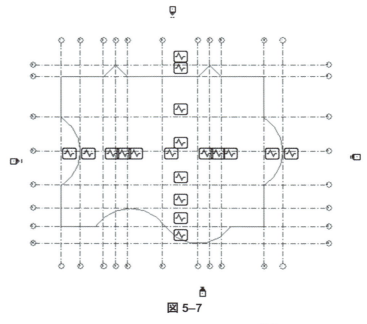

図 5–7

10. *Copy/Monitor* tab > Copy/Monitor panel で、✔（Finish）をクリックします。

11. 様々な平面図を検索してみます。図 5–8 で示すように、Grids（通芯）が各平面図全体に描かれています。

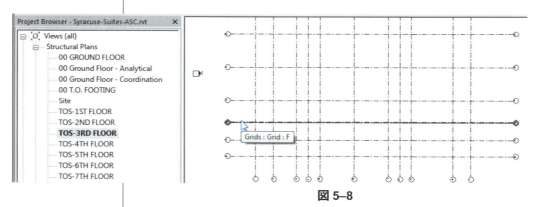

図 5–8

12. **Structural Plans: 00 GROUND FLOOR** のビューを開きます。

13. プロジェクトを保存します。

構造芯と構造柱

タスク 2 – 円弧点に通芯を追加する

1. **Structural Plans: 00 GROUND FLOOR** のビューで、平面図南側の緑の曲線がある箇所（カーテンウォールがある箇所）を拡大表示します。カーテンウォールをサポートするため、曲線の中央と終点に追加の通芯を配置する必要があります。

2. *Structure* tab > Datum panel で、(Grid) をクリックします。*Modify | Place Grid* tab > Draw panel で、(Line) が選択されていることを確認します。

3. **Grid G** 上の Grid 2 と Grid 3 の間で、曲線の終点を選択します。図 5–9 に示すような縦の通芯を描画します。

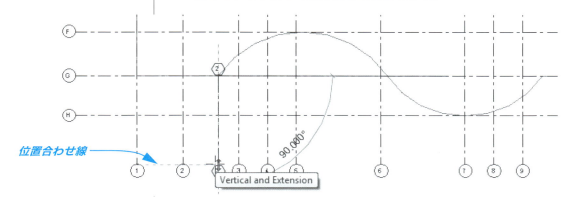

図 5–9

- 図 5–9 に示す青い位置合わせ線が表示されるまで、通芯を描画します。これにより、新しい記号が他の記号に合わせてロックされます。

4. 通芯が配置されたら、名前を 2.1 に変更します。通芯の上の端点で、通芯記号のチェックボックスを解除し、非表示に切り替えます。その後、図 5–10 に示すように通芯を上に引き延ばします。

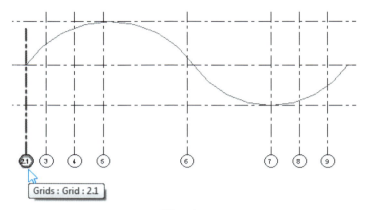

図 5–10

5. 図 5–11 に示すように、同じ曲線の中央で別の縦の通芯を描画し、その通芯の名前を 5.1 に変更します。

（Add Elbow）を使って記号の位置を変更します。

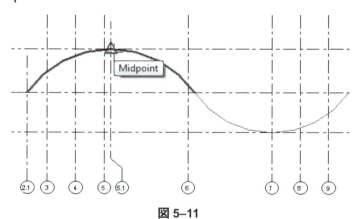

図 5–11

6. 2つ目の曲線の終点に、図 5–12 で示すような通芯を追加します。追加後には、2.1、5.1、6.1、9.1 という 4 つの通芯があることになります。

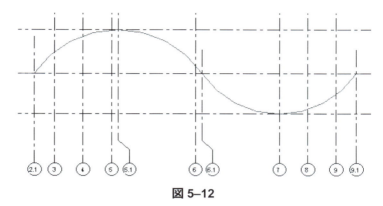

図 5–12

7. 通芯記号を非表示にし、通芯の上の端点を調整して位置合わせをします。

8. 縮小表示し、レイアウト全体を確認します。

9. モデルを保存します。

5.2 構造柱を配置する

構造モデルへの柱の追加は、単純なプロセスです。Autodesk® Revit® ソフト内には、図 5–13 で示すような標準的な鉄骨構造形状や鉄筋コンクリート構造形状を含む充実したライブラリがあります。また、解析ソフトプログラム（例：Robot Structural Analysis、ETABS、RISA、RAM）で読み込み可能な、各柱用の解析データも保存されています。

構造柱はリンクファイルからコピー / モニタが可能です。

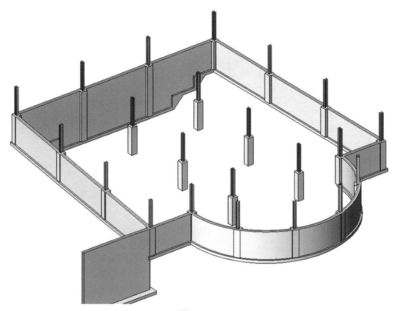

図 5–13

操作手順：構造柱を配置する

1. *Structure* tab > Structure panel で、 (Column) をクリックします。
2. Type Selector で柱のタイプを選択します。

3. Options Bar（図 5–14 参照）で、以下の情報を設定します。

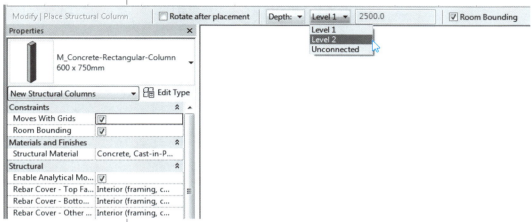

図 5–14

- *Depth* または *Height*: 通常、建築設計者は柱を下から上に描画します。
- *Level/Unconnected*：レベル面を指定するか、または **Unconnected** をクリックします。**Unconnected** を選択した場合は、距離を割り当ててください。
- *Rotate after placement*：柱を配置した後に、図上で回転角度を選択します。
- *Room bounding*：（コンクリートのみ）柱を使って部屋の境界を定義し、面積と体積計算を行うことができます。

4. 個々の柱を配置するには、その配置位置をクリックします。柱は自動的に通芯と壁にスナップします。

複数の柱を配置するには、*Modify | Place Structural Column* tab > Multiple panel において以下をクリックします。

- （At Columns）は、選択された建築柱の中央に構造柱を配置します。柱を配置する建築柱を選択して、（Finish）をクリックします。
- （At Grids）は、交差する通芯に構造柱を配置します。柱を配置する通芯を選択し、（Finish）をクリックします。
- 傾きのある柱の取り扱いについては、*付録 B.2 傾斜構造柱を配置する（P.589（B–5））* を参照してください。

これらのオプション用に建築柱や通芯のみを選択するには、（Filter）を使用すると便利です。

柱の編集

柱のタイプは、柱を選択してType Selectorで別のタイプを選択することで変更できます。また、Properties（図5–15参照）では、様々な拘束や他のオプションを変更したり、柱が他のエレメントと一緒に移動するように接着することもできます。

通芯上の柱の位置情報は、柱のプロパティに含まれます。柱が通芯上にない場合は、直近の通芯交点からの距離が表示されます。

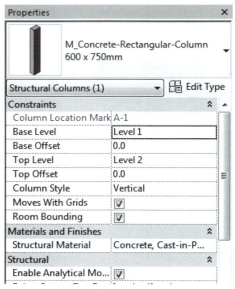

図5–15

- **Moves with Grids** がオンになっていることを確認します。これにより、通芯が移動した時に、接続された柱も一緒に動きます。デフォルトではオンになっていますが、練習のために確認するとよいでしょう。

- 柱の高さがゼロまたはマイナスになるとエラーメッセージが表示されるため、トップレベル、ベースレベル、オフセットを変更する際には、論理的順序で行う必要があります。

操作手順：柱を他のエレメントに接着する

1. 柱または柱グループを選択します。
2. *Modify | Structural Columns* tab > Modify Column panel で、（Attach Top/Base）をクリックします。

柱を他のオブジェクトに接着させると、高さなどの特定のパラメータに関連または拘束されます。

3. Options Bar で、Attach を Top または Base に設定し、Attachment Style（図 5–16 参照）、Attachment Justification、Offset from Attachment を設定します。

図 5–16

4. 柱（複数可）を接着させる床、屋上、フーチング、梁、参照面、レベル面などを選択します。

- 柱の接着を解除したい場合は、柱を選択して (Detach Top/Base) をクリックします。

- **Attach Top/Base** コマンドを使用すると、構造柱を独立基礎とフーチングに接着することができます。基礎の高さが変わると柱の長さも一緒に変更されます。

構造コンテンツの読み込み

柱を配置する際に必要な構造柱ファミリまたはタイプがリストに表示されていない場合は、ライブラリから付加的なファミリを読み込み、ファミリタイプ（サイズ）を追加することができます。図 5–17 で示す通り、これは全ての構造コンポーネントのファミリに対して同じです。

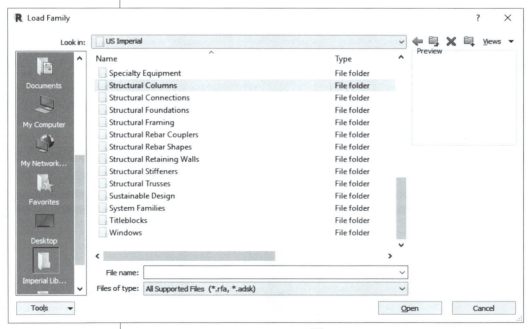

図 5–17

Autodesk Revit 2019：構造の基本

操作手順：構造柱のタイプを読み込む

1. **Structural Column** コマンドを実行します。
2. *Modify | Place Structural Column* tab > Mode panel で、 (Load Family) をクリックします。
3. Load Family ダイアログボックスで、該当の柱ファミリを含むフォルダを開きます。図 5–18 に示すように、デフォルトのライブラリでは*構造柱*フォルダになっています。柱の材料フォルダを選択した後に、使用する個々の柱タイプを選択します。

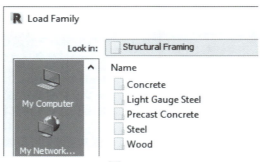

図 5–18

<Ctrl> を押しながら複数のファミリを選択できます。

4. 使用する柱ファミリのタイプまで行き、**Open** をクリックします。
5. 図 5–19 に示すように、Specify Types ダイアログボックスで柱サイズをリストから選択し、**Open** をクリックします。

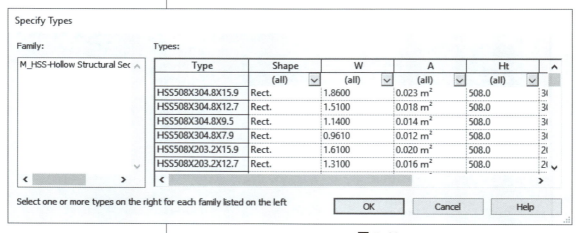

図 5–19

- 図 5–20 で示すように Family Already Exists ダイアログボックスが開く場合は、**Overwrite the existing version**（既存のバージョンを上書きする）または **Overwrite the existing version and its parameter values**（既存のバージョンとそのパラメータ値を上書きする）を選択します。

構造芯と構造柱

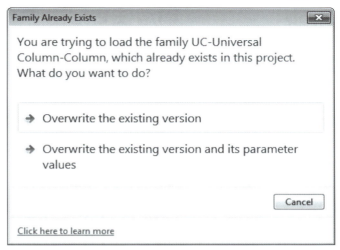

Overwrite the existing version を選択してパラメータ値を上書きすると、関連するファミリモデルで行った変更は全て削除されます。

図 5–20

図 5–21 に示すように、個々のコンポーネントタイプを含め、未使用のエレメントはプロジェクトから消去できます。

使用しないエレメントの消去

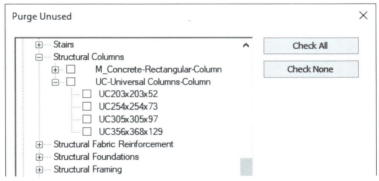

図 5–21

- エレメントの中には他のエレメント内にネストされたものもあり、それらを消去するには、何度かプロジェクトの消去手順を繰り返す必要があるかもしれません。

操作手順：使用しないエレメントを消去する

1. *Manage* tab > Settings panel で、(Purge Unused) をクリックします。
2. Purge unused ダイアログボックスで、**Check None** をクリックして消去するエレメントを選択します。
3. **OK** をクリックします。

未使用コンポーネントを消去するとコンポーネントリストが整理されるだけでなく、プロジェクトのファイルサイズが軽くなります。

© 2018, ASCENT - Center for Technical Knowledge®   5–15   201

Autodesk Revit 2019：構造の基本

実習 5b

構造柱を配置する

この実習の目標

- 通芯上に柱を配置します。

この実習では、通芯の交点に柱を配置します。図 5–22 に 3D で示されているのが完成図です。

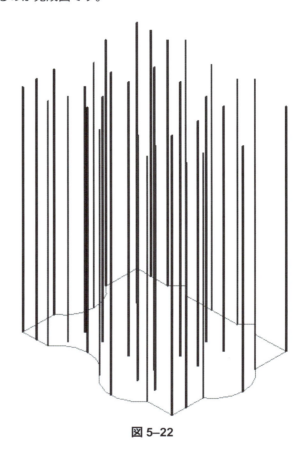

図 5–22

タスク 1 – 柱を追加する

1. **Syracuse-Suites-Columns-M.rvt** を開いてください。
2. **Structural Plans: 00 GROUND FLOOR** のビュー内にいることを確認します。

3. *Structure* tab > Structure panel で、 ▯ （Structural Column）をクリックします。

4. Type Selector で、**UC-Universal Column- Column: 254x254x73UC** を選択します。

5. Options Bar で、*Depth* を **Height** に変更し、*Height* を **Level TOS-14 Roof** に設定します。

6. 図 5–23 に示す位置に柱を配置します（場合によっては、通芯交点に配置した後に余分な柱を削除する方が早いかもしれません）。

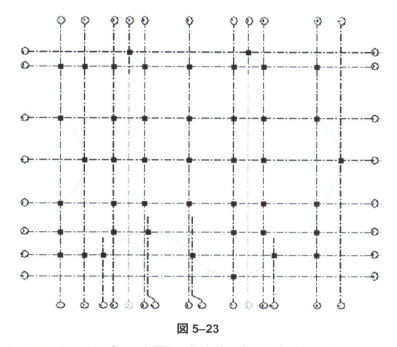

図 5–23

7. **Default 3D** のビューを開き、柱全体の高さを表示します。

8. プロジェクトを保存します。

Chapterの復習

1. 長さの違う通芯を図5–24に示すように整列させるにはどうしたらよいですか？

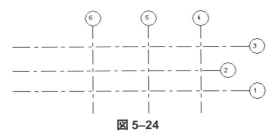

図 5–24

   a. ≡|（Trim/Extend Multiple Elements）を使用し、共通の参照線に位置揃えする。

   b. 通芯を選択し、その端点をドラッグして他の通芯と整列させる。

   c. 通芯を選択し、右クリックして Auto-Align を選択する。

   d. Properties で Length を変更し（Move）を用いて正しい位置に配置する。

2. 柱はどこに配置できますか？

   a. 柱は通芯上にのみ配置できる。

   b. 建築柱はどこにでも配置できるが、構造柱は通芯上にのみ配置できる。

   c. どちらのタイプの柱も、どこにでも配置できる。

   d. 通芯ベースの柱タイプは通芯上にしか配置できないが、独立柱タイプはどこにでも配置できる。

3. プロジェクト内で使用する付加的な柱ファミリを追加するにはどうしたらよいですか？

   a. インポートする。

   b. 別のファイルからコピー＆ペーストする。

   c. プロジェクト内で描画する。

   d. ライブラリから読み込む。

構造芯と構造柱

コマンド概要

アイコン	コマンド	場所
柱と通芯		
	At Columns	• **Ribbon**: *Modify	Place Structural Column* tab > Multiple panel
	At Grids	• **Ribbon**: *Modify	Place Structural Column* tab > Multiple panel
	Grid	• **Ribbon**: *Structure* tab > Datum panel > Grid • **ショートカットキー** : GR
	Structural Column	• **Ribbon**: *Structure* tab > Structural panel • **ショートカットキー** : CL
	Vertical Column	• **Ribbon**: *Modify	Place Structural Column* tab > Placement panel
ツール		
	Attach Top/ Base	• **Ribbon**: *Modify	Structural Column* tab > Modify Column panel
	Detach Top/ Base	• **Ribbon**: *Modify	Structural Column* tab > Modify Column panel

© 2018, ASCENT - Center for Technical Knowledge®

Chapter
6

基　礎

基礎は、コンクリート壁、柱、フーチングなどで構成されます。Autodesk® Revit® には、様々な材料で壁と柱を作成する標準ツールと、壁と柱のフーチングを追加する特殊ツールがあります。

この Chapter の学習目標

- 基礎で使用できる壁を作成します。
- 壁の下に、耐力壁用フーチングと擁壁用フーチングを追加します。
- 柱脚と柱型に使用する柱タイプを作成します。
- 柱の下に独立フーチングを配置します。

6.1 壁をモデリングする

Autodesk Revit ソフトの壁は、平面上の単なる 2 本の線ではなく、高さ、厚み、材料を含む詳細な情報を蓄えた完全な 3D エレメントです。つまり、これらの壁が 2D ビューと 3D ビューの両方で有用であることを意味します。構造壁（図 6–1 参照）とは、Exterior Wall（外壁）、Foundation Wall（基礎壁）、Retaining Wall（擁壁）または Shaft Wall（シャフト壁）として機能する耐力壁をいいます。

> 壁は自動では補強されません。補強は別のエレメントとして追加する必要があります。

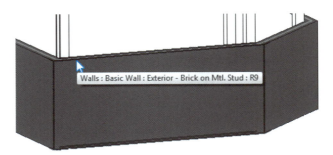

図 6–1

壁には大きく 3 つの分類があります。

- *Basic Walls*：1 以上のレイヤー（ブロック、空隙、レンガなど）を含む複合壁です。
- *Curtain Walls*（カーテンウォール）：マリオンで仕切られたガラス張りの非耐力壁です。
- *Stacked Walls*（重ね壁）：コンクリート壁の上のレンガ壁など、ある壁タイプの上に異なるタイプの壁が重ねられた壁です。

壁には、現場打設式のコンクリート壁など 1 つの材料だけでできているものと、ブロック、空隙、レンガなどの複数の層が 1 つの壁タイプに含まれるものがあります。図 6–2 に示すように、これらの複合壁には異なる位置揃えの方法があります。

> 芯材は通常、壁の構造部材です。

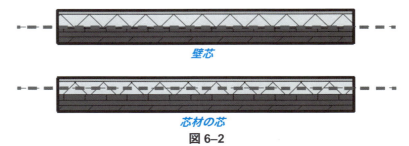

図 6–2

基　礎

操作手順：壁をモデリングする

1. *Structure* tab > Structure panel で ▢（Wall: Structural）をクリックします。
   - 建築壁（**Wall: Architectural** コマンドで作成されたもの）は通常、カーテンウォールやパーティションのように非耐力壁です。ビューの *Discipline*（設計分野）が **Structural** に設定されているときは、建築壁は表示されません。
2. 図 6–3 に示すように、Type Selector で壁タイプを選択します。

検索ボックスを利用すると、特定のタイプの壁を素早く見つけることができます。

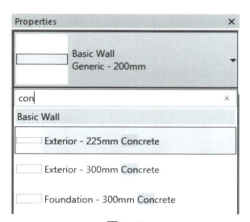

図 6–3

3. 壁の描画を始める前に、Options Bar（図 6–4 参照）で壁に関する以下の情報を指定します。

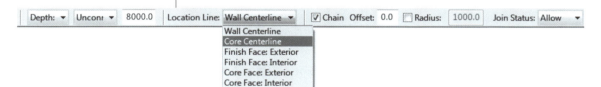

図 6–4

- *Depth*：壁の奥行を Unconnected（距離の指定を伴う）またはレベル面に設定します。このコマンドは *Height* にも設定できます。
- *Location Line*：図 6–4 に示すオプションを利用して壁の位置合わせをします。
- *Chain*：複数の連結された壁を描画することができます。
- *Offset*：既存のエレメントからの距離を入力して、新しい壁を作ることができます。

- *Radius*：描画しながら、接続された壁に指定された半径のカーブを追加します。
- *Join Status*：自動で壁を結合する **Allow** と、壁が他の壁に接触した際のクリーンアップを禁止する **Disallow** から選択します。

4. *Modify | Place Wall* tab > Draw panel（図 6–5 参照）で、壁を作成するオプションを 1 つ選択します。

図 6–5

- 位置合わせ線、仮寸法、スナップを利用して壁を配置します。
- *Chain* オプションを実行している時に <Esc> を押すと、Wall コマンドのまま、壁の連結を終わらせることができます。
- スケッチを作成している際に <Spacebar> を押すと、複合壁の方向を反転することができます。

壁の編集

図 6–6 に示すように、壁の編集には以下を含む複数の方法があります。

- Type Selector を使って、壁タイプを変更する方法
- コントロールと形状ハンドルを使って、壁の長さと方向を編集する方法
- 仮寸法と確定寸法を使って、壁の位置または長さを 2D または 3D で変更する方法
- 壁のプロパティを編集する方法

基　礎

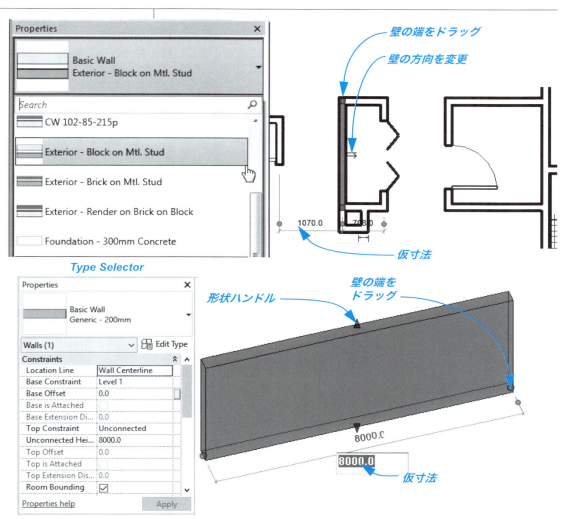

図 6–6

- 平面図ビューで壁にハッチングを表示するには、図 6–7 で示すように、View Control Bar で *Detail Level* を **Medium** または **Fine** に設定します。

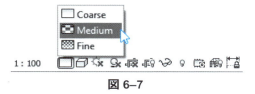

図 6–7

壁の結合

図 6–8 の左側に示すように、このソフトでは共通の材料が交わると自動的に結合します。しかし、1 つの耐火壁が別の耐火壁に突き当たったり、図 6–8 の右側に示すように、壁が柱カバーに接触する場合など、壁をクリーンアップする必要がない場合もあります。

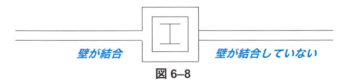

図 6–8

- 壁を作成している際は、Options Bar で *Join Status* を **Disallow** に変更します。

- 壁がすでに配置されている場合は、壁の端にあるコントロールを右クリックし、図 6–9 の左側に示すように **Disallow Join** を選択します。壁の端の結合が解除されたら、図 6–9 の右側に示すように、適切な位置までドラッグすることができます。

図 6–9

壁を再結合するには、(Allow Join) をクリックするか、または化壁の端にあるコントロールを右クリックして、**Allow Join** を選択します。目的の壁の接触させる位置まで、その壁を手動でドラッグします。

- 壁の結合に関する詳細については、*付録 B.3 壁結合部を編集する (P.592（B–8））* を参照してください。

壁の開口部

Wall Opening ツールを使って、壁に窓や扉以外の開口部を追加することができます。図 6–10 に示すように、このツールは直線または曲線の壁に長方形の開口部を作成します。

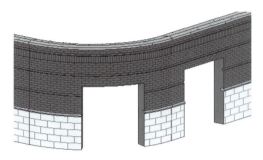

図 6–10

操作手順：壁に開口部を追加する

1. 立面図、断面図または 3D のビューを開いてください。
2. Architecture tab > Openings panel で ⛿ （Wall Opening）をクリックします。
3. 壁を選択します。
4. 対角線上の 2 点を選択し、開口部の大きさを決定します。

- 図 6–11 に示すように、コマンド実行中に仮寸法を利用して開口部の大きさを決定できます。開口部を選択している間は、仮寸法と形状ハンドルを使って開口部を編集することができます。

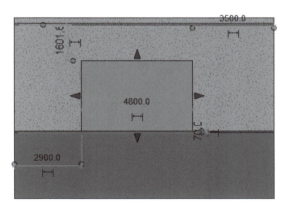

図 6–11

> ### ヒント：プロパティを揃える
>
> **Match Type** コマンドを使って、既存の壁を選択して他の壁に壁タイプとインスタンスプロパティを割り当てることができます。このコマンドは、タイプを持つ全てのエレメントで機能します。
>
> 1. *Modify* tab > Clipboard panel で、（Match Type）をクリックするか、または **MA** と入力します。カーソルがペイントブラシ付きの矢印に変わります。
> 2. 他の全てのエレメントに割り当てるプロパティを持った元のエレメントを選択します。図 6–12 で示すように、ペイントブラシが黒色のペンキに浸したように変化します。
>
>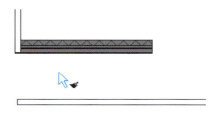
>
> 図 6–12
>
> 3. 2 つ以上のエレメントを選択するには、*Modify | Match Type* tab > Multiple panel で、（Select Multiple）をクリックします。ウィンドウ、交差、<Ctrl> および <Shift> を使って、変更するエレメントの選択セットを作成できます。
> 4. 変更したいエレメントを選択します。複数選択の場合は（Finish）をクリックして、その選択セットにタイプを適用します。
>
> - プロジェクト内の空白をクリックし、他のエレメントでコマンドを繰り返せるようにブラシを空にします。
> - プロパティを揃えるエレメント同士は同じタイプでなければなりません（例えば、壁は壁、扉は扉など）。

6.2 連続フーチングを追加する

耐力壁と擁壁の連続フーチングは、壁にホストされています。図6–13に示すように、フーチングを配置した後に鉄筋を追加することができます。適切な基礎が正しい位置にあることで、そのフーチングのタグ付けと集計を正確に行うことができます。

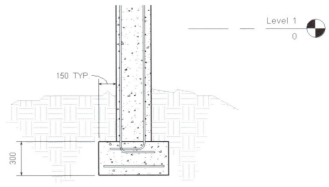

図 6–13

- 図6–14に示すような2つのタイプの連続したフーチングシステムを適用することができます。
    - **Retaining Footing**（擁壁用フーチング）：付加的な横荷重と補強に適応するために片側がオフセットされたフーチング
    - **Bearing Footing**（耐力壁用フーチング）：耐力壁の両側に均等な距離があるフーチング

擁壁用フーチング　　　　　　　　*耐力壁用フーチング*

図 6–14

操作手順：耐力壁または擁壁にフーチングを配置する

1. 壁を作成するか、または既存のものを使用します。このコマンドを使用するには、壁は正しい位置になければいけません。
2. 基礎伏図を開き、壁を表示して選択できるように設定します。

連続フーチングは3D、断面図、および立面図のビューでも配置できます。

3. *Structure* tab > Foundation panel で (Wall) をクリックし、**Structural Foundations: Wall** コマンドを実行するか、または **FT** と入力します。
4. Type Selector で、図 6–15 に示す通りにタイプを選択します。

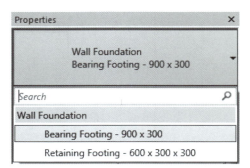

図 6–15

5. 壁を 1 つ選択します。図 6–16 に示すように、フーチングが壁の下に配置されます。

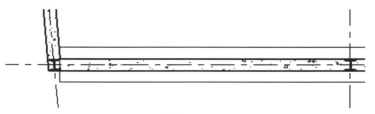

図 6–16

- 複数の壁を選択するには、壁の 1 つにカーソルを重ね、<Tab> を押して接続された壁を全て選択します。または別の方法として、*Modify | Place Wall Foundation* tab > Multiple panel で、 (Select Multiple) をクリックします。いずれかの方法で壁を選択し(この時の壁は接続されている必要はありません)、 (Finish) をクリックしてフーチングを配置します。

- 擁壁用フーチングは、図 6–17 のように奥行きを反転することもできます。

図 6–17

基 礎

操作手順：フーチングタイプを作成する

1. 既存の基礎壁エレメントを選択するか、または **Structural Foundation: Wall** コマンドを実行します。
2. Type Selector で、作成するタイプに類似したタイプを選択します。Properties で (Edit Type) を選択します。
3. Type Properties ダイアログボックスで **Duplicate** をクリックします。
4. Name ダイアログボックスで、エレメントの新しい名前を入力します。
5. 図 6–18 に示すように、必要に応じてタイプのプロパティを変更します。

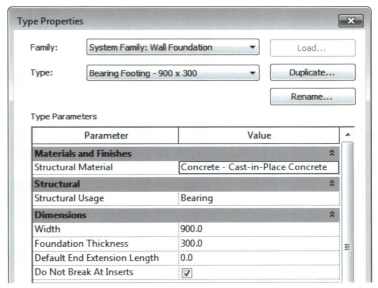

図 6–18

6. **OK** をクリックして、ダイアログボックスを閉じます。

壁の形状とフーチング

フーチングは壁の下部に付いているため、そのホスト壁の土台に対する変更は全て、そのフーチングに影響します。これは、横方向の動きや、水平な動きに対して起こります。図 6–19 に示す例では、傾斜（図左側参照）に合わせて壁の形状が変化し、フーチングが分断されて編集後のプロファイルに従っています（図 6–19 右側参照）。基礎壁の形状を編集すれば完成です。

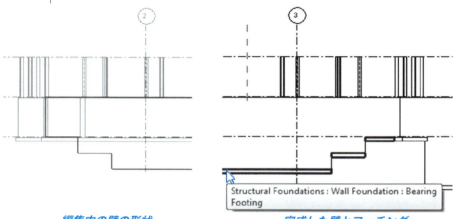

編集中の壁の形状　　　　　　完成した壁とフーチング

図 6–19

操作手順：壁の形状を編集する

1. 編集する壁面が表示された立面図または断面図のビューを開きます。
2. 壁の境界をハイライト表示して、壁を選択します。
3. *Modify | Walls* tab > Mode panel で、 （Edit Profile）をクリックします。
   壁の輪郭がマゼンタ色で描かれて、壁の形状が示されます。

基　礎

4. *Modify | Walls > Edit Profile* tab > Draw panel で、図 6–20 の上側で示すように、ツールを使って壁の形状スケッチを編集します。
5. 形状が完成したら、✔（Finish Edit Mode）をクリックします。図 6–20 の下側で示すように、フーチングは新しい形状に従って作成されます。

スケッチは連続したループでなくてはなりません。線に隙間や重なりがないことを確認します。Modify パネルにあるツールを使って、スケッチをクリーンアップします。

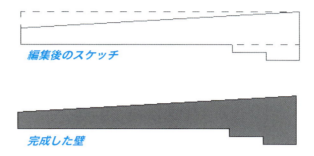

図 6–20

- スケッチの調整後は、図 6–21 に示すように、独立フーチングを追加して適切な形状を作ることができます。

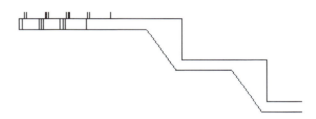

図 6–21

ヒント：材　料

連続フーチングなどのタイプを作成する際は、*Structural Material* を設定する方法もあります。Type Properties ダイアログボックスの *Materials and Finishes* エリアで、図 6–22 に示すように、*Value* の列をクリックしてから ... (Browse) をクリックします。

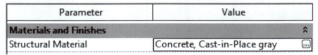

図 6–22

Material Browser（図 6–23 参照）で、使用する材料を指定して **OK** をクリックします。

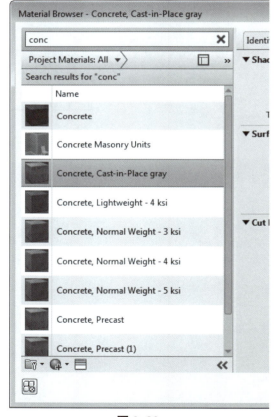

図 6–23

実習 6a

壁と連続フーチングをモデリングする

この実習の目標

- 構造壁を配置します。
- 連続フーチングを作成し、適用します。

この実習では、図 6–24 に示すように外周の基礎壁をモデリングします。

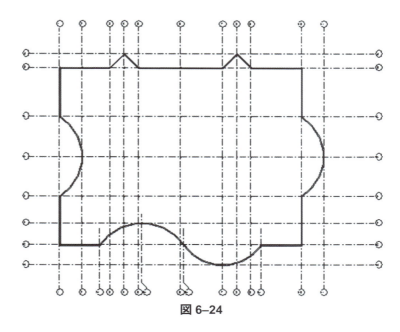

図 6–24

タスク 1 – 壁を追加する

1. Syracuse-Suites-Walls-M.rvt を開いてください。

2. Structural Plan: 00 GROUND FLOOR のビューを開きます（緑色の線が建物の外周です）。

3. *Structure* tab > Structure panel で、 (Wall: Structural) をクリックします。

4. Type Selector で Basic Wall: Exterior - 300mm Concrete を選択します。

5. Options Bar で *Depth* を T.O. FOOTING に設定し、*Location Line* が Wall Centerline になっていることを確認します。

Autodesk Revit 2019：構造の基本

6. *Modify | Place Structural Wall* tab > Draw panel で、 ✏ (Line) をクリックします。Options Bar で **Chain** が選択されていることを確認します。

7. 図 6–25 に示すように、**Grid G1** 上の交点にスナップさせて始点を選択します。

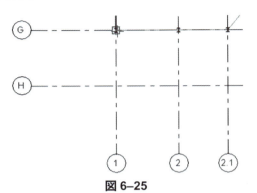

図 6–25

8. **Grid E1** の交点まで壁を描画します。

9. Draw パネルで、⌒ (Start-End-Radius Arc) をクリックします。**Grid C1** で 2 つ目の点を選択し、図 6–26 で示すように、緑の円弧沿いのどこかで 3 つ目の点を選択して、円弧の半径を設定します。

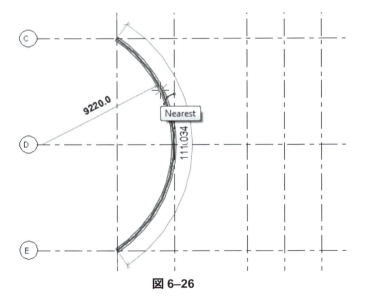

図 6–26

222   6–16   © 2018, ASCENT - Center for Technical Knowledge®

10. （Line）を再度クリックし、**Grid B1** の交点を選択します。

11. 緑色の輪郭に従い、図 6–27 に示すように外周に沿って引き続き壁を描画します。

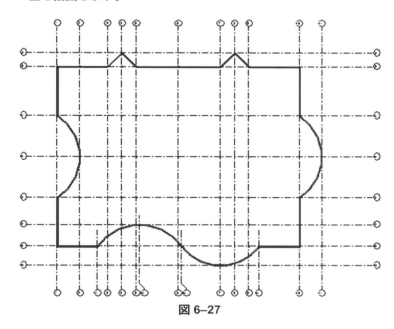

図 6–27

12. プロジェクトを保存します。

タスク 2 – 連続フーチングを作成して適用する

1. **Structural Plans: 000 FOUNDATION PLAN** のビューを開いてください。

2. *Structure* tab > Foundation panel で、（Wall）をクリックするか、または **FT** と入力します

3. Type Selector で、（Edit Type）をクリックします。

4. Type Properties ダイアログボックスで、**Duplicate…** をクリックします。

5. Name ダイアログボックスで、タイプ **Bearing Footing – 600 x 300** と入力し、**OK** をクリックします。

Autodesk Revit 2019：構造の基本

6. Type Properties ダイアログボックスの Dimensions の下で、図 6–28 に示す通り、Width を **600mm** に設定します。

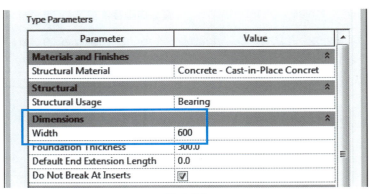

図 6–28

7. **OK** をクリックします。

8. **Wall Foundation** コマンドはまだ実行中です。Type Selector で、図 6–29 に示す通り、新しい **Wall Foundation: Bearing Footing - 600 x 300** が選択されていることを確認します。

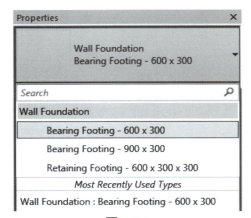

図 6–29

基　礎

9. 既存の壁の1つにカーソルを重ね、<Tab> を押して壁システム全体をハイライト表示します。クリックして壁を選択します。構造全体の下にフーチングが配置されます。

10. 新しい連続フーチングが見えない場合は、ビュー上で非表示とされるエリアにいるのかもしれません。**Structural Plans: 000 FOUNDATION PLAN** のビューを開きます。

11. コマンドを終了します。

12. Quick Access Tool bar で、 (Default 3D view) をクリックして 3D ビューに移動し、図 6–30 にその一部を示すように、フーチングが正しく配置されていることを確認します。必要に応じて **Visual Style** を変更します。

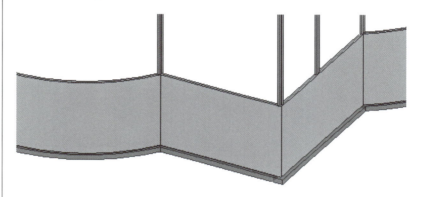

図 6–30

13. プロジェクトを保存します。

6.3 柱脚と柱型を作成する

Autodesk Revit ソフトには、柱脚と柱型に特化したカテゴリはありません。これらのエレメントを作成するベストな方法は、図 6–31 に示すように、コンクリート柱を利用することです。その後、基礎システムの一部として解析し、メインの柱集計表から独立して集計することができます。また、コンクリート柱はコンクリート壁に自動的に埋め込まれます。

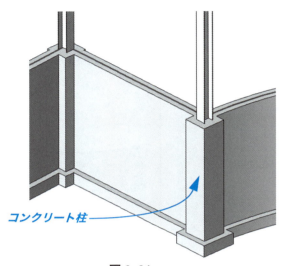

図 6–31

- 現場打設式のコンクリート柱は、様々なサイズで作成できます。標準的な長方形、正方形、円形の柱は、カスタムサイズの作成が簡単です。

操作手順：柱のカスタムサイズを作成する

1. 平面図ビューを開いてください。

2. *Structure* tab > Structure panel で、(Column) をクリックします。

3. Type Selector で、**M_Concrete-Rectangular-Column** など、作成するものに近い既存の柱ファミリタイプを 1 つ選択します。

4. Properties で、(Edit Type) をクリックします。

5. Type Properties ダイアログボックスで **Duplicate** をクリックします。

6. Name ダイアログボックスで、図 6–32 に示すように名前を入力します。

図 6–32

7. 必要に応じて寸法を編集します。図 6–33 に示す通り、b (base) と h (height) に必要な値を入力します。

Type Parameters

Parameter	Value
Dimensions	
b	450.0
h	450
Identity Data	
Keynote	

図 6–33

8. **OK** をクリックします。

9. 図 6–34 に示すように、既存の鉄骨柱の土台に新しい柱脚が配置されます。

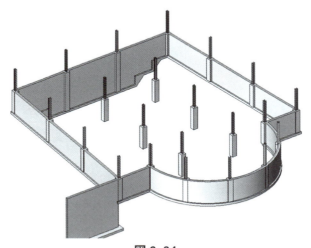

図 6–34

> **ヒント：一時的な非表示／分離**
>
> プロジェクト編集中に一時的にエレメントをビュー上で非表示にする場合は、エレメントを完全にオフに切り替える代わりに、View Control Bar で (Temporary Hide/Isolate) を使うことができます。この Temporary Hide/Isolate の設定は、プロジェクトには保存されません。
>
> 非表示にする（見えないようにする）または分離する（他の全エレメントが非表示の際に表示したままにする）エレメントを選択し、(Temporary Hide/Isolate) をクリックします。図 6–35 で示すように、使用する方法を選択します。
>
>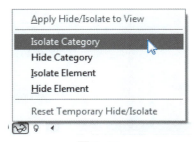
>
> 図 6–35
>
> エレメントまたはカテゴリが非表示または分離されます。図 6–36 に示す通り、注記のある青緑色の境界線がビューの周りに表示されます。これは、そのビューに一時的に非表示または分離されたエレメントがあることを表します。 
>
> 図 6–36
>
> - エレメントをビューに復元させるには、 (Temporary Hide/Isolate) を再度クリックし、**Reset Temporary Hide/Isolate** を選択します。
>
> - そのビュー内でエレメントを完全に非表示にしたい場合は、**Apply Hide/Isolate to View** を選択します。
>
> - エレメントは一時的に非表示になっていても印刷はされます。

基礎

実習 6b 柱脚と柱型を作成する

この実習の目標

- 新しい柱タイプを作成します。
- 柱を追加します。

この実習では、新しい柱タイプを作成し、柱脚と柱型（柱のタイプ）を追加します。図 6-37 が完成形です。

ビューを見やすくするため、鉄骨柱は非表示にされています。

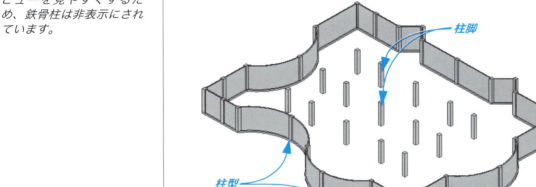

図 6-37

タスク 1 – 新しい柱タイプを作成する

1. **Syracuse-Suites-Foundations-M.rvt** を開いてください。

2. **Structural Plans: 000 FOUNDATION PLAN** のビューを開きます。

3. *Structure* tab > Structure panel で、 (Column) をクリックするか、または **CL** と入力します。

4. Type Selector で、**M_Concrete- Rectangular-Column** のタイプの 1 つを選択します。

5. Properties で、 (Edit Type) をクリックします。

6. Type Properties ダイアログボックスで、**Duplicate** をクリックします。

Autodesk Revit 2019：構造の基本

7. 柱の名前を **600 x 600mm** に変更します。**M_Concrete-Rectangular-Column** というファミリ名が自動的に適用されます。**OK** をクリックします。

8. Type Properties ダイアログボックスで、図 6–38 に示す通り、*b* (base) と *h* (height) の寸法を両方とも **600mm** に設定します。

Parameter	Value
Structural	
Section Shape	Not Defined
Dimensions	
b	600.0
h	600.0

図 6–38

9. **OK** をクリックします。

10. ▷（Modify）をクリックします。

タスク 2 – 柱脚と柱型を配置する

1. 鉄骨柱を 1 つ選択します。View Control Bar で、🕸（Temporary Hide/Isolate）を展開し、図 6–39 に示すように **Isolate Category** をクリックします。柱のみが表示されます。

*これは柱の配置に役立つ方法の 1 つです。**At Grids** を用いた後で、必要ない柱を消去することもできます。*

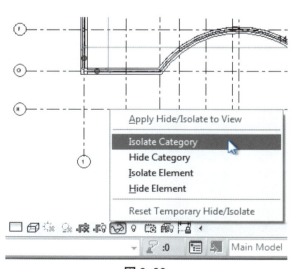

図 6–39

基　礎

2. *Structure* tab > Structure panel で、▯（Column）をクリックするか、または **CL** と入力します。

3. Type Selector で **M_Concrete-Rectangular-Column: 600 x 600mm** が選択されていることを確認します。

4. Options Bar で、*Depth* を ***T.O. Footing*** に設定します。

5. コンクリート柱を既存の各鉄骨柱に配置します。一部の柱は、ビューで非表示にされたコンクリート基礎壁に接続しているため、変な見え方になります（図 6–40 参照）。

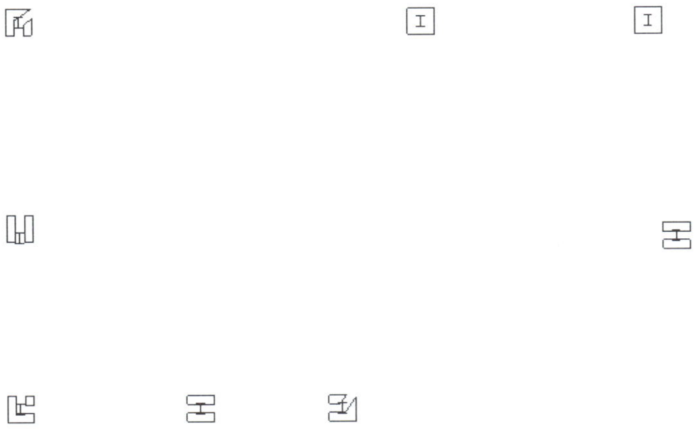

図 6–40

6. コンクリート柱を配置したら、View Control Bar で ⟲（Temporary Hide/Isolate）を展開し、**Reset Temporary Hide/Isolate** を選択します。

7. Quick Access Toolbar で ⬒（Default 3D View）をクリックして、新しい柱の配置を表示します。

8. プロジェクトを保存します。

6.4 独立フーチングを追加する

柱のフーチング（図6–41参照）は、**Structural Foundation: Isolated** コマンドを使用して配置されます。柱を選択すると、その柱下部にフーチングが自動で接着します。これは、柱の下部が作業中のビューよりも低いレベル面にある場合にも同様です。

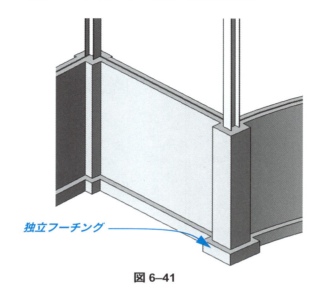

図 6–41

操作手順：独立フーチングを配置する

1. **T.O. Footing** の構造平面図などの平面図ビューを開いてください。
2. *Structure* tab > Foundation panel で、 (Isolated) をクリックして **Structural Foundation: Isolated** コマンドを実行します。
3. Type Selector で、フーチングのタイプを選択します。
4. ビュー内でクリックし、図6–42に示すように個別のフーチングを配置します。

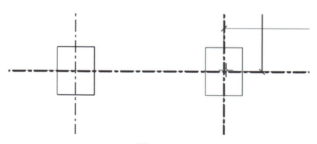

図 6–42

基　礎

- 一度に複数のフーチングを配置するには、*Modify | Place Isolated Foundation* tab > Multiple panel で、 (At Grids) または (At Columns) を選択するか、グリッドまたは柱を選択します。
- 連続フーチングの材料と独立フーチングの材料が同じ場合は、図 6–43 で示すように自動で結合します。

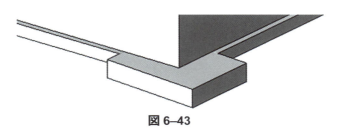

図 6–43

> **ヒント：基礎エレメントのプロパティ**
>
> エレメントのプロパティの多くは、モデル内のエレメントの位置とサイズから自動的に収集されます。これらはタグや集計表で使用されます。例えば、Host、Elevation at Top、Elevation at Bottom は自動で生成されるために直接編集ができないので、グレー表示されます（図 6–44 参照）。
>
>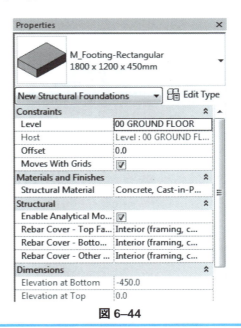
>
> 図 6–44

カスタムファミリの取扱い

特定の状況に合わせて調整できるパラメータを持ったカスタムファミリを使用しなければならない場合があります。例えば、図 6–45 に示すような段差フーチングを追加するには、角度付きの独立フーチングを挿入し、正確なサイズと位置に収まるように編集する必要があります。

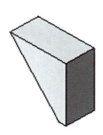
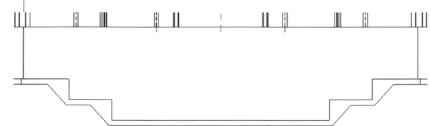

図 6–45

操作手順：カスタムフーチングを読み込み、挿入し、編集する

1. 平面図ビューを開いてください。
2. *Structure* tab > Foundation panel で (Isolated) をクリックし、*Modify | Place Isolated Foundation* tab > Mode panel で (Load Family) をクリックします。
3. Load Family ダイアログボックスで、使用するフーチングファミリを見つけて **Open** をクリックします。
4. 図面にフーチングを配置します。厳密には正しい位置ではないかもしれませんが、他のビューで編集することができます。
5. 立面図または断面図ビューを開きます。
6. フーチングを正しい場所まで移動します。別のフーチングと一直線上にある限り、図 6–46 で示すように自動でクリーンアップされます。

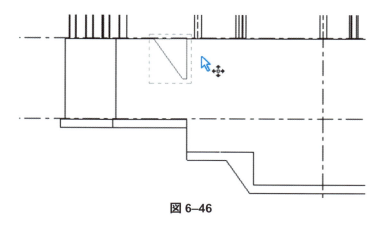

図 6–46

- フーチングを既存のものと位置合わせするには、 (Align) を使用します。位置合わせをしたら、図 6–47 に示すようなロックを選択し、連続フーチングの立面図が変更されたら段差フーチングも適切に調整されるようにします。

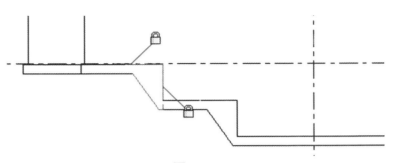

図 6–47

- カスタムファミリには、図 6–48 に示すように、Properties（インスタンス毎）または Type Properties にサイズ変更のオプションが含まれるものもあり、プロジェクトの必要に応じて追加のタイプを様々なサイズで作成することができます。

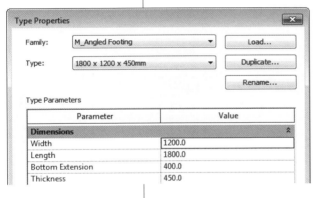
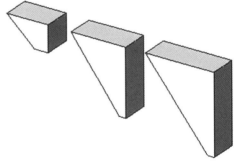

図 6–48

実習 6c

独立フーチングを追加する

この実習の目標

- 独立フーチングを配置します。
- 壁の形状を編集し、段差フーチングを追加します。

この実習では、図 6–49 に示すように、新しいフーチングタイプを作成して独立フーチングを配置します。また、壁の形状を編集し、カスタムフーチングを追加して、連続する段差フーチングを作成します。

ビューを見やすくするため、鉄骨柱は非表示にされています。

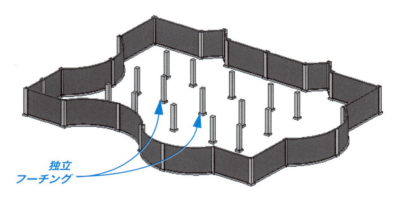

図 6–49

タスク 1 – 独立フーチングを配置する

1. プロジェクト **Syracuse-Suites-Footings-M.rvt** を開いてください。

2. **Structural Plans: T.O. FOOTING** のビューを開きます。

3. *Structure* tab > Foundation panel で、(Isolated) をクリックします。

4. Properties で、(Edit Type) をクリックします。

5. タイプを複製し、これに **900 x 900 x 300mm** と名前を付けます。

基　礎

6. Type Properties ダイアログボックスで、図 6–50 に示す通りに設定をします。
   - *Width*: **900**
   - *Length*: **900**
   - *Thickness*: **300**

Parameter	Value
Dimensions	
Width	900.0
Length	900.0
Thickness	300.0

図 6–50

7. **OK** をクリックします。

8. ズームで拡大表示し、柱型の下に独立フーチングを配置します。図 6–51 に示すように、独立フーチングと連続フーチングは自動的に結合されます。

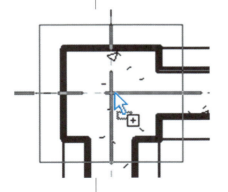 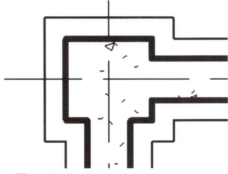

図 6–51

9. *Modify | Place Isolated Foundation* tab > Multiple panel で、（At Columns）をクリックします。選択ウィンドウを使って全ての柱を選択し、（Finish）をクリックします。

10. Default 3D のビューを再度開きます。

11. 図 6–52 に示すように、各柱脚と柱型の下に独立フーチングがあるはずです。

この図を見やすくするため、鉄骨柱は非表示にされています。

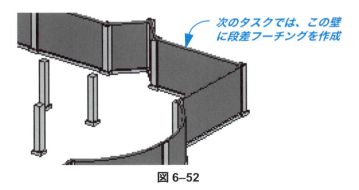

図 6–52

12. プロジェクトを保存します。

タスク 2 – 壁の形状を編集して段差フーチングを追加する

1. **Elevations (Building Elevation): North** のビューを開いてください。

2. 基礎壁の左端を拡大表示し、図 6–53 に示す壁を選択します。

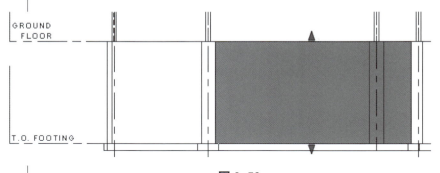

図 6–53

3. **Modify | Walls** tab > Mode panel で、(Edit Profile) をクリックします。

4. 描画ツールと編集ツールを使って、図 6–54 に示す段を追加します。寸法は情報としてのみ示されています。

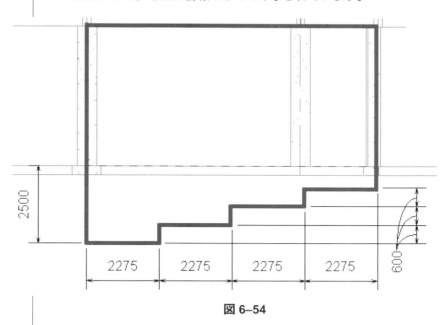

図 6–54

5. ✔ (Finish Edit Mode) をクリックします。

6. 図 6–55 に示すように形状が編集され、連続フーチングもそれに合わせて修正されました。

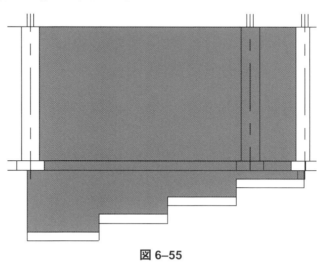

図 6–55

Autodesk Revit 2019：構造の基本

7. Structural Plans: **T.O. Footing** のビューを開き、建物の右上角を拡大表示します。下のフーチングの段差を表す線が見えるはずです。

8. *Structure* tab > Foundation panel で、 (Isolated) をクリックします。

9. *Modify | Place Isolated Foundation* tab > Mode panel で、 (Load Family) をクリックします。

10. Load Family ダイアログボックスで、実習ファイルのフォルダに移動し、**M_Angled-Footing.rfa** を選択して **Open** をクリックします。

11. Type Selector で、**M_Angled-Footing: 600 x 600 x 90** を選択します。

12. 壁に沿って、図 6–56 に示すようなフーチングを 3 つ配置します。

ここでは、位置は正確である必要はありません。

図 6–56

13. **North** の立面図ビューに戻ります。図 6–57 に示すように、3 つのフーチングはまだ配置したレベル面にあります。

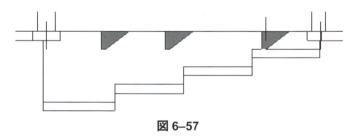

図 6–57

14. *Modify* tab > Modify panel で、 (Align) をクリックするか、または **AL** と入力します。

15. 図 6–58 で示すように、各 Angled Footing（角度付きフーチング）を連続フーチングに位置合わせします。

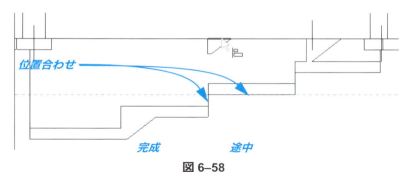

図 6–58

16. 図 6–59 で示すように、新しいフーチングを 3D で表示します。

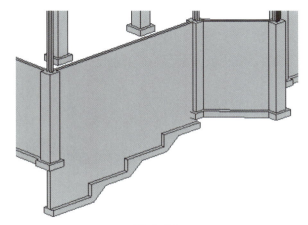

図 6–59

17. （オプション）近くの壁、柱およびフーチングを、新しい段差フーチングに合うように編集します。

18. プロジェクトを保存します。

Chapter の復習

1. 以下のうち、プロジェクト内に壁を作成する方法はどれですか？
   （該当するものを全て選択してください）
   a. 線を描画する。
   b. 線を選択する。
   c. 線を挿入する。
   d. 面を選択する。

2. 図 6–60 に示すような柱脚または柱型の挿入に使うコマンドはどれですか？

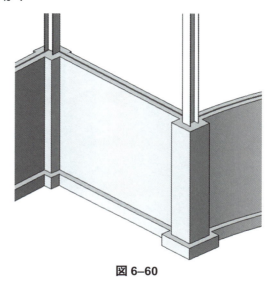

図 6–60

   a. **Structural Pier**
   b. **Isolated Foundation**
   c. **Structural Column**
   d. **Isolated Column**

3. すでにプロジェクトにある柱タイプに柱サイズを追加するにはどうしたらよいですか？
   a. Properties で既存のタイプを複製し、そのサイズを変更する。
   b. 新しく Autodesk Revit プロジェクトを開始し、その中に描画する。
   c. 別のプロジェクトから追加のサイズをインポートする。
   d. ライブラリで、他のファミリから追加のサイズを読み込む。

基 礎

4. 独立フーチングのホストとなるエレメントはどれですか？

　a. 柱
　b. 壁
　c. スラブ
　d. 床

5. （Structural Foundation: Wall）コマンドを使用するには、ホスト壁はすでに正しい位置になければなりません。

　a. 正しい
　b. 間違っている

6. 図 6–61 に示す例のように、壁の下にカスタムのフーチングタイプを追加するには、どのコマンドを使用しますか？

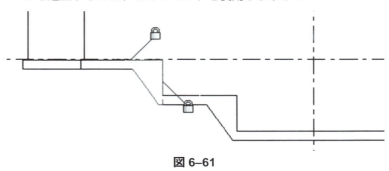

図 6–61

　a. **Component**
　b. **Structural Foundation: Isolated**
　c. **Structural Foundation: Wall**
　d. **Component: Structural Foundation**

Autodesk Revit 2019：構造の基本

コマンド概要

アイコン	コマンド	場所
	Structural Foundation: Wall	• **Ribbon**: *Structure* tab > Foundation panel
	Structural Foundation: Isolated	• **Ribbon**: *Structure* tab > Foundation panel
	Wall: Structural	• **Ribbon**: *Structure* tab > Structure panel

Chapter
7

構造フレーム

建物の骨組みを構造フレームといいます。柱、梁、ブレース、トラスといったエレメントを併せもつことで、建物に必要な安定性が与えられます。これらのエレメントをプロジェクトに加える基本の操作は簡単ですが、接合（支持オフセット、片持ち、カットバック、位置揃え）の設定、梁の切り欠き適用、梁結合の編集などの複雑な作業も必要になります。

この Chapter の学習目標

- 柱と構造壁を繋げる大梁用の個々の梁をスケッチします。
- 梁を迅速に追加するため、サイズの近い複数の梁の Beam Systems（梁システム）を均等間隔で作成します。
- 他のフレーミング部材の堅牢さを維持するため、ブレースを追加します。
- フレーミング部材を編集して、接合部分が厳密に条件に適合するようにします。
- ロングスパンの空間を支えるためにトラスを追加します。

© 2018, ASCENT - Center for Technical Knowledge®   7–1   245

7.1 構造フレームのモデリング

Autodesk® Revit® ソフトでは、図 7–1 の鉄骨組の例のように、木材、コンクリート、および鉄骨のフレーミングとブレースで建物の骨格を組むことができます。個々の梁、梁システム、およびブレースエレメントを追加することができます。

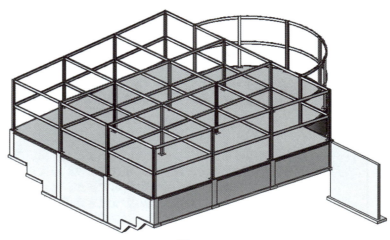

図 7–1

- フレーミングタイプには、**Concrete**（コンクリート）、**Light Gauge Steel**（軽量鉄骨）、**Precast Concrete**（プレキャストコンクリート）、**Steel**（鉄骨）、**Wood**（木材）が含まれます。

- 詳細レベルが **Coarse**（粗い）に設定されているビューでは、構造用途に基づいて構造部材の線の太さが割り当てられます。例えば、図 7–2 に示すように、Girder（大梁）は Joist（小梁）より太い線で表示され、Purlin（つなぎ梁）は点線で表示されます。

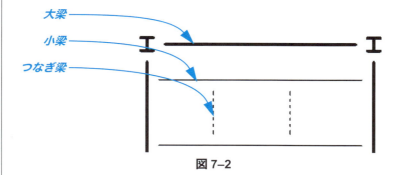

図 7–2

構造フレーム

操作手順：梁を追加する

1. *Structure* tab > Structure panel で、 (Beam) をクリックします。
2. Type Selector で梁のタイプを選択します。
3. 図 7–3 および以下の説明のように、Options Bar でオプションを指定します。

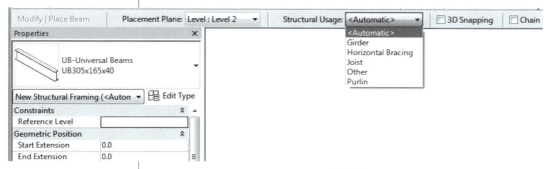

図 7–3

- *Placement Plane*：平面図ビューにいる場合は、現在の階がデフォルトになりますが、他の階への変更は可能です。
- *Structural Usage*：タイプを選択（図 7–3 参照）するか、またはデフォルトの **<Automatic>** を承諾します。
- **3D Snapping**：ある点から違う高さの点まで梁を描画する時に選択します。
- **Chain**：複数の連続する梁を描画するときに選択します。コマンドを実行したまま別のチェーンを開始するには、<Esc> を1度押します。

4. 自動タグ付けをするには、*Modify | Place Beam* tab > Tag panel で (Tag on Placement) をクリックします。
5. *Modify | Place Beam* tab > Draw panel で、描画ツールを使って梁を描画します。

操作手順：通芯上に複数の梁を追加する

1. **Beam** コマンドを開始し、タイプとその他のオプションを上記の通りに指定します。
2. *Modify | Place Beam* tab > Multiple panel で、 (On Grids) をクリックします。

Autodesk Revit 2019：構造の基本

この操作を行うには、柱が正しい位置で梁を支えていなければなりません。

3. 梁を配置する通芯を選択します。図 7–4 に示すように、梁が 1 本ずつ、各通芯の交点の間に配置されます。<Ctrl> を押したまま、複数の通芯を選択することができます。または、ピック＆ドラッグのウィンドウを使って一度に複数の通芯を選択します。

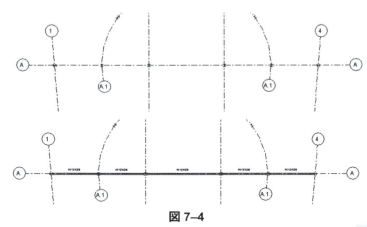

図 7–4

4. *Modify | Place Beam > On Grid Line* tab > Multiple panel で、✔（Finish）をクリックします。

- 梁を追加するには、この方法が一番早いかもしれません。
  多様なサイズの梁が必要な場合は、追加し終えた後にそれらの梁を選択し、Type Selector で編集を行います。

梁システム

Beam Systems（梁システム）とは、図 7–5 のように他の梁の間に配置された並行梁のレイアウトです。梁システムは通常、小梁レイアウト内で使用され、固定間隔、または梁の本数で設定できます。

- 梁システムは、適切な境界エレメント（他の梁）があれば自動で作成できます。梁システムに境界をスケッチすることもできます。

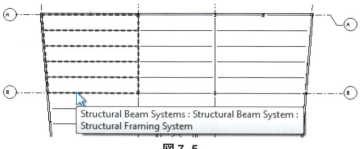

図 7–5

構造フレーム

操作手順：自動梁システムを追加する

1. *Structure* tab > Structure panel で、▥（Beam System：梁システム）をクリックするか、または **BS** と入力します。
2. *Modify | Place Structural Beam System* tab > Beam System panel で、▥（Automatic Beam System：自動梁システム）をクリックします。
3. ▯（Tag on Placement）が選択されている場合は、図 7–6 に示す通りに Options Bar で *Tag Style* を設定します。
   - **Framing**：各部材を個々にタグ付けします。
   - **System**：フレーミングシステム全体に対し、1 つのタグを付けます。

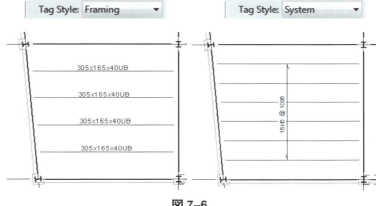

図 7–6

4. Options Bar（図 7–7 参照）で *Beam Type*（梁タイプ）、*Justification*（位置揃え）、*Layout Rule*（配置方法）を設定します。

図 7–7

- *Layout Rule* には、**Clear Spacing**（内法寸法）、**Fixed Distance**（固定間隔）、**Fixed Number**（固定数）、**Maximum Spacing**（最大間隔）が含まれます。必要な間隔または本数を設定します。
- Properties または Options Bar で、要求される梁システムに必要な変更を行います。

5. 既存の梁にカーソルを重ねると、図 7–8 で縦横方向に示す例のように、ガイド線が正しい領域と方向に表示されます。これにより、斜めの線を識別することもできます。

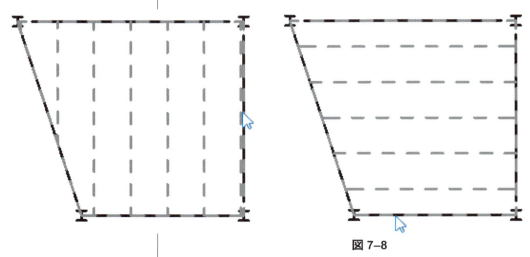

図 7–8

6. 既存の梁を選択し、システムを配置します。
7. 必要に応じて、上記の手順を別の区画でも繰り返します。

- Beam System は 1 つの均一のグループです。Properties または Options Bar で梁のタイプ、間隔、高さを変更することができます。

- 通芯が 1 本でも動くと、梁は自動で間隔調整されます。区画が最小間隔より大きくなると、梁が 1 本追加されます。区画が許容可能な間隔より小さくなると、梁が 1 本削除されます。

- システムを独立した複数の梁に変更する場合は、
  Modify | Structural Beam Systems tab > Beam System panel で、
  (Remove Beam System) をクリックします。個々の梁は残りますが、グループは解除されます。

構造フレーム

操作手順：梁システムをスケッチする

1. *Structure* tab > Structure panel で、 (Beam System)をクリックします。
2. *Modify | Place Structural Beam System* tab > Beam System panel で、 (Sketch Beam System：梁システムをスケッチ)をクリックします。
3. *Modify | Create Beam System Boundary* tab > Draw panel において (Pick Supports：支持部材を選択)をクリックするか、または他の描画ツールを使用します。
4. Draw パネルで (Beam Direction：梁の方向)をクリックし、図 7–9 上部の横向きの梁で示すように、システムと同じ方向に引かれたスケッチ線を 1 本選択します。

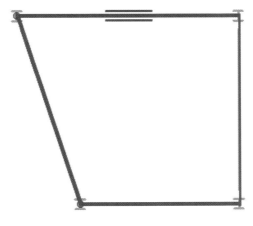

図 7–9

5. 全てのコーナーをクリーンアップし、重なりや隙間がないようにします。
6. *Modify | Create Beam System Boundary* tab > Mode panel で、 (Finish Edit Mode：編集モードを終了)をクリックします。
7. Properties または Options Bar で、希望の梁システムに必要な変更を行います。

- 梁システムに開口部を含めるには、元々スケッチした境界の内側に別途開口部を描画します。

ブレースの追加

ブレースは、梁、柱、壁などの他の構造エレメントに自動でアタッチ（接着）します。その際、図 7–10 に示すように、柱の終点、梁の中央などの標準的なスナップポイントが認識されます。

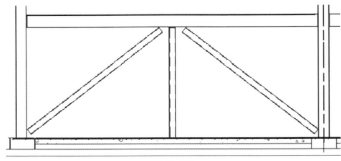

図 7–10

- ブレースは平面図ビューでも追加できますが、より一般的なのは軸組図ビューでの追加です。

操作手順：ブレースを追加する

1. 軸組図を作成して、開いてください。
2. *Structure* tab > Structure panel で、▨（Brace：ブレース）をクリックします。
3. Type Selector でブレースタイプを選択します。
4. ブレースの両端となる 2 点を選択します。

    - 図 7–11 で示すように、図上では部材は柱や梁の縁で止まりますが、解析線が近接する骨組みまで延びるように、全てのフレーム部材の中心線から作業してください。

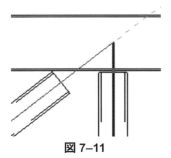

図 7–11

構造フレーム

X 型ブレースの設定

平面図ビューにおいて X 型ブレースは、通常は非表示線を使ってグラフィカルに表示される必要があります。本ソフトには、図面で表示されるように、X 型ブレースを制御する個別の設定があります。これらの設定により、ブレースを上、下、または上下両方に表示できます。設定したブレースは、図 7–12 に示すように、平行線または斜線で表示されます。

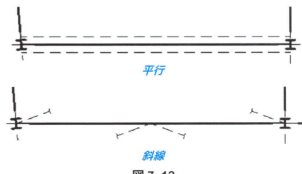

図 7–12

- *Manage* tab > Settings panel で(Structural Settings）を展開し、(Structural Settings：構造設定）をクリックします。図 7–13 で示すように、Structural Settings ダイアログボックスの *Symbolic Representation Settings* タブで、**Brace Symbol** のオプションを選択します。

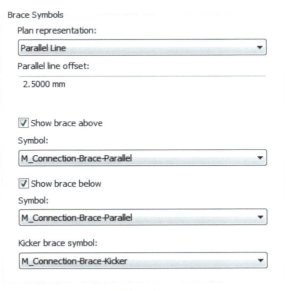

図 7–13

Autodesk Revit 2019：構造の基本

> **ヒント：複数のレベル面にエレメントをコピーする**
>
> 同じエレメントを各レベル面に描画する代わりに、クリップボードにコピーし、位置を揃えて他のレベル面にペーストできます。
>
> 1. 必要なエレメントを選択します。
> 2. *Modify <contextual>* tab > Clipboard panel で、 （Copy to Clipboard）をクリックします。
> 3. *Modify* tab > Clipboard panel で、 （Paste）を展開し、 （Aligned to Selected Levels）をクリックします。
> 4. Select Levels ダイアログボックスで、図 7–14 に示すように梁のコピー先のレベル面を選択します。
>
>
>
> 図 7–14
>
> 5. **OK** をクリックします。
>
> - このコマンドは、モデルエレメントのコピーのみに使用します。タグやその他の注釈を含める場合は、**Paste > Aligned to Selected Views** を使用します。

実習 7a

モデル構造フレーム

この実習の目標

- 梁と梁システムを配置します。
- 他のレベル面にフレームをコピーします。
- 軸組図を作成します。
- ブレースを追加します。

この実習では、建物のある階にフレームを追加し（図 7–15 参照）、それを上層階にコピー&ペーストします。その後、構造の一部分にブレースを追加します。

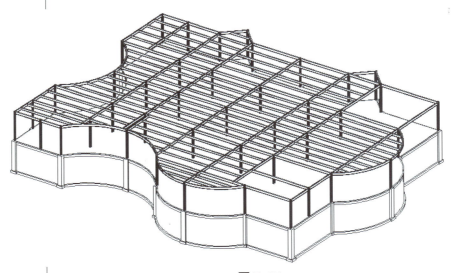

図 7–15

- この図は、分かりやすくするために編集されています。

タスク 1 – 外周の梁を配置する

1. プロジェクト Syracuse-Suites-Beams-M.rvt を開いてください。

2. Structural Plans: TOS-1ST FLOOR のビューを開きます。

3. Properties の Underlay エリアで、Range: Base Level を T.O.FOOTING に設定し、建物の外形が見えるようにします。

4. View Control Bar で、Detail Level を (Medium) に設定します。

5. Structure tab > Structure panel で、 (Beam) をクリックします。

6. Type Selector で、**UB-Universal Beam: 356x171x51UB** を選択します。

7. 図 7–16 に示すように、各柱の間（梁の間の場合もあります）にフレームを追加します。梁の配置には様々な方法があります。

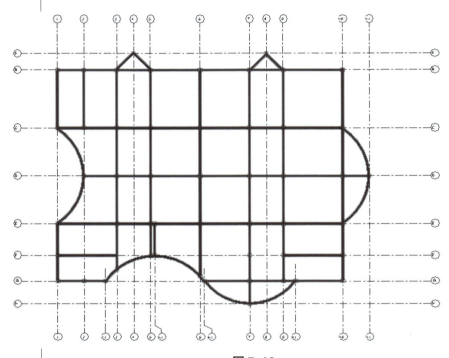

図 **7–16**

- (At Grids) を使用する場合は、正しい通芯を選択していることを確認します。使用していない梁は削除します。
- 梁をスケッチする場合は、Options Bar で **Chain** を選択し、選択と選択の合間もスケッチがアクティブになるようにします。コマンドを開いたままチェーンを終了するには、<Esc> を一度押します。
- 曲り梁を配置するには、(Pick Lines) または (Start-End-Radius Arc) のツールを使用します。
- 各曲り梁を中央で分割して2本の梁にするには、(Split Element) を使用します。
- 曲り梁を選択し、Properties の Structural セクションで、Structural Usage を **Girder** に変更します。

8. プロジェクトを保存します。

タスク 2 – 梁システムを作成する

1. *Structure* tab > Structure panel で、▥ (Beam System) をクリックします。

2. *Modify | Place Structural Beam System* tab で、▥ (Automatic Beam System) が選択されていることを確認します。

3. Tag パネルで、必要に応じて ▥ (Tag on Placement) をクリックしてオフに切り替えます。

4. Options Bar で以下の設定をします。

    - *Beam Type:* **305x165x40UB**
    - *Layout Rule:* **Maximum Spacing of 1800mm**

5. 各区画の内側をクリックし、梁が東西方向に渡っていることを確認します。図 7–17 に示す区画は、除外します。

この図は、分かりやすくするために編集されています。

図 7–17

6. 自動で適用されない区画には、▥ (Sketch Beam System) を使用します。

    - Properties の *Identity Data* エリアで、*Tag new members in view* を **None** に設定します。

7. 全てのフレームが配置されたら、コマンドを終了します。

8. プロジェクトを保存します。

タスク 3 – フレームを他のレベル面にコピーする

1. 1 階にある**全てのもの**（通芯以外）を選択します。
2. Status Bar で (Filter) をクリックします。
3. Filter ダイアログボックスで、図 7–18 に示すように **Structural Columns** カテゴリの選択を解除します。フレーム以外のエレメントが表示される場合は、そのカテゴリの選択も解除します。

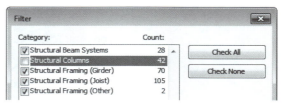

図 7–18

4. **OK** をクリックします。
5. *Modify | Multi-Select* tab > Clipboard panel で、 (Copy to Clipboard) をクリックします。
6. Clipboard パネルで (Paste) を展開し、 (Aligned to Selected Levels) をクリックします。
7. Select Levels ダイアログボックスで、図 7–19 に示すように **TOS-2ND FLOOR** から **TOS-13TH FLOOR** までを選択します（ヒント：<Ctrl> または <Shift> を押しながら、複数のレベル面を選択することができます）。

図 7–19

構造フレーム

8. **OK** をクリックします。この処理には少し時間がかかります。

9. **Structural Plans: TOS-13TH FLOOR** のビューを開きます。

10. 屋根の階では、各区画の大梁のみが必要です。交差窓を使って全てを選択し、**Structural Framing (Girder)** 以外のものをフィルターで除外します。

11. <Ctrl> + **C**（**Copy to Clipboard / クリップボードへコピー**のショートカット）を押します。

12. Clipboard パネルで (Paste)を展開し、 (Aligned to Selected Levels) をクリックします。

13. Select Levels ダイアログボックスで、**TOS-14 ROOF** を選択して **OK** をクリックします。

14. **TOS-14 Roof** のビューを開き、Detail Level を **Medium** に設定し、大梁の配置が見えるようにします。

15. 図 7–20 に示すように 3D ビューを開いて、モデル全体を確認します。

この図は分かりやすくするため、Show Analytical Model の詳細レベルは Coarse（粗い）で表示されています。

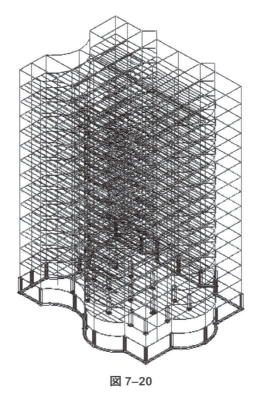

図 7–20

16. プロジェクトを保存します。

Autodesk Revit 2019：構造の基本

タスク 4 – 軸組図を作成する

1. **TOS-1st FLOOR** の構造平面図ビューを開いてください。

2. *View* tab > Create panel で （Elevation）を展開し、 （Framing Elevation）をクリックします。

3. 図 7–21 に示すように、**Grid 1** に沿った梁を **Grid B** と **Grid C** の間で選択します。

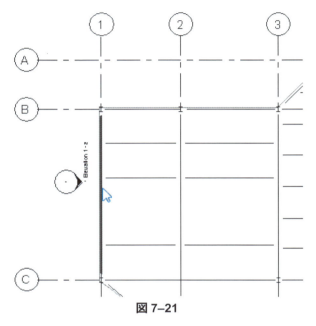

図 7–21

4. Project Browser で *Elevations (Framing Elevation)* を展開し、Elevation 1 – a の名前を **West Bracing** に変更します。

5. 軸組図を開きます。

6. トリミング領域を修正して柱を表示します。

7. View Control Bar で、*Detail Level* を （Fine）に設定します。

8. 拡大表示して、**00 GROUND FLOOR** と **TOS-1ST FLOOR** のレベル記号を表示します。

9. プロジェクトを保存します。

タスク 5 – ブレースを追加する

1. *Structure* tab > Structure panel で、 (Brace) をクリックします。

2. Type Selector で、**M_HSS Hollow Structural Section: HSS152.4x152.4x9.5** を選択します。

3. 図 7–22 に示すように、左側の柱の土台の中央線から、1 階にある梁の中心点まで描画します。逆側でも同じ手順を繰り返します。

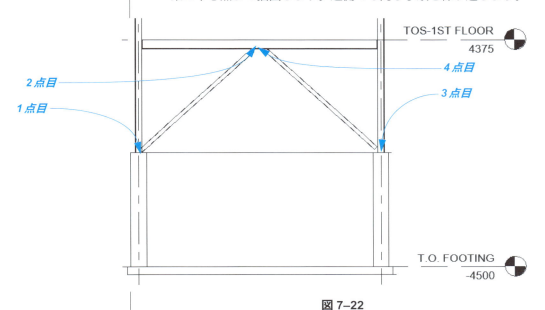

図 7–22

4. (Modify) をクリックして、新しいブレースを 2 本選択します。

5. そのブレースをクリップボードにコピーし、**Paste Aligned** を用いて **00 GROUND FLOOR** から **TOS-12TH FLOOR** までの各レベル面に配置します（**T.O.FOOTING** のレベル面は除外します）。

6. 最上階まで画面移動します。

7. 必要に応じて、上部 2 本のブレースを選択します。

エントランスレベルは、リストには Ground Floor と表示されます（カナダまたは英国の呼称方法）。

8. 図 7–23 に示すように、円形コントロールを上の梁までドラッグします。

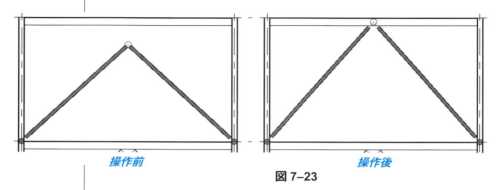

図 7–23

9. 縮小表示して、軸組図全体が見えるようにします。

10. プロジェクトを保存します。

7.2 構造フレームの編集

柱、梁、ブレースの接合は、個別の状況に合わせてデフォルトの設定から変更する必要があります。例えば、梁が関連するレベル面からオフセットされている場合やフレーム部材を超えて片持ちしている場合などです。グラフィックコントロール、形状ハンドル、Properties、あるいは図 7–24 に示すような Modify | Structural Framing タブの特別なツールを使って編集を行います。

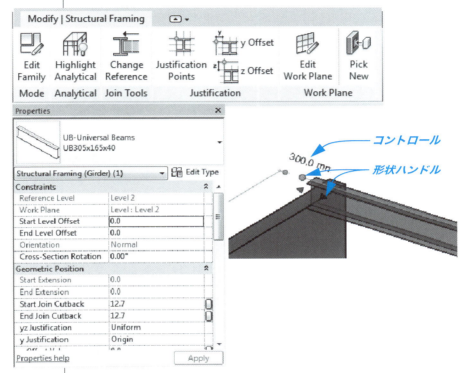

図 7–24

- ビューの Detail Level は、図 7–25 に示すようにフレーム部材の表示に影響します。編集ツールの中には、Medium または Fine の詳細なビューでのみ有効なものもあります。

図 7–25

- Location Line（配置基準線）は、図 7–26 に示すように視覚的な基準として使われます。Visibility/Graphics ダイアログボックスの *Model Categories* タブで **Structural Framing** を展開し、**Location Line** を選択します。

- 別の方法として、図 7–27 に示すように、構造接合を Analytical Lines（解析線分）を使って表示することができます。View Control Bar で （Show/Hide Analytical Model）をクリックして、オンとオフを切り替えます。

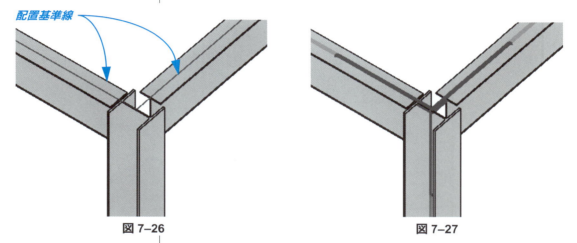

図 7–26　　　　　　　　　　　　　図 7–27

- フレーム部材を描画する際、開始時の向きと終了時の向きは 1 点目と 2 点目の選択点に基づいて決まります。重要なこととして、編集事例によっては、始点と終点が逆の場合もあります。
図 7–28 に示すように、解析モデルでは、始点は緑、終点は赤で表示されます。

図 7–28

- 始点と終点を裏返すには、3D ビューにおいて部材上で右クリックし、**Flip Structural Framing ends** を選択します。

梁の傾斜またはオフセット

梁には傾斜を付けたり、配置したレベル面からオフセットすることができます。この作業を行うには、図 7–29 左側で示すように Start/End Level Offset コントロールを使用するか、または図 7–29 右側で示すように Properties で設定します。

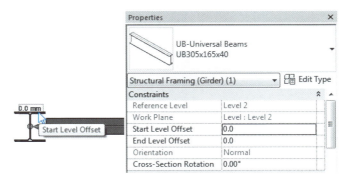

図 7–29

- 一方の端だけにオフセットを設定すると、図 7–30 に示すように梁が傾斜します。

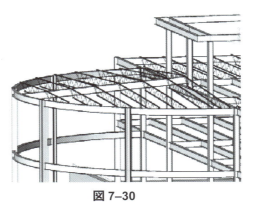

図 7–30

- **Cross-Section Rotation** のオプションを使うと、Properties で設定した角度でその軸に沿って梁が回転します。

> **ヒント：3D スナッピングを使う**
>
> 梁を描画する際、**3D Snapping** をオンに切り替えて、高さの違う別の梁や構造壁にスナップすることができます。また、Automatic Beam System メソッドを使用している場合は、梁システムでも同じ操作ができます。図 7–31 の左側では、**3D** と **Walls Define Slope** のオプションが選択されていますが、右側では選択されていません。
>
>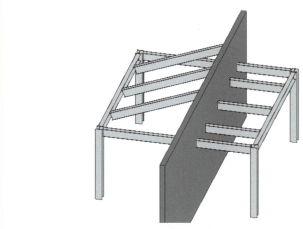
>
> 図 7–31

- **Start/End Level Offset** を両端で同じに設定すると、梁全体が上昇または下降します。例えば、Wide Flange Beam（H 鋼）が Open Web Steel Joists（トラス）を支えている場合（図 7–32 参照）は、その特定の支承部に合わせてオフセットを増やす必要があります。

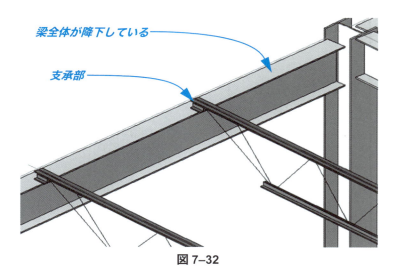

図 7–32

構造フレーム

片持梁とカットバックの追加

多くの場合、耐力部材を片持ちで支持するために梁を延長する必要があります。図 7–33 に示す例では、トラスを支える梁の先まで支承部を延長して、片持ちで支持される外周の梁までフレーミングする必要があります。小梁（またはトラス）を個別に編集することで、片端を延長することができます。

この方法は、鼻隠し用に小梁を延長する場合や、屋根またはスラブがメイン構造より外に広がる場合に使用します。

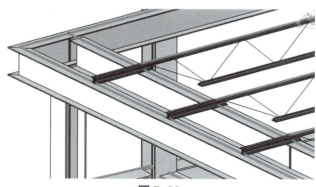

図 7–33

他の構造エレメントに接続されている梁を片持ちまたはカットバックするには、図 7–34 で示すように、形状ハンドルを使って別の位置までドラッグするか、または Properties で *Start/End Join Cutback* を設定します。

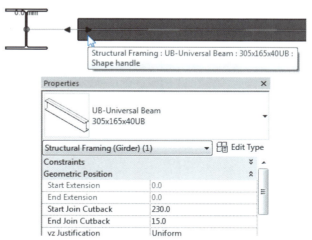

図 7–34

- Cutback（カットバック）は、*Detail Level* が ▨（Medium）または ▨（Fine）に設定されている場合にのみ表示されます。

Autodesk Revit 2019：構造の基本

他のエレメントに結合されていない梁を片持ちするには、**Drag Structural Framing Component End** という形状ハンドル（図 7–35 参照）を使用するか、Properties で *Start* または *End Extension* を設定します。

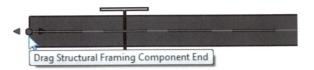

図 7–35

梁システムを操作するには、まず、使用する個々の梁のピン固定を解除する必要があります。梁を選択し、 （Prevent or allow change of element position）のアイコンをクリックします。

> **ヒント：構造接合と組み立て**
>
> 結合に関して詳細な情報を施工業者と共有するため、150 個以上の標準的な構造接合部をフレーム結合に追加することができます。また、プレート、ボルト、溶接などの組み立てエレメントを追加したり、切り欠きやその他のカットを使ってプレートや他の鉄骨エレメントを編集することもできます。図 7–36 に示すように、これらのツールは *Steel* タブ上にあります（本学習ガイドには詳しい説明は記載されていません）。
>
>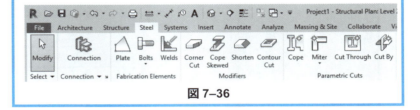
>
> 図 7–36

構造フレーム

カットバックの変更

構造フレームの結合部を編集するもう一つの方法は、接続されたエレメントからのカットバックを変更することです。例えば、図 7–37 に示す柱のデフォルトのカットバックは、柱ではなく、柱の境界ボックスです。参照先を、フレームのより適切な部分に変更することができます。

同一の参照先に接合されたエレメントであれば、複数を選択して調整することができます。

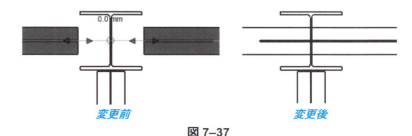

図 7–37

- *Display Level* が **Medium** または **Fine** に設定されている場合は、2D ビューと 3D ビューで参照先を変更することができます。

操作手順：構造フレームのカットバックを調整する

1. 編集する構造フレーム部材を選択します。
2. *Modify | Structural Framing* tab > Join Tools panel で、(Change Reference) をクリックします。
3. 図 7–38 の左側で示すように、位置合わせのための参照点を選択します。参照点としては、別の梁、構造柱、または構造壁が選べます。

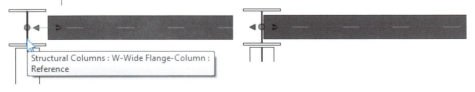

図 7–38

4. 図 7–38 に示すように、部材が新しい参照位置に移動します。
5. Properties で、必要に応じて *Start Join Cutback* または *End Join Cutback* の距離を編集します。

- 梁の端をデフォルトのセットバック位置に戻すには、再度 (Change Reference：参照変更) をクリックし、他のエレメントの境界ボックス (点線) を選択します。

位置揃えを変更する

梁に対して行うことのできるもう一つの編集は、位置揃えの変更です。図 7–39 で示す **Origin Left** のように、横（y）と縦（z）の位置揃え点を 9 つの点から選んで設定します。Location Line（配置基準線）はその位置に留まったまま、フレームエレメントは新しい位置に移動します。また、位置揃え点からのオフセットを **y**（左から右）方向、または **z**（上から下）方向に変更できます。これらのオプションはいずれも、図上でまたは Properties を利用して編集できます。

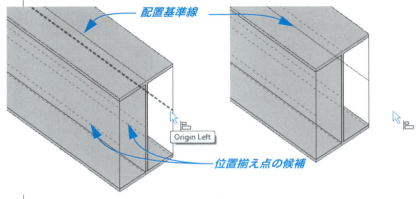

図 7–39

操作手順：フレームエレメントの位置揃えを図上で設定する

1. 編集する梁を選択します。
2. *Modify | Structural Framing* tab > Justification panel で、 （Justification Points）をクリックするか、または **JP** と入力します。
3. 図 7–40 に示すように、位置揃え点を選択します。

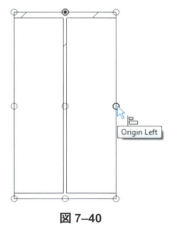

図 7–40

構造フレーム

- 配置基準線は変更しませんが、フレームエレメントは選択された位置揃え点に再配置されます。

- 位置揃え点は、図7–41に示すように、Properties の y Justification と z Justification パラメータからも編集できます。

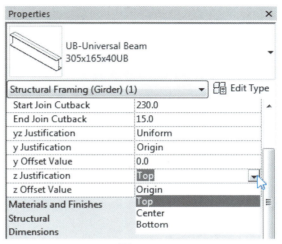

図 7–41

操作手順：位置揃えのオフセットを図上で変更する

1. 構造フレームエレメントを選択してください。
2. Modify | Structural Framing tab > Justification panel で、以下の操作を行います。

    - (y Offset) をクリックするかまたは **JY** と入力し、横のオフセットと距離を編集します。

    - (z Offset) をクリックするかまたは **JZ** と入力し、縦のオフセットと距離を編集します。

3. オフセットの始点と終点を選択します。

- Properties の y Offset Value と z Offset Value からも、オフセットの値は変更できます。

Autodesk Revit 2019：構造の基本

- *yz Justification* は、**Uniform**（両端に同じ位置揃えのオフセットが適用）または **Independent**（両端に異なる位置揃えのオフセットが適用）に設定できます。これが選択されていると、図 7–42 で示すように、Properties で *Start y (または z) Offset Value* と *End y (または z) Offset Values* の両方の設定が可能です。

Geometric Position	☆
Start Extension	0.0
End Extension	0.0
Start Join Cutback	12.7
yz Justification	Independent
Start y Justification	Origin
Start y Offset Value	0.0
Start z Justification	Top
Start z Offset Value	0.0
End y Justification	Origin
End y Offset Value	0.0
End z Justification	Top
End z Offset Value	0.0

図 7–42

構造フレーム

> **ヒント：位置揃えを確認する**
>
> Coarse Detail Level（粗い詳細レベル）で梁を選択すると、図 7–43 に示すように位置揃え線が表示されます。
>
>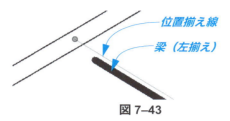
>
> 図 7–43
>
> Medium（または Fine）の Detail Level（詳細レベル）で作業をしている場合は、Visibility/Graphics で Location Line（配置基準線）をオンに切り替えるとともに、図 7–44 に示すように解析モデルを表示すると便利です。View Control Bar で （Show Analytical Model）をクリックします。
>
>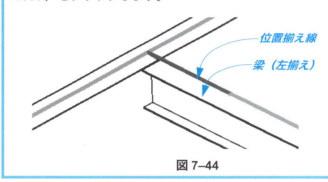
>
> 図 7–44

柱を梁にアタッチする

片持ち梁を支える柱は、図 7–45 に示すようにフレーム部材の下部にアタッチできます。これにより、フレーム部材の実際の支持に必要なオフセットを見積もる必要がなくなり、柱と梁が常に接続された状態になります。

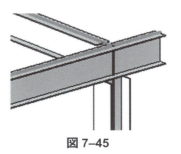

図 7–45

操作手順：柱を梁の下部にアタッチする

1. 柱を選択します。
2. *Modify Structural Columns* tab > Modify Column panel で、(Attach Top/Base) をクリックします。
3. Options Bar で、必要に応じてオプションを設定します。支持板の追加が必要な場合は、*Offset from Attachment* の値を設定します。
4. 柱をアタッチさせる梁を選択します。

- このコマンドは、柱の下部を構造フーチングにアタッチする際にも使用できます。フーチングの高さが変わると、それに合わせて柱の長さも調節されます

梁の切り欠きの適用

ある梁が別の梁に接合する際、その接合部を編集する必要が生じる可能性があります。図 7–46 に示す具体例では、下側の小梁が外周の梁に干渉しています。これは切り欠きが必要な状況です。

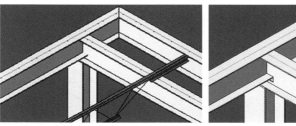

図 7–46

操作手順：梁の切り欠き

1. 3D ビュー、断面図ビュー、または詳細ビューを開いてください。
2. 梁と梁（または梁と柱）の接続部を拡大表示します。
3. *Modify* tab > Geometry panel で、(Cope) を展開し、(Apply Coping) を選択します。
4. 切り欠く梁を選択してから、カットする柱 / 梁を選択します。切り欠きはこれで完了です。

- Properties で *Coping Distance* の設定の変更もできます。

梁結合の編集

プロジェクトに梁を追加する際の梁結合には、デフォルトのレイアウトがあります。ただし、図 7–47 に示すように、**Change Beam Status** を使って結合部を上書きしなければならない場合もあります。

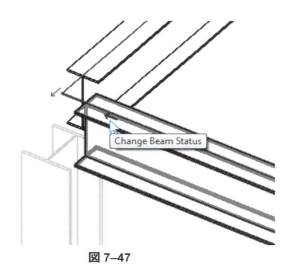

図 7–47

操作手順：梁結合を編集する

1. *Modify* tab > Geometry panel で、（Beam/Column Joins）をクリックします。作業領域が **Sketch** モードに切り替わります。
   - 変更可能な梁または柱のみがハイライト表示されます。
   - このツールは、垂直柱にアタッチされた梁には使用できません。
2. 図 7–48 に示すように、Options Bar で、使用する梁のタイプを指定します。

図 7–48

3. 結合を切り替えるため、**Change Beam Status** コントロールをクリックします。
4. 再び（Beam/Column Joins）をクリックして、コマンドをオフにします。

- 角を留め継ぎする場合は、図 7–49 に示すようにその部分をロックできます。

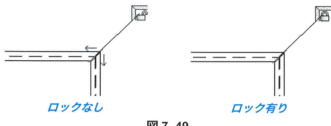

ロックなし　　　　　　　*ロック有り*

図 7–49

> **ヒント：結合状態**
>
> 構造フレームの *Join Status*（結合状態）を編集し、壁または他の梁に突き付けるようにフレームを配置することができます。結合コントロール（丸）上で右クリックし、**Disallow Join**（図 7–50 参照）を選択して必要な編集を行います。**Allow Join** をクリックしてエレメントを再び結合します。
>
>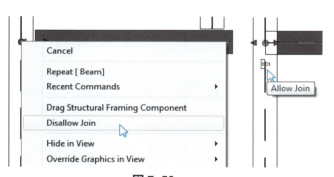
>
> 図 7–50
>
> - *Join Status* は、集計表で使用できるフィールドです。結合状態は集計表で編集することができます。

実習 7b　構造フレームを編集する

この実習の目標

- 梁レベルオフセットを編集します。
- 梁システムをスケッチします。

この実習では、適正な小梁の支持のために梁レベルオフセットを編集し、梁システムを追加します。図 7–51 に示すように、可能であれば自動操作を利用し、自動による配置ができない場所では梁システムをスケッチします。

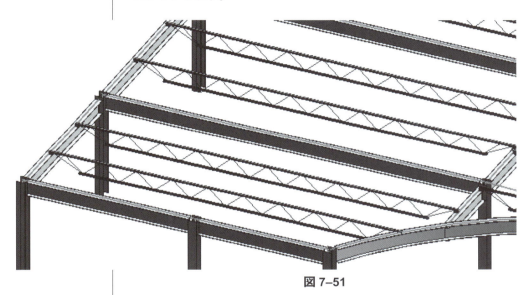

図 7–51

タスク 1 – 梁レベルオフセットを編集する

1. **Syracuse-Suites-Framing-M.rvt** を開いてください。
2. **Structural Plans: TOS-14 ROOF** のビューを開きます。
3. 通芯を非表示にします。

ブレースエレメントを選択した場合は、フィルターでこれらを除外する必要があります。

4. このレベル面では、各区画の南北方向に走る大梁を、小梁支持のために降下させます。図 7–52 に示すように、図面上の全ての縦の梁（右端の梁を除く）を選択します。

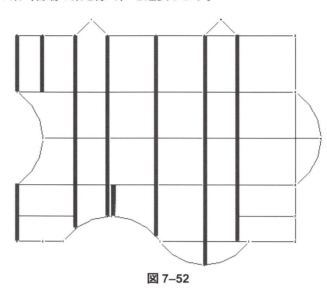

図 7–52

5. Properties で、Start Level と End Level Offsets を（マイナス）**-65mm** に変更します。

6. **Apply** をクリックします。

7. 3D ビューを開き、最上階の交点の 1 つを拡大表示します。図 7–53 に示すように、南北方向の梁が東西方向の梁の下に表示されるはずです。

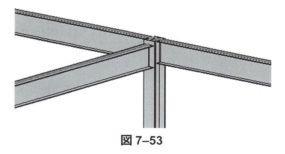

図 7–53

8. プロジェクトを保存します。

タスク 2 – 梁システムをスケッチする

1. **Structural Plans: TOS-14 ROOF** ビューに切り替えます。

2. *Insert* tab > Load from Library panel で、 (Load Family) をクリックします。

3. Load Family ダイアログボックスで、*Structural Framing > Steel* フォルダに移動し、**M_K-Series Bar Joist-Rod Web.rfa** を選択して **Open** をクリックします。

   *ヒント：Load Family ダイアログボックスの左側で **Metric Library** を選択します。これにより、Autodesk Revit ファミリフォルダの一番上に移動します。*

4. *Specify Types* ダイアログボックスで、リストから **16K7** を選択して **OK** をクリックします。

5. *Structure* tab > Structure panel で、 (Beam System) をクリックします。Options Bar と Properties で、以下の通りにパラメータを設定します。
   - *Beam Type:* **16K7**
   - *Layout Rule:* **Maximum Spacing**
   - *Maximum Spacing:* **1800mm**

6. 図 7–54 に示すように、それぞれの区画に梁システムを追加します。

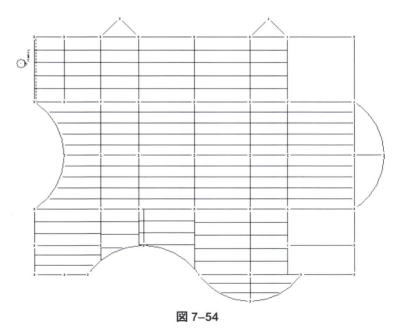

図 7–54

Autodesk Revit 2019：構造の基本

- ▪ （Automatic Beam System）を、可能な箇所で使用します。小梁支持のためのオフセットが原因で小梁を配置しにくい場合は、▪（Sketch Beam System）を使用してください。
- 図 7–55 に示すエラーが表示された場合は、小梁を配置するスペースが **Beam System** コマンドで作成するには小さすぎる可能性があります。**Delete Type** をクリックし、必要に応じて梁を個別に配置します。

このようなエラーが生じますが、潜在的な問題を無視しないでください。BIM モデリングを使用するにあたり、重要な部分になります。

図 7–55

7. プロジェクトを保存します。

7.3 トラスを追加する

トラスは、梁の配置と同じ基本的な方法でプロジェクトに追加することができます。図 7–56 に示すように、トラスは通常 1 つまたは複数の三角形のパーツで構成されています。これらのパーツは、端を（ノードと呼ばれる）結合部で結合された構造部材で組み立てられています。このノードに対しては様々な力がかかりますが、三角形状が、曲げに対する構造的安定性をもたらします。

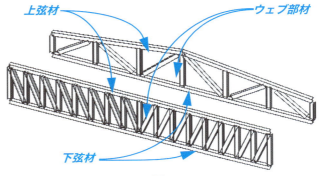

図 7–56

トラスエレメントには以下のものがあります。

- 下弦材：下側の水平部材
- 上弦材：上側の水平部材
- ウェブ：トラスを安定させるための一連の構造フレームエレメント

Top Chord（上弦材）と **Bottom Chord**（下弦材）は、梁の上下のフランジと同じ役割を果たします。**Web**（ウェブ）は、梁の連続プレート（腹板）にあたります。

操作手順：トラスを追加する

1. *Structure* tab > Structure panel で (Structural Trusses) をクリックします。
2. *Type Selector* で、使用するトラスのタイプを選択します。

    - (Load Family) をクリックし、*Structural Trusses* フォルダまで行ってプロジェクトにファミリを追加します。

3. *Modify | Place Truss* tab > Draw panel で、 (Line) または (Pick Lines) をクリックし、プロジェクトにトラスを追加します。

| 屋根にトラスを
アタッチする | トラスは、屋根または床スラブにアタッチすることができます。また、図 7–57 に示すように、トラスは屋根の傾きに追従し、自動的に延長して適合します。 |

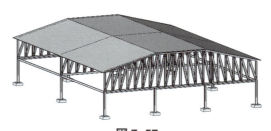

図 7–57

操作手順：屋根にトラスをアタッチする

1. *Modify | Structural Trusses* tab > Modify Truss panel で、(Attach Top/Bottom) をクリックします。
2. Options Bar で、*Attach Trusses* を **Top** または **Bottom** に設定します。
3. 屋根または床のエレメントを選択します。図 7–58 に示すように、トラスが選択エレメントにアタッチし、角度や傾きに追従します。

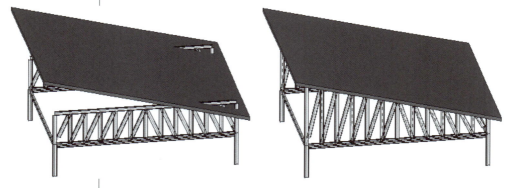

図 7–58

- 上弦材は、ファミリ内の 1 本の連続した線でなければなりません。セグメントに分割されていると適切にアタッチしない可能性があります。

- トラスのエレメントプロパティにおいて、下弦材が耐力弦として指定されていることを確認します。これにより、トラス全体を通して屋根荷重が適切にかかります。

- 屋根スラブ、床スラブがトラスの長さを覆いきれない場合は、エラーメッセージが表示され、トラスのアタッチを解除しなければならない場合があります。

トラスのフレームタイプの設定

トラスファミリを作成する際、弦材とウェブ用の構造フレーム部材を含めることができます。ただし多くの場合は、単にデフォルトの部材が使われます。したがって、プロジェクトで使用するフレームタイプは正確に指定しなければいけません。

Type Properties ダイアログボックスで、図 7–59 に示すように、プロジェクトにロードされたファミリリストから Structural Framing Type を選択します。Top Chords、Vertical Webs、Diagonal Webs、Bottom Chords の Structural Framing Type を設定します。

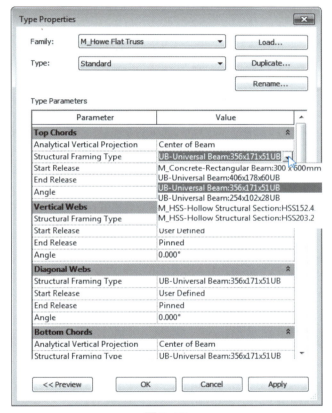

図 7–59

- トラス全体を選択するには、図7–60の左側で示すように点線が表示されていることを確認します。トラスの1つのエレメントを選択するには、図7–60の右側に示すように、そのエレメントがハイライト表示されるまで<Tab>を押します。

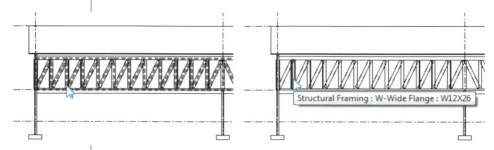

図 7–60

- Individual Truss（個々のトラス）部材はトラスの枠組みにピン固定されています。このうちの1つを編集するには （Prevent or allow change of element position）をクリックし、その部材のみピン固定を解除します。

- トラスは回転させることができますが、その際、弦材も一緒に回転させる場合はその指定をします。Properties で Rotation Angle（回転角度）を入力し、図7–61に示すように Rotate Chords with Truss を選択するか、またはその選択を解除します。

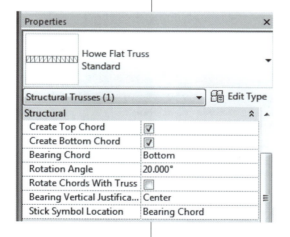
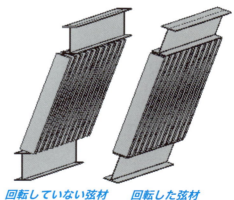

図 7–61

実習 7c

トラスを追加する

この実習の目標

- トラスのタイプを設定します。
- プロジェクトにトラスを追加します。
- 屋根にトラスをアタッチします。

この実習では、弦材とウェブ用の特定の構造フレームタイプを使ってトラスを設定します。次にトラスを描画し、無柱スパンで配列します。最後に、図 7–62 で示すようにトラスを既存の屋根エレメントにアタッチします。

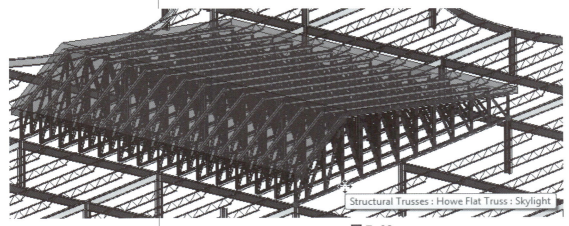

図 7–62

タスク 1 – トラスタイプを設定する

1. **Syracuse-Suites-Trusses-M.rvt** を開いてください。

2. *Structure* tab > Structure panel で、▨▨ (Truss) をクリックします。

3. Type Selector で **M_Howe Flat Truss: Standard** を選択し、▨ (Edit Type) をクリックします。

4. Type Properties ダイアログボックスで、**Duplicate** をクリックします。

5. Name ダイアログボックスで、**Skylight** と入力し、**OK** をクリックします。

Autodesk Revit 2019：構造の基本

6. Type Properties ダイアログボックスで、図 7–63 に示すように、以下のプロパティを設定します。
   - **Top Cords** と **Bottom Chords:**
     Structural Framing Type を **M_LL-Double Angle:2L152X102x7.9LLBB** に設定します。
   - **Vertical Webs** と **Diagonal Webs:**
     Structural Framing Type を **M_LL-Double Angle: 2L76X64X12.7** に設定します。

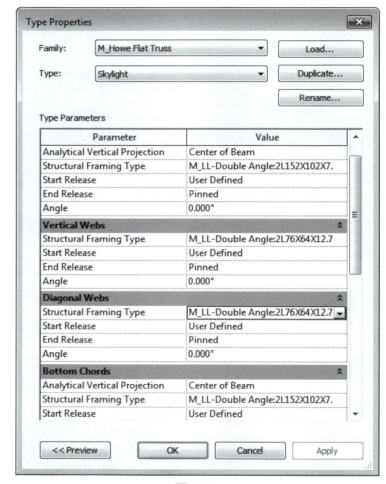

図 7–63

7. **OK** をクリックします。
8. プロジェクトを保存します。

タスク 2 – トラスを追加する

1. **Structural Plans: TOS-14 ROOF** のビューを開いてください。図 7–64 に示すように大型のトップライトのスペースを確保するため、この図面からはいくつかの構造フレームが取り除かれています。

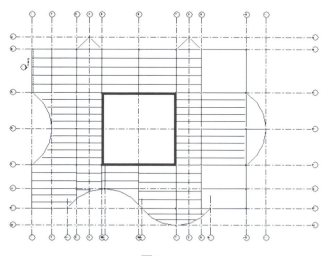

図 7–64

2. 〘〙（Truss）コマンドを実行します。

3. Type Selector で、**M_Howe Flat Truss: Skylight** が選択されていることを確認します。

4. Properties で、*Bearing Chord* を **Bottom** に、*Truss Height* を **1220mm** に設定します。

5. 図 7–65 に示すように、最初のトラスを描画します。

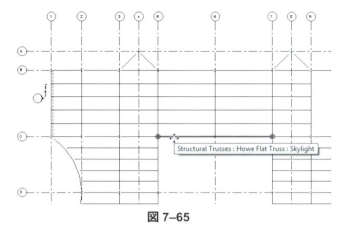

図 7–65

6. (Modify) をクリックし、新しいトラスを選択します。

7. *Modify | Structural Trusses* tab > Modify panel で、(Array) をクリックします。

8. Options Bar で、(Linear) が選択されていることと、**Group and Associate** の選択が解除されていることを確認します。*Number* を **15** に、*Move To:* を **Last** に設定します。

9. 配列の長さを指定するには、**Grid C** をクリックしてから Grid E をクリックします。

10. **3D Views: Roof** と **Skylight** のビューを開き、図 7–66 に示すようなトラスを表示します。

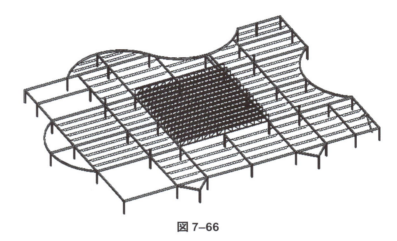

図 7–66

11. プロジェクトを保存します。

タスク 3 – 屋根にトラスをアタッチする

1. Visibility Graphic Overrides ダイアログボックスを開き、**Roofs** をオンに切り替えます。既存の屋根(トップライトの位置を参照したもの)が表示されます。

2. Quick Access Toolbar で、(Close Inactive Windows) をクリックし、3D ビューのみが表示されるようにします。

3. **Elevations (Building Elevations): East** と **South** のビューを開きます。

4. **WT** と入力して 3 つのビューをタイル表示し、**ZA** と入力してそれらを全て完全に縮小表示します。

5. 2つの立面図ビューで、図 7–67 のように、トップライトのある屋根を拡大表示します。

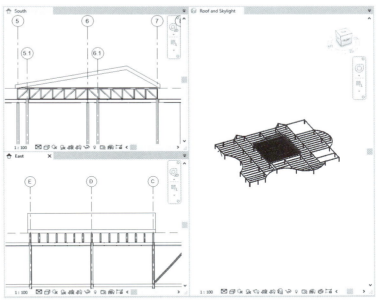

図 7–67

6. **Elevation: East** のビューで、交差窓を使って全てのトラスと他の重なっているエレメントとを選択し、トラス以外をフィルターで除外します。

7. *Modify |Structural Trusses* tab > Modify Truss panel で、 (Attach Top/Bottom) をクリックします。

8. 屋根を選択します。図 7–68 の南立面図ビューに示すように、その全ての処理が行われ、トラスが展開して屋根に接触するまで待ちます。

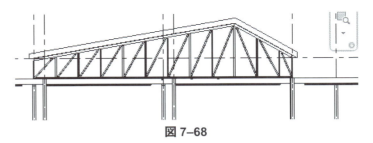

図 7–68

9. **3D View: Roof** と **Skyligh**t のビューをアクティブにし、**TW** と入力してタブ化されたビューに戻ります。

10. プロジェクトを保存します。

Chapterの復習

1. 以下のうち、梁を配置する際のオプションではないものはどれですか？

    a. Structural Usage

    b. Placement Plane

    c. 3D Snapping

    d. At Columns

2. 以下のうち、Beam System（梁システム）の説明として正しいものはどれですか？

    a. 配置後にグループ化された平行梁

    b. 同時に配置された並行梁

    c. 配置後に1つの区画内でグループ化された全ての梁

    d. 1つの区画内で同時に配置された全ての梁

3. 以下のうち、図7–69に示すように、平面図ビューにおいて梁のスティック記号を表示させるように画面を変更できるのはどれですか？

    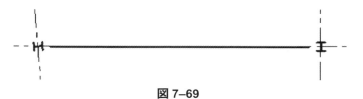

    図7–69

    a. Detail Level: Coarse

    b. Detail Level: Medium

    c. Visual Style: Wireframe

    d. Visual Style: Hidden

4. 図 7–70 に示すような傾斜梁はどのように作成しますか？

図 7–70

a. 梁を描画する前に、Slope（傾き）を指定します。
b. 梁を描画する前に、Start/End Level Offset を指定します。
c. 梁を描画した後に、Slope を変更します。
d. 梁を描画した後に、Start/End Level Offset を変更します。

5. 図 7–71 のようなトラスコンポーネントの構造部材のタイプとサイズはどこで割り当てられますか？（該当するものを全て選択してください）

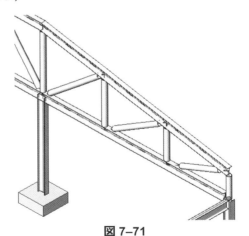

図 7–71

a. Family Types
b. Properties
c. Type Properties
d. Options Bar

Autodesk Revit 2019：構造の基本

コマンド概要

アイコン	コマンド	場所
クリップボード		
	Copy to Clipboard	• **Ribbon**: *Modify* tab > Clipboard panel • **Shortcut**: <Ctr> +C
	Paste	• **Ribbon**: *Modify* tab > Clipboard panel • **Shortcut**: <Ctr> +<V>
	(Paste) Aligned to Selected Levels	• **Ribbon**: *Modify* tab > Clipboard panel
	(Paste) Aligned to Selected View	• **Ribbon**: *Modify* tab > Clipboard panel
構造フレームエレメント		
	Beam	• **Ribbon**: *Structure* tab > Structure panel
	Beam System	• **Ribbon**: *Structure* tab > Structure panel
	Brace	• **Ribbon**: *Structure* tab > Structure panel • **Shortcut**: BR
	Structural Trusses	• **Ribbon**: *Structure* tab > Structure panel
構造フレームの編集		
	Apply Coping	• **Ribbon**: *Modify* tab > Geometry panel で、Cope を展開
	Attach Top/Base	• **Ribbon**: *Modify	Structural Columns* > Modify Column panel
	Attach Top/Bottom	• **Ribbon**: *Modify	Structural Trusses* > Modify Truss panel
	Beam/Column Joins	• **Ribbon**: *Modify* tab > Geometry panel
	Change Reference	• **Ribbon**: *Modify	Structural Framing* > Join Tools panel
	Connection	• **Ribbon**: *Structure* tab > Connection panel
	Detach Top/Base	• **Ribbon**: *Modify	Structural Columns* > Modify Column panel
	Detach Top/Bottom	• **Ribbon**: *Modify	Structural Trusses* > Modify Truss panel
	Justification Points	• **Ribbon**: *Modify	Structural Framing* > Justification panel • **Shortcut**: JP

292　　7–48　　　　　　　　　　　　　© *2018, ASCENT - Center for Technical Knowledge®*

構造フレーム

	Offset	• **Ribbon**: *Modify | Structural Framing >* Justification panel
	y Offset	• **Ribbon**: *Modify | Structural Framing >* Justification panel • **Shortcut**: JY
	z Offset	• **Ribbon**: *Modify | Structural Framing >* Justification panel • **Shortcut**: JZ

Chapter 8

構造スラブの追加

構造スラブは、基礎スラブ（ベタ基礎）、床、屋根に使用できます。また、安定性を高めるためにスラブエッジを基礎スラブと床に追加することができます。多層建築においては、個別に、または複数のスラブを貫通するシャフト（竪穴）を作ることで、スラブに開口部を設けることができます。

この Chapter の学習目標

- 基礎、構造床、屋根用にスラブを作成します。
- スラブの各辺に安定性を持たせるため、スラブエッジを追加します。
- エレベーターと階段室用に、複数階を通り抜けるシャフト開口部を作成します。

8.1 構造スラブをモデリングする

床、屋根、基礎スラブ（図 8–1 参照）は、類似したツールを使用して作成します。スラブは、境界をスケッチした後に **Span Direction** や **Slope** などのオプションを適用して作成します。構造スラブの作成後にスラブエッジを追加、編集することができます。

このテーマで使用するスラブという用語は、構造基礎スラブ、床、屋根を指します。

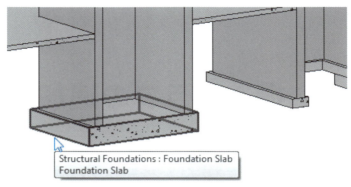

図 8–1

操作手順：基礎や床に構造スラブを配置する

1. *Structure* tab > Foundation panel で (Slab) をクリック、もしくは *Structure* tab > Structure panel で (Floor: Structural) をクリックするか、または **SB** と入力します。
2. Type Selector で、使用するスラブまたは床のタイプを選択します。
3. Properties で、その他の必要なオプションを設定します。
4. *Modify | Create Floor Boundary* tab > Draw panel で以下のオプションの 1 つを使用して、閉じた境界を作成します。

    - スラブが壁やその他の構造エレメントで定義されていない場合は、 (Line) または (Pick Lines) などの Draw（描画）ツールを使用します。

    - 壁が外周を定義する場合は、 (Pick Walls) を使用します。

    - 支持梁が既にそのプロジェクトに配置されている場合は、 (Pick Supports) を使って構造壁または梁を選択します。

Pick Walls と Pick Supports で境界を作成することで、建物の設置面積の変更に合わせてスラブが調整されます。

構造スラブの追加

5. フロアスパンの方向を編集するには (Span Direction) をクリックします。図 8–2 に示すように、最初の境界線を配置すると自動的に方向が表れます。

6. 図 8–2 に示すように、壁が選択されている場合は (Flip) で境界位置の内側と外側を切り替えます。

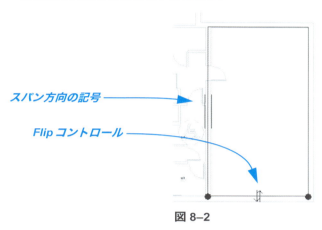

図 8–2

7. *Modify | Create Floor Boundary* tab > Mode panel で、 (Finish Edit Mode) をクリックします。

- スラブの境界を配置する際、Options Bar でオフセットを設定できます。これにより、選択した壁や別のスケッチ線から離れた位置にスケッチ線をオフセット配置できます。

- (Pick Walls) を使用している場合は、Options Bar の **Extend into wall (to core)** のオプションも使用できます。壁にスラブを埋め込みたい場合に使用します。例えばスラブは、石膏ボードと空気層は突き抜けますが、ブロックなどの芯材のレイヤは突き抜けずに止まります。

- 図 8–3 に示すように、境界スケッチ線のうちの 1 つを選択すると、*Concrete* や *Steel* 用の **Cantilevers**（片持ち）の設定もできます。

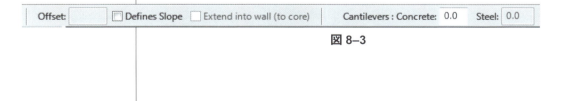

図 8–3

- スラブの外周を定義する線には、それぞれ独自のプロパティがあります。これは、建物の面が異なるとスラブエッジの条件が異なる場合があるためです。片持ちを設定すると、図 8–4 に示すように細部を調整することができます。

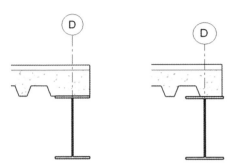

図 8–4

- 図 8–5 に示す例のように片持ちを 1 つ指定すると、マゼンタ色のスケッチ線と、黒色の実際のスラブエッジ線が両方とも表示されます。これは、デッキプレートの端部がどう処理されるかに影響します。

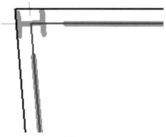

図 8–5

- コン止めやスラブエッジの角度は追加されません。スケッチ完成後に追加することは可能です。

- スケッチ内に開口部を作るには、図 8–6 に示すように、最初のスケッチ内に閉じたループを別途作成します。

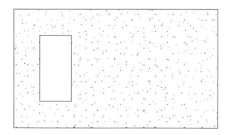

図 8–6

- 上階に床を作成すると、その下にある壁をその床・レベル面の下面に接着させるかどうかを尋ねる警告ボックスが表示されます。壁の高さにばらつきがある場合は **No** をクリックし、別々に接着させる方が良いでしょう。

- 図 8–7 に示す通り、もう 1 つの警告ボックスが開く場合もあります。この時に自動的にジオメトリを結合することもできますし、後からでも可能です。

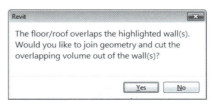

図 8–7

- *Visual Style* が (Hidden Line) に設定されていると、そのスラブは下にある全ての線を非表示にします。その線は通常、図 8–8 に示すような点線で表示されます。

図 8–8

操作手順：屋根スラブを配置する

屋根エレメントの代わりに構造床エレメントが使用されることがあります。

1. *Architecture* tab > Build panel で (Roof) を展開し、 (Roof by Footprint) をクリックします。
2. Type Selector で希望する屋根のタイプを選択します。
3. *Modify | Create Roof Footprint* tab > Draw panel で以下のオプションを使用し、閉じた境界を作成します。

    - 壁が外周を定義している場合は、 (Line)、 (Pick Lines)、 (Pick Walls) などの描画ツールを使用します。

4. Options Bar で、Slope と Overhang のオプションを設定します。図 8–9 に示す通りに **Define slope** のオプションを外し、陸屋根用に Overhang を **0** に設定します。

図 8–9

5. (Finish Edit Mode) をクリックします。

Autodesk Revit 2019：構造の基本

スラブの編集

Type Selector で、スラブのタイプを変更することができます。図 8–10 の構造床の例で示されているように、Properties では、*Height Offset From Level* を含むパラメータを編集できます。選択されているスラブがある場合は、境界も編集できます。

Slab タイプはスラブの厚みを管理します。

スラブタイプの詳細については、*付録 B.4 スラブタイプを作成する*（P.594 (B–10)）を参照してください。

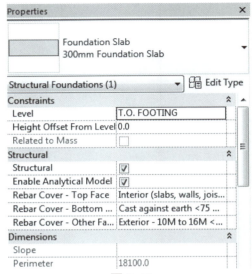

図 8–10

操作手順：スラブのスケッチを編集する

1. スラブを 1 つ選択します。そのスラブの近くにあるエレメントをハイライト表示し、図 8–11 に示すように、Status Bar またはツールヒントでタイプが表示されるまで <Tab> を押します。

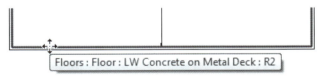

図 8–11

2. *Modify contextual* tab > Mode panel で、 (Edit Boundary) をクリックします。スケッチモードに切り替わります。
3. 描画ツールやコントロール、その他の修正ツールを使って、スケッチ線を編集します。
4. (Finish Edit Mode) をクリックします。

- スラブをダブルクリックして、境界の編集作業に直接移ります。

構造スラブの追加

- スケッチは平面図と 3D のビューでは編集できますが、立面図では編集できません。スケッチを立面図ビューで編集しようとすると、別の編集用ビューを選択するよう促されます。

> **ヒント：スラブ面の選択**
>
> スラブエッジの選択が難しい場合は、 (Select elements by face) に切り替えます。これにより、スラブエッジだけでなくスラブの小口面も選択可能になります。また、立面図や断面図のビューで壁を選択する際にも有用です。

スラブエッジ

図 8–12 に示すように、基礎スラブまたは構造床にエレメントを追加して、ハンチ型（厚みの増した）スラブエッジ（地中梁）を作ることができます。スラブエッジは配置された後、そのスラブまたは構造床に結合されなければなりません。

結合するオブジェクトの断面を作成すると、より見やすくなります。

図 8–12

- 屋根のエレメントにはスラブエッジを適用できません。

操作手順：スラブエッジを配置する

1. スラブを表示する 3D ビューを開きます。
2. *Structure* tab > Foundation panel で (Slab) を展開するか、または *Structure* tab > Structure panel で (Floor) を展開して、 (Floor: Slab Edge) をクリックします。
3. Type Selector で、スラブエッジのタイプを選択します。
4. 図 8–13 に示すように、スラブエッジを適用するスラブまたは床のエッジを選択します。<Tab> を押すと、スラブの全側面をハイライト表示して選択することができます。

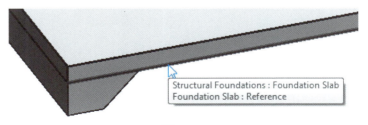

図 8–13

ジオメトリの結合

Join Geometry は、交点のクリーンアップに使用されるなど、汎用性の高いコマンドです。エレメントは分離されたまま、交点がクリーンアップされます。スラブ、床、壁、屋根などの様々なエレメントに使用されます。その代表的な用途が、図 8–14 の断面図ビューで示すようにスラブとスラブエッジの結合です。

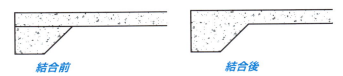

図 8–14

材料が完全に同一でない場合は、エレメントは細線で分離されたままになります。

- ジオメトリを結合することにより 2 つのエレメントは 1 つに表示されますが、結合後も個別の編集は可能です。

操作手順：ジオメトリを結合する

1. *Modify* tab > Geometry panel から (Join) を展開し (Join Geometry) をクリックします。
2. 結合するエレメントを選択します。

- Options Bar で Multiple Join オプションに切り替えると、最初の選択物に結合するエレメントを複数選択できます。
- 結合を解除するには、(Join) を展開し (Unjoin Geometry) をクリックして、結合を解除するエレメントを選択します。

練習 8a 構造スラブをモデリングする

この実習の目標

- エッジのあるスラブを追加します。
- 構造床を追加します。

この実習では、エレベーター昇降路の基部にスラブ基礎を作成し、そこにスラブエッジを1つ追加します。また、図 8–15 に示すように、床スラブを作成してそのタイプをコピー・編集し、残りの床と屋根デッキを作成していきます。

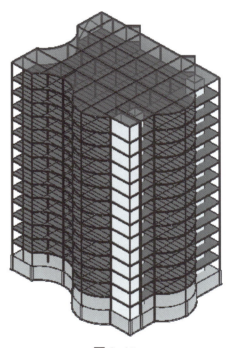

図 8–15

- この実習ファイルには、追加の壁エレメントが含まれています。

タスク 1 – エレベーター昇降路にスラブ基礎を追加する

1. Syracuse-Suites-Slabs-M.rvt を開いてください。
2. Structural Plans: T.O. FOOTING のビューを開きます。
3. 断面図マーカーがある建物の右下コーナーを拡大表示します。

Autodesk Revit 2019：構造の基本

4. *Structure* tab > Foundation panel で (Slab) をクリックします。

5. Type Selector で、**Foundation Slab: 300mm Foundation Slab** を選択します。

6. Options Bar で *Offset* を **600mm** に設定し、*Modify | Create Floor Boundary* tab > Draw panel で (Pick Walls) をクリックします。

7. 図 8–16 に示すように、各壁をクリックして境界線を作成します。

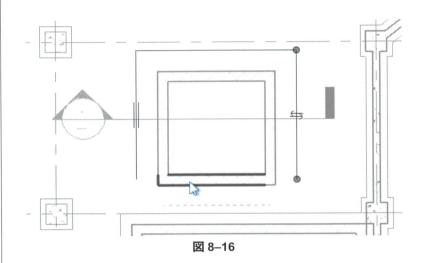

図 8–16

8. (Finish Edit Mode) をクリックします。

9. (Modify) をクリックして、**Foundation Span Direction** の記号を選択します。この記号はスケッチ完成後に自動的に追加されますが、このビューではその記号を削除します（設計図書用のビューで再度追加できます）。

10. プロジェクトを保存します。

タスク 2 – 作成したスラブにスラブエッジを追加する

1. デフォルトの 3D ビューを開きます。

2. 必要に応じて、View Control Bar で (Hide Analytical Model) をクリックします。完了すると **Show Analytical Model** のツールヒントが表示されます。

3. View Control Bar で梁、梁システム、柱、壁を最低 1 つずつ選択し、 (Temporary Hide/Isolate) を展開して **Hide Category** を選択します。スラブだけを見るのに邪魔になりそうな鉄筋などの他のエレメントは、全て非表示にします。

4. View Control Bar で、Visual Style を (Consistent Colors) に設定します。

5. 図 8–17 に示すように、スラブ底面が見えるように ViewCube を使ってモデルを回転させます (ヒント：ViewCube の **FRONT**・**RIGHT**・**BOTTOM** の面が交わる角をクリックします)。

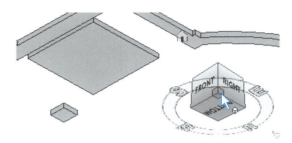

図 8–17

6. スラブを拡大表示します。

7. *Structure* tab > Foundation panel で (Slab) を展開し、 (Floor: Slab Edge) をクリックします。

8. 図 8–18 に示すように、スラブ底面のエッジを 4 か所選択します。必要に応じてビューを回転させます。

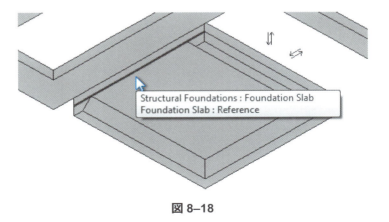

図 8–18

9. (Modify) をクリックします。

Autodesk Revit ソフトでは、平面図ビューでスラブエッジを追加すると、スラブの下のエッジではなく上のエッジが選択されます。

Autodesk Revit 2019：構造の基本

10. *Modify* tab > Geometry panel で、（Join）をクリックします。基礎を選択した後、ハンチ型スラブエッジを選択します。エッジの部分は 1 つのエレメントであるため、1 つだけ選択します。

11. ビューを再配置し、**Reset Temporary Hide/Isolate** を選択します。

12. **Structural Plans: T.O. FOOTING** のビューに戻り、スラブ断面の矢印をダブルクリックします。ジオメトリは図 8–19 のように見えるはずです。

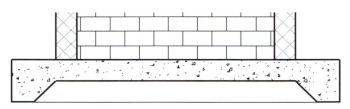

図 8–19

13. **Structural Plans: T.O. FOOTING** のビューに戻ります。

14. スラブとスラブエッジを選択します。図 8–20 に示すように、エレベーター昇降路の壁の左上コーナーから他のエレベーター昇降路の壁にエッジをコピーします。

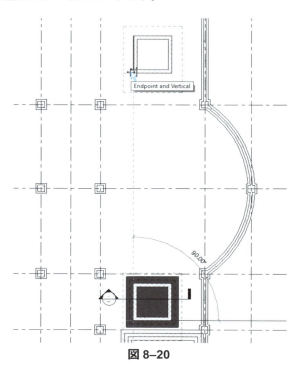

図 8–20

構造スラブの追加

15. エレメントから離れた位置でクリックし、選択を解除します。

16. プロジェクトを保存します。

タスク 3 – 地上階に構造床を追加する

1. **Structural Plans: 00 GROUND FLOOR** のビューを開いてください。

2. *Structure* tab > Structure panel で (Floor: Structural) をクリックします。

3. Type Selector で **Floor: Insitu Concrete 225mm** を選択し、Properties で *Height Offset From Level* を **0.0** に設定します。

4. *Modify | Create Floor Boundary* tab > Draw panel で (Pick Walls) がまだ選択されていなければ、これをクリックします。

5. Options Bar で *Offset* を **0.0** に設定します。また、**Extend into wall (to core)** のチェックを外します。

6. 図 8–21 に示すように、外壁の 1 つにカーソルを合わせてから <Tab> を押して、壁を全て選択します。

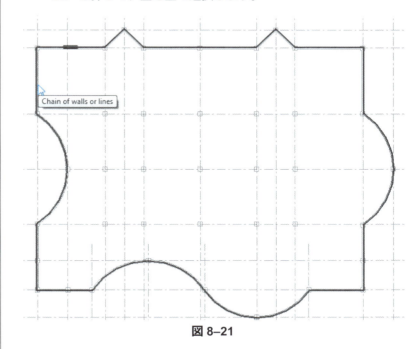

図 8–21

7. 図 8–22 に示すように、カーソルが壁の外側にあることを確認します。クリックして選択を承認します。

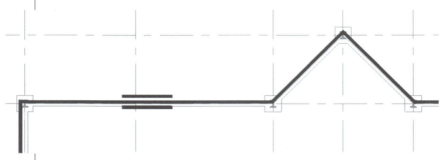

図 8–22

8. Mode panel で ✓ (Finish Edit Mode) をクリックします。

9. 壁が床のレベル面まで高くなり、その底面に接着することを確認するプロンプトが表示されたら、**Yes** をクリックします。

10. 新しい床エレメントの選択を解除します。

11. 縮小表示して、プロジェクトを保存します。

タスク 4 – 残りの階に床スラブを追加する

1. デフォルトの 3D ビューを開き、ビューを再び配置して、新しい床スラブが見えるようにします。そのスラブを選択します。

2. *Modify | Floors* tab > Clipboard panel で、 (Copy to Clipboard) をクリックします。

3. 同じパネル上で (Paste) を展開し、 (Aligned to Selected Levels) をクリックします。

4. Select Levels ダイアログボックスで **TOS-1ST FLOOR** を選択し、**OK** をクリックします。

5. コピーされた床がまだ選択された状態で、Type Selector で床のタイプを **Floor: 160mm LW Concrete With 50mm Metal Deck** に変更します。

6. スラブの下に鉄骨構造用のスペースを残すため、Properties の *Constraints* で *Height Offset From Level* を **210mm** に変更し、**Apply** をクリックします。

7. **Copy to the Clipboard** と **Paste Aligned to Selected Levels** を使用し、**TOS-2ND FLOOR** から **TOS-14 ROOF** まで、デッキプレートを残りの階にコピーします。

8. 縮小表示して建物全体を確認します。一番上のスラブがまだ選択された状態です。図 8–23 に示す通り、Type Selector で、**Floor: 75mm Metal Roof Deck** に変更します。

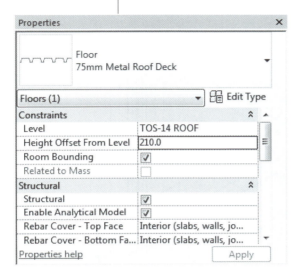
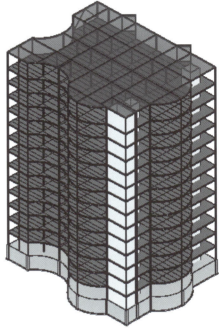

図 8–23

9. 屋根の選択を解除します。

10. 1 プロジェクトを保存します。

タスク 5 – 地上階にスラブエッジを追加する

1. 地上階のスラブを拡大表示します。

2. *Visual Style* を (Wireframe) に変更します。

3. *Structure* tab > Foundation panel で (Slab) を展開し、(Floor: Slab Edge) をクリックします。

4. 地上階のスラブの底面にカーソルを合わせ、<Tab> を押して一連の線を全て選択します。

5. クリックして、スラブエッジを配置します。図 8–24 に示すように、スラブの端全周にスラブエッジが配置されます。

   - スラブエッジはスラブと一緒にコピーされます。上階には必要ないので、少なくとも 1 階分をコピーした後に追加しましょう。

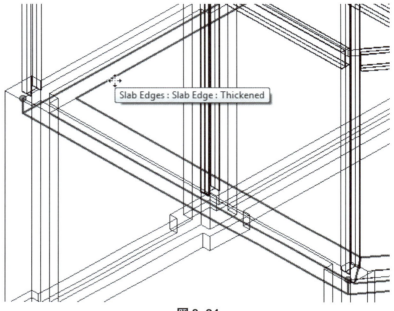

図 8–24

6. 縮小表示（ヒント：ZE と入力）してモデルの 3D ビュー全体を確認し、Visual Style を ▢（Consistent Colors）に戻します。

7. プロジェクトを保存します。

8.2 シャフト開口部の作成

シャフト開口部は、梁やフレーム、その他の構造部材のみが貫通できる構造体の中のボイドを作成するようにデザインされています。図8-25に示すように、シャフトの領域からは、床、屋根、スラブは切り取られています。シャフト開口部のジオメトリが変わると、スラブ開口部も自動的に更新されます。

シャフト開口部は床、屋根、天井のみを切り抜きます。壁、梁、その他のオブジェクトは切り抜きません。

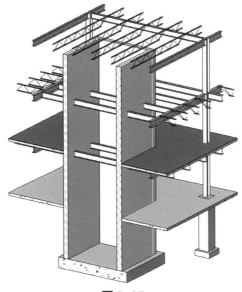

図 8-25

操作手順：シャフト開口部を作成する

1. *Structure* tab > Opening panel で、🔲（Shaft Opening）をクリックします。
2. *Modify | Create Shaft Opening Sketch* tab > Draw panel で 🖉（Boundary Line）をクリックし、開口部を定義する線を描画します。
3. Draw パネルで 🔲（Symbolic Line）をクリックし、平面図ビューで開口部の記号を示す線を追加します。
4. Properties で、以下の設定をします。
   - *Base and Top Constraint*
   - *Base and Top Offset* または *Unconnected Height*

5. ✔（Finish Edit Mode）をクリックして、開口部を作成します。

- （Pick Walls）または他の描画ツールを使用して開口部の外周を定義すると、図 8–26 に示すように、双方向の矢印を選択して線を外側に反転させることができます。

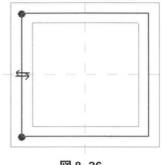

図 8–26

- シャフト開口部エレメントには、それぞれのレベル面で繰り返され、シャフトを平面図ビューで表記するシンボル線分が含まれる場合があります。

6. シャフトは、床、屋根、天井、壁などとは別個のエレメントであるため、ホストエレメントを選択することなく削除が可能です。

構造スラブの追加

練習 8b

シャフト開口部の作成

この実習の目標

- シャフト開口部を作成します。

この実習では、図 8–27 に示すように、エレベーター昇降路 2 つと階段室用にシャフト開口部を追加します。

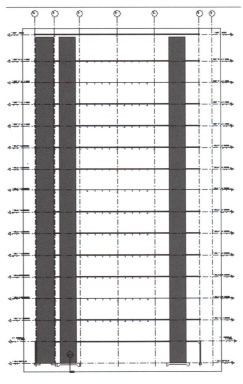

図 8–27

タスク 1 – シャフト開口部を追加する

1. **Syracuse-Suites-Shafts-M. rvt** を開いてください。

2. **Structural Plans: T.O. FOOTING** のビューを開き、階段室を拡大表示します。

3. *Structure* tab > Opening panel で、 (Shaft) をクリックします。

Autodesk Revit 2019：構造の基本

4. *Modify | Create Shaft Opening Sketch* tab > Draw panel で、 (Boundary Line) がハイライト表示されていることを確認してから (Pick Walls) をクリックします。

5. 階段室を囲むブッロク壁の外側の面を選択します。(まず壁を1つ選択し、<Tab> を押して一連の壁を選択します)。図 8–28 に示すように、必要に応じて双方向の矢印を選択し、線を外側に反転させます。

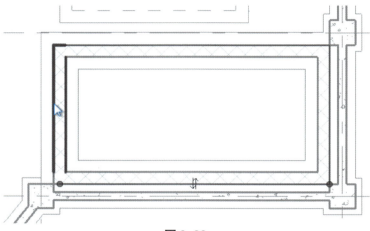

図 8–28

6. *Draw* パネルで (Symbolic Line) をクリックします。

7. 図 8–29 に示すように、 (Line) を使用して開口部に **X** を描画します。

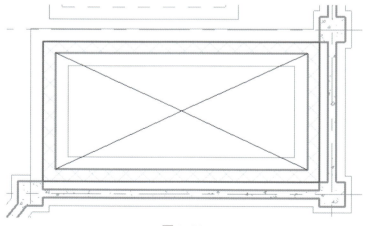

図 8–29

構造スラブの追加

8. Mode panel で ✓（Finish Edit Mode）をクリックします。

9. この手順をエレベータシャフト 2 つに対しても繰り返します。この時必ず、シャフト開口部はシャフト壁の外面と位置合わせするようにします。

10. 1 縮小表示してビューが画面に収まるようにしてから、プロジェクトを保存します。

タスク 2 – シャフトのプロパティを変更する

1. 建物全体を表示しないように断面の幅を制限しながら、3 つのシャフトの建物断面図を作成します。

2. 断面図ビューを開きます。シャフトは表示されませんが、フーチング基部付近でそのうちの 1 つにカーソルを合わせれば、選択することができます。図 8–30 に示すように、このシャフトは床を 1 枚だけ貫通しています。

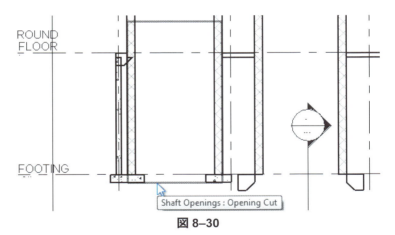

図 8–30

3. <Ctrl> を押したまま、他の 2 つのシャフトを選択します。

4. Properties で以下のパラメータを設定します。

   - *Base Constraint: T.O. FOOTING*
   - *Base Offset:* **50mm**
   - *Top Constraint:* **Up to level: TOS-14TH ROOF**
   - *Top Offset:*（マイナス）**-100mm**

5. 縮小表示し、シャフトがフーチング上部から屋根のすぐ下まで延張されたことを確認します。

6. エレメントの選択を解除し、プロジェクトを保存します。

Base Offset を設定することで、ボイドが基礎を切り取るのを防ぎます。

Chapter の復習

1. 以下の境界作成用の描画ツールのうち、スラブを作成するときに他のエレメント変更に合わせて自動でスラブ境界を更新するのはどれですか？（該当するものを全て選択してください）

    a. （Line）

    b. （Pick Lines）

    c. （Pick Walls）

    d. （Pick Supports）

2. 図 8–31 の断面で示すように、多くの場合、基礎スラブにはスラブエッジが付いています。スラブエッジの説明として正しいのは次のうちどれですか？

    図 8–31

    a. スラブを描画すると自動で現れる。

    b. Options Bar で **Slab Edge** を選択することで追加できる。

    c. 別途、**Slab Edge** コマンドを使用しなければ追加できない。

    d. スラブの *Type Properties* を変更することで追加できる。

3. 以下のエレメントのうち、シャフト開口部で切り欠きできないのはどれですか？（図 8–32 参照）

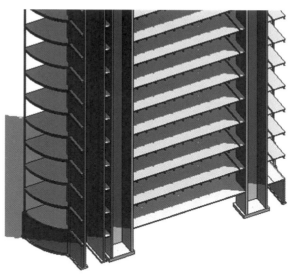

図 8–32

   a. 屋根
   b. 床
   c. 天井
   d. 梁

4. 構造床のデッキプレートの方向を設定・変更するにはどのツールを使用しますか？

   a. Boundary Line
   b. Slope Arrow
   c. Span Direction
   d. Pick Supports

Autodesk Revit 2019：構造の基本

コマンド概要

アイコン	コマンド	場所
	Floor: Slab Edge	• **Ribbon**: *Structure* tab > Foundation panel で Slab を展開
	Floor: Structural	• **Ribbon**: *Structure* tab > Structure panel で Floor を展開 • **ショートカットキー**：SB
	Roof by Footprint	• **Ribbon**: *Architecture* tab > Build panel で Roof を展開
	Shaft	• **Ribbon**: *Structure* tab > Opening panel
	Structural Foundation: Slab	• **Ribbon**: *Structure* tab > Foundation panel で Slab を展開

Chapter
9

構造の補強

コンクリート構造を設計するうえで、補強の追加は大事な役割を果たします。補強追加の主な技法の一つに鉄筋があります。鉄筋には様々な大きさや形があります。鉄筋のタイプは、個別に、一つの領域で、パスに沿って、あるいはメッシュ筋シートを使用して追加できます。

この Chapter の学習目標

- 補強を追加できるエレメントのタイプを考察します。
- 補強の設定を決めます。
- 既存の鉄筋形状を配置し、単一面または多平面鉄筋のカスタム形状をスケッチします。
- コントロール、プロパティ、その他の編集ツールを使用して鉄筋を修正します。
- 壁や床に Area/Path reinforcement（面配筋・パス配筋）を配置します。
- Fabric reinforcement（メッシュ筋）を配置します。

Autodesk Revit 2019：構造の基本

9.1 構造補強

Autodesk® Revit® ソフトには、図 9–1 に示すようにコンクリートと構造エレメント中に補強をモデリングするツールがあります。鉄筋部材は、コンクリート、プレキャストコンクリート梁、柱、基礎などのホストエレメントに加えられます。

壁、構造床、スラブエッジは、コンクリート層があって構造的用途をもつ限り、有効なホストになりえます。

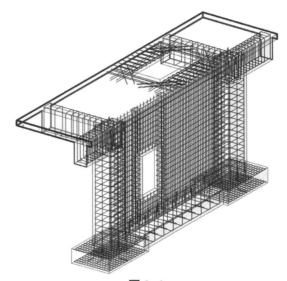

図 9–1

補強は、以下のエレメントタイプを使用して配置できます。

・構造フレーム	・構造柱
・構造基礎	・壁
・構造床	・構造結合
・基礎スラブ	・布基礎
・スラブエッジ	・SAT ファイルまたは InfraWorks からインポートされたコンクリートエレメント

- 鉄筋は、曲線状の柱やスラブなどのフリーフォームのコンクリートエレメント内にも配置できます。

構造の補強

鉄筋をプロジェクトに追加する前に、定めることのできる設定グループが 2 つあります。

- *Rebar Cover Settings*（かぶり厚設定）では、エレメントの面からの許容可能な距離を調整できます。ホストに鉄筋を追加する際はこの設定通りの制限になります。
- *Reinforcement Settings*（配筋設定）は配筋エレメントの表示と、カスタム記号やタグを使用してどのように配筋に注釈をつけるかを示します。

鉄筋のかぶり厚の設定

鉄筋のかぶり設定は、プロジェクトの土壌、地域条件、その他の要素によって変わります。本ソフトにはデフォルト設定がありますが変更は可能であり、必要に応じて追加のかぶり設定も作成可能です。補強を配置していくと、図 9–2 に示すようにかぶり厚が点線で表示されます。

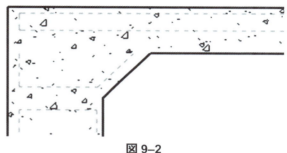

図 9–2

- 各構造エレメントにはデフォルトのかぶり設定があります。この設定はエレメント毎またはエレメントの面毎にカスタマイズできます。

操作手順：鉄筋かぶり設定を追加する

1. *Structure tab* > Reinforcement panel でパネルタイトルを展開し、 (Rebar Cover Settings) をクリックします。
2. Rebar Cover Settings ダイアログボックスで **Add** をクリックし、新しいかぶり設定を作成するか、または既存の設定を選択して **Duplicate** をクリックします。

3. 図 9-3 に示す通り、新しい設定が追加されます。設定の目的に応じて Description の表示名を編集し、*Setting* を設定します。

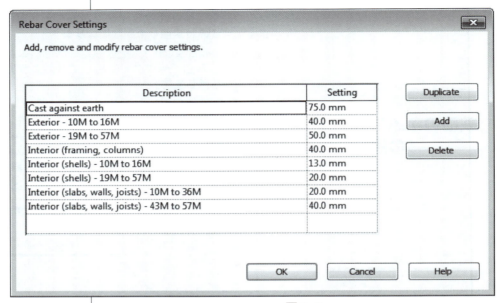

図 9-3

4. **OK** をクリックします。

操作手順：鉄筋のかぶりを編集する

1. *Structure tab* > Reinforcement panel で (Cover) をクリックします。
2. Options で (Pick Elements) または (Pick Faces) を選択します。
3. エレメントを 1 つ、またはエレメントの面を 1 つ選択します。
4. Options Bar で、図 9-4 に示す通り、このオブジェクト特有のかぶり設定を選択します。

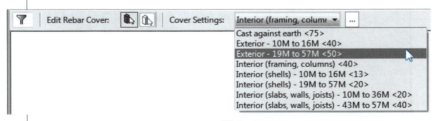

図 9-4

構造の補強

- 他のオプションを見るには、... (Browse) をクリックして Rebar Cover Settings ダイアログボックスを開きます。ここでは新しいかぶり厚制限も追加できます。

- 鉄筋ホストエレメントが選択されている場合は、図 9–5 に示すように、かぶり設定は Properties でも編集できます。その場合は、選択されているエレメントのみ編集可能です。

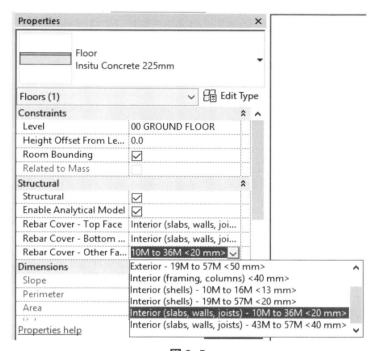

図 9–5

配筋設定

Reinforcement Setting（配筋設定）を使用すると面配筋とパス配筋の構造鉄筋のホストを指定でき、また、カスタム記号とタグを使用してこれらを注釈することができます。

- *Structure tab* > Reinforcement panel で、パネルタイトルを展開し (Reinforcement Settings) をクリックします。

全般項目の設定

General（全般）の欄では、図 9–6 に示すように、それぞれの床と壁のホストエレメントにおいて、また、鉄筋形状にフックが含まれる場合は、面およびパス配筋がどのように作用するかを指定できます。新しいプロジェクトでは、両方ともデフォルトではオンになっています。処理の定義にカプラーを使用する場合は **Include end treatments in Rebar Shape definition** を選択します。このオプションは、デフォルトではオフになっています。

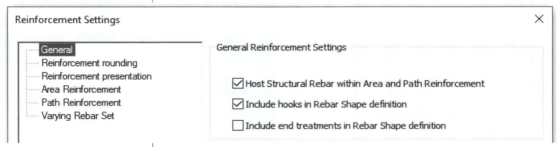

図 9–6

- これらのオプションは、プロジェクトに鉄筋を配置する前に設定しなければなりません。

- 初めて鉄筋を配置する際は、図 9–7 に示すように、選択されている設定を示す警告ボックスが表示されます。

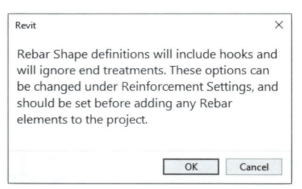

図 9–7

Host Structural Rebar with Area and Path Reinforcement が選択されていると、構造鉄筋エレメントが床または壁の中に表示されます（図 9–8 左側）。このオプションの選択が解除されていると、構造鉄筋エレメントは床や壁の中に表示されませんが、カスタム記号やタグを使用して面配筋・パス配筋の領域に注釈することができます（図 9–8 右側）。

構造の補強

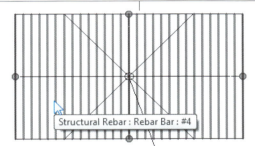
ホストされている鉄筋

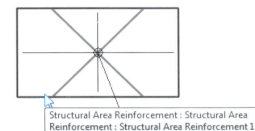
ホストされていない鉄筋

図 9–8

Include hooks in Rebar Shape definition が選択されていると、追加したフックは全て標準の鉄筋形状に含まれます。これにより、プロジェクト内のカスタム形状の数が最小限に抑えられます。このオプションが選択されないまま形状にフックを追加すると、新たに形状が作成されます。

鉄筋丸めの設定

Reinforcement Rounding（鉄筋丸め）の欄では（図 9–9 参照）丸め方法（例：Nearest(直近)、Up(上)、Down(下)）と、Structural Rebar（構造鉄筋）および Structural Fabric Reinforcement（構造メッシュ筋）の丸めの量の指定と設定ができます。この設定は、これらのエレメントの Project Units の丸めよりも優先されます。

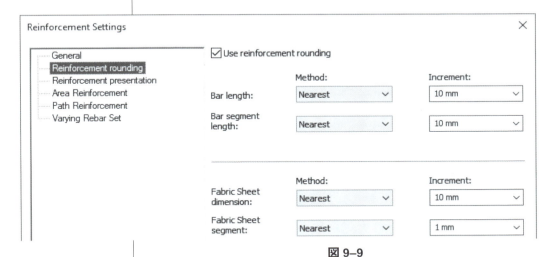

図 9–9

Autodesk Revit 2019：構造の基本

補強の表示設定

図 9–10 で示す通り、Reinforcement presentation（補強の表示）の欄では、Rebar Set のビューや断面図内での表示方法を指定できます。

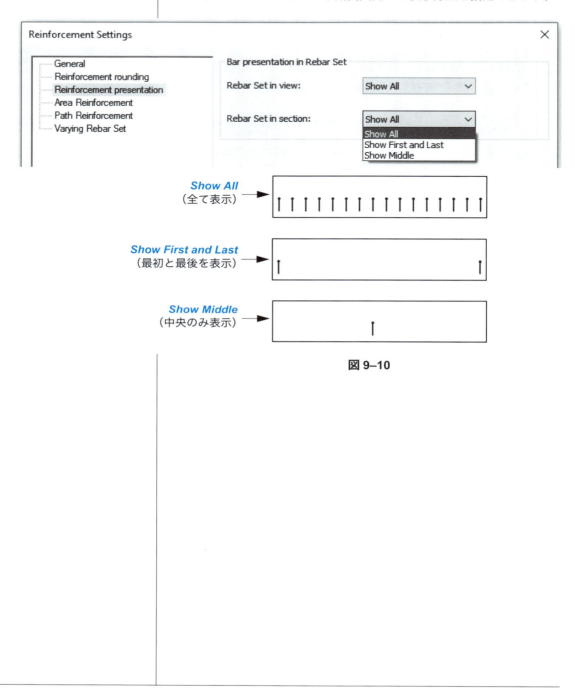

図 9–10

面配筋・パス配筋の設定

Area Reinforcement（面配筋）または *Path Reinforcement*（パス配筋）の欄では、タグで使用される値（略語）を指定します。例えば、**Area Reinforcement** では図 9–11 に示す通り、Slab Top - Major Direction と Slab Top - Minor Direction の *Value* を **Slab Top**（スラブ上端）に変更した方がよいかもしれません。

Setting	Value
Slab Top - Major Direction	Slab Top
Slab Top - Minor Direction	Slab Top
Slab Bottom - Major Direction	(B)
Slab Bottom - Minor Direction	(B)
Wall Interior - Major Direction	(I)
Wall Interior - Minor Direction	(I)
Wall Exterior - Major Direction	(E)
Wall Exterior - Minor Direction	(E)
Each Way	E.W.
Each Face	E.F.

図 9–11

異なる鉄筋セットに関して

Varying Rebar Set（異なる鉄筋セット）の欄（図 9–12 参照）では、長さの違う鉄筋セットの番号付け方法を指定できます。

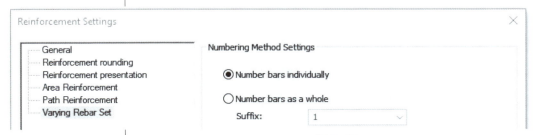

図 9–12

- **Number bars Individually**：そのセットの各鉄筋に違う番号が割り振られますが、類似した鉄筋はプロジェクト全体を通じて合わせられます。

- **Number bars as a whole**：そのセットの各鉄筋に同じ番号と接尾番号が割り振られます。

鉄筋の可視性

デフォルトでは、鉄筋は断面図ビューに自動的に表示され、その他のビューでは表示されません。図 9–13 のように 3D ビューなどその他のビューで表示する場合は、鉄筋の **View Visibility States** を設定します。

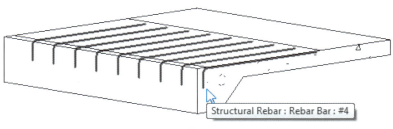

図 9–13

操作手順：鉄筋の可視性の設定

1. 断面図ビューで構造エレメント内の鉄筋を選択します。
2. Properties の *Graphics* エリアで、*View Visibility States* の横の **Edit..** をクリックします。
3. 図 9–14 に示す通り、Rebar Element View Visibility States ダイアログボックスで、モデルの配筋をどこで、どのビュー上で表示するかを設定できます。

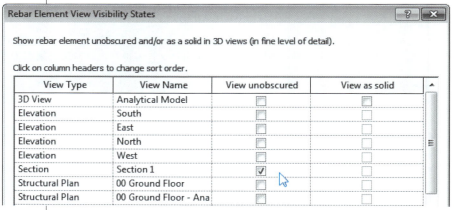

図 9–14

ヒント：Revit アドイン用の構造プレキャスト

Revit アドイン用の Autodesk Structural Precast Extension を使用して、お手持ちの Autodesk Revit モデルをパワーアップさせることができます。このツールでは、施工で必要とされる複雑なアセンブリを作成し、施工図を自動で作成し、CAM ファイルを生成できます。

9.2 鉄筋を追加する

構造壁、柱、スラブ、フレームの配筋を開始すると、鉄筋形状を直接ホストエレメントに追加できるようになります。既存の鉄筋形状を作業面（またはかぶり）に平行に、または、かぶりに垂直に追加できます。また、カスタムスケッチを描画したり（図 9–15 参照）、フリーフォームの鉄筋のモデリングもできます。

鉄筋を配置するときは通常は壁の断面図上の作業となりますが、鉄筋はどの 2D ビューでも追加が可能です。

3D ビューでは、鉄筋をスケッチし、フリーフォームの鉄筋を追加することができます。

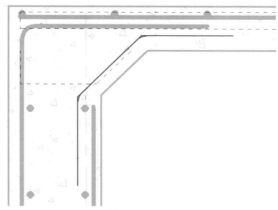

図 9–15

- Rebar（鉄筋）ツールは、*Structure tab* > Reinforcement panel と（ホストエレメントが選択されている場合は）*Modify | contextual tab* > Reinforcement panel にあります。

- Rebar コマンドを開始すると、*Modify | Place Rebar tab* が表示されます。画面のサイズと形によっては、パネルの情報は見ることができません。図 9–16 に示すようにパネル全体を表示するには、下側にある矢印にカーソルを合わせてください。

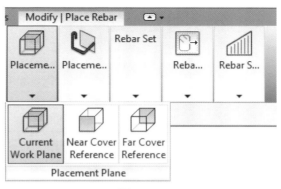

図 9–16

操作手順：鉄筋を配置する

1. *Structure tab* > Reinforcement panel で ▧（rebar）をクリックします。
2. 図 9–17 に示すように、Options Bar または Rebar Shape Browser で、Rebar Shape を 1 つ選択します。Type Selector でタイプを選択することもできます。

Rebar Shape Browser が表示されない場合は、Options Bar で ... (Browse) をクリックします。

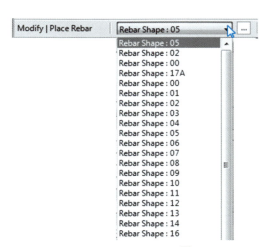 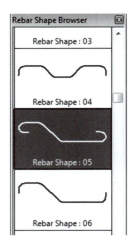

図 9–17

- *Modify | Place Rebar tab* > Family panel で ▧ (Load Shapes) をクリックし、追加の鉄筋ファミリのタイプを読み込みます。

3. *Modify | Place Rebar tab* > Placement Plane panel で配置位置を選択します。

	Current Work Plane	鉄筋をビュー上のアクティブな作業面に配置します。
	Near Cover Reference	鉄筋を一番手前の、ビューに平行なかぶり参照に配置します。
	Far Cover Reference	鉄筋を一番遠くの、ビューに平行なかぶり参照に配置します。

4. *Modify | PlaceRebar tab* > Placement Orientation panel で、配置のタイプを選択します。

	Parallel to Work Plane	鉄筋が設置された作業面に平行に、また、かぶり参照内に配置します。
	Parallel to Cover	鉄筋を一番近くのかぶり参照に平行に、また、作業面に垂直に配置します。
	Perpendicular to Cover	鉄筋をその作業面に、また、一番近くのかぶり参照に垂直に配置します。

5. *Modify | Place Rebar* tab > Rebar Set panel（図 9–18 参照）で、または Properties の *Rebar Set*（図 9–19 参照）で *Layout Rule*（配置方法）を指定し、必要に応じて対応する *Quantity*（本数）と *Spacing*（間隔）を設定します。*Layout Rule* オプションには以下が含まれます。

   - **Single**（単一）
   - **Fixed Number**（固定数）
   - **Maximum Space**（最大間隔）
   - **Number with Spacing**（間隔と数）
   - **Minimum Clear Spacing**（最小間隔）

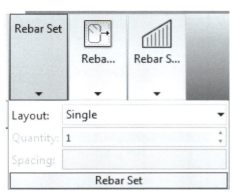

図 9–18

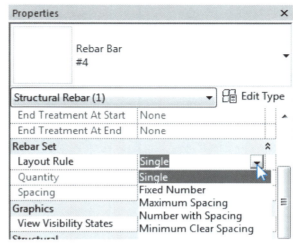

図 9–19

6. 図 9–20 に示すように、補強するエレメントにカーソルを合わせます。希望する位置でクリックして配置します。

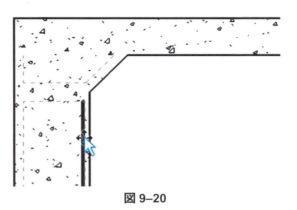

図 9–20

- 点線はエレメント最大のかぶり設定を表します。
- 配置前に鉄筋エレメントを裏返すかまたは回転させるには、<Spacebar> を押します。
- ホストサーフェスに平行に鉄筋を配置するには、<Shift> を押します。

> **ヒント：鉄筋を他の鉄筋に拘束する**
>
> 鉄筋をより正確に配置するために、鉄筋を付近の形状に拘束することができます。図 9–21 に示すように、元の鉄筋を動かすと拘束されたエレメントも一緒に移動します。
>
>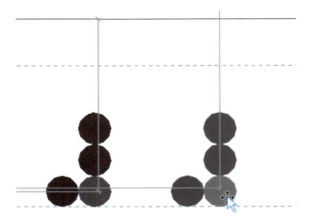
>
> **図 9–21**
>
> - *Modify | Place Rebar* tab > Rebar Constraints panel で（Constrained Placement）をクリックし、他の鉄筋の近くにカーソルを移動して、望ましい拘束にスナップしたところでクリックします。
> - 鉄筋は配置されると選択が可能になり、仮寸法を使用して位置を変更することができます。これにより拘束は切断されます。
> - このツールは、単一の鉄筋の配置時にのみ有効です。

- 鉄筋タイプの詳細については、*付録 B.5 鉄筋タイプを作成する (P.596（B-12）)* を参照してください。

鉄筋形状のスケッチ

標準的な鉄筋形状が、要求された形状と違うことがたまにあります。その場合は、図9–22に示すように新しい形状をスケッチすることができます。

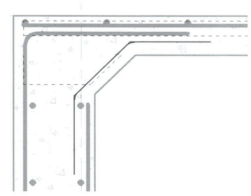

図 9–22

- 鉄筋をスケッチする際は、鉄筋のかぶり設定に制限されません。

操作手順：スケッチで鉄筋形状を配置する

1. **Rebar**（鉄筋）コマンドを実行します。
2. *Modify | PlaceRebar tab* > Placement Methods panel で ✎（Sketch Rebar）をクリックします。
3. 鉄筋のホストを選択します（まだ選択されていない場合）。
4. スケッチを描画するには、図9–23に示すように、*Modify | Create Rebar Sketch* tab > Draw panel のツールを使用します。

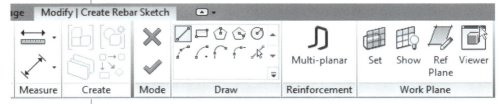

図 9–23

5. ✔（Finish Edit Mode）をクリックします。

- Shape Browser に新しい Rebar Shape が表示されます。形状の名前を変更するには、Project Browser で *Families > Structural Rebar > Rebar Shape* ノードを展開し、形状の名前を右クリックして **Rename** を選択します。

多平面鉄筋

鉄筋をスケッチしている際は、複数平面の配筋も作成できます。図 9–24 に示すように、鉄筋形状は 2D でスケッチされてから複製され、セグメントによって接続されます。

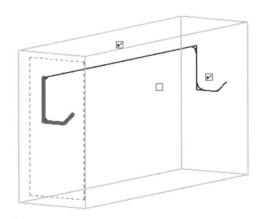

図 9–24

操作手順：多平面鉄筋をスケッチする

1. **Rebar** コマンドを **Sketch Rebar** オプションと一緒に実行します。
2. *Modify | Create Rebar Sketch* tab > Reinforcement panel で ♪（Multi-planar）をクリックします。
3. 鉄筋のスケッチを 2D ビューで描画します。図 9–25 に示すように、3D ビューで自動的に表示されます。

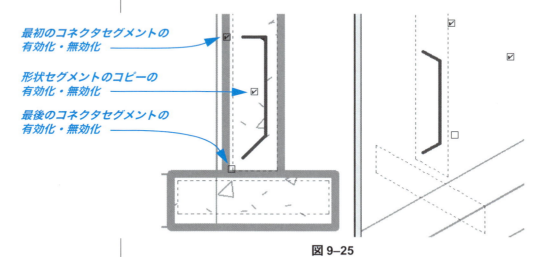

図 9–25

4. スケッチ上の適切なチェックボックスを選択します。

構造の補強

5. Type Selector で鉄筋のサイズを選択し、Properties で他の情報を設定します。
6. ✔（Finish Edit Mode）をクリックします。図 9–26 に示すように、鉄筋がエレメントの長さに合わせて追加されます。

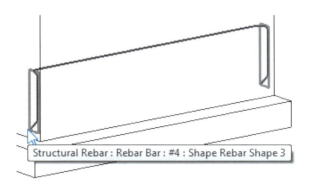

図 9–26

- 図 9–27 に示すように、多平面鉄筋の形状はドラッグコントロールを使用して編集できます。または別の方法として、*Modify | Structural Rebar tab* > Mode panel で (Edit Sketch) をクリックします。

ビューの細かな編集の詳細については、*付録 B.6 平面と断面の外形を編集する* (P.598 (B–14)) を参照してください。

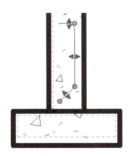

図 9–27

- 鉄筋を配置する際に Rebar Shape Browser で多平面鉄筋のタイプを選択する場合は、ホストに追加する前に *Placement Perspective* を選択します（図 9–28 参照）。

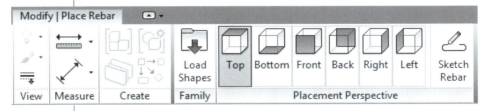

図 9–28

フリーフォームの鉄筋

鉄筋を複雑なコンクリート構造に追従させる場合は、図 9–29 に示すようにフリーフォームの鉄筋を追加できます。これらのエレメントは、インプレイスモデルやファミリツールを使用して頻繁に作成されます。

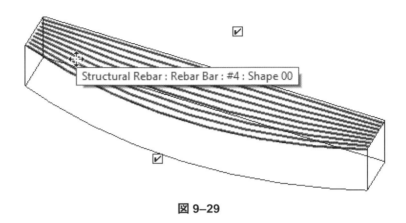

図 9–29

操作手順：フリーフォームの鉄筋を配置する

1. *Structure tab* > Reinforcement panel で (rebar) をクリックします。
2. *Modify | Place Rebar tab* > Placement Methods panel で (Free Form Rebar：フリーフォーム鉄筋）をクリックします。
   - （Surface Distribution：サーフェス分布）が選択された状態で、*Modify | Place Free Form Rebar* tab が表示されます
3. Type Selector で Raber のタイプを選択します。
4. Raber Set panel で、必要に応じて *Layout*、*Number*、*Spacing* を指定します。
5. 単純なサーフェス用には （Select Multiple：複数を選択）をオフに、より複雑なサーフェス用にはオンに切り替えます。

3D ビューでは Free Form Rebar ツールが自動的に選択されます。

構造の補強

6. 図 9–30 のシンプルなサーフェスの例で示すように、ホストサーフェス、開始サーフェス、終了サーフェスを選択します（複数可）。

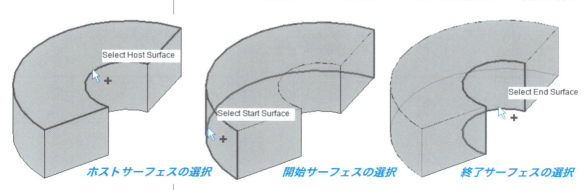

図 9–30

7. 選択を完了するには <Esc> を押します。図 9–31 に示すように、その鉄筋が指定した Rebar Set と一緒に表示されます。

Rebar Set の適用については［9.3 鉄筋を編集する］(P.338 (9–20))を参照してください。

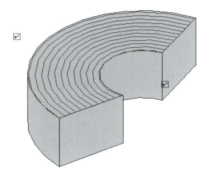

図 9–31

- 複数面を選択している場合は、選択したセットの間で <Spacebar> を押し、<Enter> を押して完了します。

9.3 鉄筋を編集する

鉄筋には、配置後に更なる変更を加えることができます。例えば図9–32に示すように、鉄筋を選択し、形状ハンドルで動かして配置できます。作業面に垂直な鉄筋には仮寸法があります。

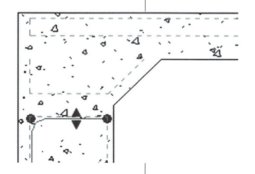
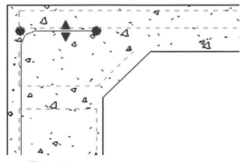

図 9–32

- 関連する鉄筋の複数のインスタンスを素早く選択するには、1つを選択し、右クリックして **Select All Rebar in Host** を選択します。

- 鉄筋の配置には **Move**、**Copy**、**Mirror** など、他の編集ツールも使用できます。

モデル内で既存の鉄筋が選択されていると、図9–33に示すように、*Modify | Structural Rebar tab* に複数のツールが表示されます。鉄筋セットの作成・編集、新しい鉄筋ホストの選択、鉄筋拘束の編集、鉄筋カプラーの適用、変長鉄筋セットのタイプ指定ができます。

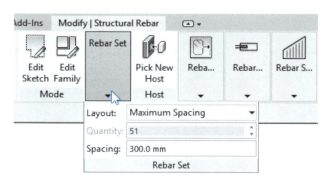

図 9–33

- Rebar Coupler（鉄筋カプラー）は鉄筋の端部または鉄筋と鉄筋間に追加できます。鉄筋カプラーは、モデルを更に詳細に設定する際に使用されます。

構造の補強

> **ヒント：鉄筋セットの可視性**
>
> 鉄筋セットを1つ選択すると、そのセットがどのように表示されるかを指定できます。Reinforcement Settings ダイアログボックスではデフォルトの表現スタイルが設定されていますが、各鉄筋セットは個々に変更可能です。
>
> 鉄筋セットを1つ選択し、図9–34 に示すように、*Modify | Structural Rebar* tab > Presentation panel から表現スタイルを選びます。
>
>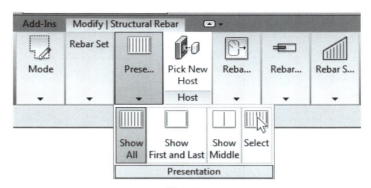
>
> 図 9–34
>
> - 図 9–35 で示すように、チェックボックスを使用して鉄筋の各端部を表示することも選択できます。
>
>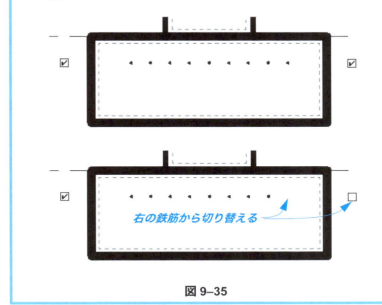
>
> 図 9–35

操作手順：新しいホストを選ぶ

1. 鉄筋を支えるエレメントを変更するには、鉄筋を選択して *Modify | Structural Rebar* tab > Host panel で (Pick New Host) をクリックします。
2. 新しいホストエレメントを選択します。

例えば図 9–36 では、左側では壁が、右側ではスラブが鉄筋をホストしています。拘束の違いを確認できます。

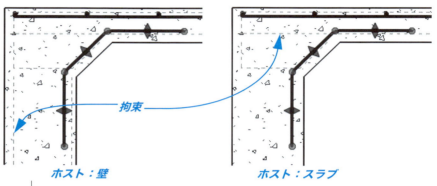

図 9–36

> **ヒント：細線**
>
> 線の太さによって補強が見えにくい場合（図 9–37 左側参照）は、図 9–37 右側で示すように、単線のみを表示するようにビューを変更することができます。
> Quick Access Toolbar で (Thin Lines) をクリックして、2 つのビューのタイプ間で切り替えを行います。
>
>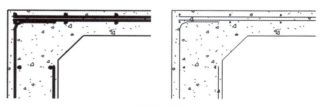
>
> 図 9–37
>
> - ビューでの鉄筋の見え方は Detail Level で調整できます。**Coarse** は単線表示、**Medium** と **Fine** は鉄筋の実際のサイズを表示します。

構造の補強

操作手順：鉄筋拘束を編集する

1. 近くの参照への拘束を図上で上書きするには、編集する鉄筋を選択します。
2. *Modify | Structural Rebar tab* > Rebar Constraints panel から、(Edit Constraints) をクリックします。エレメントと基準線がオレンジ色にハイライト表示されます。
3. 図 9–38 に示す通り、仮寸法を使用して新しい距離を入力します。

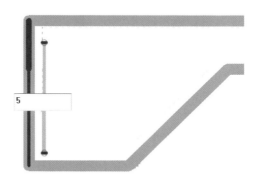

図 9–38

4. (Finish) をクリックします。

- 追加の拘束の参照が使用可能な場合は、青色でハイライト表示されます。青色の基準線をクリックし、その寸法に切り替えます。

- 3D ビューでは鉄筋拘束の編集が可能です。

操作手順：変長鉄筋セットを追加する

1. 鉄筋をホストエレメントの角度に沿わせるには、図 9–39 の壁の例で示すように、標準プロセスに従って鉄筋を設定します。変長鉄筋セットを、曲面またはフリーフォームのエレメントに配置することができます。

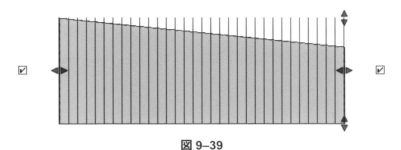

図 9–39

2. *Modify | Structural Rebar tab* > Rebar Set Type panel で(Varying Rebar Set)をクリックします。すると、図 9-40 に示すように鉄筋がエレメントのエッジに合わせて変化します。このツールはオン・オフを切り替えられます。

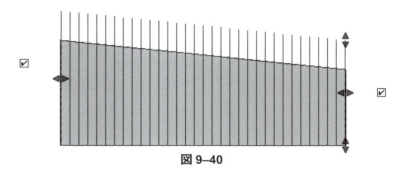

図 9-40

3. 必要に応じて、図 9-41 に示す矢印のような形の形状ハンドルを使って鉄筋をエレメントに揃えます。

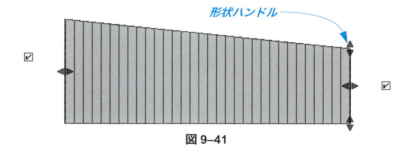

図 9-41

実習 9a

鉄筋を追加する

この実習の目標

- 個々の鉄筋エレメントを追加します。
- 繰り返される鉄筋レイアウトを作成します。
- 鉄筋形状をスケッチします。

この実習では、基礎断面図上で既成形状を使用して、壁に個々の鉄筋を追加します。次にコントロールを使用して、正確な位置とサイズを編集します。その後、レイアウトを変更して鉄筋セットを作成します。図 9–42 に示すように、新たな鉄筋形状のスケッチも行います。

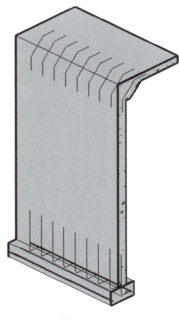

図 9–42

タスク 1 – 基礎壁の断面図を作成する

1. **Syracuse-Suites-Rebar-M.rvt** を開いてください。

2. Structural Plans: **00 GROUND FLOOR** のビューを開きます。

3. Quick Access Toolbar で (Section) をクリックします。

4. Type Selector で **Wall Section** を選択します。

5. 図 9–43 に示すように、断面図を描画します。

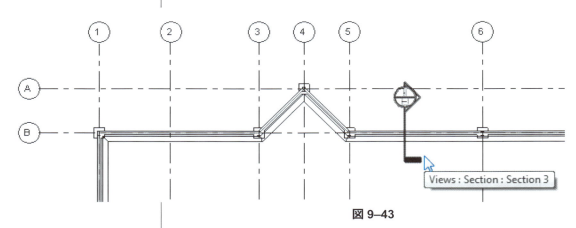

図 9–43

6. Project Browser の **Sections (Wall Section)** ノードで、新しく作成した壁の断面図の名前を **Typical Foundation Wall Section** に変更します。

7. そのビューを開いてトリミング領域のサイズを調整し、基礎のみを表示します。

8. View Control Bar で、Scale を **1:50** に、Detail Level を ▩ (Medium) に変更し、トリミング領域から切り替えます。

9. **Grid** と **Levels** を非表示にします。

10. Modify tab > Geometry panel で ⌗ (Join Geometry) をクリックし、図 9–44 に示すように壁とスラブエッジを選択します。図 9–45 に示す通りエレメントが結合されます。

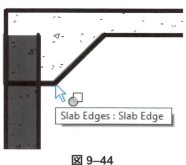

図 9–44   図 9–45

11. プロジェクトを保存します。

タスク 2 – 鉄筋を追加する

1. 引き続き壁の断面図で作業を行い、フーチングを拡大表示します。

2. *Structure tab* > Reinforcement panel で (rebar) をクリックします。Rebar Shapes に含まれるフックに関して警告が表示されたら、**OK** をクリックします。

3. *Modify | PlaceRebar tab* > Placement Plane で (Current Work Plane) が選択されていることを確認します。

4. *Modify | PlaceRebar tab* > Placement Orientation panel で、(Parallel to Work Plane) をクリックします。

5. Rebar Shape Browser で、**Rebar Shape: M_17A** を選択します。

6. 図 9–46 に示すように、フーチングにその鉄筋形状を追加します。

鉄筋形状は、デフォルトの拘束内に正確に収まります。

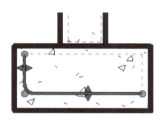

図 9–46

7. 鉄筋を配置してから <Esc> を押し、次にその鉄筋を選択します。

8. ハンドルとコントロールを使用して形状を編集し、図 9–47 に示すように壁まで延長させます。

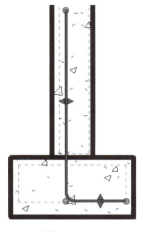

図 9–47

9. *Structure tab* > Reinforcement panel で (rebar) をクリックします。

10. *Modify | PlaceRebar tab* > Placement Orientation panel で (Perpendicular to Cover) をクリックします。

11. Rebar Set panel で *Layout* を **Fixed Number** に、*Quantity* を **3** に変更します。

12. フーチングの左下面に、**Rebar Shape: M_00** を追加します。図 9-48 に示す通り、複製が 3 つ配置されます。

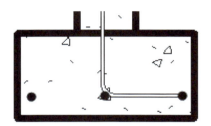

図 9-48

13. **Modify** をクリックします。次に図 9-49 に示すように、連続フーチングのベース筋の上にある L 型鉄筋を選択して動かします。

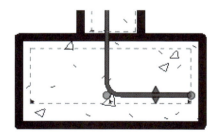

図 9-49

14. L 型鉄筋が選択された状態で、図 9-50 に示す通り、*Modify | Structural Rebar tab* > Rebar Set panel で *Layout* を **Maximum Spacing** に、*Spacing* を **300mm** に変更します。

構造の補強

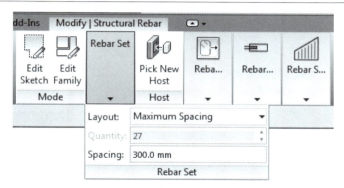

図 9–50

15. プロジェクトを保存します。

タスク 3 – 鉄筋を個々にスケッチする

1. スラブとスラブエッジへ画面移動します。

2. *Structure tab* > Reinforcement panel で (rebar) をクリックします。

3. *Modify | PlaceRebar tab* > Placement Methods panel で (Sketch Rebar) をクリックします。

4. カーソルがターゲットとして表示され、鉄筋用のホストを1つ選ぶよう促されます。壁を選択します。
   - この補強筋の大半は壁の外側にありますが、壁を選択することにより、補強筋がその特定の壁沿いにのみ確実に配置されます。すでにスラブを選択していた場合は、下の壁とは関係なく補強筋は建物の反対側に配置されます。

5. 図 9–51 のような補強筋をスケッチするには、**Draw** ツールを使用してください。

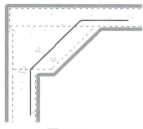

図 9–51

6. *Modify | Create Rebar Sketch* tab > Mode panel で ✓ (Finish Edit Mode) をクリックします。図 9–52 に示すように、Rebar Browser に補強筋が 1 つ、新しい Rebar Shape と共に作成されます。

形状をどのように描画するかによって、画像は変化します。

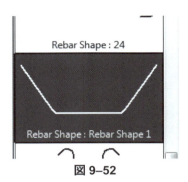

図 9–52

7. **Modify** をクリックして新しい補強筋を選択します。端部にあるコントロールと、バーの中点にある形状ハンドルを使用して微調整を行います。

8. Rebar Set パネルで *Layout* を **Maximum Spacing** に、*Spacing* を **300mm** に設定します。

9. プロジェクトを保存します。

タスク 4 – 3D 断面図ビューを作成する

1. Quick Access Toolbar で 🏠 (Default 3D View) をクリックします。

2. ViewCube を右クリックし、**Orient to View > Sections > Section: Typical Foundation Wall Section** を選択します。

3. 図 9–53 に示すように、ビューを回転してセクションボックスを非表示にします。

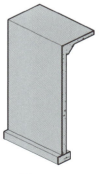

図 9–53

構造の補強

4. Project Browser の 3D Views ノードで、ビューの名前を *3D Foundation* に変更します。

5. ドラッグで囲んで全てを選択します。鉄筋を確認することができます。▽（Filter）を使用して Structural Rebar のみを選択します。

6. Properties の *View Visibility States* の横で **Edit...** をクリックします。

7. Rebar Element View Visibility States ダイアログボックスの **3D Foundation** のビューの名前の横で、**View unobscured** と **View as solid** を選択し **OK** をクリックします。

8. Properties で **Apply** をクリックするか、またはビューの中へカーソルを動かします。ビューに鉄筋セットが表示されます。

9. View Control Bar で *Detail Level* を ▨（Fine）に設定します。

10. プロジェクトを保存します。

9.4 壁、床、スラブに配筋する

壁、床、スラブに使用できる配筋には３つのタイプがあります。Area Reinforcement（面配筋）では、図 9–54 の壁のように、指定した境界に応じて、構造壁・壁に鉄筋を均等間隔に配置します。Path Reinforcement（パス配筋）では、図 9–54 の床のように、スラブから耐力壁内部に向かって曲がる配筋の指定ができます。Fabric Reinforcement（メッシュ筋）では、指定した境界内で補強ワイヤのシートを配置します。

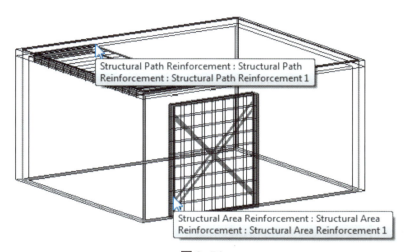

図 9–54

- Area/Path/Fabric Reinforcement は、スケッチの編集、Properties でのパラメータ変更、またはシステム全体の削除によって、編集することができます。Area/Path Reinforcement システムも削除できますが、個々の鉄筋は保持したままです。これらがビュー上でどのように表示されるかも変更可能です。

構造の補強

面配筋

面配筋は、補強するエレメントに応じて、3D・平面図・立面図・断面図のビューに配置できます。

Area Reinforcement（面配筋）を作成する際は、図 9–55 に示す通りに境界をスケッチしてから Properties で間隔とレイヤを設定します。

図 9–55

操作手順：面配筋を追加する

1. *Structure tab* > Reinforcement panel で ▦（Area）をクリックしてから構造床または壁を選択するか、床または壁を選択してから *Modify* | contextual tab > Reinforcement panel で ▦（Area）をクリックします。
2. Properties でレイアウト（図 9–56 参照）、鉄筋のサイズ、間隔のパラメータを必要に応じて編集します。

鉄筋のサイズと間隔を確認するには、下にスクロールします。

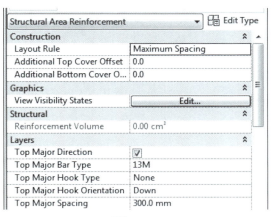

図 9–56

3. **Apply** をクリックします。

スケッチをエレメントにロックするとモデルのサイズが大きくなるので、注意してください。総合的に判断して効率が良い時のみ、行ってください。

4. *Modify | Create Reinforcement Boundary* tab > Draw Panel で (Pick Lines) または他の描画ツールを1つクリックします。
   - **Pick Lines** を使用している場合は、選んだエレメントに線をロックできます。エッジを選択すると、南京錠の記号が表示されます。面配筋の境界を壁またはスラブエッジ外周にロックするにはそれを選択します。これにより、その壁またはスラブに変更が加えられると面配筋も自動的に更新されます。
   - Options Bar で **Lock** を選択すると、各スケッチ線は選択されたエッジにロックされます。これは **Pick Lines** でのみ有効です。
   - 境界は、どの線にも重ならない閉じたループでなければなりません。必要に応じて、**Modify** ツールを使用してください。

5. （Finish Edit Mode）をクリックします。ビューの設定により、配筋が単に記号として表示されるか（図9–57参照）、または鉄筋が表示されます。

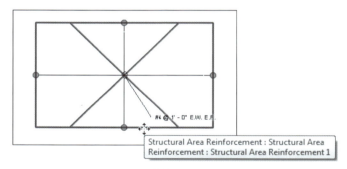

図 9–57

- 境界を描画する際は、最初に選択した線に主筋方向を示す一組の二重線が表示されます（図9–58参照）。これを変更するには *Modify | Structural Area Reinforcement > Edit Boundary* tab > Draw panel で (Major Direction) をクリックし、主筋方向を定義するエッジを選択するか、または描画します。

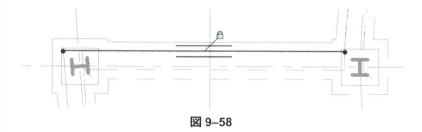

図 9–58

構造の補強

> **ヒント：面配筋・パス配筋を表示する**
>
> 初めて面配筋またはパス配筋を配置すると、エレメントの境界にボックスが表示されます。デフォルトでは鉄筋は表示されませんが、Visual Style が (Wireframe) に設定されている場合、または鉄筋エレメントの View Visibility State を Properties で編集すれば、図 9-59 で示すように表示することができます。
>
>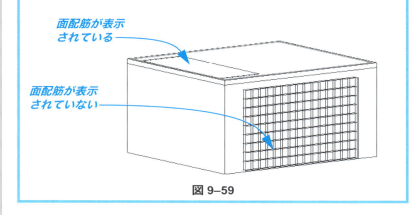
>
> 図 9-59

パス配筋

スラブの反り上がりなどの問題を防ぐために、エッジに沿って追加の配筋が必要な場合もあります。パス配筋は、図 9-60 に示すように、スラブから耐力壁内部に向かって曲がり、指定距離でのみスラブ内部に延長する補強を作成します。これは、柱型や他のエレメントをスラブに固定する必要のあるプレハブ式の金属構造の基礎設計においても便利です。

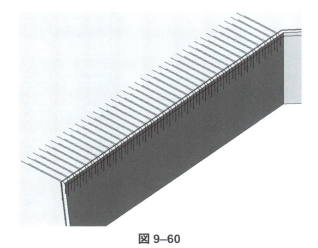

図 9-60

Autodesk Revit 2019：構造の基本

操作手順：パス配筋を追加する

1. *Structure tab* > Reinforcement panel で (Path Reinforcement) をクリックします。
2. 構造床または構造壁を選択します。
3. *Modify | Create Reinforcement Path* tab > Draw pane で Draw ツールを使用し、図 9–61 に示すようにオープンパスを指定する単線を配置します。

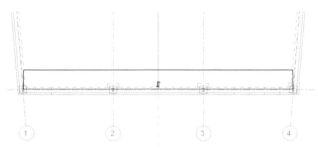

図 9–61

4. パスの配置を設定するため、必要に応じて (Flip) をクリックします。
5. 図 9–62 に示すように、必要に応じて Properties でパラメータを編集します。

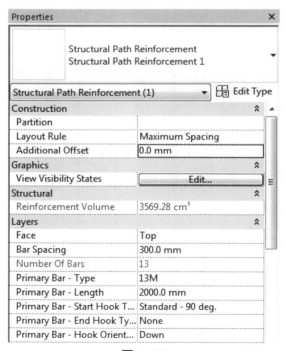

図 9–62

6. Mode panel で ✔ (Finish Edit Mode) をクリックします。図 9-63 に示すように、補強が追加されます。

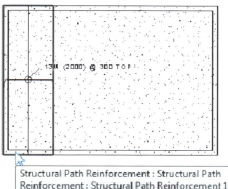

図 9-63

メッシュ筋

Structural Fabric Area ツールは、図 9-64 に示すように、Fabric area （メッシュ筋エリア）の境界をスケッチして複数のメッシュ筋シートがその中に配置されます。Fabric Reinforcement（メッシュ筋）は、Fabric Wire（メッシュ用ワイヤ）と Fabric Sheets（メッシュ筋シート）の 2 種類のエレメントでできています。メッシュ用ワイヤは、メッシュ筋シートの作成に使用される補強ワイヤを定義します。また、メッシュ筋シートを個別に追加することもできます。

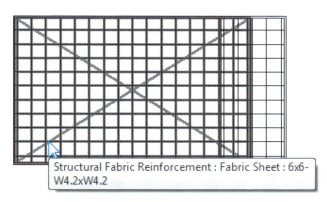

図 9-64

- Fabric Reinforcement（メッシュ筋）は構造床、基礎スラブ、構造壁内でホストできます。

操作手順：単一メッシュ筋シートを追加する

1. *Structure tab* > Reinforcement panel（エレメントを1つ選択済みの場合は *Modify | contextual* tab）で、（Fabric Sheet：1面のメッシュ筋シートの配置）をクリックします。
2. Type Selector で使用するメッシュ筋シートのタイプを指定します。
3. Properties で、*Location*（**Top** または **Bottom**）と他の設定を指定します。
4. 希望の位置でクリックし、メッシュ筋シートを配置します（壁や床など、コンクリートホストの中でなければなりません）。
5. コマンドはアクティブのままになるので、図9–65 に示すように追加のメッシュ筋シートを配置できます。

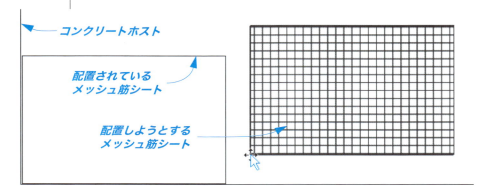

図 9–65

6. コマンドを終了します。

操作手順：曲げたメッシュ筋シートを追加する

1. 断面図などの作業面に対して垂直なビューを開いてください。
2. （Fabric Sheet）コマンドを実行します。
3. *Modify | Place Fabric Sheet* tab > Mode panel で、（Bend Sketch：曲げプロファイル）をクリックします。
4. 曲げたメッシュ筋シート用のホストを選択します。
5. *Modify | Create Bend Profile* tab のツールを使用し、図9–66 のような縦断面図をスケッチします。

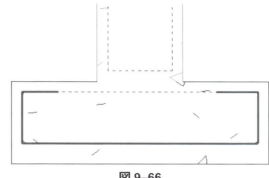

図 9–66

6. ✔（Finish）をクリックします。図 9–67 に示すように、メッシュ筋シートはスケッチに従って曲がります。

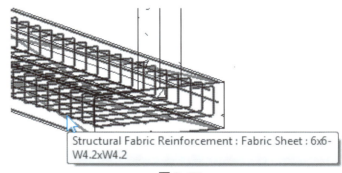

図 9–67

操作手順：メッシュ筋エリアを追加する

1. *Structure tab* > Reinforcement panel（エレメントを 1 つ選択済みの場合は *Modify | contextual* tab）で （Fabric Area：構造メッシュ筋エリア）をクリックします。
2. 選択されていない場合は、構造壁、床、またはスラブを選択します。
3. *Modify | Create Fabric Boundary* tab > Draw panel で Draw ツールを使用し、閉じた境界を定義します。

    - （Pick lines）を使用して境界をホストエレメントにロックし、ホストの変更に応じて自動的に更新されるようにします。

- 二重線は主筋方向を示します。これを変更するには Modify | Create Fabric Boundary tab > Draw panel で (Major Direction：主筋方向) をクリックし、他の線を1本選択してメッシュ筋の方向を設定します。

4. プレビュー画像では、図 9–68 に示すように、工事現場に搬入された状態のカットされていないフルサイズのメッシュ筋シートが表示されます。チェックボックスと Properties を使用し、必要なメッシュ筋シートのレイアウトを設定してください。

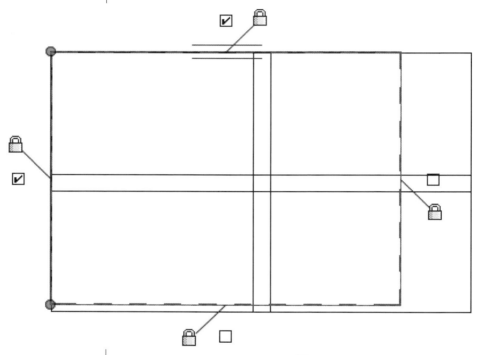

図 9–68

- 各エッジのチェックボックスでは、メッシュ筋シートのレイアウトの開始点とその方向を決めます。図 9–68 に示すように、開始点は縦方向エッジのチェックボックスを最低2つ選択して決めます。メッシュ筋シートの位置合わせを決めるには、更に他のチェックボックスを選択します。

5. 図 9–69 に示す通り、Properties で必要に応じて *Fabric Sheet*（メッシュ筋シート）、*Location*（位置）、*Lap Splice Position*（重ね継手位置）、*Major*（主筋）/*Minor*（配力筋）*Lap Splice Length*（重ね継手長さ）などのパラメータを修正します。

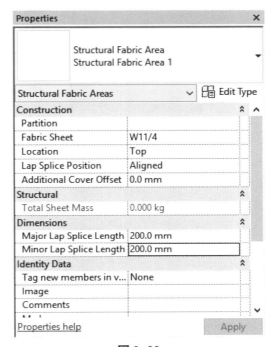

図 9–69

6. ✔（Finish Edit Mode）をクリックすると、メッシュ筋が指定された重なりでエレメントに追加されます。

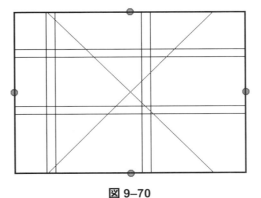

図 9–70

- メッシュ筋シートの重なり方を変更したい場合は、Properties で *Lap Splice Position* を編集します。例えば、図 9–71 のメッシュ筋シートは **Major Half-way Stagger**（主筋半千鳥）に設定してあります。*Major* と *Minor Lap Splice Length* も編集可能です。

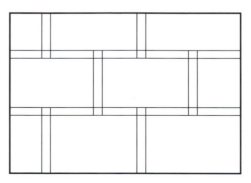

図 9–71

- 記号とタグを自動的に配置するには、図 9–72 に示すように、Properties の *Identity Data*（識別情報）で Tag new members in view（ビューの新しいメンバにタグを付ける）ドロップダウンリストからビューを 1 つ選択します。

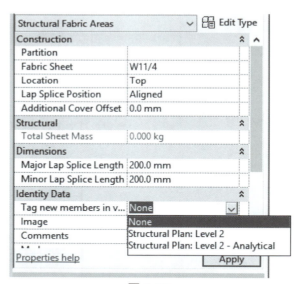

図 9–72

- ドロップダウンリストには、配置面に対して平行のビューのみが含まれています。このパラメータを使用することで、再生成時にメッシュ筋エリアのサイズが変更する際に、新しい記号とタグを配置するビューも定義されます。

面配筋・パス配筋・メッシュ筋の編集

Autodesk Revit ソフトの大半のエレメントと同様に、面配筋・パス配筋・メッシュ筋の編集方法には、境界やパスの編集、形状ハンドルの使用、プロパティの変更などの様々な方法があります（図 9–73 参照）。また、全システムを削除したり、システムを個別の鉄筋エレメントまたはシートに分けることもできます。

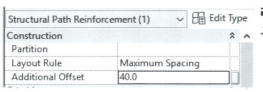

Properties で他のオフセットも変更します

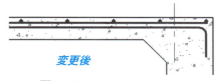

変更前

変更後

図 9–73

- 関連する鉄筋またはメッシュの複数のインスタンスを素早く選択するには、1つを選択して右クリックし、**Select All Rebar in Host** または **Select All Fabric in Host** を選択します。

- 面配筋、パス配筋またはメッシュ筋を選択した際、形状ハンドルを引っ張ることにより境界を調整できます（図 9–74 参照）。

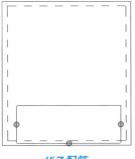
パス配筋

面配筋

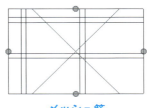
メッシュ筋

図 9–74

- 補強が選択されていると、Mode panel で関連する (Edit) ツールを使用することができます。これにより、描画ツールで境界やパスを変更するスケッチモードが開きます。

- 配筋を完全に削除したい場合は、システムの境界を確実に選択してから消去します。

- 個別の鉄筋エレメントを保持したままシステムを解除する場合は、各 *Modify* tab で (Remove Area System：面システムを削除)、 (Remove Path System：パスシステムを削除) または (Remove Fabric System：メッシュ筋システムを削除) をクリックします。

- メッシュシステムを削除すると境界も消去され、図 9–75 右側に示すように、カットされていないフルサイズのメッシュ筋シートがすべて残ります。

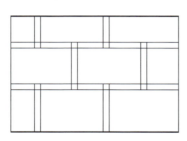 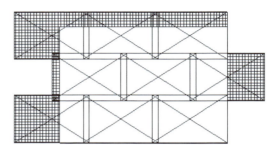

メッシュシステム（削除前）　　　メッシュシステム（削除後）

図 9–75

- 面配筋またはパス配筋システムが削除されると、個々のバーは、ホストエレメントに標準結合します。これによりバーが少しずれることもあります。Stirrup/Tie bar（スターラップ/タイアタッチメント）がホストされるバーに極めて近接している場合は、ずれがより顕著に現れます。

- システムが削除されると、関連タグ、記号、寸法も除去されます。

- 配筋を断面図で見ると、便利なときがあります。例えば、パス配筋ではフックの方向をチェックし、図 9–76 で示すように、必要に応じて **Toggle Hook Orientation**（フックの向きを反転する）コントロールで修正できます。

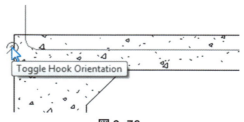

図 9–76

- Properties で、その他のフックの情報も編集できます。例えば図 9–77 に示すように、**Primary Bar-Start Hook Type**（主筋 - 始端フックタイプ）を変更できます。

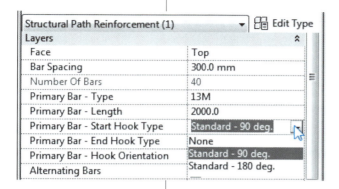 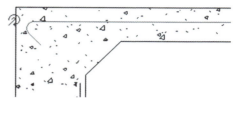

図 9–77

実習 9b　構造エレメントを補強する

この実習の目標

- 面配筋、パス配筋、メッシュ筋を追加します。

この実習では、スラブに面配筋とパス配筋を追加します。また、壁にメッシュ筋エリアとメッシュ筋シートを追加します（図 9–78 参照）。

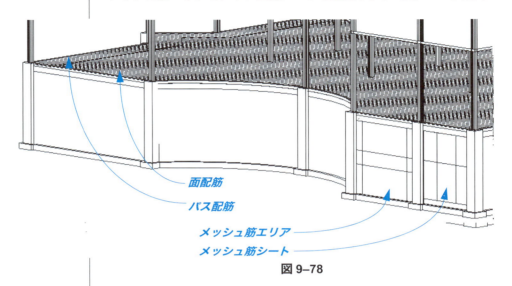

図 9–78

タスク 1 – 面配筋を適用する

1. **Syracuse-Suites-Reinforcing-M.rvt** を開いてください。

2. **Structural Plans: 00 GROUND FLOOR** のビューで Visual Style を （Hidden Line）に変更します。

3. エッジをクリックして構造床を選択します。<Tab> を使ってエレメントを繰り返し表示します。

4. View Control Bar で （Temporary Hide /Isolate）を展開して **Isolate Element** を選択します。これにより、スラブ Trim th ー inforcement の外形線のみの作業が容易になります。

5. Modify | Floors tab > Reinforcement panel で （Area Reinforcement）をクリックします。

構造の補強

6. Properties の Layers で、**Bottom Major Direction**（下面主筋方向）と **Bottom Minor Direction**（下面配筋方向）のパラメータを消去します。

7. Modify | Create Reinforcement Boundary tab > Draw Panel で（Pick Lines）をクリックします。

8. Options Bar で **Lock** を選択します。これにより、床スラブが編集されるとその面配筋の境界もそれに合わせて更新されます。

9. スラブの外側エッジ、エレベーターと階段室部分の外形線を選択します。マゼンタ色のスケッチ線が、重ならず、ギャップもなく、各開口部の外側と周辺で閉じたループを形成していることを確認します。

ヒント：繋がった線を全てハイライト表示するには、線の1つにカーソルを合わせて <Tab> を押します。

10. Modify | Create Reinforcement Boundary tab > Draw panel で（Major Direction）をクリックし、横線を選択します。

11. Mode panel で（Finish Edit Mode）をクリックします。図 9–79 に示すように、面配筋の記号とタグが表示されます。

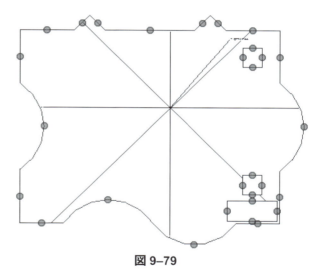

図 9–79

12. 面配筋のエレメントが選択されたまま、Properties の View Visibility States の横の **Edit** をクリックします。

13. 図 9–80 に示す通り、Rebar Element View Visibility States ダイアログボックスの *Structural Plan: 00 GROUND FLOOR* で **View unobscured** を選択し、**OK** をクリックします。

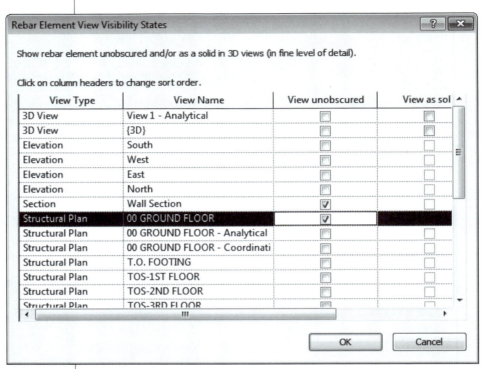

図 9–80

14. <Esc> を押して、面配筋の選択を解除します。次にエレメントをハイライト表示します。図 9–81 に示す通り、各鉄筋が個別に表示されます。

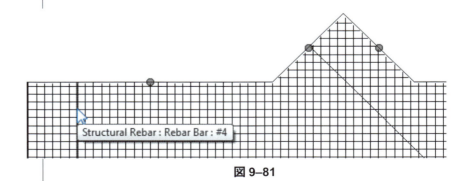

図 9–81

15. 鉄筋エレメントの 1 つを選択し、その Properties を確認します。パラメータの大半は面配筋エレメントにより自動的に割り当てられますが、Schedule Mark（集計表マーク）と View Visibility States（ビューの表示状態）は変更が可能です。

16. 面配筋エレメント全体を選択します。View Visibility States を編集し、平面図ビューを消去します。ビューでは外形線のみが表示されます。

17. **Sections (Wall Section):Typical Foundation Wall Section** のビューを開きます。図 9–82 に示す通り、断面図に面配筋が表示されます。鉄筋と面配筋エレメントは、別々に選択できます。

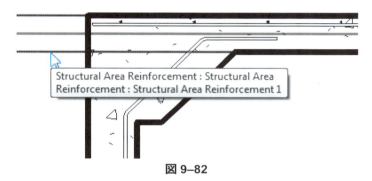

図 9–82

18. プロジェクトを保存します。

タスク 2 – パス配筋を適用する

1. 床だけを表示した状態で **Structural Plans: 00 GROUND FLOOR** のビューに戻ります。

2. *Structure tab* > Reinforcement panel で (Path) をクリックして、床を選択します。

Autodesk Revit 2019：構造の基本

3. 図 9–83 に示す通り、Properties で *Additional Offset* を **50mm** に、*Primary Bar - Shape* を **Rebar Shape 2** に設定します。切替えにより *Alternating Bars* がオフになっていることを確認します。

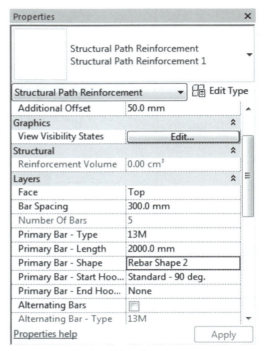

図 9–83

4. Draw パネルのツールを使用し、北側の壁に沿って単線パスを描画します。図 9–84 に示すように、必要に応じてパス配筋をひっくり返し、内側に設定されるようにします。

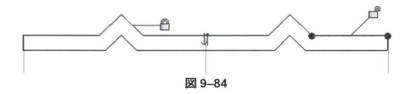

図 9–84

5. Mode panel で ✔（Finish Edit Mode）をクリックします。

6. View Control Bar で、（Temporary Hide/Isolate）をクリックし、**Reset Temporary Hide Isolate** を選択します。

7. **Sections (Wall Section):Typical Foundation Wall Section** のビューを開きます。図 9–85 に示すように、断面図にパス配筋が表示されます。

構造の補強

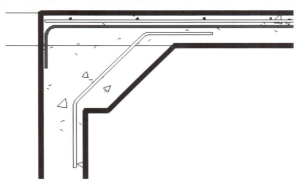

図 9–85

8. プロジェクトを保存します。

タスク 3 – 壁を補強する

1. **Typical Foundation Wall Section** のビューで壁を選択します。

2. **Elevations（Building Elevation）：North** のビューを開き、選択された基礎壁を拡大表示します。正確な境界を描画するために他のエレメントを確認する必要があるので、そのエレメントを分離しないでください。

3. *Modify | Walls* tab > Reinforcement panel で ▦（Area）をクリックします。

4. 柱脚の間に境界を描画し、図 9–86 に示すように、*Major Direction*（主筋方向）を縦のスケッチ線左に設定します。**Trim** コマンドを使用して四隅をクリーンアップします。線のずれ、重なりがあってはいけないことに留意してください。

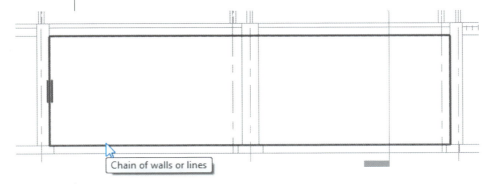

図 9–86

5. Properties で *Interior/ Exterior*、*Major/Minor* spacing が両方とも **300mm** に設定されていることを確認します。

6. Mode panel で ✔（Finish Edit Mode）をクリックします。

7. 図 9–87 に示すように、新しい面配筋が追加されます。

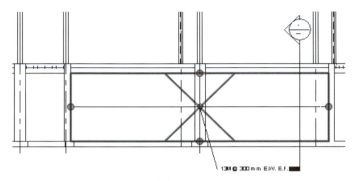

図 **9–87**

8. プロジェクトを保存します。

タスク 4 – メッシュ筋エリア / メッシュ筋シートを配置する

1. **Elevations（Building Elevation）：West** のビューを開いてください。

2. 建物の右下コーナーを拡大表示し、図 9–88 に示す通りに壁を選択します。

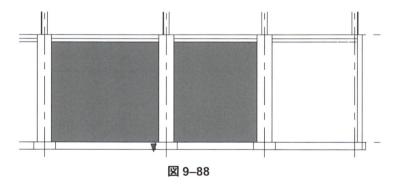

図 **9–88**

3. *Modify | Walls* tab > Reinforcement panel で 🔲（Fabric Area：構造メッシュ筋エリア）をクリックします。

構造の補強

4. Structural Fabric Reinforcement Symbol（構造メッシュ筋の記号）またはタグの読み込みを促されても、行わないでください。

5. ▱（Rectangle）の **Draw** ツールを使用し、図 9–89 に示すように境界を描画してください。メッシュ筋エリアは境界を越えて配置されています。

境界は分かりやすいようにハイライト表示されます。

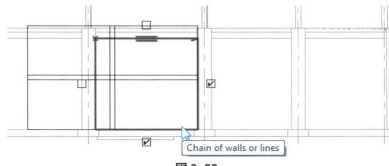

図 9–89

6. 終端を設定するため、図 9–90 に示すように全てのチェックボックスを選択します。

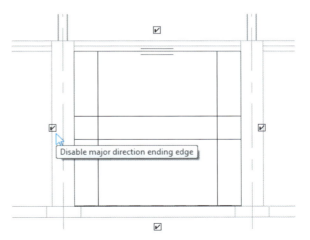

図 9–90

7. ✓（Finish Edit Mode）をクリックします。

8. メッシュ筋エリアが表示されます。必要に応じてメッシュ筋エリアの起点を編集し、収まりを変更できます。

Autodesk Revit 2019：構造の基本

9. 同じ壁を選択し、*Modify | Walls* tab > Reinforcement panel で 🗎
（Fabric Sheet：一面のメッシュ筋シートの配置）をクリックします。

10. 図 9–91 に示すように、個々のメッシュ筋シートを 1 つ前のメッシュ筋エリアの右側の壁部分に追加します。
メッシュ筋シートを配置する際、<Spacebar> を押して回転させることもできます。

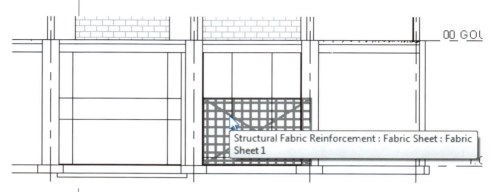

図 9–91

11. 3D ビューを開き、回転させ、図 9–92 に示すようにメッシュ筋が追加されたエリアを表示します。

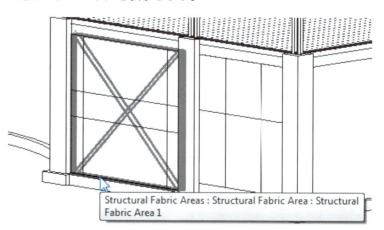

図 9–92

12. プロジェクトを保存します。

Chapter の復習

1. 以下のエレメントのうち、メッシュ筋を追加できるのはどれですか？（該当するものすべてを選んでください）

    a. 構造壁

    b. 非耐力壁

    c. 基礎壁

    d. 間仕切壁

2. 図 9-93 に示す通り、Rebar Cover Settings ダイアログボックスの設定は、補強されるホストに含まれています。

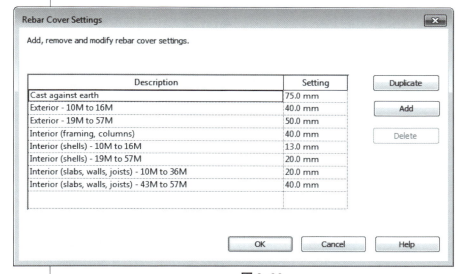

図 9-93

    a. 正しい

    b. 間違っている

3. モデルに使用可能な追加の配筋がない場合は、どのように読み込んで追加しますか？（該当するものを全て選んでください）

    a. Rebar Shape Browser で、**Load** を右クリックして選択する。

    b. *Modify | PlaceRebar tab* > Family panel で **Load Shapes** を選択する。

    c. *Insert* tab > Load from Library panel で **Load Family** を選択する。

    d. Project Browser の Families > Structural Rebar section で、**Load Shapes** を右クリックして選択する。

4. 図 9–94 のような均等間隔の鉄筋インスタンスを複数追加するにはどうしますか？

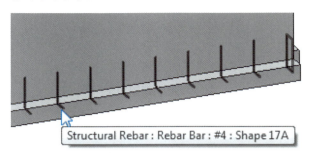

図 9–94

a. Layout Rule を編集する。
b. **Array** コマンドを使用する。
c. Constraints を編集する。
d. **Quantity** オプションを変更する。

5. 図 9–95 に示すようにカスタム鉄筋形状をスケッチした後、どこで名前を割り当てますか？

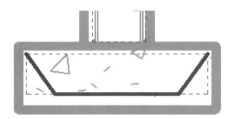

図 9–95

a. 鉄筋を右クリックして **Rename** を選択する。
b. スケッチ完了後に表示される Name ダイアログボックスに入力する。
c. Properties の Shape パラメータの横。
d. Project Browser で Structural Rebar > Rebar Shape を展開する。

6. 図 9–96 に示すように構造面配筋を追加できるのは、エレメントのどのタイプですか？（該当するものを全て選んでください）

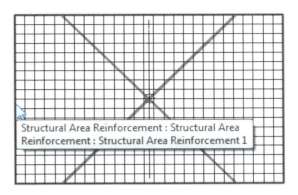

図 9–96

a. 基礎スラブ
b. 構造床
c. 構造壁
d. 布基礎

7. 図 9–97 に示すように 3D ビューで配筋を表示するには、どこで編集を行いますか？

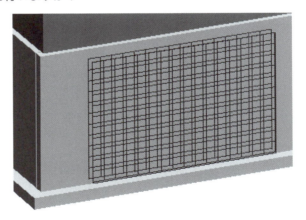

図 9–97

a. Visibility Graphics Overrides ダイアログボックス
b. 鉄筋プロパティの View Visibility State
c. ビュープロパティの 3D View Properties
d. ビューの Visual Style

Autodesk Revit 2019：構造の基本

コマンド概要

アイコン	コマンド	場所
鉄筋セット表現ツール		
	Select	• **Ribbon**: 平面図ビューで鉄筋セットが 1 つ選択された状態で *Modify	Structural Rebar tab* > Presentation panel
	Show All	• **Ribbon**: 平面図ビューで鉄筋セットが 1 つ選択された状態で *Modify	Structural Rebar tab* > Presentation panel
	Show First and Last	• **Ribbon**: 平面図ビューで鉄筋セットが 1 つ選択された状態で *Modify	Structural Rebar tab* > Presentation panel
	Show Middle	• **Ribbon**: 平面図ビューで鉄筋セットが 1 つ選択された状態で *Modify	Structural Rebar tab* > Presentation panel
配筋エレメント		
	Area	• **Ribbon**: *Structure tab* > Reinforcement panel またはコンクリート構造部材が 1 つ選択された状態で *Modify	contextual* tab > Reinforcement panel
	Fabric Area	• **Ribbon**: *Structure tab* > Reinforcement panel またはコンクリート構造部材が 1 つ選択された状態で *Modify	contextual* tab > Reinforcement panel
	Fabric Sheet	• **Ribbon**: *Structure tab* > Reinforcement panel またはコンクリート構造部材が 1 つ選択された状態で *Modify	contextual* tab > Reinforcement panel
	Free Form Rebar	• **Ribbon**: *Modify	PlaceRebar tab* > Placement Methods
	Path	• **Ribbon**: *Structure tab* > Reinforcement panel またはコンクリート構造部材が 1 つ選択された状態で *Modify	contextual* tab > Reinforcement panel
	Rebar	• **Ribbon**: *Structure tab* > Reinforcement panel またはコンクリート構造部材が 1 つ選択された状態で *Modify	contextual* tab > Reinforcement panel
補強ツール		
	Cover	• **Ribbon**: *Structure tab* > Reinforcement panel
	Edit Constraints	• **Ribbon**: *Modify	Structural Rebar tab* > Rebar Constraints panel
	Constrained Placement	• **Ribbon**: *Modify	Structural Rebar tab* > Rebar Constraints panel

376   9–58   © 2018, ASCENT - Center for Technical Knowledge®

構造の補強

	Multi-planar	• **Ribbon**: *Modify	Create Rebar Sketch* tab > Reinforcement panel
	Parallel to Work Plane	• **Ribbon**: *Modify	PlaceRebar tab >* Placement Orientation panel
	Parallel to Cover	• **Ribbon**: *Modify	PlaceRebar tab >* Placement Orientation panel
	Perpendicular to Cover	• **Ribbon**: *Modify	PlaceRebar tab >* Placement Orientation panel
	Pick New Host	• **Ribbon**: *Modify	Structural Rebar tab >* Host panel
	Rebar Cover Settings	• **Ribbon**: *Structure tab >* Reinforcement panel
	Reinforcement Settings	• **Ribbon**: *Structure tab >* Reinforcement panel
	Remove Fabric System	• **Ribbon**: 構造メッシュ筋エリアが１つ選択された状態で *Modify	contextual* tab > Reinforcement panel
	Sketch Rebar	• **Ribbon**: *Modify	PlaceRebar tab >* Placement Methods panel

© 2018, ASCENT - Center for Technical Knowledge®

Chapter

10

構造解析

フレーム、基礎、スラブが配置されたら、その建物に加えられる荷重に耐えうるかどうか、そのモデルをテストできます。Autodesk® Revit® ソフトではそのテストに解析モデルを使用します。

この Chapter の学習目標

- 解析用モデルを用意します。
- 解析モデルエレメントをビュー上に表示します。
- 構造解析モデルエレメントの調整を行います。
- 周辺環境の情報を利用して、境界条件を設定します。
- 面荷重、線荷重、点荷重を追加します。

© 2018, ASCENT - Center for Technical Knowledge®

10.1 構造解析用にプロジェクトを用意する

Autodesk Revit ソフトでは実際の計算は行わないものの、解析に必要な情報は全て得られます。このプログラムでは、図 10–1 に示すような解析ビューを使用して、構造設定（Load Cases など）のセットアップと作成、解析ビューの作成、解析エレメントの調整、Point Loads（点荷重）、Line Load（線荷重）、Area Loads（面荷重）の追加ができます。

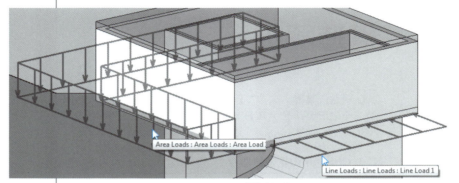

図 10–1

- 完全に一体化された BIM 解析ワークフローを使用するには、Autodesk Robot ™ Structural Analysis Professional ソフトが必要です。これは Autodesk Architecture（建築）、Engineering（設備）、Construction（施工）のソフトウエアパッケージに申し込むことで使用できます。

- 荷重が適用されると、モデルは解析ソフトにエクスポートされます。計算が終わると、モデルは Autodesk Revit ソフトにインポートで戻されます。

- この手順はデータの流れなので、このプロセスの間、モデルは物理的には動きません。挿入点を探したり、モデルが正しく配置されているかどうかを心配する必要はありません。

- 解析プログラムに対するインポート・エクスポートの実際の手順は、ご利用のソフトによって異なります。Autodesk Revit ソフトへのアドオンをインストールする場合や、特定のファイルフォーマットのエクスポートが必要な場合があります。

お手持ちの解析ソフトが Autodesk Revit ソフトからの荷重を受け入れることを確認してください。

構造解析

構造設定

解析モデルの準備で最初に行う手順は、Autodesk Revit ソフトの Structural Setting（構造設定）を確認することです。Structural Settings ダイアログボックス（図 10–2 参照）には、以下の情報を含む 5 つのタブがあります：*Symbolic Representation Settings*（フレーム要素の記号表記表現）、*Load Cases*（荷重ケース）、*Load Combinations*（荷重組み合わせ）、*Analytical Mode Settings*（解析モデル）、*Boundary Conditions Setting*（境界条件）。

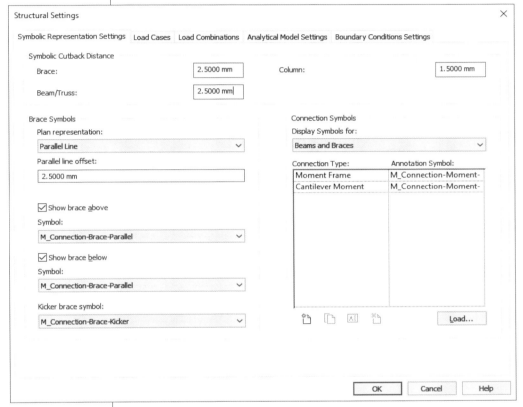

図 10–2

- Structural Settings ダイアログボックスを開くには、*Manage* tab > Settings panel で 🔧（Structural Settings）をクリックするか、*Structure* tab > Structure panel のタイトルの右下角で ↘（Structural Settings）をクリックしてください。また、*Analyze* tab > Analytical Model と Analytical Model Tools panel のツールを使用して、特定のタブへのダイアログボックスを開くこともできます。

- Structural Settings ダイアログボックスには、解析設定だけでなく全ての構造設定が含まれます。*Symbolic Representation Settings* tab（図 10–2 参照）には、主にグラフィックモデルと共通のデフォルト設定に使用されるオプションがあります。

荷重ケース

Load Cases タブ（図 10–3 参照）では、既存の Autodesk Revit の荷重ケースの表示と編集や、作業中の解析ソフトとコードに合わせた新しいケースの作成ができます。例えば、屋上に設置する大型空調ユニット用の荷重ケース、またはカテゴリには Residential（住宅）、Offices（事務所）といった特別なサブカテゴリ（種類）が必要かもしれません。

図 10–3

- モデルに荷重を加える前に、このダイアログボックスで全ての必要な荷重を設定する手順をお勧めします。

操作手順：荷重ケースを作成する

1. Structural Settings ダイアログボックスの *Load Cases* タブでリストから Load Case を選択し、**Duplicate** をクリックします。
2. リストに新たなケースが追加されます。新しい *Name* を入力し、リストから *Nature* と *Category* を選択します。

- 新しい荷重ケースは面荷重として使用され、モデル上に物理的に配置することができます。
- 新たに Load Nature（荷重の種類）を作成するには、Load Natures の表でクリックし、**Add** をクリックします。新しい Load Nature の名前を入力してください。
- 新たに荷重ケースまたは荷重の種類を作成すると、使用している解析ソフトに荷重としてそれをエクスポートできます。

荷重の組み合わせ

Autodesk Revit では、既存の荷重を基にした公式を使用し、Load Combinations（荷重組み合わせ）を作成できます（図 10–4 参照）。重力荷重、横荷重、またはその組み合わせを割り当てることができます。荷重の組み合わせを作成し、それをモデルに物理的に適用することが可能です。

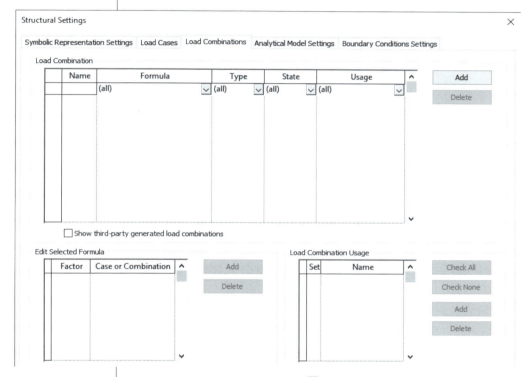

図 10–4

操作手順：荷重組み合わせを作成する

1. Structural Settings ダイアログボックスの *Load Combinations* タブで、*Load Combination* フィールドの右上角にある **Add** をクリックします。
2. 図 10–5 の例のように、新しい荷重組み合わせの名前を *Name* の欄に入力します。

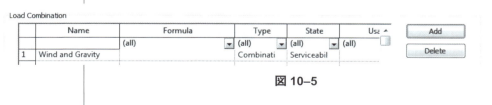

図 10–5

Autodesk Revit 2019：構造の基本

3. 公式を作成するには、新しい荷重組み合わせが選択されていることを確認します。
4. *Edit Selected Formula*（選択した式を編集）エリアで **Add** をクリックして、使用するケースの数を追加します。
5. *Case or Combination*（ケースまたは組み合わせ）の列でドロップダウンリストから選択します。
6. *Factor*（係数）の列で、図 10–6 に示すように、適用するケースの強さを指定します。

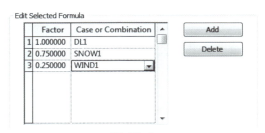

図 10–6

Load Combination Usage（荷重組み合わせの使用法）は記述フィールドです。ここでの命名規則は、可能な限り使用する解析ソフトと一貫させてください。

7. *Load Combination Usage* エリアで **Add** をクリックして *Name* を入力し、**Set** オプションを選択すると（図 10–7 参照）、それが現在の Load Combination に適用されます。

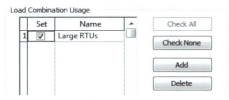

図 10–7

8. *Load Combination* エリアに戻り、ドロップダウンリストから *Type*（タイプ）を選択します。
    - **Combination**（組み合わせ）：1 つの組み合わせに関する情報を提供します。
    - **Envelope**（エンベロープ）：複数の荷重組み合わせに対して最大・最小の結果を提供します。
9. ドロップダウンリストから *State*（状態）を選択します。
    - **Serviceability**（弾性荷重）：想定される力（風や重力）と自然力（雪や、たわみようなものまで含む）を基に荷重を分類します。
    - **Ultimate**（終局荷重）：想定外の力に対する荷重と、終局状態に陥った時の構造の総合的な安定性をテストします。
10. **OK** をクリックし、ダイアログボックスを閉じます。新しい荷重組み合わせが使用できるようになります。

構造解析

解析モデルの設定

Analytical Model Settings（解析モデルの設定）タブ（図 10–8 参照）
では、設計しながらそのモデルの構造の安定性をチェックできます。
モデルに構造アイテムが間違って配置された際の警告ダイアログボッ
クスが開くタイミングをカスタマイズできます。

図 10–8

Automatic Checks（自動チェック）エリアでは、プロジェクトに構造
エレメントを配置する際にどの関係性をチェックしたいかを選択しま
す。**Member Supports**（部材の支持）と **Analytical/Physical Model
Consistency**（解析モデル / 物理モデルの整合性）のオプションがあ
ります。

- 設計を進めるにつれて自動チェックは邪魔になることがあるの
  で、これらのオプションは、構造部材の多くが支持されていない
  プロジェクトの初期段階では滅多に使われません。例えば
  Member Supports（部材の支持）を選択し、構造用フーチングや
  柱脚を用いずに構造柱を配置すると、構造上の欠陥とみなされて
  警告が表示されます。

Tolerances（許容差）エリア（図 10–9 参照）では、自動チェックオ
プション使用時における最大許容距離の調整ができます。

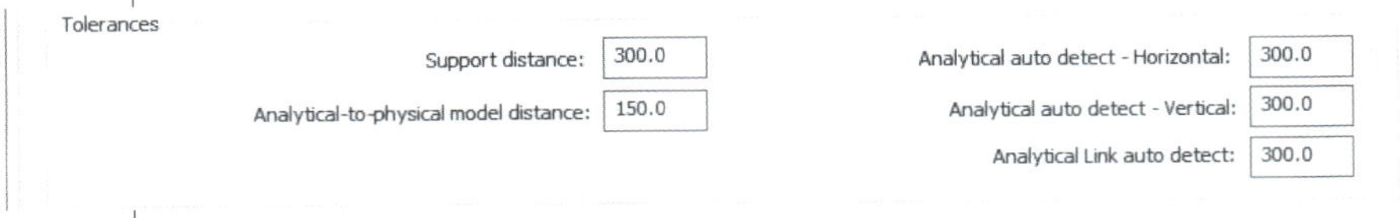

図 10–9

Autodesk Revit 2019：構造の基本

> **ヒント：設計上の問題を確認する**
>
> プロジェクト設計中に自動チェックを実行する代わりに、問題を後で確認することもできます。
>
> - *Manage* tab > Inquiry panel で (Review Warnings) をクリックします。すると、モデル全体に対する全ての警告のリストが記載されたダイアログボックスが開きます。
> - *Analyze* tab > *Analytical Model* Tools panel には、 (Check Supports：支持) と (Consistency Checks：整合性) の 2 つのツールがあります。これらのツールはこのダイアログボックスの設定に基づいて警告を生成し、調整が必要と考えられる箇所を知らせます。

- *Member Supports Check*（部材の支持をチェック）エリアでは、自動チェック中または解析チェックツールの実行中に **Circular references**（循環参照）のチェックを有効にするかどうかを指定します。

- *Analytical/Physical Model Consistency Check*（解析モデル/構造モデルの整合性チェック）エリアでは、自動チェック中または解析チェックツールの実行中に確認するオプションを指定します。

- *Analytical Model Visibility*（解析モデルの表示）エリアでは、図 10–10 に示すように、解析エレメントの始端と終端を違う色で見たい場合に **Differentiate ends of linear Analytical Models**（直線解析要素の両端を区分）を選択します。

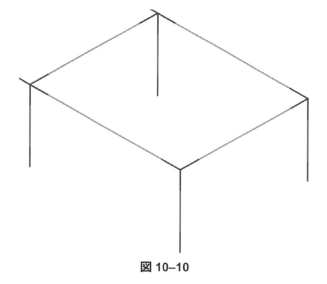

図 10–10

境界条件の設定

Boundary Conditions Settings（境界条件設定）は、他の力が1つの構造エレメントを支持すると想定される条件を定義する際に適用されます。よくある境界条件は、フーチング（図10–11参照）またはベタ基礎の下で地盤を支持するというものです。モデルに境界条件を物理的に適用させると、それらの設定が外観を定義します。

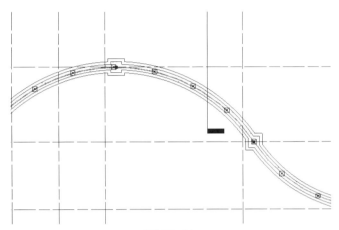

図 10–11

- Family 記号用には、図 10–12 で示す通り、*Fixed*（固定）、*Pinned*（ピン）、*Roller*（ローラ）、*User Defined*（ユーザ設定）の4つの定義可能な境界条件があります。

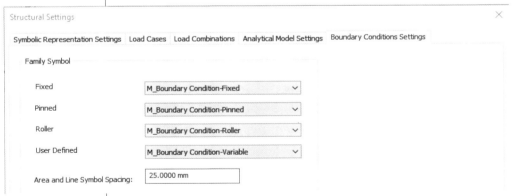

図 10–12

- 混乱を避けるため、各条件のファミリ記号を変えないことを推奨します。

10.2 解析モデルを表示する

モデルに構造コンポーネントが配置されると、そのコンポーネントと同等の解析表示も追加されます。デフォルトの構造プロジェクトテンプレートには、Level 1、Level 2 用の Structural Plan（構造図面）の解析ビューと、3D 解析ビューが含まれます。これらのビューは他の情報を持たない代わりに、モデルエレメントを違う方法で表示します。図 10-13 では、解析モデル（左）と物理モデル（右）の見え方の違いを示しています。

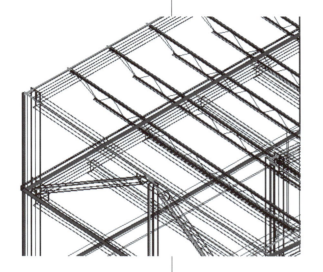
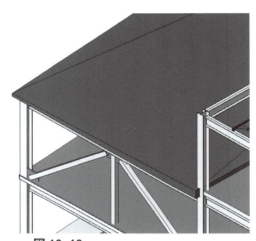

図 10-13

- View Control Bar では全てのビューで 🔲（Hide Analytical Model：解析モデルの非表示）と 🔲（Show Analytical Model：解析モデルの表示）の切り替えができます。

- 解析エレメントを選択するには、<Tab> を使用してオプションを繰り返します。物理エレメントを非表示にすることもできます。

- ビューを解析ビューにするには、View テンプレートを適用します。Project Browser のビューの名前をクリックし、**Apply Template Properties** を選択します。図 10-14 に示すように、リストから適切な解析ビューテンプレートを選択します。

構造解析

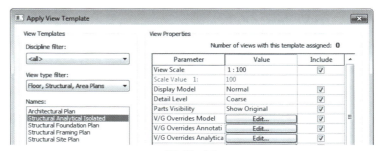

図 10–14

- 社内テンプレートには他のオプションがあるかもしれません。

- View Template は、Transfer Project Standards（プロジェクトの標準設定を移動）を使用すればプロジェクト間でコピーできます。

- 解析エレメントや他のビューテンプレート設定を確認するため、ビューのプロパティを一時的に上書きすることができます。図 10–15 に示すように、View Control Bar で、（Temporary View Properties）を展開し、View Template を１つ選択します。直近のテンプレートが表示されない場合は、**Temporarily Apply Template Properties...**（テンプレートプロパティを一時的に適用）を選択し、そのダイアログボックスで使用するビューテンプレートを選択してください。

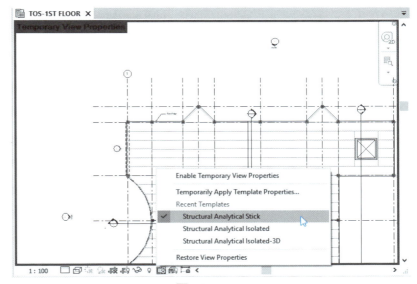

図 10–15

- Temporary View Properties をオフに切り替えるには、View Control Bar で（Temporary View Properties）を展開し、**Restore View Properties**（ビュープロパティを復元）を選択します。

解析モデルカテゴリのグラフィックの上書き

Autodesk Revit ソフトでは、解析線のタイプの違いを示すために異なる色が使われます。例えば、梁の解析線はオレンジ色、柱は青色、ブレースは明るいモスグリーン（図 10–16 参照）、構造壁は青緑色、構造床は茶色で表示されます。解析モデルのエレメントの外観は Object Styles でモデル全体に適用できます。

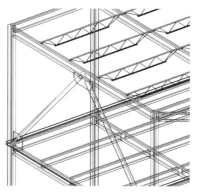

図 10–16

- 図 10–17 に示すように、解析エレメントの外観と可視性には、Visibility/Graphic Overrides（可視性 / グラフィック上書き）でのビュー固有の設定が優先されます。

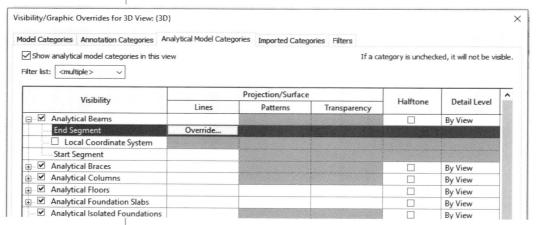

図 10–17

- デフォルトの色は、Visibility/Graphic Overrides ダイアログボックスでカテゴリ（例：図 10–17 の Analytical Beams：解析梁）を展開し、End Segment（終端セグメント）と Start Segment（始端セグメント）の色を選択することにより変更することができます。

- 解析エレメントの End Segment と Start Segment で異なる色にするには（図 10–18 のブレース参照）、Structural Settings ダイアログボックスの *Analytical Model Setting* タブで **Differentiate ends of linear analytical elements**（直線解析要素の両端を区分）を選択します。

図 10–18

ローカル座標系を表示する

Local Coordinate System（LCS：ローカル座標系）ウィジェットを表示するには、カテゴリ（例：図 10–17 の Analytical Beams：解析梁）を展開し、**Local Coordinate System** を選択してください。

- ウィジェットには、図 10–19 の梁のように、LCS の x 軸（赤）、y 軸（緑）、z- 軸（青）が直線または曲線の梁と壁の上に表示されます。

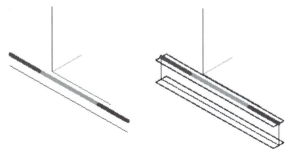

詳細レベル：粗い　　　詳細レベル：中程度 / 細かい

図 10–19

- 解析梁（図 10–19 参照）、ブレース、柱はエレメントの始端から終端の方向で x 軸に合わせられます。y 軸は水平方向の強軸、そして z 軸は縦方向の弱軸です。

- LCS をホストするエレメントには、解析梁、ブレース、柱、床、基礎スラブ、壁があります。

Autodesk Revit 2019：構造の基本

- 解析壁（図 10–20 左側を参照）は、縦方向に x 軸に、y 軸は x 軸に垂直に、そして z 軸は内側から外側の面に向かって合わせられます。

- 解析床とスラブ（図 10–20 右側を参照）は、x 軸はスパン方向に従い、y 軸は x 軸に垂直に、そして z 軸は上面に垂直に合わせられれます。

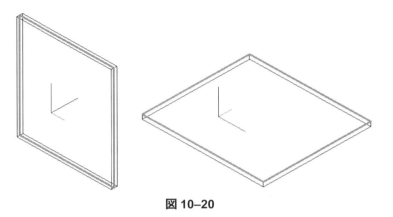

図 10–20

実習 10a 解析設定とビュー

この実習の目標

- 解析ビューを作成し、解析モデルを表示します。
- 荷重ケースと荷重組み合わせを作成します。

この実習では、基礎と屋根伏図の解析ビューを作成します。その後解析設定を修正し、梁の始端と終端を示し、それを 3D ビューで表示します。また、図 10-21 に示すように、Load Case と Load Combination をプロジェクトの Structural Settings に追加します。ここで設定した項目は、モデルに荷重をかける次の実習にも影響します。

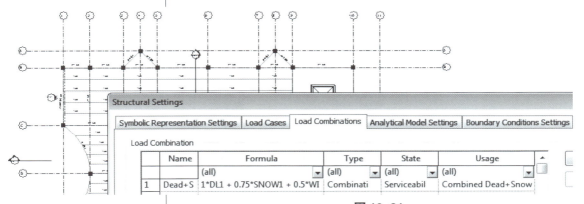

図 10-21

タスク 1 – 解析ビューを作成する

1. **Syracuse-Suites-Settings-M.rvt** を開いてください。

2. Project Browser で **Structural Plans: T.O. FOOTING** のビューを選択し、右クリックして **Duplicate View > Duplicate With Detailing** を選択します。

3. 新しいビューで右クリックし、**Rename** を選択します。**T.O. FOOTING – Analytical** と名前をつけ、**OK** をクリックします。

4. 新しいビューで右クリックし、**Apply Template Properties...** を選択します。

5. *Names* カテゴリで **Structural Analytical Stick**（構造解析スティック）を選択し、**OK** をクリックします。

Autodesk Revit 2019：構造の基本

6. 図 10–22 に示すように、平面図を拡大表示して解析ビューを表示します。

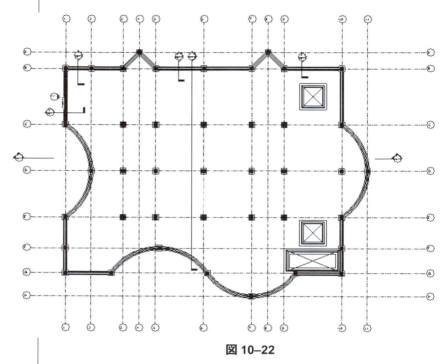

図 10–22

7. **Structural Plans：TOS-14 ROOF** のビューを複製し、名前を **TOS-14 ROOF – Analytical** に変更します。また、**Structural Analytical Stick** テンプレートも適用してください。

8. プロジェクトを保存します。

タスク 2 – 解析モデルを表示する
---

1. 3D Views > **View 1- Analytical** のビューを開いてください。

2. View Control Bar で（Temporary View Properties）を展開し、**Temporarily Apply Template Properties**（テンプレートプロパティを一時的に適用）を選択します。

3. Temporarily Apply Template Properties ダイアログボックスで、**Structural Analytical Isolated-3D**（構造解析分離 3D）を選択して **OK** をクリックします。図 10–23 に示す通り、解析エレメントのみが表示されます。

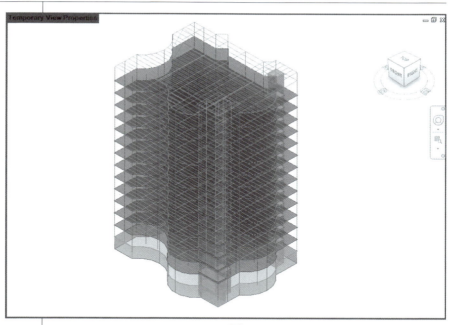

図 10–23

4. 柱と梁の交点を拡大表示します。

5. *Structure* tab > Structure panel のタイトルバーで、 ▸ (Structural Settings) をクリックします。

6. Structural Settings ダイアログボックスで、*Analytical Model Settings* タブを選択します。

7. ダイアログボックスの下部で、**Differentiate ends of linear analytical models** を選択して **OK** をクリックします。

8. 図 10–24 で示す通り、梁の始端・終端色が表示されます。

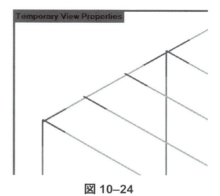

図 10–24

Autodesk Revit 2019：構造の基本

9. Visibility/Graphic Overrides ダイアログボックスを開きます。

10. *Analytical Model Categories* タブで *Analytical Beams* を展開し、**Local Coordinate System** を選択して **OK** をクリックします。

11. 梁に LCS ウィジェットが表示されます。

12. プロジェクトを保存します。

タスク 3 – 荷重ケースと荷重組み合わせを作成する

Structural Settings ダイアログボックスは、開き方の選択によっては、Load Cases タブで自動的に開きます。

1. *Analyze tab > Analytical Model* panel で (Load Cases) をクリックします。

2. Structural Settings ダイアログボックスの *Load Cases* タブの *Load Cases* エリアで、**SNOW1** という名前を選択します。

3. **Duplicate** をクリックします。

4. 新しい Load Case の **SNOW1 (1)** をクリックし、名前を **DRIFT** に変更します。図 10–25 に示す通り、*Nature* と *Category* は複製により既に **Snow**（雪）と **Snow Loads**（雪荷重）に設定されています。

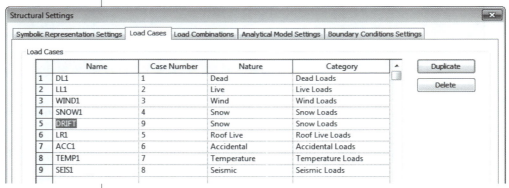

図 10–25

5. *Load Combinations* タブに切り替えてください。

6. *Load Combination* エリアで **Add** をクリックし、図 10–26 に示す通り、この組み合わせに **Dead+Snow+Wind** と名前を付けます。

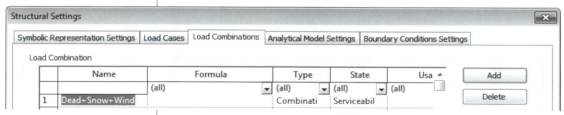

図 10–26

7. 新しい名前を選択します。

8. *Edit Selected Formula* エリアの左下角で **Add** を 3 回クリックしてから、図 10–27 に示す通り、*Factors* と *Case or Combinations* を設定してください。これは、Load Combination の *Formula* エリアにも表示されます。

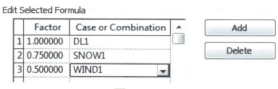

図 10–27

9. *Load Combination Usage* エリアの右下角で **Add** をクリックし、図 10–28 に示す通り、*Name* に **Combined Dead+Snow+Wind** と名前を付け、**Set** オプションを選択します。

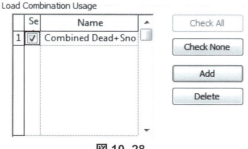

図 10–28

10. Structural Settings ダイアログボックスで **OK** をクリックします。

11. プロジェクトを保存します。

10.3 解析モデルを調整する

ユーザがモデルを構築する際は、物理モデルと解析モデル間の反応と関係性を管理する設定を使って、モデルの2つの側面を管理しています。構造をモデリングする際には、どのように設計するのかを分析的（図10–29参照）かつ物理的に検証することが推奨されます。分析のためにモデルの設定・調整に時間をかけることは、解析ソフトパッケージにモデルをエクスポートする必要がある際にも役立ちます。

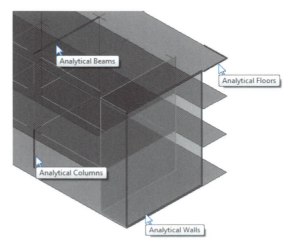

図 10–29

- 1つの解析エレメントを解析に含めたくない場合は、その解析エレメントを一時的にモデルエレメントから切り離すことができます。該当の解析エレメントを選択します。*Modify | Analytical Element* tab > *Analytical Model* panel で (Disable Analytical：解析を無効化)をクリックします。再表示するには、その物理モデルエレメントを選択し、図10–30で示すように、Properties で **Enable Analytical Model**（解析モデルを有効）を選択します。

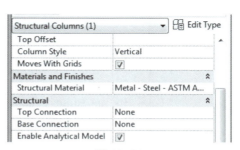

図 10–30

構造解析

解析位置揃え

何を変更できるかを知るには、解析エレメントの標準の位置揃えを理解することが役立ちます。通常、構造エレメントの解析線は伸長し、それを支持する構造エレメントの解析線と接続します。例えば、同じ高さになかったとしても、フレーム線は柱まで、小梁は大梁まで伸長します。

柱、梁とブレース

- デフォルトでは、梁とブレースの解析線エレメントは物理フレーム部材の上端に表示され、柱の解析線は柱の中心に配置されます。これは、解析エレメントのプロパティで変更できます。

- 梁が柱に接着され、ブレースで支えられている場合は、解析線は参照レベル面に留まります。これは、その梁がそのレベル面より下にオフセットされている場合でも同じです。

- フレームに角度がついているブレースは、外側から支えている部材内部に延びていく弦の中心線で解析されます。物理モデルが止まり、解析面が伸長し続けると問題が起こります。これにより解析モデルに影響が出始め、望まない不整合が生じる場合があります。

基礎スラブと構造床

- モデルにスラブが配置されている場合は、スラブシステムの上端の外側の縁で、デフォルトの解析ポジショニングが起こります。同じスラブがその下の壁に支えられる形で配置されると、解析面はその耐力壁の解析面設定に合うように調整されます。スラブ解析面も、スラブ下端になるように調整されます。

壁とフーチング

- 解析壁のプロパティはフレームと類似しています。解析モデルはそのホスト関連の物理的な形状に依存することがあり、また、そのホストのレベル面からのオフセットを無視して他の部材まで伸長するよう設定できます。

© 2018, ASCENT - Center for Technical Knowledge®

- 基礎壁上部に新たに内側の面が揃った壁を描画する場合（図10–31左側参照）は、解析面は3D解析ビュー上で耐力壁の解析面に揃えられます（図10–31右側参照）。しかし、これらの壁の物理的な中心線は揃いません。

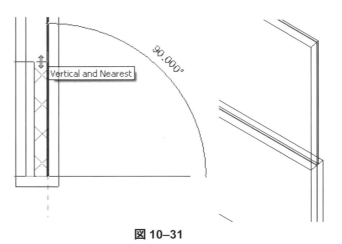

図 10–31

解析プロパティ

各種解析エレメントには、構造解析のプロパティと、そのエレメントのモデルとの関係性が含まれます。図 10–32 では、Analytical Column（解析柱）の Analytical Properties（解析プロパティ）と Analytical Alignment（解析位置合わせ）が示されています。

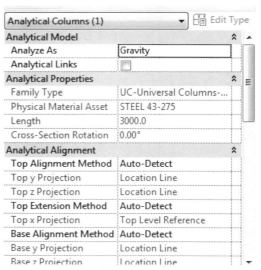

図 10–32

< Tab > を押し、エレメントを順番に表示して解析エレメントを選択するか、または Properties palette でエレメントタイプを展開し、解析エレメントを選択します。

プロパティで解析位置合わせを変更する

Analytical Alignment（解析位置合わせ）は **Auto-detect**（自動検出）に設定しておくだけでも便利ですが、たまにプロジェクション（投影）をエレメント内の特定の位置に設定する必要もあります。例えば柱は、柱接合の実際の姿を表すためには、スラブを超えて伸長することができます。しかし、解析的にはレベル面に合わせて設定されなければなりません。これが、解析モデルをエクスポートする際に解析で必要な位置です。

操作手順：解析位置合わせを変更する

1. 編集したい解析エレメントを選択します。
2. Properties の Analytical Alignment カテゴリで、エレメントの編集する部分の Alignment または Extension Method を展開し、図 10–33 に示す通り、それを **Projection**（投影）に変更します。

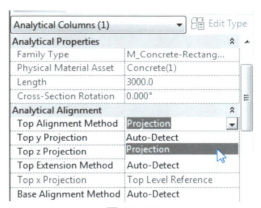

図 10–33

3. その方法を **Projection** に一度設定すると、プロジェクションはドロップダウンリストで変更できます。

- *Extensions*（垂直投影）はレベル面に合わせてまたはエレメントの上端または下端に、*Alignments*（水平投影）はエレメントの位置揃えにまたはグリッド線に沿って設定できます。

- 解析プロジェクションが物理モデルと解析モデルの許容差を超えていると、警告ダイアログボックスが開きます。多少の偏差が予想されますが、妥当な範囲であるはずです。解析表示モデルの許容差は、Analytical Model Settings タブの Structural Settings ダイアログボックスで設定できます。

解析モデルの手動による調整

Analytical Adjust（解析調整）ツールでは、梁や柱のノードを直接操作できます。図10-34に示すように、Edit Analytical Modelパネルが開き、梁や柱の終端のノードがオンに切り替えられます。ノードは選択してドラッグするか、または3Dコントロールを使用して特定の軸や面に沿って動かすことで、個別に移動できます。このツールパネルには、解析壁の調整を容易にするツールもあります。

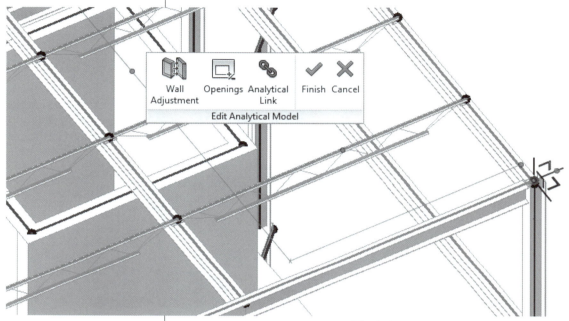

図 10-34

操作手順：解析モデルを手動で調整する

1. *Analyze tab > Analytical Model* Tools panelで、（Analytical Adjust：調整）をクリックします。
2. 編集するノードを選択します。
3. ノードをドラッグするか、または3Dコントロールを使用して位置を変更します。<Spacebar>を押し、3Dコントロールの座標系を世界座標と相対座標間で切り替えます。
4. 必要に応じて、他のノードでも同じ手順を繰り返してください。
5. 表示されているEdit Analytical Modelパネルで（Finish）をクリックします。

- （Wall Adjustment：壁調整）では、解析壁を他の解析壁に関連させて編集ができます。

構造解析

- Auto-detect で使用したデフォルトの位置合わせ方法に戻す場合は、（Analytical Reset：リセット）をクリックします。これにより、手動またはプロジェクションで行った調整は全て削除されます。

開口部

壁や床構造に開口部のある解析モデルは、特定の開口部を解析から除くように指定すると単純化できます。

操作手順：解析モデルに開口部を包含または除外する

1. *Analyze tab > Analytical Model* Tools panel で、（Analytical Adjust）をクリックします。
2. Edit Analytical Model 浮動パネルで、（Include/Exclude Openings：開口部）をクリックします。
3. 図 10–35 左側に示す通り、全ての開口部にチェックボックスが表示されます。解析モデルから除外する開口部のチェックボックスの選択を解除します。図 10–35 右側に示す通り、その開口部は、解析サーフェスの色で塗り潰されます。

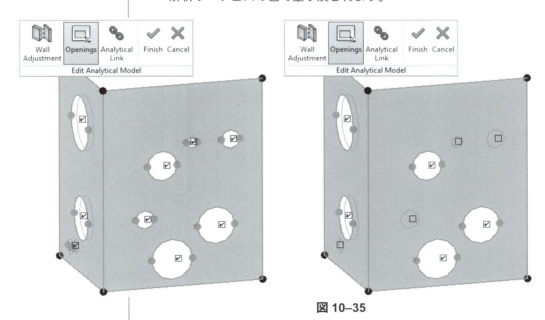

図 10–35

4. （Finish）をクリックします。

- 図 10–36 に示す通り、その物理壁はこれまで通り全ての開口部を保持しますが、そのうちのいくつかは解析モデルでは表示されません。

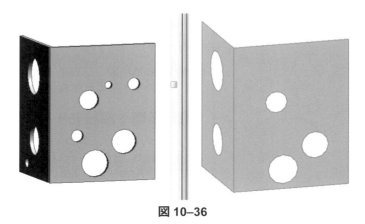

図 10–36

解析用リンクの作成

図 10–37 で示す通り、Autodesk Revit ソフトでは解析ノード間に解析リンクを手動で作成することができますが、これには同位置での物理構造エレメントに基づく接続はありません。

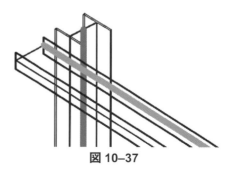

図 10–37

- 解析リンクは、縦方向を含むどの方向でも作成できます。
- 解析リンクの許容差の計算では、物理モデルは無視されます。
- 許容差は軸に沿ってではなく、3D 空間の距離として計算されます。

操作手順：解析リンクを作成する

1. *Analyze tab > Analytical Model* Tools panel で (Analytical Adjust) をクリックします。
2. Edit Analytical Model 浮動パネルで (Analytical Link：解析用リンク) をクリックします。
3. 図 10–38 左側に示すように、間にリンクが必要な解析ノードを 2 つ選択します。図 10–38 右側に示すように、Autodesk Revit ソフトが 2 つのノード間にリンクを描画します。

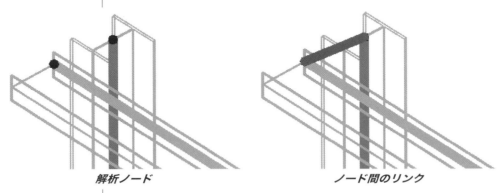

解析ノード　　　　　　　　*ノード間のリンク*

図 10–38

4. (Finish) をクリックします。

- リンクの剛性は、Type Properties ダイアログボックスで設定できます。リンク線の外観は、Object Styles または Visibility/Graphic Overrides（可視性 / グラフィック上書き）の Analytical Link カテゴリに基づいています。

10.4 荷重を加える

引き続き解析用のモデルを準備するにあたり、建物に荷重を加えていきます。これには、周辺環境、面荷重（図 10–39 参照）、線荷重、そして点荷重の情報を持つ境界条件が含まれます。

図 10–39

境界条件

境界条件は、地面に支持されているフーチングなどの周辺環境の支持条件を定義します。物理的な地形はありませんが、この設定では、当該モデルで自然の支持基盤が物理的に定義されていないことを示すデータが解析アプリに送信されます。例えば、図 10–40 に示す通り、建物周辺の解析壁基礎線が選択されます。

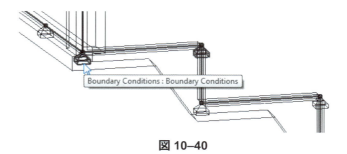

図 10–40

操作手順：境界条件を追加する

1. 構造図面または 3D 解析ビューを開いてください。
2. *Analyze tab > Analytical Model* panel で 🛒 （Boundary Conditions：境界条件）をクリックします。

構造解析

3. *Modify | Place Boundary Condition* tab > Boundary Conditions panel で、 (Point：点)、 (Line：線) または (Area：面) を、追加される条件に応じてクリックします。

	Point conditions（点境界条件）は、独立フーチング、柱、梁などの構造フレームエレメントの終端または結合の支持を定義します。点境界条件の *States* には、**Fixed**、**Pinned**、**Roller**、**User** があります。
	Line conditions（線境界条件）は、構造壁や連続フーチングなどの線状構造フレームエレメントの支持を定義します。線境界条件の *States* には、**Fixed**、**Pinned**、**User** があります。
	Area conditions（面境界条件）は、構造床または基礎スラブの支持を定義します。面境界条件の *States* には、**Pinned**、**User** があります。

4. Options Bar（または Properties）で、図 10–41 に示すように *State*（状態）を選択します。

図 10–41

- **User** を選択した場合は、Properties で x、y、z の **Translation in**（移動）と **Rotation about**（回転）のオプションを編集する必要があります。面境界条件には **Rotation about** オプションはありません。

5. Properties で **Orient to**（〜に方向を合わせる）オプションを指定します。これは、**Project** または **Host Local Coordinate System**（ローカル座標系をホスト）に設定できます。
6. 適切な点・線・面境界を選択します。
7. 境界記号が正しい解析線に付属していることを確認してください。これを 3D 解析ビューで表示すると、図 10–42 に示すように、問題の潜在箇所を示してくれるので便利です。

問題を修正するには、Properties で当該解析柱の Base Extension を設定し、基礎に触れているようにします。点境界条件はその解析柱と一緒に動きます。

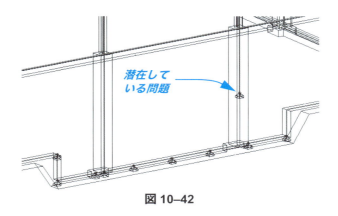

図 10–42

荷重の追加

境界条件を一度適用した後は、同じ3種類の荷重配置、すなわち**点荷重**、**線荷重**（図10–43参照）、**面荷重**を作成することができます。これらは、解析ソフトで構造部材のサイズを決定するのに使用されます。

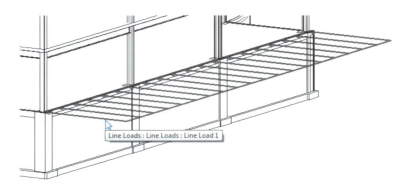

図10–43

3種類の荷重はそれぞれ、画面上でクリックするかまたはホストを選択することにより、個別にモデルに配置できます。つまり、図10–44に示すように、荷重配置には6つのオプションがあることになります。

図10–44

例えば雪荷重があった場合は、屋根でホストされる面荷重としてモデルに配置できます。吹きだまりによる局所荷重を追加したい場合は、図10–45で示す通りに面荷重をスケッチします。

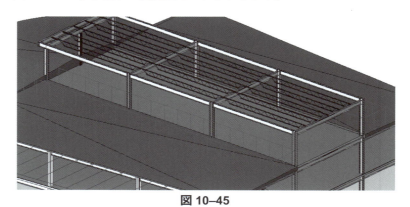

図10–45

独立した荷重配置はホストを使用するよりも多くの作業を必要としますが、いずれかの方法でLoad Caseの割り当てと方向の設定をする必要があります。

構造解析

- 荷重を加える前に、必要と思われる全ての Load Case を設定します。
  Analyze tab > Analytical Model panel で (Load Cases) をクリックするか、または Structural Settings ダイアログボックスを開いて *Load Cases* タブを選択してください。

荷重の種類

	Point Load（点荷重）：点の位置を選択する前に、Options Bar で *Placement Plane* を設定します。
	Line Load（線荷重）：Draw パネルのツールを使用して線荷重を描画します。Options Bar で *Placement Plane* の設定と、描画しながら線を **Chain** するかどうかの設定を行います。
	Area Load（面荷重）：Draw パネルのツールを使用して面荷重を描画します。Options Bar で、必要に応じて **Chain** と **Offset** オプションを設定します。 また、Tools パネルの (Reference Point：参照点) を使用して、傾斜面荷重の作成もできます。Properties で、傾斜投影に沿って荷重強度が投影されるよう **Projected Load** を選択できます。
	Hosted Point Load（ホストされた点荷重）：荷重をホストする解析点を選択します。解析点は構造エレメントの終点にあります。
	Hosted Line Load（ホストされた線荷重）：解析エレメントを1つ選択します。荷重は当該線状エッジ全体に割り当てられます。
	Hosted Area Load（ホストされた面荷重）：解析エレメントを1つ選択します。荷重は、スラブや壁などの解析エレメントの周りに全体的に割り当てられます。

操作手順：荷重を追加する

1. 3D 解析ビューなどの解析ビューを開いてください。
2. *Analyze tab > Analytical Model* panel で (Loads：荷重) をクリックします。
3. *Modify | Place Loads tab* > Load panel で、使用する荷重の種類を選択します。
4. ホストされていない荷重には、Options Bar で *Placement Plane*（配置面）を指定します。これは、通芯、レベル面、参照面を含むどの基準エレメントでも可能です。

5. Properties で、必要に応じてパラメータを編集します。
   - **Load Case**：モデルに追加された荷重に荷重ケースを適用します。
   - **Orient to**：荷重を方向付ける座標系を指定します。
   - **Fx**、**Fy**、**Fz**：荷重がかかる方向を示します。
   - **Mx**、**My**、**Mz**：軸を中心したモーメントを示します。
   - **Nature**：Structural Settings ダイアログボックスの Load Cases タブで、荷重設定の分かりやすい名前を表示します。

6. ホストされていない荷重には、点をクリックするか、または Draw パネルのツールを使用して線または面境界をスケッチします。
   面荷重を描画する際は、✔（Finish Edit Mode）をクリックして境界を完成させ、荷重を配置します。
   ホストされている荷重には、そのホストを選択します。図 10–46 は、解析スラブにホストされた荷重を表しています。

境界条件は、適用後に表示される場合があります。これは必要に応じ非表示にできます。

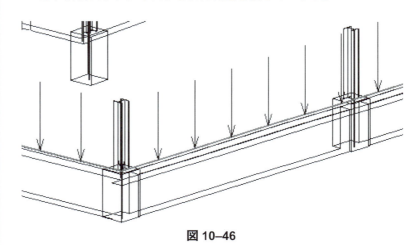

図 10–46

座標系の方位付けオプション

- **Project**（プロジェクト）– プロジェクトの全体座標系（x/y/z軸）を使用します。
- **Work Plane**（作業面）– 現在の作業面を座標系として使用します（これはホストされていない荷重の場合のみ可能です）。
- **Host Local Coordinate System**（ローカル座標系をホスト）– 選択されたホストのLCSを使用します（これはホストされている荷重の場合のみ可能です）。

方向を設定する

力の方向を変えることにより、線荷重の方向を変えます。図10–47で示す例では、ホストされている梁に線荷重が配置されます。次にPropertiesで、方向を修正するために$Fx1$、$Fy1$、$Fz1$といったパラメータが設定されます。

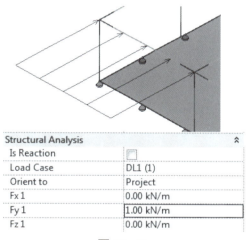

図 10–47

実習 10b

荷重を加える

この実習の目標

- 境界条件を適用します。
- 面荷重と線荷重を加えます。

この実習では、境界条件を連続フーチングと独立フーチング周辺に加え、線荷重と面荷重（図 10–48 参照）を屋根に加えます。

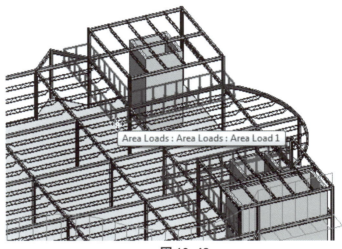

図 10–48

タスク 1 – 境界条件を適用する

1. **Syracuse-Suites-Loads-M.rvt** を開いてください。

2. **Structural Plans: T.O. FOOTING – Analytical** のビューを開きます。

3. 建物の左下角を拡大表示します。

4. 青緑色の解析壁エレメントを 1 つ選択します（<Tab> を押してオプションを順番に表示します）。<Ctrl> を押しながら基礎壁を 1 つ選択します。

構造解析

5. View Control Bar で ◎（Temporary Hide/Isolate）を展開し、**Hide Category**（非表示カテゴリ）を選択します。図 10–49 に示す通り、全ての基礎壁と関連する解析壁が一時的に非表示になり、基礎の深緑色の解析線が表示されます。

境界条件は、基礎壁ではなく解析フーチングに適用します。

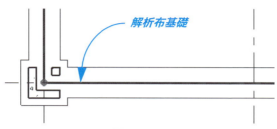

図 10–49

6. *Analyze tab* > *Analytical Model* panel で 🗔（Boundary Conditions）をクリックします。

7. *Place Boundary Conditions* tab > Boundary Conditions panel で 🗔（Line）をクリックします。

8. Options Bar で、*State* を **Fixed** に設定します。

9. 図 10–50 に示すように、境界条件を適用するフーチングの中心を定義する **Analytical Wall Foundation** を選択します。建物の外周全周に対してこの作業を続けてください。

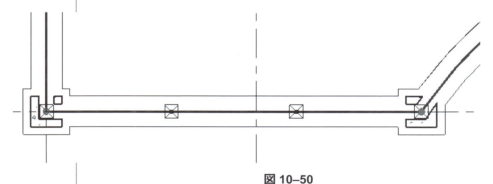

図 10–50

10. **3D Views: View 1 - Analytical** を開きます。

Autodesk Revit 2019：構造の基本

11. View Control Bar で (Temporary View Properties) を展開し、**Structural Analytical Isolated -3D** ビューテンプレートを選択します（テンプレートリストに表示されていない場合は、**Temporarily Apply Template Properties...** を選択してからビューテンプレートを選択してください）。

12. ビューを回転し、建物下部を表示します。

13. 建物下部をドラッグで囲んで選択し、図 10–51 で示す通り Filter で **Analytical Columns** 以外を除外します。**OK** をクリックします。

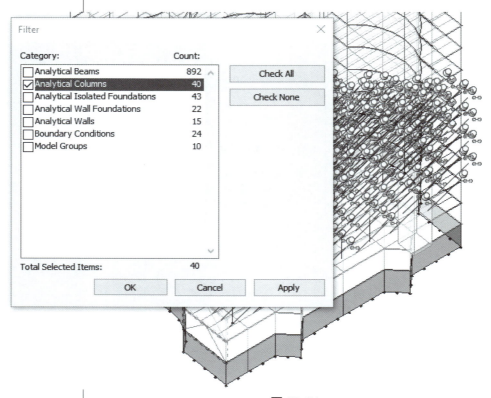

図 10–51

14. View Control Bar で *Temporary Hide/Isolate* を展開し、**Isolate Element** を選択します。選択された柱のみが表示され、境界条件を適用しやすくなることに留意してください。

15. *Analyze tab > Analytical Model* panel で (Boundary Conditions) をクリックします。

16. *Modify | Place Boundary Conditions* tab > Boundary Conditions panel で (Point) をクリックします。

17. Options Bar で *State* を **Fixed** に設定します。

18. 柱脚を支持している各独立フーチングの下部をクリックします。

19. 必要に応じて拡大表示し、図 10–52 に示すように、柱脚を支持している各解析独立フーチングの青色の解析柱下部で、ドットを選択します。

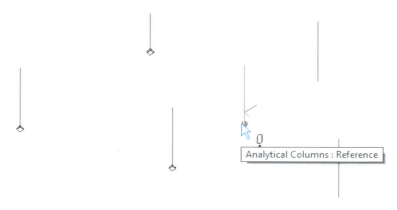

図 10–52

20. View Control Bar で (Temporary View Properties) を展開し、**Restore View Properties** を選択します。

21. Temporary Hide/Isolate をリセットします。

22. プロジェクトを保存します。

タスク 2 – 面荷重を加える

1. **Structural Plans: TOS-14 ROOF-Analytical** のビューを開いてください。

2. 構造フレームタグを 1 つ選択して **VH** と入力し、ビュー上で全てを非表示にします。

3. A 通りと C 通り、8 通りと 10 通りの間で、右上の塔屋エリアを拡大表示します。

4. *Analyze* tab > *Analytical Model* panel で、 (Loads) をクリックします。

5. *Place Loads* tab > Loads panel で (Area Load) をクリックします。

Autodesk Revit 2019：構造の基本

6. 塔屋エリア周辺の雪の吹きだまりによる局所荷重の領域をスケッチし、図 10–53 で示すようにフレームから **2500mm** オフセットします。完全に閉じたループを形成するため、必ず境界線をトリミングしてください。

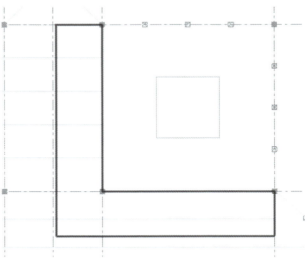

図 10–53

7. 逆側の E 通りと G 通り、8 通りと 10 通りの間の塔屋周辺で、同じ手順を繰り返します（1 回のセッション中に 2 つ以上の領域をスケッチできますが、それぞれが閉じたスケッチでなければいけません）。

8. 図 10–54 に示す通り、Properties の *Structural Analysis* エリアで *Load Case* を **DRIFT (9)** に設定し、*Fz1* が（マイナス）**-1.0** に設定されていることを確認してください。

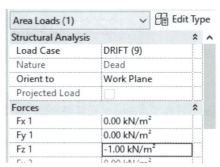

図 10–54

9. Mode パネルで ✔ (Finish Edit Mode) をクリックします。
10. 図 10–55 に示すようにモデルが表示されます。

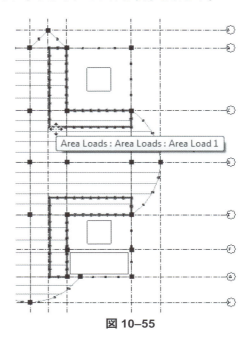

図 10–55

11. プロジェクトを保存します。

タスク 3 – 線荷重を加える

1. **Structural Plans: TOS-14 ROOF - Analytical** で引き続き作業を行います。
2. 建物の南端を表示するように拡大表示します。
3. *Analyze tab* > *Analytical Model* panel で (Loads) をクリックします。
4. *Modify | Place Loads tab* > Loads panel で (Hosted Line Load) をクリックします。

5. 図 10–56 に示す通り、Properties で *Load Case* を **WIND1 (3)** に、*Fy1* を **5.00 kN/m** に、*Fz1* を（マイナス）**-10.00 kN/m** に設定します。

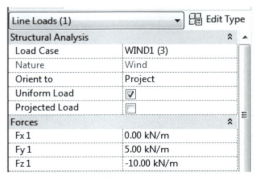

図 10–56

6. 図 10–57 に示すように、建物南端の解析梁線を選択します。

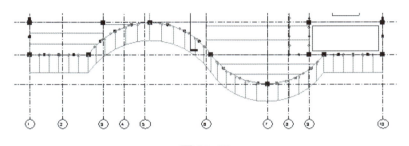

図 10–57

7. コマンドを終了します。

8. 3D 解析ビューに戻り、回転させて荷重を確認できるようにします。

9. プロジェクトを保存します。

Chapter の復習

最初の 4 問では、図 10–58 の図を各ビューの正しい説明と一致させてください。

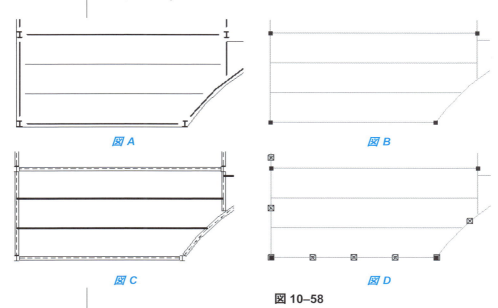

図 10–58

1. View Control Bar における詳細レベルの設定が中程度 / 細かい

    a. 図 A

    b. 図 B

    c. 図 C

    d. 図 D

2. モデルに追加された境界条件

    a. 図 A

    b. 図 B

    c. 図 C

    d. 図 D

3. View Control Bar における詳細レベルの設定が粗い

    a. 図 A

    b. 図 B

    c. 図 C

    d. 図 D

Autodesk Revit 2019：構造の基本

4. 解析独立ビューテンプレートが適用された状態

    a. 図 A

    b. 図 B

    c. 図 C

    d. 図 D

5. 次のうち、ビュー上での解析エレメントの選択に迷う場合に役立つ短期解決法はどれですか？

    a. *Detail Level* を **Coarse**（粗い）に設定する。

    b. **Temporary Hide/Isolate**（一時的に非表示 / 分離）を使用する。

    c. Temporary View Properties を上書きする。

    d. Visibility Graphics Overrides で、解析エレメント以外のものをオフに切り替える。

6. 図 10–59 は何の一例ですか？

	Name	Formula	
		(all)	▾ (a
1	Dead+Snow+Wind	1*DL1 + 0.75*SNOW1 + 0.5*WIND1	C

図 10–59

    a. 荷重ケース

    b. 荷重組み合わせ

    c. 境界条件

    d. 解析設定

7. 境界条件には構造上の物理荷重ではなく、周辺環境の情報が含まれます。

    a. 正しい

    b. 間違っている

8. 次のうち、図 10–60 で示す **Loads** コマンドを使用してアクセスできる荷重の種類**ではない**ものはどれですか？

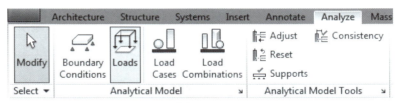

図 **10–60**

   a. 点
   b. 面
   c. ノード
   d. 線

9. 次のうち、物理モデルを変更せずに解析モデルを手動で調整できるのはどれですか？

   a. *Analyze* タブで **Analytical Adjust** コマンドを選択する。
   b. 解析ビューで解析線を選択し、*Modify* タブで **Move** コマンドを使用する。
   c. Properties ダイアログボックスで **Start level** と **End level offset** を選択する。
   d. 解析ビューで解析線を 1 本選択し、そのプロパティを変更する。

Autodesk Revit 2019：構造の基本

コマンド概要

アイコン	コマンド	場所
解析モデルの調整		
	Analytical Adjust	• **Ribbon**: *Analyze tab > Analytical Model* Tools panel • **ショートカットキー**：AA
	Analytical Link	• **Floating panel**: Edit Analytical Model
	Analytical Reset	• **Ribbon**: *Analyze tab > Analytical Model* Tools panel • **ショートカットキー**：RA
	Check Supports	• **Ribbon**: *Analyze tab > Analytical Model* Tools panel
	Consistency Checks	• **Ribbon**: *Analyze tab > Analytical Model* Tools panel
	Disable Analytical	• **Ribbon**: *Modify	Analytical Element* tab *> Analytical Model* panel
	Openings	• **Floating panel**: Edit Analytical Model
	Show/Hide Analytical Model	• **View Control Bar**
	Temporary View Properties	• **View Control Bar**
	Wall Adjustments	• **Floating panel**: Edit Analytical Model
境界条件		
	Area (Boundary Conditions)	• **Ribbon**: *Modify	Place Boundary Conditions* tab *>* Boundary Conditions panel
	Boundary Conditions	• **Ribbon**: *Analyze tab > Analytical Model* panel
	Boundary Conditions Settings	• **Ribbon**: *Analyze tab > Analytical Model* panel のタイトルで ↘ (Boundary Condition Settings) をクリック
	Point (Boundary Conditions)	• **Ribbon**: *Modify	Place Boundary Conditions* tab *>* Boundary Conditions panel

422   10–44

© 2018, ASCENT - Center for Technical Knowledge®

構造解析

荷重

	Area Load	• **Ribbon**: *Modify | Place Loads tab >* Loads panel
	Hosted Area Load	• **Ribbon**: *Modify | Place Loads tab >* Loads panel
	Hosted Line Load	• **Ribbon**: *Modify | Place Loads tab >* Loads panel
	Hosted Point Load	• **Ribbon**: *Modify | Place Loads tab >* Loads panel
	Line Load	• **Ribbon**: *Modify | Place Loads tab >* Loads panel
	Loads	• **Ribbon**: *Analyze tab > Analytical Model* panel
	Point Load	• **Ribbon**: *Modify | Place Loads tab >* Loads panel

構造設定

	Analytical Model Settings	• **Ribbon**: *Analyze tab > Analytical Model* Tools panel のタイトルで ↘（Analytical Model Settings）をクリック
	Load Cases (Settings)	• **Ribbon**: *Analyze tab > Analytical Model* panel
	Load Combinations (Settings)	• **Ribbon**: *Analyze tab > Analytical Model* panel
or ↘	**Structural Settings**	• **Ribbon**: *Manage tab >* Setting panel か *Structure tab >* Structure panel のタイトルで ↘（Structural Settings）をクリック

© 2018, ASCENT - Center for Technical Knowledge®

10–45

Chapter
11

コンクリート構造のプロジェクト

この Chapter には、本学習ガイドでこれまで学んだトピックやコマンドを使用して実践経験を積むための実習プロジェクトが含まれています。このプロジェクトはユーザ自身で進行するものであり、段階的な手順の記載はありません。

この Chapter のプロジェクト目標

- 新しいプロジェクトを開始し、コンクリート構造の土台となる基準エレメント（レベル面と通芯）およびコンクリート柱を追加します。
- 壁・壁基礎・柱の下のフーチングを含む建物の基準エレメントを作成します。
- 梁と梁システムを追加して構造の骨組を完成させ、床を追加します。

11.1 構造プロジェクトを開始する

この実習の目標

- テンプレートに基づき新しいプロジェクトを開始します。
- レベル面と通芯を追加します。
- 構造柱を追加します。

この実習では新プロジェクトを開始し、図 11–1 に示すようにレベル面、通芯、コンクリート柱を追加します。

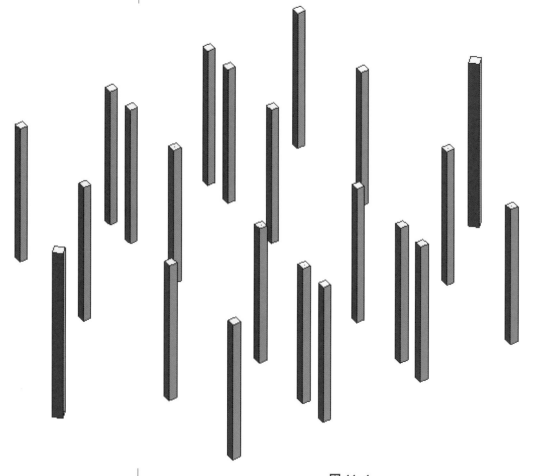

図 11–1

コンクリート構造のプロジェクト

タスク 1 – 新プロジェクトを開始し、基準エレメントを追加する

各レベル面に平面図ビュー
を必ず作成してください。
コピーする場合は、レベル
面を完成した後に平面図ビ
ューを追加する必要があり
ます。

1. **Structural Analysis-DefaultMetric.rte** を基に新プロジェクトを
開始します。プロジェクトに **Concrete Structure.rvt**. と名前を付
け、ユーザ自身の実習ファイルのフォルダに保存してください。

2. **Elevations (Building Elevation) : South** のビューを開きます。

3. 図 11–2 に示すように、Level（レベル面）を追加します。

Roof
9000

Level 3
6000

Level 2
3000

Level 1
0

T.O. Footing
-3000

図 11–2

© 2018, ASCENT - Center for Technical Knowledge®

11–3   427

4. **Structural Plans: Level 1** のビューを開きます。
5. 図 11–3 に示す通芯を追加します。寸法は参考までに表示されています。

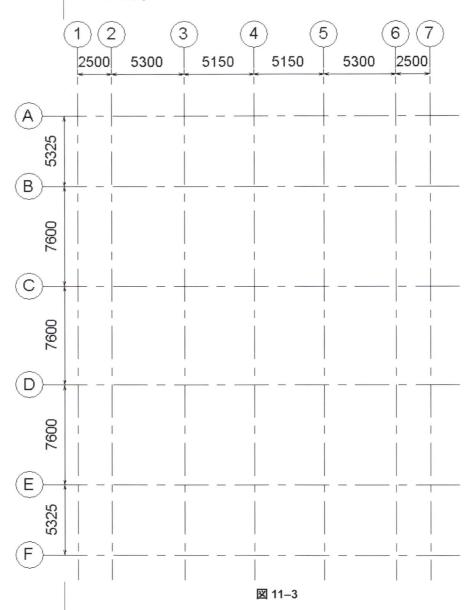

図 11–3

6. プロジェクトを保存します。

タスク 2 – 柱を追加する

1. **Structural Plans: Level 1** のビューを開いてください。

2. （Structural Column）のコマンドを実行します。M_Concrete-Rectangular Columns タイプの 1 つを複製し、新たに **600 x 600mm** の柱タイプを作成します。

3. 図 11–4 に示すように、**T.O.Footing** のレベル面から **Roof** のレベル面までの柱を追加します。

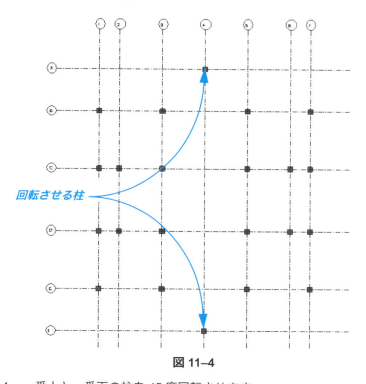

図 11–4

4. 一番上と一番下の柱を 45 度回転させます。

5. 3D ビューを開いて柱を確認します。

6. プロジェクトを保存します。

11.2 基礎エレメントを作成する

この実習の目標

- 構造基礎壁を追加します。
- 連続フーチングと独立フーチングを追加します。

この実習では、図 11–5 に示すように、壁、基礎壁、独立基礎を追加します。

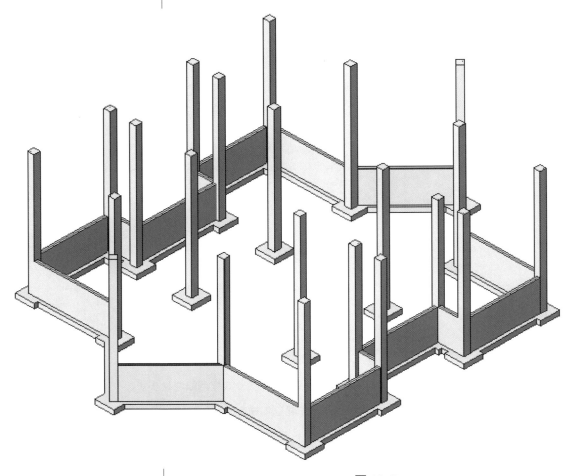

図 11–5

タスク 1 – 壁を追加する

1. 実習ファイルのフォルダから、プロジェクト Concrete-Structure-Foundations-M.rvt を開いてください。
2. Structural Plans: Level 1 のビューを開きます。
3. 以下の情報を使って、図 11–6 に示す通りに壁を描画します。
   - *Type:* Basic Wall: **Foundation - 300mm Concrete**
   - *Base Constraint:* **T.O. Footing**
   - *Base Offset:* **0.0**
   - *Top Constraint:* **Up to level: Level 1**
   - *Top Offset:* **0.0**

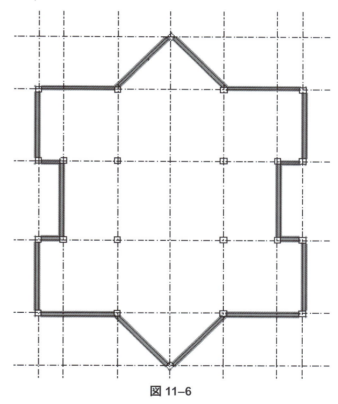

図 11–6

   - 壁の外面を柱の外側に揃えます。
4. プロジェクトを保存します。

タスク 2 – 基礎を追加する

1. **Structural Plans: T.O. Footing** のビューを開いてください。

2. 全ての柱の下に、独立フーチングを追加します。新たに **M_Footing-Rectangular: 1800 x 1800 x 450mm** のサイズで作成します。

3. 全ての壁の下に、連続フーチングを追加します。新たに **Wall Foundation: Bearing Footing - 900 x 450mm** のサイズで作成します。完成した平面図は図 11–7 のようになるはずです。

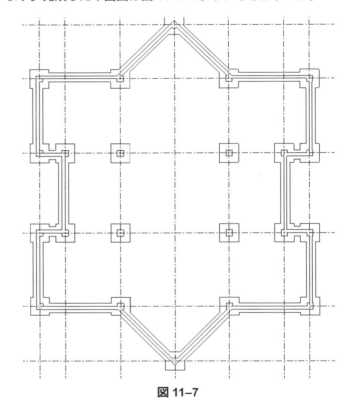

図 11–7

4. プロジェクトを保存します。

コンクリート構造のプロジェクト

11.3 コンクリート構造をフレーミングする

この実習の目標

- 梁と梁システムを追加します。
- 構造床を追加します。

この実習では、図 11–8 に示すようにコンクリート構造をフレーミングします。個々の梁を使って大梁を追加し、梁システムを使って小梁をします。その後、構造エレメントを追加の床にコピー＆ペーストします。最後に床を追加し、それを他のレベル面にコピーします。

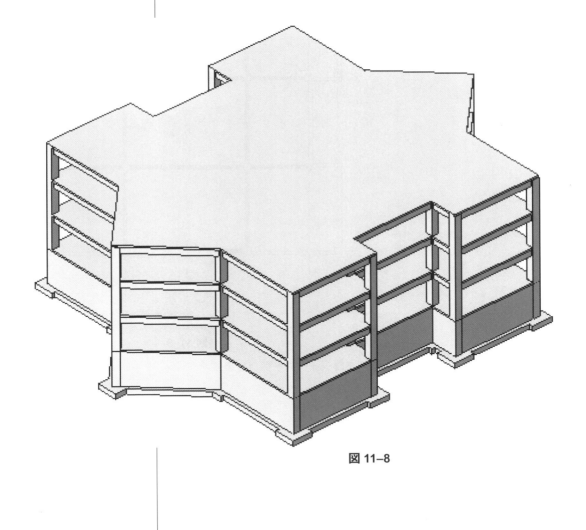

図 11–8

タスク 1 – 大梁を追加する

1. 実習ファイルのフォルダから、ファイル **Concrete-Structure-Framing-M.rvt** を開いてください。

2. Level 1 で、図 11–9 に示すように **M_Concrete Rectangular Beam: 300 x 600mm** のタイプを使用して梁を追加します。

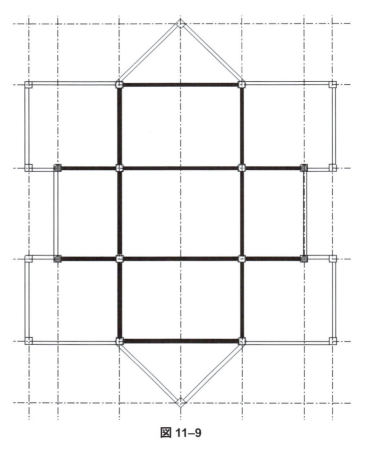

図 **11–9**

3. プロジェクトを保存します。

タスク 2 – 梁システムを利用して小梁を追加する

1. Revit Library > *Structural Framing* > *Concrete* フォルダから、**M_Pan Joist.rfa** のファミリを読み込みます。

2. (Beam System) コマンドと以下のパラメータを使用し、図 11–10 に示す通りに小梁を追加します。**Automatic Beam System** を使えない箇所には梁システムをスケッチしてください。

    - *Layout Rule:* **Maximum Spacing**
    - *Maximum Spacing:* **1500mm**
    - *Beam Type:* **M_Pan Joist: 200 x 600**
    - *Tag on Placement:* **off**
    - *Tag new Members in View:* **None**（スケッチ用）

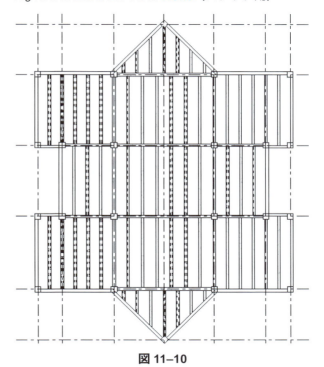

図 11–10

3. プロジェクトを保存します。

タスク3 – 他の階に梁と梁システムを追加する

1. 梁と梁システムの作成手順をLevel 2で繰り返します。大梁は全て梁の中心線を基準に配置されなければならず（図11–11参照）、それにより全ての梁システムが自動で配置できるようになります。

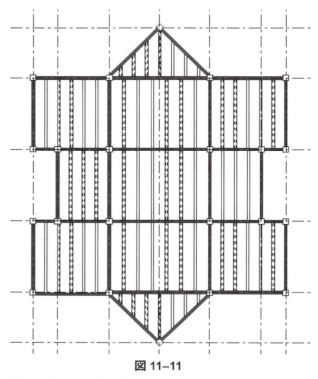

図 11–11

- 角度のある区画に梁システムを追加するには、デフォルトの方向を使用し、その後境界を編集して梁の方向を変えるのが一番簡単です。

2. Level 2、Level 3、Roofのレベル面の全ての梁と梁システムをコピーします（**Copy to the Clipboard** と **Paste Aligned** を使用）。

   - **Structural Framing (Girder)** と **Structural Beam Systems** のみを選択します。**Structural Framing (Joist)** はBeam Systemの一部なので選択しません。

3. 3D ビューを開きます。図 11–12 に示すように、コピーした梁と梁システムが表示されます。

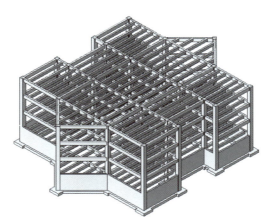

図 11–12

4. プロジェクトを保存します。

タスク 4 – 床を追加する

1. **Level 1** のビューで **Floor: Concrete- 150mm** のタイプを使用して構造床を追加し、*Height Offset from Level* を **150mm** に設定します。境界用に壁の外面を選択し、壁を床に接着します。

2. 床をコピーし、1 階より上のレベル面に複製します。

3. 図 11–13 に示すように、新しい床が表示されます。

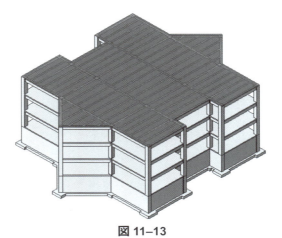

図 11–13

4. プロジェクトを保存します。

Chapter 12

設計図書の作成

Autodesk® Revit® ソフトで設計図書を正しく作成することで、ダウンストリームのユーザまで設計が確実に正しく伝わります。設計図書は主に、シートと呼ばれる特殊なビューで作成します。タイトルブロックの選択、タイトルブロック情報の割り当て、ビューの配置、シートの出力の方法を理解することは、設計図書の管理プロセスにおいて不可欠です。

この Chapter の学習目標

- タイトルブロックのあるシートとプロジェクトのビューを追加します。
- 個々のシート用とプロジェクト全体用にタイトルブロック情報を入力します。
- シート上でビューを配置し、整理します。
- デフォルトの Print ダイアログボックスを使用して、シートを出力します。

12.1 シートの設定を行う

プロジェクトをモデリングしている時、設計図書の土台作りもすでに始まっています。図12-1に示すように、どのビュー（平面図、断面図、吹き出し、集計表）もシート上に配置することができます。

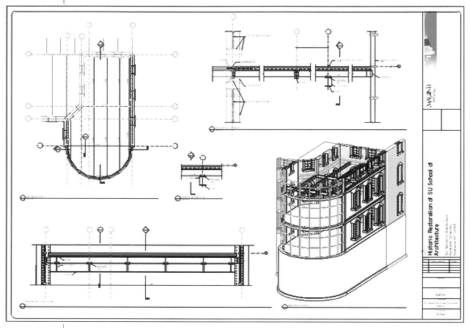

図 12-1

- 社内テンプレートは、会社（またはプロジェクト）のタイトルブロックと、そのシートにすでに配置されている関連ビューを使った標準シートで作成できます。

- シートのサイズは、選択したタイトルブロックファミリがもとになっています。

- シートは Project Browser の Sheets エリアにリスト表示されています。

- シート上の情報の大半はビューの中に含まれています。全般的な注釈やその他のモデル以外のエレメントはシートに直接追加できますが、製図ビューまたは凡例を使用する方が、複数のシートに配置できるので便利です。

設計図書の作成

操作手順：シートを設定する

1. Project Browser で Sheets エリアのヘッダを右クリックして **New Sheet...** を選択するか、または View tab > Sheet Composition panel で （Sheet）をクリックします。
2. 図 12–2 に示すように、New Sheet ダイアログボックスのリストからタイトルブロックを選択します。別の方法として、プレースホルダシートのリストがある場合は、そのリストから 1 つまたは複数のプレースホルダを選べます。

*Library からシートを読み込むには、**Load...** をクリックします。*

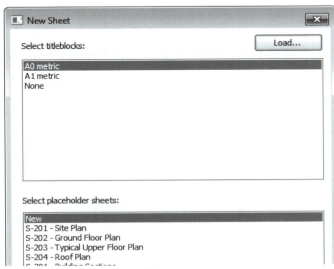

複数のプレースホルダシートを選ぶには、<Ctrl> を押したまま選択します。

図 12–2

3. **OK** をクリックします。選択したタイトルブロックを使用して、新しいシートが作成されます。
4. 必要に応じて、タイトルブロック内の情報を入力します。
5. シートにビューを追加します。

- シートを作成すると、次のシート番号が順に割り当てられます。
- Sheet Title ダイアログボックスでシートの名前をダブルクリックし、名前と番号を変更します。
- タイトルブロックで Sheet Name と Number を変更すると、Project Browser でシートの名前と番号も自動で変更されます。
- シート脇のプロットスタンプは、現在の日時に合わせて自動的に更新されます。表示フォーマットには、使用するコンピュータの地域設定が適用されます。
- ビューがシートに挿入されると、Scale（スケール）が自動で入力されます。1 つのシートにスケールの違う複数のビューがある場合は、スケールは **As Indicated** と表示されます。

シート（タイトルブロックの）プロパティ

新しいシートにはそれぞれ、タイトルブロックが1つ割り当てられます。タイトルブロック情報はProperties上で（図12–3参照）、または青文字の項目（Sheet Name、Sheet Number、Drawn byなど）を選択して（図12–4参照）変更できます。

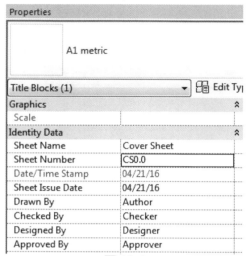

図12–3

図12–4

全シート共通のプロパティは、Project Propertiesダイアログボックスで入力できます（図12–5参照）。Manage tab > Settings panelで、 (Project Information) をクリックします。

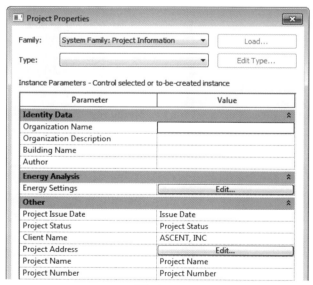

図12–5

設計図書の作成

12.2 シート上でビューの配置と編集を行う

シートにビューを追加する手順はシンプルです。Project Browser からシートにビューをドラッグ＆ドロップするだけです。シート上の新しいビューは、元のビューで指定したスケールで表示されます。図 12–6 に示すように、ビュータイトルにはビューの名前、番号、スケールが表示されます。

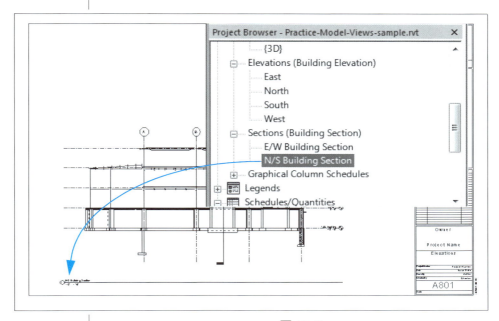

図 12–6

操作手順：シートにビューを配置する

1. シートで希望通りに表示されるように、エレメントのスケールと可視性などをビューで設定します。
2. ビューを配置するシートを作成し、または開きます。
3. Project Browser でビューを選択し、シートにドラッグ＆ドロップします。
4. カーソルにビューの中心点が追随します。シート上でクリックし、ビューを配置します。

- シートからビューを削除するには、ビューを選択して <Delete> を押します。別の方法として、Project Browser で個別のシート情報を展開してビューを表示し、ビューの名前を右クリックして Remove From Sheet（シートからビューを削除）を選択します。

追加のビュー配置を容易にするため、既存ビューから位置合わせ線が表示されます。

シートにビューを配置する

- ビューは、シートに一度しか配置できません。ただし、そのビューを複製してシートにコピーを配置することはできます。
- シート上のビューは関連付けられており、プロジェクトに変更があると、その変更を反映して自動で更新されます。
- シート上の各ビューは、図 12–7 に示す通り、Project Browser のシート名の下にリスト表示されています。

図 12–7

- シートにビューを配置するには、他に 2 つの方法があります。
  - Project Browser でシート名を右クリックし、**Add View...** を選択する。
  - *View* tab > Sheet Composition panel で、(Place View) をクリックする。

  その後、Views ダイアログボックス (図 12–8 参照) で使用するビューを選択し、**Add View to Sheet**(シートにビューを追加)をクリックします。

この方法では、まだシートに配置されていないビューだけがリスト表示されます。

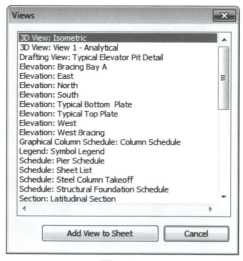

図 12–8

設計図書の作成

> **ヒント：Project Browser を設定する**
>
> Project Browser のタイプを確認・変更するには、その Project Browser の最上位のノード（デフォルトでは *Views (all)* に設定されています）を選択し、Type Selector から使用するタイプを選択します。例えば、図 12–9 に示す通り、どのシート上にもないビューだけを表示するように Browser を設定することもできます。
>
>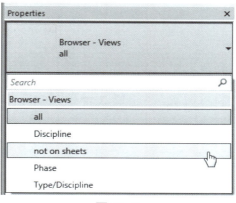
>
> 図 12–9

ビューとビュータイトルを移動する

ビューを移動するには、*Move* コマンドまたはキーボードの矢印を使用することもできます。

- シート上でビューを移動するには、動かしたいビューのエッジを選択し、希望の位置にドラッグします。ビュータイトルもビューと一緒に移動します。
- ビュータイトルのみを移動するには、動かしたいタイトルを選択し、希望の位置にドラッグします。
- タイトル名の下線の長さを変更したい場合は、図 12–10 に示すように、ビューのエッジを選択してコントロールをドラッグします。

図 12–10

- Project Browser で名前を変更せずにシート上のビュータイトルを変更するには、図 12–11 に示す通り、Properties の *Identity Data* エリアで *Title on Sheet* パラメータに新しいタイトルを入力します。

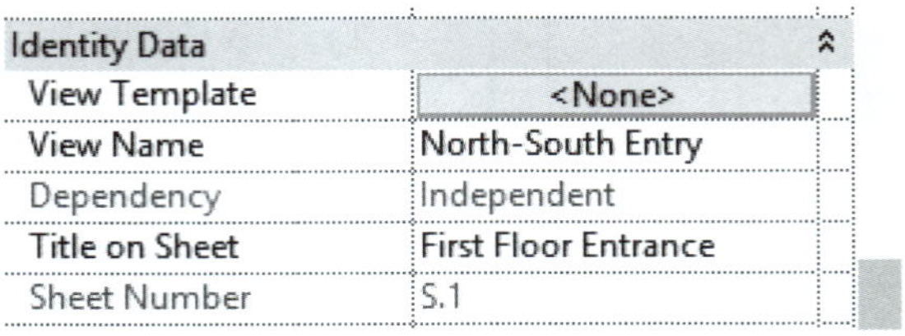

図 12–11

ビューを回転させる

- 縦型のシートを作成する場合は、シートでビューを 90 度回転させることができます。ビューを選択し、図 12–12 に示す通り、Options Bar の Rotation on Sheet ドロップダウンリストから回転方向を設定します。

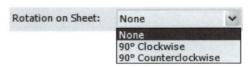

図 12–12

- ビューを 90 度以外の角度で回転させるには、ビューを開き、トリミング領域に切り替えてこれを選択し、**Rotate** コマンドを使って角度を変更します。

ビューの中で作業する

シートで作業をしながらビューに小さな変更を加えるには、

- ビューの*中*をダブルクリックし、アクティブにします。
- ビューの*外*をダブルクリックし、非アクティブにします。

設計図書の作成

この方法は、小さな変更の場合にのみ使用します。大きな変更はビューで直接行うようにします。

ビューポート内にあるエレメントのみ編集可能になります。図 12–13 に示す通り、シートの他の部分はグレー表示になります。

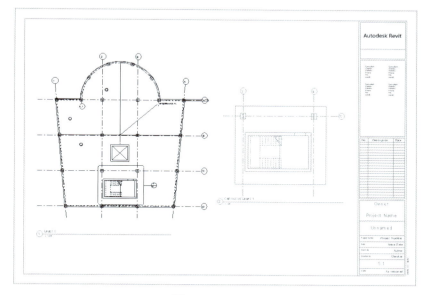

図 **12–13**

- ビューはエッジ上で右クリックするか、または *Modify | Viewports* と *Views* tab > Sheet Composition panel にあるツールを使って、アクティブ・非アクティブにできます。

- ビューをアクティブにして行ったエレメントの変更は、元のビューにも反映されます。

- ビューがどのシート上にあるかはっきり分からない場合には、Project Browser でそのビューを右クリックし、**Open Sheet** を選択します。この項目は、そのビューがまだシートに配置されていない場合にはグレー表示されます。また、2 つ以上のシートに配置できる集計表と凡例には利用できません。

シート上でビューのサイズを変更する

各ビューでは、トリミング領域に含まれるモデルやエレメントの範囲が表示されます。図 12–14 に示すように、ビューがシートに収まらない場合は、ビューをトリミングするか、または立面図マーカーを建物寄りに移動する必要があるかもしれません。

スケールの変更やトリミング領域に基づいてビューの大きさが大幅に変わる場合、そのビューはシートから削除し、再度ドラッグする方が簡単です。

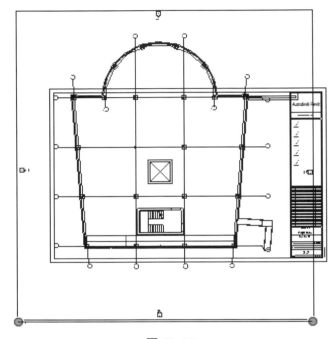

図 12–14

- ガイドグリッドを使用したシート上でのビュー配置の詳細については、*付録 B.7 シートのガイドグリッドを操作する（P.599（B–15））* を参照してください。

- ビューやシート上での改訂作業の詳細については、*付録 B.8 改訂の追跡（P.601（B–17））* を参照してください。

> **ヒント：シートに画像を追加する**
>
> 画像ファイルに保存された会社のロゴやレンダリング（JPG や PNG）は、シートやビューに直接追加できます。
>
> 1. *Insert* tab > Import panel で （Image）をクリックします。
> 2. Import Image ダイアログボックスで画像ファイルを選択して開きます。図 12–15 に示すように、画像の範囲が表示されます。
>
>
>
> 図 12–15
>
> 3. 画像を希望の位置に配置します。
> 4. 画像が表示されます。グリップを 1 つ選び、これを引き伸ばして画像サイズを調整します。
>
> - 図 12–16 に示す通り、Properties で高さと幅を調整したり、*Draw Layer* を **Background**（背面）または **Foreground**（前面）に設定することができます。
>
>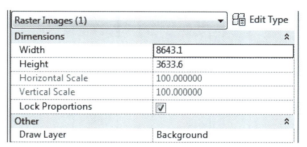
>
> 図 12–16
>
> - 画像は一度に 2 枚以上選択でき、背面または前面にまとめて移動することができます。

Autodesk Revit 2019：構造の基本

実習 12a　設計図書を作成する

この実習の目標

- プロジェクトのプロパティを設定します。
- 個々のシートを作成します。
- ビューをシートに配置します。

この実習では、プロジェクト情報を完成させ、カバーシートを作成し、そのシートにビューを追加します。その後、図 12–17 に示すような基礎伏図シートを作成し、時間の許す限り他のシートも作成します。必要に応じて、スケールを編集しながら進めます。

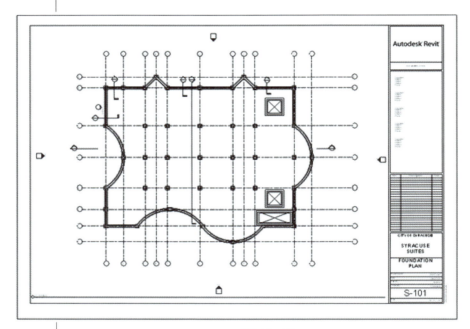

図 12–17

タスク 1 – プロジェクト情報を記入する

1. **Syracuse-Suites-Sheets-M.rvt** を開いてください。

2. *Manage* tab > Setting panel で（Project Information）をクリックします。

450　　12–12　　　　　　　　　　　　　© 2018, ASCENT - Center for Technical Knowledge®

設計図書の作成

このプロパティはシートセット全体を通して使用されるため、各シートに入力する必要はありません。

3. Project Properties ダイアログボックスで、以下のパラメータを設定します（または社内標準に基づき、ユーザ自身の情報を使用してください）。
   - *Project Issue Date:* その日の日付
   - *Project Status:* **Design Development**
   - *Client Name:* **CITY OF SYRACUSE**
   - *Project Address:* **1234 Clinton St. Syracuse, NY 13066** **Edit...** をクリックします。
   - *Project Name:* **SYRACUSE SUITES**
   - *Project Number:* **1234-567**

4. **OK** をクリックします。

5. プロジェクトを保存します。

タスク 2 – カバーシートを作成する

プロジェクトにはすでにいくつかのシートがあります。

1. Project Browser で *Sheets (all)* を右クリックし、図 12–18 に示すように **New Sheet** を選択するか、または *View* tab > Sheet Composition panel で (New Sheet) をクリックします。

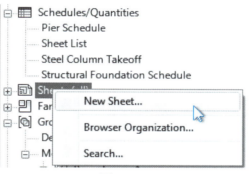

図 12–18

2. New Sheet ダイアログボックスの *Select Titleblocks* エリアで **Syracuse Suites Cover Sheet-M** を選択し、**OK** をクリックします。

3. Project Browser の *Sheets* カテゴリで、新しいシートを右クリックし **Rename** を選択します。

4. 図 12–19 に示す通り、Sheet Title ダイアログボックスで Number を **S-000** に、Name を **COVER SHEET** に設定します。

図 **12–19**

5. Project Browser で **3D View** を展開します。
6. **Isometric** ビューを選択し、カバーシートまでドラッグします。
7. そのビューは大きすぎるため削除します。
8. **Isometric** ビューを開き、Scale を **1:200** に設定します。
9. カバーシートに切り替え、ビューをシートに配置します。
10. 図 12–20 に示す通り、Legends カテゴリでシートに Symbol Legend を追加します。

図 **12–20**

タスク 3 – 追加でシートを作成する

1. *View* tab > Sheet Composition panel で (Sheet) をクリックします。
2. New Sheet ダイアログボックスで、**A0 Metric** のタイトルブロックを選択し、**OK** をクリックします。

3. Project Browser で **S-001 – Unnamed** を右クリックし、図 12–21 に示す通り、名前を **S-201: FOUNDATION PLAN** に変更します。

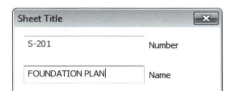

図 12–21

4. **OK** をクリックします。

5. Project Browser で **T.O. FOOTING** の構造図面ビューを見つけ、シートにドラッグし、図 12–22 に示すようにビューの中心に合わせます。

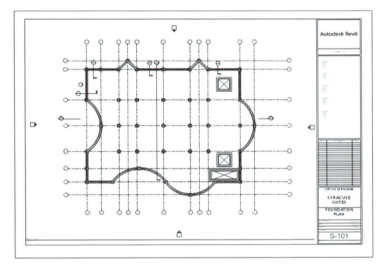

図 12–22

6. プロジェクトにはすでにいくつかシートが存在します。Structural Plans: **00 GROUND FLOOR PLAN** のビューを **S-202-Ground Floor Plan** のシートに配置してください。

7. 拡大表示してビュータイトルを確認します。図 12–23 に示す通り、**00 GROUND FLOOR PLAN** と表示されます。

図 12–23

8. Project Browser でビューを選択した後、Properties で *Identity Data* の欄まで下にスクロールします。図 12–24 に示す通り、*Title on Sheet* を **GROUND FLOOR - STRUCTURAL PLAN** に変更してください。

図 12–24

9. **Apply** をクリックします。図 12–25 に示すように、シート上でタイトルが変更されます。

図 12–25

10. （オプションで）他のシートにビューを追加します。

    - シートに収まらないビューがある場合は、スケールを変更します。

11. シートが作成されたら、図 12–26 に示すように、全てのタグに記入がされていることに留意しながら、個別にシートを閲覧していきます。これにより、タグがシートを正しく指しているかどうかを確認できます。詳細とシート番号を表示しないタグがある場合は、ビューはシートにドラッグされていません。

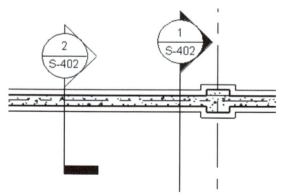

図 12–26

12. プロジェクトを保存します。

12.3 シートを出力する

Print コマンドでは、個々のシートまたは選択したシートのリストを出力できます。また、出力チェックやプレゼンテーション用に、個々のビューやその一部を出力することもできます。Print ダイアログボックス（図 12–27 参照) を開くには、*File* tab で (Print) をクリックします。

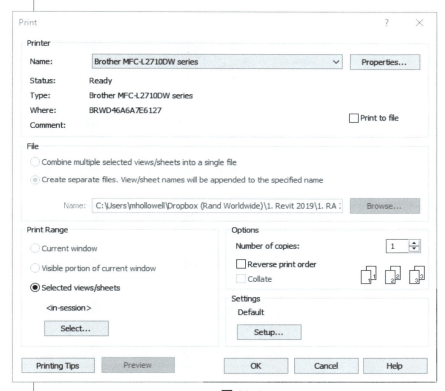

図 12–27

出力オプション

Print ダイアログボックスは、*Printer*、*File*、*Print Range*、*Options*、*Settings* のエリアに分かれています。必要に応じてこれらを修正し、希望する出力の設定をします。

- **Printing Tips**：出力関連のヘルプとトラブルシューティングが記載された Autodesk WikiHelp がオンラインで開きます。

- **PreView**：出力プレビューが開き、出力内容を確認できます。

プリンタ

図 12–28 に示すように、リストから利用可能なプリンタを選択します。**Properties...** をクリックし、選択されたプリンタのプロパティを調整します。オプションはプリンタによって異なります。**Print to file** オプションを選択すると、プリンタに直接出力せずにファイルとして出力し、PLT ファイルまたは PRN ファイルを作成できます。

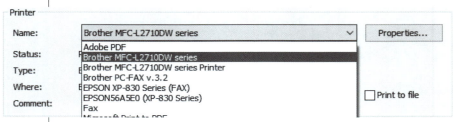

図 12–28

- PDF 出力をするには、システムに PDF 出力ドライバがインストールされていることが必須です。

ファイル

File エリアは、*Printer* エリアで **Print to file** のオプションが選択されているか、または電子データ専用プリンタで出力する場合に限り有効です。図 12–29 に示す通り、使用するプリンタの種類によって、1 つまたは複数のファイルを作成できます。**Browse...** をクリックし、ファイルの場所と名前を選択してください。

図 12–29

出力範囲

Print Range エリアでは、図 12–30 に示す通り、個々のビュー / シートの出力またはビュー / シートのセットの出力を有効にします。

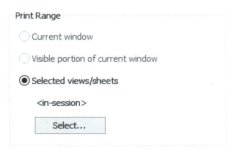

図 12–30

- **Current window**：現在開いているシート全体またはビュー全体を出力します。

- **Visible portion of current window**：現在のシートまたはビューで表示されている部分だけを出力します。

- **Selected Views/sheets**：複数のビューまたはシートを出力します。**Select...** をクリックし、View/Sheet Set ダイアログボックスを開き、出力セットに含めるものを選びます。これらはセット毎に名前を付けて保存できるため、同じセットを簡単に再出力することができます。

オプション

使用するプリンタが複数の部数による出力に対応している場合には、図 12–31 に示す通り、*Options* エリアで部数を指定することができます。また、出力順を逆にしたり、丁合をとることもできます。これらのオプションはプリンタのプロパティでも操作可能です。

図 12–31

設 定

Setup... をクリックし、図 12–32 に示すように Print Setup ダイアログボックスを開きます。ここでは *Orientation*（向き）と *Zoom*（拡大率）、およびその他の設定を指定できます。これらの設定も、名前を付けて保存できます。

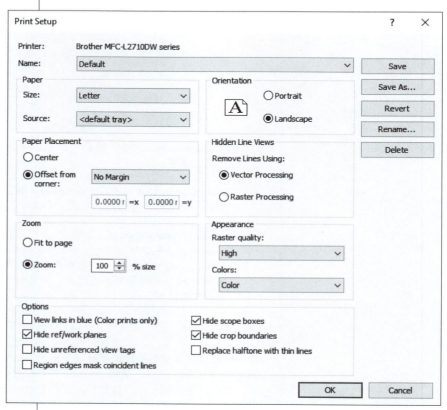

図 12–32

- *Options* エリアで出力したい、または出力したくないエレメントのタイプを指定してください。指定がない場合は、ビューまたはシートの全エレメントが出力されます。

- シートを出力する際は、正確でなくてもよい簡易な確認用のセットを作成する場合を除き、常に **Zoom** 率が **100%** に設定されていなければなりません。

Chapter の復習

1. シートサイズはどのようにして指定しますか？

    a. Sheet Properties で Sheet Size を指定する。

    b. Options Bar で Sheet Size を指定する。

    c. New Sheet ダイアログボックスでタイトルブロックを 1 つ選び Sheet Size を制御する。

    d. Sheet View 内で右クリックし、Sheet Size を選択する。

2. 図 12–33 で示すようにタイトルブロック情報を書き込むにはどうしますか？（該当するものを全て選択してください）

    図 12–33

    a. タイトルブロックを選択し、変更したいラベルを選択する。

    b. タイトルブロックを選択し、Properties で編集する。

    c. Project Browser の Sheet 上を右クリックし、Information を選択する。

    d. 情報の一部は自動入力される。

3. 1 つの平面図ビューは何枚のシートに配置できますか？

    a. 1 枚

    b. 2～5 枚

    c. 6 枚以上

    d. 必要なだけ

Autodesk Revit 2019：構造の基本

4. 図 12–34 に示すように、シート 1 枚に対してビューのサイズが大きすぎる場合に使用する一番良い方法は次のうちどれですか？

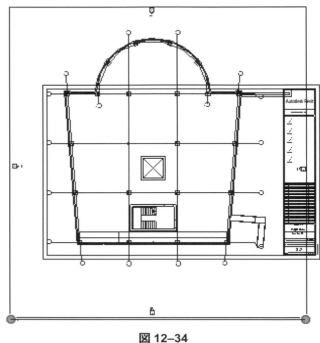

図 12–34

a. そのビューを削除し、スケールを変更してシートに配置し直す。
b. ビューをアクティブにして View Scale を変更する。

5. 図 12–35 に示すように平面図の一部だけをシートに表示するには、ビューをどのように設定しますか？

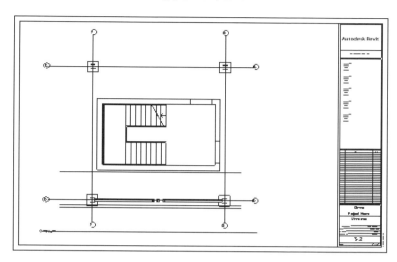

図 12–35

a. シートにビューをドラッグ＆ドロップし、トリミング領域を使って編集する。

b. ビューをアクティブにして、スケールを修正する。

c. 使用したい部分を表示する吹き出しビューを作成し、シートに配置する。

d. Project Browser でビューを開き、View Scale を変更する。

Autodesk Revit 2019：構造の基本

コマンド概要

アイコン	コマンド	場所
	Activate View	• **Ribbon**: *（ビューを選択して）Modify | Viewports* tab > Viewport panel • **ダブルクリック**：*（ビューポート内）* • **右クリック**：*（ビュー上で）* Activate View
	Deactivate View	• **Ribbon**: *View* tab > Sheet Composition panel > Viewports を展開 • **ダブルクリック**：*（シート上）* • **右クリック**：*（ビュー上で）* Deactivate View
	Place View	• **Ribbon**: *View* tab > Sheet Composition panel
	Print	• **File tab**
	Sheet	• **Ribbon**: *View* tab > Sheet Composition panel

Chapter 13

設計図書への注釈の記入

設計図書を作成する際、デザインの意図を示すために注釈が必要とされます。寸法やテキストなどの注釈は、プロジェクトを作成している間、どの時点でもビューに追加することが可能です。設計図書のシートを作成しながら、Detail line（詳細線分）や Symbol（記号）をビューに追加できます。Legends（凡例）は、プロジェクトで使用する記号を表記する場として使われます。

この Chapter の学習目標

- 設計図書の一部として寸法をモデルに追加します。
- ビューにテキストを追加し、モデルの特定の部分に関して注記を加えるために引出線を使用します。
- 社内標準に合わせて、異なる書体と書体サイズを用いた Text Type（テキストタイプ）を作成します。
- 図書のビューをさらに発展させるために詳細線分を描き足します。
- 図書をさらに分かりやすくするためにビュー固有の注釈記号を追加します。
- 凡例ビューを作成し、プロジェクト内のエレメントの記号で凡例を埋めていきます。

© 2018, ASCENT - Center for Technical Knowledge®　　　　　　　　13–1　　　463

Autodesk Revit 2019：構造の基本

13.1 寸法の操作

Aligned（平行）、Linear（直線）、Angular（角度）、Radial（半径）、Diameter（直径）、Arc Length（弧長）を使って、寸法を追加します。これらの寸法は図 13–1 に示すように、個別に配置することも、寸法文字列として配置することも可能です。平行寸法を使うと、開口部、通芯、または壁の交点を含む壁全体に寸法を配置することができます。

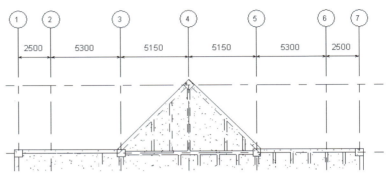

図 13–1

- モデルエレメントを参照する寸法は、ビューの中でモデルに追加されなければなりません。シート上でも寸法を配置することは可能ですが、そのシートに直接配置してある項目に限ります。

- 図 13–2 に示すように、寸法は Annotate Tab > Dimension panel と Modify tab > Measure panel にあります。

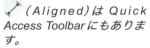（Aligned）は Quick Access Toolbar にもあります。

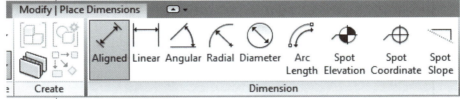

図 13–2

操作手順：オプションを使って平行寸法を追加する

1. （Aligned）コマンドを開くか、または **DI** と入力します。
2. Type Selector で寸法スタイルを選択します。

設計図書への注釈の記入

3. Options Bar において、図 13–3 に示すように寸法の参照位置を選択します。
   - このオプションは、寸法を配置しながら変更できます。

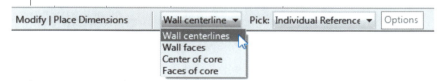

図 13–3

4. Options Bar で、Pick ドロップダウンリストから希望の選択肢を選びます。
   - **Individual References**（個別参照）：エレメントを順番に選択し（図 13–4 参照）、空白をクリックして寸法文字列を配置します。

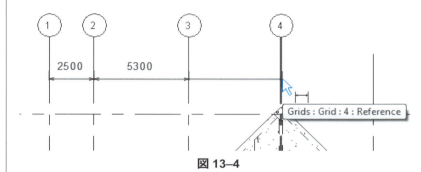

図 13–4

   - **Entire Walls**（壁全体）：図 13–5 に示すように、寸法を配置する壁を選択し、カーソルをクリックして寸法文字列を配置します。

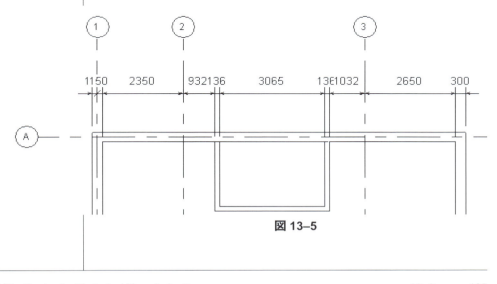

図 13–5

Autodesk Revit 2019：構造の基本

- 壁全体で寸法を配置するとき、寸法文字列の *Openings*（開口部）、*Intersecting Walls*（交差する壁）、*Intersecting Grids*（交差する通芯）の処理の仕方を指定することができます。Options Bar で **Options** をクリックし、Auto Dimension Options ダイアログボックス（参照図 13–6）で自動寸法の参照方法を選択します。

追加のオプションを選択せずに Entire Wall オプションを選択した場合は、壁の端から端までの寸法が配置されます。

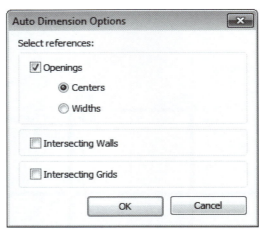

図 13–6

操作手順：その他のタイプの寸法を追加する

1. *Annotate* Tab > Dimension Panel で、寸法タイプを選択します。

Dimension コマンドがアクティブ状態のときは、Modify | Place Dimensions においても寸法タイプを選択することができます。

↗	**Aligned**（平行）	最もよく使われる寸法タイプ。エレメントを個別に選択、または壁全体を選択して寸法を配置します。
⊢⊣	**Linear**（直線）	エレメント上のいくつかの点を特定するための寸法です。
△	**Angular**（角度）	2 つのエレメント間の角度を示すための寸法です。
⌒	**Radial**（半径）	円状のエレメントの半径を示すための寸法です。
⌀	**Diameter**（直径）	円状のエレメントの直径を示すための寸法です。
⌒	**Arc Length**（弧長）	円状のエレメントの弧の長さを示すための寸法です。

2. Type Selector で寸法タイプを選択します。
3. 選択した寸法タイプのプロンプトに従って、操作を続けます。

寸法の編集

寸法が参照しているエレメントを移動すると、寸法は自動的に更新されます。図 13–7 に示すように、寸法値または寸法文字列を選択し変更することでも、寸法の編集が可能になります。

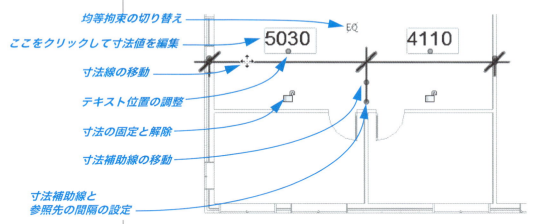

図 13–7

- 寸法値を移動するには、テキストの下の **Drag Text** コントロールを選択し、新しい位置にドラッグします。コントロールをドラッグして遠ざけると自動的に引出線が現れます。引出線のスタイル（弧または線）は、寸法スタイルで設定されます。

- 寸法線（寸法が参照しているエレメントに平行な線）を移動するには、単に寸法線を新しい位置にドラッグするか、または寸法を選択して、✛（Move）コントロールをドラッグします。

- 寸法補助線と寸法が参照しているエレメントとの間の間隔を変更するには、寸法補助線の端部のコントロールをドラッグします。

- 寸法補助線（寸法が参照しているエレメントに直角な線）を他のエレメントまたは壁面に移動するには、寸法補助線の中央の **Move Witness Line** コントロールを使います。クリックを繰り返し、オプションを順に確認します。このコントロールをドラッグして寸法補助線を他のエレメントに移動するか、またはコントロール上で右クリックし **Move Witness Line** を選択します。

Autodesk Revit 2019：構造の基本

寸法文字列の中で寸法を追加・削除する

- 寸法文字列に補助線を追加するには、寸法を選択し、*Modify | Dimensions* tab > Witness Lines panel で （Edit Witness Lines）をクリックします。寸法に追加するエレメント（複数可）を選択します。空白をクリックして操作を完了します。

- 寸法補助線を削除するには、**Move Witness Line** コントロールを付近のエレメントまでドラッグします。別の方法として、**Move Witness Line** コントロールの上にカーソルを合わせて右クリックし、**Delete Witness Line** を選択します。

- 寸法文字列の中の 1 つの寸法を削除して文字列を 2 つに分割するには、文字列全体を選択し、削除する寸法の上にカーソルを合わせて <Tab> を押します。削除する寸法がハイライト表示されたら（図 13–8 上部参照）それを選択し、<Delete> を押します。選択した寸法は削除され、図 13–8 の下段に示すように、1 本の寸法文字列が 2 つに分割されます。

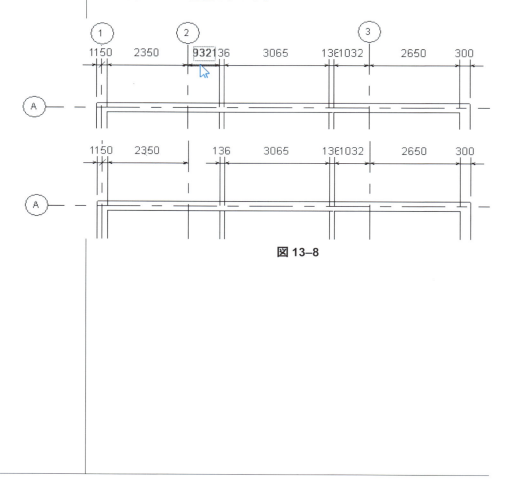

図 13–8

寸法値を編集する

Autodesk® Revit® ソフトはパラメータベースであるため、寸法が参照しているエレメントを変更せずに寸法値を変更すると、プロジェクト全体に問題を引き起こします。このような問題は、モデルを超えて、積算または他の分野との協業にも悪影響を及ぼします。

この場合、接頭辞や接尾辞（図 14–9 参照）を追加することで寸法値を補足することが可能で、改修プロジェクトなどに便利です。

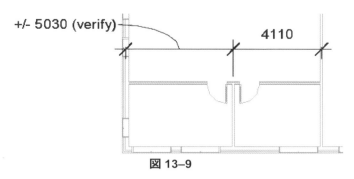

図 13–9

寸法値をダブルクリックして図 13–10 に示す Dimension Text ダイアログボックスを開き、必要に応じて編集を行います。

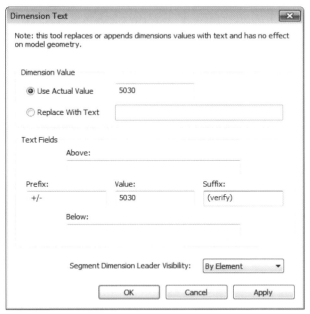

図 13–10

拘束の設定

寸法に適用される拘束には、ロック、均等拘束（図 13–11 参照）、およびラベルの 3 種類があります。

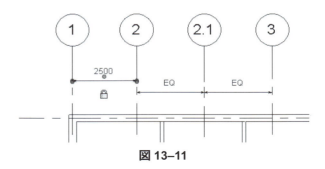

図 13–11

寸法をロックする

寸法をロックすると寸法値が固定され、寸法と参照先のエレメントの間で変更を行うことが出来なくなります。ロックが解除されると、寸法を移動することや値を変更することが可能になります。

寸法をロックしてエレメントを移動すると、寸法にロックされた全てのエレメントが一緒に移動するので、注意が必要です。

寸法の均等拘束

寸法文字列を均等割りするには、**EG** 記号を選択します。これによって、参照先のエレメントも均等に配置されます。

- 図 13–12 に示すように、Properties において均等割りのテキスト表記を変更することが可能です。表示フォントのスタイルは寸法タイプにおいて設定されます。

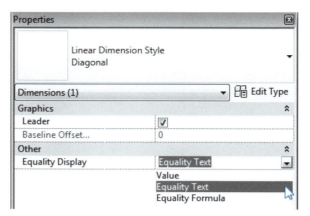

図 13–12

寸法にラベルを適用する

図 13–13 に示す *Wall to Window* ラベルのように、何度も繰り返し使う必要のある寸法がある場合、または別の寸法をもとに関数を使いたい場合は、ラベルと呼ばれるグローバルパラメータを設定して適用することが可能です。

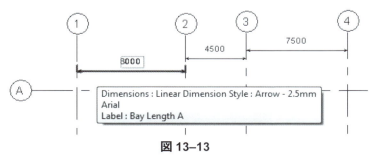

図 13–13

- 既存のラベルを寸法に適用するには、寸法を選択し、図 13–14 に示すように *Modify | Dimension* tab > Label Dimension panel のドロップダウンリストからラベルを選択します。

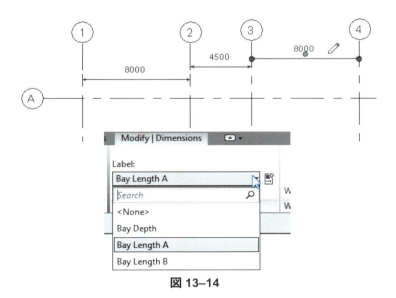

図 13–14

操作手順：ラベルを作成する

1. 寸法を選択します。
2. *Modify | Dimension* tab > Label Dimension panel で、📄（Create Parameter）をクリックします。
3. 図 13–15 に示すように、Global Parameter Properties ダイアログボックスで *Name* を入力し、**OK** をクリックします。

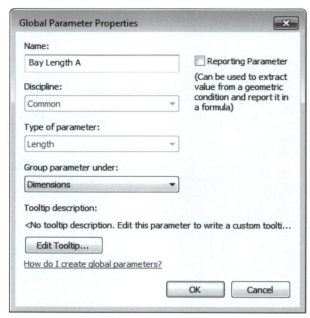

図 13–15

4. 寸法にラベルが適用されました。

操作手順：ラベル情報を編集する

1. ラベルが適用された寸法を選択します。
2. 図 13–16 に示すように、**Global Parameters** をクリックします。

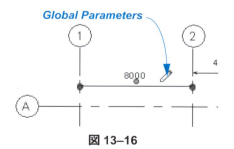

図 13–16

3. Global Parameters ダイアログボックスの *Value* 列において、図 13–17 に示すように新しい寸法を入力します。

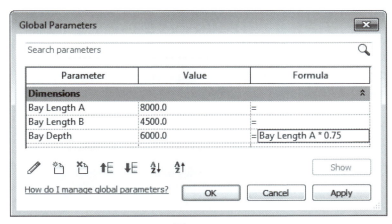

図 13–17

4. **OK** をクリックします。選択された寸法および同じラベルが適用された他の寸法が更新されます。

- このダイアログボックスにおいて、Global Parameter の編集、作成、削除が可能です。

拘束の操作

どのエレメントが拘束されているかを確認するには、View Control Bar において (Reveal Constraints) をクリックします。図 13–18 に示すように、拘束が表示されます。

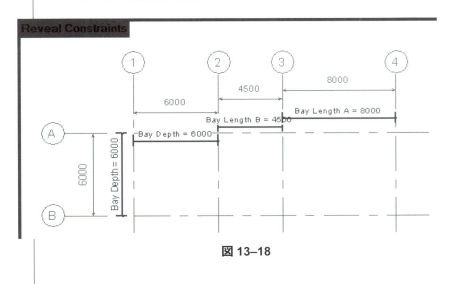

図 13–18

- 適切な拘束範囲を超えてエレメントを移動しようとすると、図 13–19 に示す警告ダイアログボックスが表示されます。

図 13–19

- 拘束の適用された寸法を削除すると、図 13–20 に示す警告ダイアログボックスが表示されます。**OK** をクリックして拘束を維持するか、または **Unconstrain** をクリックして拘束を解除します。

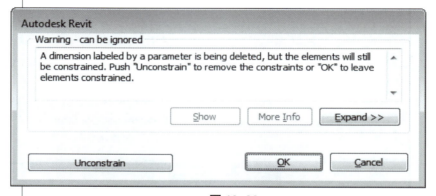

図 13–20

設計図書への注釈の記入

複数鉄筋の注釈

これらの注釈は、複数鉄筋の配置を利用して作成した鉄筋にのみ機能します。構造の面配筋、パス配筋、メッシュ筋では機能しません。

寸法に似た Multi-Rebar Annotation（複数配筋注釈）ツールでは、図13-21 に示すように、参照元エレメントからのパラメータを基に、複数の鉄筋エレメントの寸法を配置してタグ付けをします。

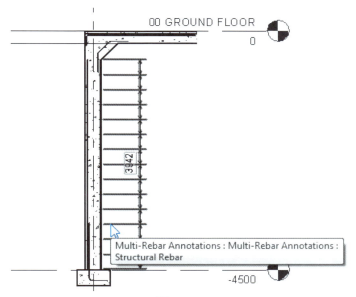

図 13-21

- 複数鉄筋の注釈には、傾斜タイプ（注釈はタグされた鉄筋に対して平行に表示されます）と直線タイプ（注釈はビューの水平軸、または垂直軸に位置合わせされます）の2種類があります。
- 複数鉄筋の寸法を使用するには、1つのセット内に最低2つの鉄筋エレメントが必要です。

操作手順：複数鉄筋の注釈を追加する

1. *Annotate* tab > Tag panel で、 (Multi-Rebar Annotation) を展開し、 (Aligned Multi-Rebar Annotation：傾斜複数配筋注釈) または (Linear Multi-Rebar Annotation：直線複数配筋注釈) を選択します。
2. Type Selector で、使用する注釈のタイプを選択します。
3. タグ付けするエレメントを選択します。
4. クリックして、寸法文字列を配置します。
5. クリックして、寸法文字列から離して線を配置します。
6. クリックして、タグ（テキスト）を配置します。
7. 必要に応じて、引き続き注釈を配置します。
8. (Modify) をクリックするか、または <Esc> を押して終了します。

- 寸法とタグは、別々に編集することができます。エレメントを 1 つ選択した後、Modify | Multi-Rebar Annotate tab > Edit panel で (Select Tag) または (Select Dimension) をクリックします。図 13–22 のタグの例で示すように、コントロールを使ってエレメントを編集します。

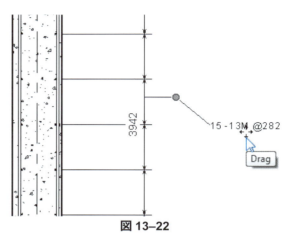

図 13–22

- 寸法の編集には、他の寸法文字列と同じコントロールを使用します。

- Multi-Rebar Annotation の寸法は、Rebar Presentation（鉄筋表現）スタイルと連動して自動で変更されます。例えば図 13–23 では、 (Show First and Last：最初と最後を表示) が左側に表示され、 (Show All：すべて表示) が右側に表示されています。このグラフィックは **Structural Rebar Section** の Multi-Rebar Annotation タイプを使用しています。

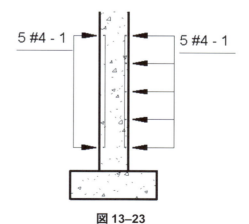

図 13–23

実習 13a 寸法を操作する

この実習の目標

- 平行寸法と半径寸法を使用します。
- 複数鉄筋の注釈を追加します。

この実習では、図 13–24 に示すように、通芯位置に Aligned（平行）寸法を、曲り梁に Radial（半径）寸法を追加し、構造図を注釈します。また、テキスト注記を図面と詳細ビューに、複数鉄筋の注釈を立面図の吹き出しに追加します。

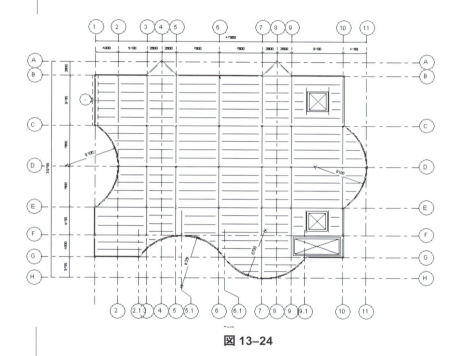

図 13–24

タスク 1 – 寸法を配置する

1. Syracuse-Suites-Dimensions-M.rvt を開いてください。

2. Project Browser で Structural Plans: TOS-1ST FLOOR のビューを右クリックし、Duplicate View > Duplicate を選択します。

3. 新しいビューの名前を TOS-1ST FLOOR – Dimensioned に変更します。

4. View Control Bar で *Scale* を **1:200** に変更します。

5. *Annotate* tab > Dimension panel または Quick Access Toolbar で (Aligned) をクリックします。

6. 図 13–25 の上部に示すように、**Grid 1**、**Grid 11** と順にクリックし、次に **Grid 11** の右側をクリックして、1 つの全体寸法を作成します。

7. この時点では、**Aligned** コマンドはまだ実行中です。**Grid 1** を選択し、**Grid 11** を選択するまで止まらずに他の通芯を連続して選択します。終点にきたら、図 13–25 の全体寸法の下に示すように、文字列の右側を選択して寸法を配置します。

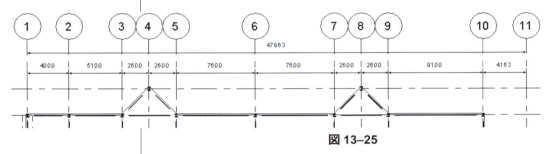

図 13–25

8. **Grid A** から **Grid H** まで、通芯間の寸法を縦に追加します。**Grid A** から **Grid H** まで単一の寸法をもう 1 つ追加します。必要に応じて、通芯記号の位置を変更します。

9. *Modify | Place Dimension* tab > Dimension panel で (Radial) をクリックし、4 つの円形の区画に半径寸法を追加します。図 13–26 に一例が示されています。

重なり合うテキストがある場合は、そのテキストを選択し、読めるように余白に移動します。

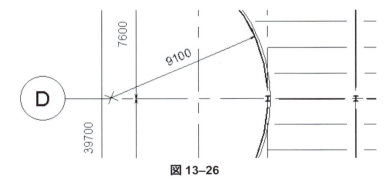

図 13–26

10. プロジェクトを保存します。

設計図書への注釈の記入

タスク 2 – 複数鉄筋の注釈を追加する

1. **Elevations (Building Elevation): North** のビューを開いてください。

2. 図 13–27 に示すように、面配筋タグが確認できる 5 通りと 7 通りの間の基礎壁を拡大表示します。

3. *View* tab > Create panel で (Callout) をクリックし、Type Selector で **Detail**（詳細吹き出し）を選択します。図 13–27 に示すように、吹き出しを描画します。

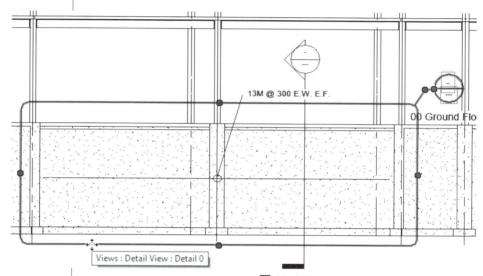

図 13–27

- Detail の吹き出しタイプを使用すると、鉄筋が自動的に表示されます。Elevation（立面図）タイプを使用する場合は、そのビューの鉄筋の **View Visibility State** を編集する必要があります。

4. Project Browser の **Detail Views (Detail)** ノードで、新しいビューの名前を **Foundation Rebar Elevation** に変更して開きます。

5. トリミング領域からレベル面記号を動かし、見やすくします。

6. *Annotate* tab > Tag panel で (Aligned Multi-Rebar Annotation) をクリックします。

Autodesk Revit 2019：構造の基本

7. 最上部の鉄筋セットを選択し、注釈を配置します。図 13–28 に示すように、その鉄筋セット内のすべてのインスタンスの寸法が自動的に配置されます。

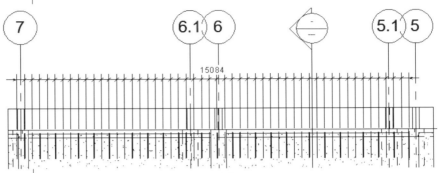

図 13–28

8. (Modify) をクリックし、鉄筋セットを選択します。

9. *Modify | Structural Rebar* tab > Presentation panel で (Show First and Last) をクリックします。

10. 図 13–29 に示すように、指定した鉄筋表現に合うように寸法が修正されます。

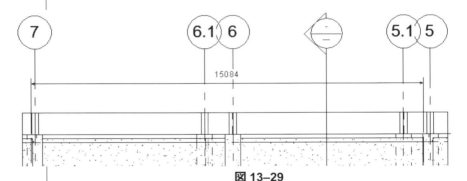

図 13–29

11. プロジェクトを保存します。

13.2 テキストを操作する

Text コマンドは、図 13-30 に示すようなビューやシートに注記を追加します。同じコマンドで、引出線が付いたテキストも付いていないテキストも作成できます。

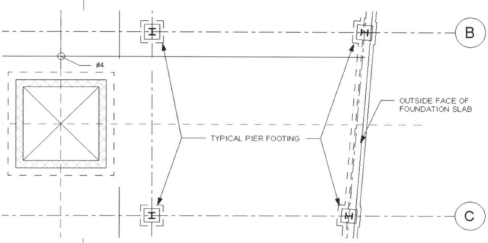

図 13-30

テキストの高さは、ビューのスケールに合わせて、テキストタイプにより自動設定されます（図 13-31 に示すように、同じサイズのテキストタイプが 2 つの異なるスケールで使われます）。テキストタイプはビューとシートの両方において、指定された高さで表示されます。

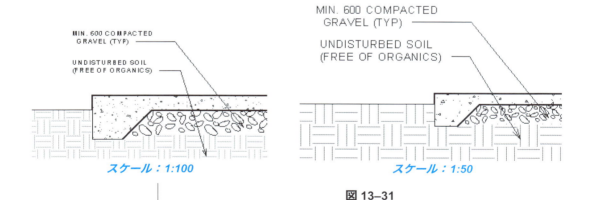

図 13-31

操作手順：テキストを追加する

テキストタイプでは、テキストのフォントと高さが設定されます。

1. Quick Access Tool bar または Annotate Tab > Text panel において、**A**（Text）をクリックします。
2. Type Selector でテキストタイプを設定します。
3. *Modify | Place Text* tab > Leader panel において、引出線の設定を選択します：A (No Leader)、←A (One Segment)、A (Two Segments)、A (Curved)。
4. 図 13–32 に示すように、Paragraph パネルでテキストと引出線全体の位置揃えを設定します。

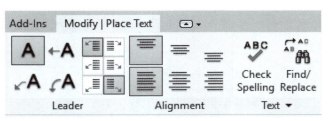

図 13–32

テキストを他のテキストエレメントに揃えるには、位置合わせ線を使うと便利です。

5. 引出線とテキストの位置を選択します。
   - **No leader**（引出線なし）を選択した場合、テキストの起点を選択して入力を始めます。
   - 引出線を使う場合、最初の点で矢印を配置し、次に引出線の位置を決定します。テキストは、引出線の終点から始まります。
   - テキストの折り返し間隔を設定するには、クリック＆ドラッグによってテキストの起点と終点を設定します。
6. 必要なテキストを入力します。図 13–33 に示すように、Edit Text タブでフォントと段落の追加オプションを指定します。

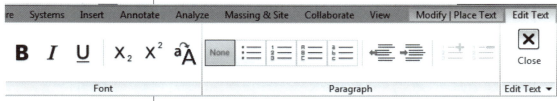

図 13–33

7. EditText tab > Edit Text panel で ✕ (Close) をクリックするか、またはテキストボックスの外側をクリックして、テキストエレメントを完成させます。
   - テキスト行の後ろで <Enter> を押すと、同じテキストウィンドウで新たなテキスト行を始めることができます。

設計図書への注釈の記入

操作手順：テキスト記号を追加する

1. **Text** コマンドを開始し、クリックしてテキストを配置します。
2. テキストを入力しながら記号を挿入する必要がある場合は、右クリックしてショートカットメニューから **Symbols** を選択します。図 13–34 に示すように、よく使われる記号のリストから選択します。

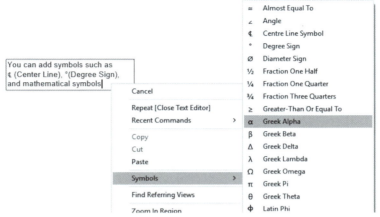

図 13–34

3. 必要な記号がリストにない場合は、**Other** をクリックします。
4. 図 13–35 に示すように、Character Map ダイアログボックスで記号をクリックして、**Select** をクリックします。

図 13–35

5. **Copy** をクリックして記号をクリップボードにコピーし、テキストボックスの中に貼り付けます。
- Character Map の Font は、テキストタイプで使われているフォントと一致していなければなりません。記号に異なるフォントを使うことはできません。

テキストの編集

テキスト注記の編集は、以下の2段階で行います。

- **Leader**（引出線）と **Paragraph**（段落）スタイルを含むテキスト注記の編集
- テキスト注記内での個々の文字・単語・段落の変更を含むテキストの編集

テキスト注記を編集する

テキスト注記を一度クリックし、図13-36に示すようにコントロールまたは *Modify | Text Notes* tab のツールを使用して、テキストボックスと引出線を編集します。

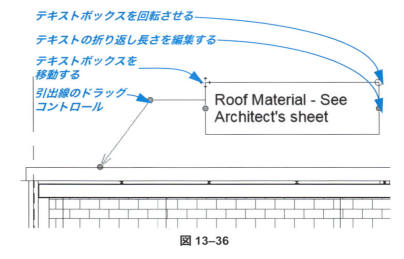

図 13-36

操作手順：テキスト注記に引出線を追加する

1. テキスト注記を選択します。
2. 図 13–37 に示すように、*Modify* | *Text Notes* tab > Leader panel で新しい引出線の方向と位置揃えを選択します。
3. 図 13–38 に示すように、引出線が適用されます。必要に応じて、ドラッグコントロールを使って矢印を配置します。

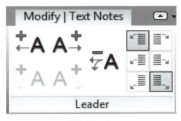

図 13–37

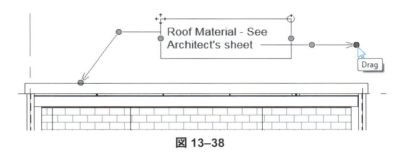

図 13–38

- (Remove Last Leader) をクリックすると削除することができます。

テキストを編集する

Edit Text タブでは様々なカスタマイズが可能です。これには、図 13–39 に示すように、選択した単語のフォント変更や、黒丸や番号による箇条書きの作成が含まれます。

General Notes
1. Notify designer of intention to start construction at least 10 days prior to start of site work.
2. Installer shall provide the following:
    - 24-hour notice of start of construction
    - Inspection of bottom of bed or covering required by state inspector
    - All environmental management inspection sheets must be emailed to designer's office within 24 hours of inspection.

図 13–39

- テキストの **Cut**、**Copy**、**Paste** は、クリップボードを使って行うことができます。例えば、文書からテキストをコピーし、Revit 上のテキストエディタにペーストできます。

- 編集中にテキストを見やすくするには、図 13–40 に示すように、*Edit Text* タブで *Edit Text* パネルを展開し、オプションのどちらか1つまたは両方を選択します。

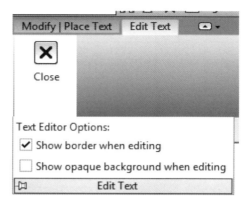

図 13–40

操作手順：フォントを編集する

1. 個々の文字または単語を選択します。
2. 含めたいフォントの仕様をクリックします。

B（太字体）	X₂ （下付き文字）
I （斜字体）	X² （上付き文字）
U （下線）	aA （全て大文字）

- Autodesk Revit 以外の文書からテキストをペーストした場合、フォントの仕様（太字体、斜字体など）は保持されます。

操作手順：箇条書きを作成する

1. *Edit Text* モードにおいて、箇条書きを追加する行にカーソルを置きます。
2. *Edit Text* tab > Paragraph panel において、作成する箇条書きのタイプをクリックします。

（黒丸）	（大文字）
（数字）	（小文字）

設計図書への注釈の記入

インデントの距離は、Text Type Tab Size により設定されます。

3. 入力の際に <Enter> を押すと、次の行に番号が順番に振られます。

4. サブリストを含めるには、次の行の始まりで ⬛ (Increase Indent) をクリックします。図 13–41 に示すように行がインデントされ、次の箇条書きの階層が適用されます。

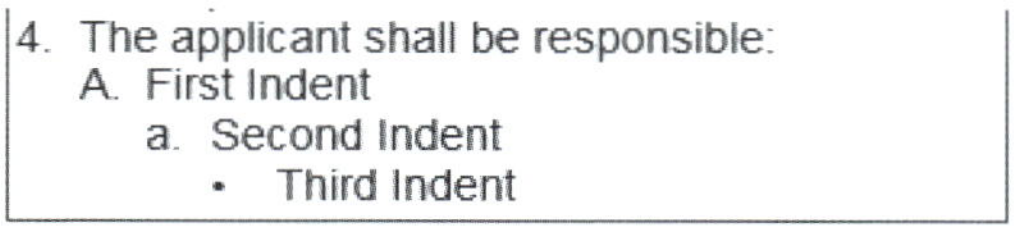

```
4. The applicant shall be responsible:
   A. First Indent
        a. Second Indent
            • Third Indent
```

図 13–41

- 箇条書きのタイプは、行頭文字を適用した後でも変更は可能です。例えば、図 13–42 に示すように、文字の代わりに黒丸を使うこともできます。

5. ⬛ (Decrease Indent) をクリックすると、前の箇条書きに戻ります。

- <Shift>+<Enter> を押すと、番号付けされた箇条書きに空白の行を作成します。

- 段組をしたり、段落番号を続けて別のテキストボックスを作成するには（図 13–42 参照）、2 つ目のテキストボックスに箇条書きを作成してカーソルを行内に置き、Paragraph パネルにおいて、箇条書き番号が順番通りになるまで ⬛ (Increment List Value) をクリックします。

General Notes
1. Notify designer of intention to start construction at least 10 days prior to start of site work.
2. Installer shall provide the following:
   - 24-hour notice of start of construction
   - Inspection of bottom of bed or covering required by state inspector
   - All environmental management inspection sheets must be emailed to designer's office within 24 hours of inspection.
3. Site layout and required inspections to be made by designer:
   - Foundations and OWTS location and elevation
   - Inspection of OWTS bottom of trench
4. The applicant shall be responsible for:
   - New Application for redesign.
   - As-built location plans

General Notes (cont.)
5. The installer/applicant shall provide the designer with materials sheets for all construction materiasl prior to designer issuing certificate of construction.
6. The applicant shall furnish the original application to the installer prior to start of constuction

続きの番号が割り当てられる

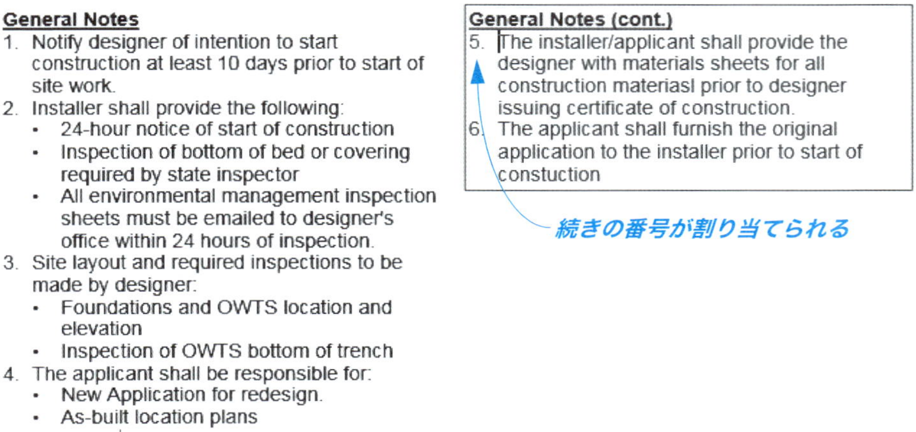

図 13–42

6. 番号を戻すには、⬛ (Decrement List Value) をクリックします。

© 2018, ASCENT - Center for Technical Knowledge®

> **ヒント：テキストをモデリングする**
>
> モデルテキストは注記テキストとは異なります。モデルテキストは、モデル自体に実物大の文字を作成するようデザインされています。例えば、図 13–43 で示すように、扉にサインを設置するためにモデルテキストが使用されます。デフォルトのテンプレートには、モデルテキストタイプが 1 つ含まれ、必要に応じて他のタイプも作成できます。
>
>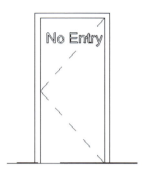
>
> 図 13–43
>
> モデルテキストは Architecture tab > Model panel で (Model Text) をクリックして追加します。

スペルチェック

文中にスペルミスがあると、図 13–44 に示すように Spelling ダイアログボックスが表示され、いくつかの変更オプションが提示されます。

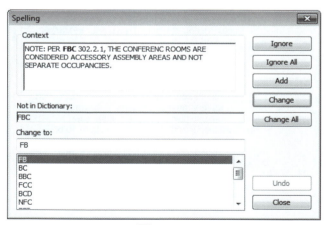

図 13–44

- ビュー内の全てのテキストをスペルチェックするには、Annotate tab > Text panel で (Spelling) をクリックするか、または <F7> を押します。他のスペルチェッカーと同様に、単語を **Ignore**（無視）、**Add**（追加）、または **Change**（変更）することができます。

新しいテキストタイプの作成

- 選択したテキストのみをスペルチェックすることも可能です。テキストを選択した状態で、Modify | Text Notes tab > Tools panel で (Check Spelling) をクリックします。

別のテキストサイズまたはフォントから成る新たなテキストタイプ（例：表題や手書き風の文字など）が必要な場合は、図 13–45 に示すように、新たなテキストタイプを作成することが可能です。将来的にも使えるように、プロジェクトテンプレートで新しいテキストタイプを作成することをお勧めします。

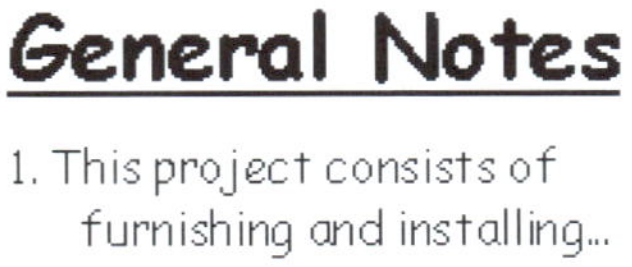

General Notes
1. This project consists of furnishing and installing...

図 13–45

- テキストタイプは、プロジェクト間でコピー＆ペーストしたり、または Transfer Project Standards を使用して読み込むことができます。

操作手順：テキストタイプを作成する

1. Annotate tab > Text panel で、(Text Types) をクリックします。
2. Type Properties ダイアログボックスで、Duplicate をクリックします。
3. Name ダイアログボックスにおいて新しい名前を入力し、OK をクリックします。
4. 図 13–46 に示すように、必要に応じてテキストのパラメータを編集します。

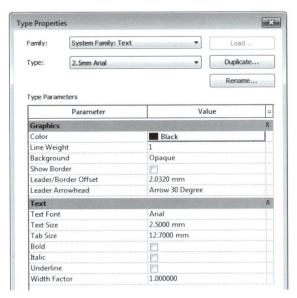

図 13–46

Autodesk Revit 2019：構造の基本

- **Background** パラメータは、**Opaque**（不透明）または **Transparent**（透明）に設定できます。不透明な背景には、テキストの下線やエレメントを隠すマスク領域が含まれます。

- *Text* エリアの **Width Factor** パラメータは、文字の幅を制御しますが、高さには影響しません。値が **1** より大きいとテキストが横方向に広がり、**1** 未満だと横方向に圧縮されます。

- **Show Border** パラメータを選択すると、テキストの周りに長方形の枠が現れます。

5. **OK** をクリックして、Type Properties ダイアログボックスを閉じます。

実習 13b テキストを操作する

この実習の目標

- テキスト注記を追加します。
- リストを利用し、テキストを編集します。

この実習では、図 13–47 に示すように、構造平面図ビューと軸図内にテキストを追加します。その後、テキスト注記でコピーし、番号の付いた箇条書きを作成します。

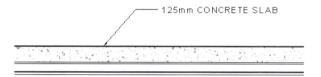

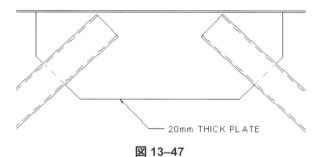

図 13–47

タスク 1 – 構造図ビューにテキストを追加する

1. Syracuse-Suites-Text-M.rvt を開いてください。
2. Structural Plans: TOS-1ST FLOOR – Dimensioned のビューを開きます。
3. 図面の左上コーナーを拡大表示します。
4. Annotate tab > Text panel で A（Text）をクリックします。

5. Type Selector で **Text: 3.5mm Arial** を選択します。

6. *Modify | Place Text Tab* > Leader panel で (Two Segments) をクリックします。

7. テキストがスラブエッジを指すように、最初の点を選択します。これがラベルする対象となります。最初の点から任意の距離を離した位置に 2 点目を選択します。

8. **Slab Edge** と入力（単語の最初の文字のみ大文字）し、(Modify) をクリックします。

9. 必要に応じて、テキストの位置を調整します。

10. テキストをダブルクリックすると、*Edit Text* タブが開きます。

11. 全ての文字をハイライト表示し、*Edit Text* tab > Font panel で (All Caps) をクリックします。図 13–48 に示すように、テキストが更新されます。*Edit Text* タブを閉じてください。

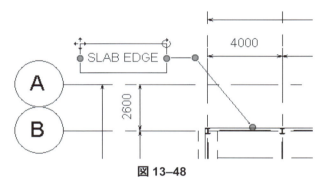

図 13–48

12. 縮小表示し、ビューが画面に収まるようにします。

13. プロジェクトを保存します。

タスク 2 – 軸組図にテキストを追加する

1. **Elevations (Framing Elevation): Typical Top Plate** のビューを開いてください。

2. ビューに重ならないようにレベルマーカーの位置を修正します。

3. 図 13–49 に示すように、**20mmTHICK PLATE** と **125mm CONCRETE SLAB** のテキスト引出線を追加します。

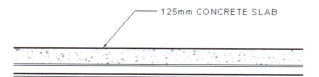

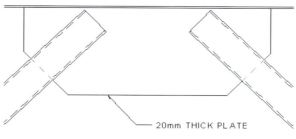

図 13–49

4. プロジェクトを保存します。

タスク 3 – 一般注記を追加し、リストを作成する

1. **S-000 – COVER SHEET** のビューを開いてください。

2. Symbol Legend（記号凡例）のあるエリアを拡大表示します。

3. **Text** コマンドを実行し、*Modify | Place Text tab* > Leader panel で **A**（No Leader）をクリックします。

4. Type Selector で **Text: 2.5mm Arial** を選択します。

Autodesk Revit 2019：構造の基本

5. 図 13–50 に近い形で、クリック＆ドラッグして四角形を配置します。

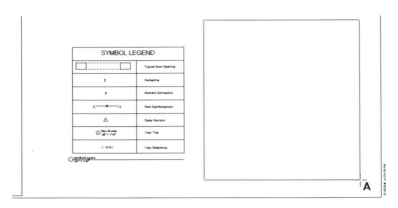

図 13–50

6. Microsoft Word またはその他のテキストエディタで、**Structural Steel Notes.docx** または **Structural Steel Notes.txt** を開きます。

7. 全テキストを選択し、クリップボードにコピーします（<Ctrl>+C と入力します）。

8. Autodesk Revit に戻り、*Edit Text* tab > Clipboard panel で （Paste）をクリックします。図 13–51 に示すように、テキストが追加されます。

図 13–51

設計図書への注釈の記入

9. 拡大表示し、図 13–52 と同じように見えるようにテキストを編集します。

- Notes（注記）の見出しを選択し、^a_A（All Caps）をクリックします。

- A.、B. および C. の見出しを **B**（Bold）に設定します。

- テキストの各グループを選択し、(List: Numbers：番号)をクリックします。

- インデントされたリストを (List: Uppercase Letters：大文字)に変更します。

STRUCTURAL STEEL NOTES

A. CODES AND SPECIFICATIONS
1. ABC BUILDING CODE, 2010.
2. ASCE 7-05, MINIMUM DESIGN LOADS FOR BUILDINGS AND OTHER STRUCTURES.
3. ACI 301-05 SPECIFICATIONS FOR STRUCTURAL CONCRETE FOR BUILDINGS AS MODIFIED BY THE CONSTRUCTION DOCUMENTS.
4. AISC 303-05 CODE OF STANDARD PRACTICE FOR STEEL BUILDINGS AND BRIDGES AS MODIFIED BY THE CONSTRUCTION DOCUMENTS.
5. ANSI/AWS D1.1 STRUCTURAL WELDING CODE - STEEL

B. FOUNDATIONS
1. THE FOUNDATION DESIGN IS BASED UPON THE RECOMMEDATIONS INCLUDED IN THE REPORT OF GEOTECHNICAL EXPLORATION PREPARED BY H.C. NUTTING, DATED MAY 17, 2011.
2. FOUNDATION ELEVATIONS SHOWN ARE ESTIMATED AND ARE FOR BIDDING PURPOSES ONLY. ACTUAL ELEVATIONS MAY VARY TO SUIT SUBSURFACE SOIL CONDITIONS
3. COLUMN SPREAD FOOTINGS ARE DESIGNED FOR A MAXIMUM BEARING PRESSURE OF 3000 PSF. BASEMENT WALL FOOTING MAXIMUM BEARING PRESSURE 2500 PSF. NON-BASEMENT WALL FOOTINGS MAXIMUM BEARING PRESSURE 2000 PSF. SOILS UNSUITABLE FOR SUPPORTING FOUNDATIONS SHALL BE REMOVED AS DIRECTED BY THE GEOTECHNICAL ENGINEER, AND BACKFILLED TO DESIGN BEARING ELEVATION WITH LEAN CONCRETE.
4. ALL BEARING SURFACES SHALL BE UNDISTURBED, LEVEL (WITHIN 1 IN 12), AND SHALL BE APPROVED BY THE GEOTECHNICAL ENGINEER PRIOR TO PLACING CONCRETE.
5. UNLESS APPROVED OTHERWISE BY THE GEOTECHNICAL ENGINEER AND THE STRUCTURAL ENGINEER, ALL FOOTINGS ARE TO BE POURED NEAT (WITHOUT SIDE FORMS). WHERE EARTH CUTS WILL NOT STAND, SIDES SHALL BE FORMED, SUBJECT TO ENGINEERS' APPROVAL.
6. SET COLUMN DOWELS AND ANCHOR RODS WITH TEMPLATE PRIOR TO CONCRETING.

C. CONCRETE
1. CONCRETE STRENGTHS:
   A. FOOTINGS AND GRADE BEAMS: 3000 PSI
   B. EXTERIOR CONCRETE EXPOSED TO WEATHER: 4500 PSI AE
   C. TYPICAL CONCRETE UNLESS NOTED OTHERWISE: 4000 PSI
   D. INTERIOR CONCRETE SLABS ON METAL DECK: 4000 PSI NORMAL WEIGHT
   E. BACKFILL (LEAN) CONCRETE: 1000 PSI
2. PROVIDE 3/4" BEVELS AT CORNERS OF ALL EXPOSED COLUMNS, EDGES OF EXPOSED BEAMS AND SLABS, AND TOP EDGES AND CORNERS OF EXPOSED WALLS.
3. MAXIMUM LENGTH OF WALL POUR BETWEEN CONSTRUCTION JOINTS SHALL NOT EXCEED 120 FEET. MAXIMUM LENGTH OF SLAB POURS BETWEEN CONSTRUCTION JOINTS SHALL NOT EXCEED 120 FEET. MAXIMUM AREA OF SLAB POURS NOT TO EXCEED 10,000 SF.
4. JOINTS NOT INDICATED ON STRUCTURAL DRAWINGS ARE NOT PERMITTED UNLESS APPROVED BY STRUCTURAL ENGINEER.
5. PLACE NO OPENINGS, SLEEVES, INSERTS, ETC., IN CONCRETE WORK UNLESS CRITERIA INDICATED ON STRUCTURAL DRAWINGS IS MET, OR IS APPROVED IN WRITING BY THE STRUCTURAL ENGINEER.
6. CONCRETE CONSTRUCTION TOLERANCES ARE AS SHOWN IN THE PROJECT SPECIFICATIONS.

図 13–52

10. 縮小表示して、シート全体を確認します。

11. プロジェクトを保存します。

© 2018, ASCENT - Center for Technical Knowledge®

13.3 タグを追加する

タグは、集計表に表記されたエレメントの識別に使われます。エレメントを挿入するときに **Tag on Placement** オプションを使用すると、自動で挿入されるタグもあります。必要に応じて、後で特定のビューに追加することもできます。Autodesk® Revit® ソフトでは、図 13–53 に示すように、構造柱タグ、構造フレームタグなど、その他の多くのタグが利用できます。

その他のタグはAnnotations フォルダの Library に保存されています。

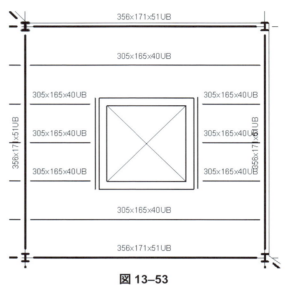

図 13–53

- **Tag by Category** コマンドは、別のコマンドを必要とする一部のエレメントを除いて、ほぼ全てのエレメントで利用できます。

- タグはアルファベット、番号、またはその組み合わせで表記されます。タグには以下の3種類があります。

- （Tag by Category）：エレメントのカテゴリ別にタグを配置します。柱に柱タグを、壁に壁タグを配置します。

- （Multi-Category）：複数のカテゴリに属するエレメントにタグを配置します。パラメータの中から共通の情報を表示します。

- （Material）：材料のタイプを表示します。通常、詳細な情報が必要な際に使用されます。

操作手順：タグを追加する

1. *Annotate* tab > Tag panel で、配置するタグのタイプに合わせて（Tag by Category）、（Multi-Category）、または（Material Tag）をクリックします。
2. 図 13–54 に示すように、必要に応じて Options Bar でオプションを設定します。

図 13–54

3. タグを付けるエレメントを選択します。選択したエレメント用のタグが読み込まれていないときは、Library から読み込むように表示が出ます。

タグのオプション

- 図 13–55 に示すように、タグの引出線や向きのオプションを選択することができます。タグを配置または変更しているときに、<SpaceBar> を押してタグの向きを切り替えることもできます。

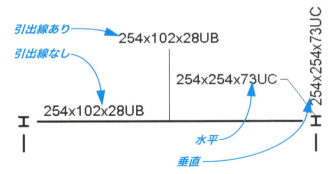

図 13–55

- 図 13–56 に示すように、引出線には **Attached End** と **Free End** のオプションがあります。Attached end（アタッチされた端部）は、タグが付けられるエレメントと繋がっていなければなりません。Free end（自由な端部）には、引出線とエレメントの接点に追加のドラッグコントロールがあります。

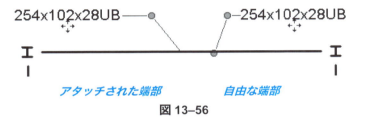

図 13–56

- **Attached End** と **Free End** を切り替えても、タグや引出線は移動しません。

- **Length**（長さ）のオプションでは、引出線の長さを印刷時の単位で設定します。**Leader**（引出線）のオプションが選択されていない場合、または **Free End** が選択されている場合は、長さのオプションはグレー表示されます。

- タグが読み込まれていない場合は、図 13–57 に示すような警告ボックスが開きます。Yes をクリックして、適切なタグを選択するための Load Family ダイアログボックスを開きます。

図 13–57

- タグが付けられたエレメントを移動したときにタグが動かないようにするため、タグをピン固定することが可能です。この機能は主に、タグに引出線がある場合に使われます。

- 一部の構造エレメント（例：メッシュ筋シート、面配筋）には、図 13–58 に示すように、タグと記号の両方があります。

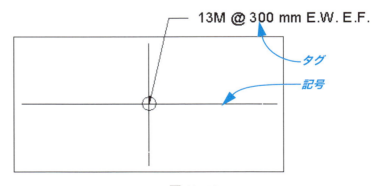

図 13–58

設計図書への注釈の記入

操作手順：複数のタグを追加する

1. *Annotate* tab > Tag panel で (Tag All) をクリックします。
2. Tag All Not Tagged（タグが付いていないもの全てにタグを付ける）ダイアログボックス（図 13–59 参照）で、タグを付ける 1 つ以上のカテゴリのチェックボックスを選択します。Category というタイトルのチェックボックスを選択すると、全てのタグが選択されます。

一部のエレメントのみにタグを付ける場合は、このコマンドを開く前にエレメントを選択し、Tag All Not Tagged ダイアログボックスにおいて Only selected objects in current view（現在のビューで選択されたエレメントのみ）を選択します。

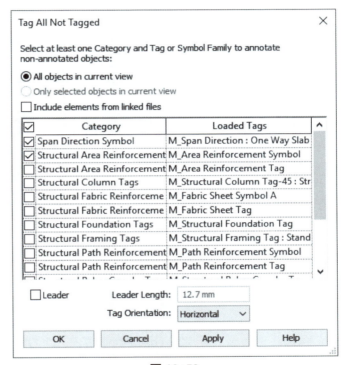

図 13–59

3. 必要に応じて、Leader と Tag Orientation（タグの向き）を選択します。
4. Apply をクリックしてタグを適用し、そのダイアログボックスに留まります。OK をクリックしてタグを適用し、ダイアログボックスを閉じます。

- タグを選択すると、そのタグのプロパティが表示されます。タグが付けられたエレメントのプロパティを表示するには、*Modify | <contextual>* tab > Host panel で (Select Host) をクリックします。

操作手順：タグを読み込む

1. *Annotate* タブにおいて Tag パネルを展開し、 (Loaded Tags And Symbol) をクリックするか、または Tag コマンドが開かれている状態で Options Bar で **Tags...** をクリックします。
2. Loaded Tags And Symbol ダイアログボックス（図 13–60 参照）で、**Load Family...** をクリックします。

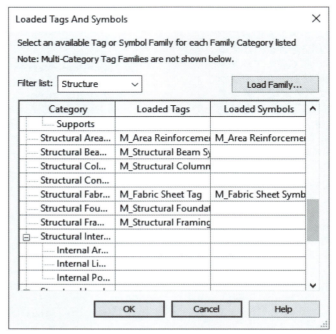

図 13–60

3. Load Family ダイアログボックスで、適切な *Annotations* フォルダに移動して必要なタグを選択して **Open** をクリックします。
4. ダイアログボックスのカテゴリにタグが追加されます。**OK** をクリックします。

インスタンスタグ vs タイプタグ

一部のエレメントには、それぞれのインスタンスに対し、固有の連続した番号のタグが付けられます。他のエレメント（トラスや壁など）には、タイプ毎にタグが付けられ、1つのタグの情報を変更すると、そのタグが付いたエレメントの全てのインスタンスが変更されます。

- インスタンスタグ（扉や部屋など）の番号を変更するには、タグの中の番号を直接ダブルクリックして変更することができます。または、*Mark* プロパティを変更することも可能です。その1つのインスタンスのみ更新されます。

- タイプタグの番号を変更する場合は、タグの中の番号を直接ダブルクリックして変更するか、または図 13–61 に示すように、エレメントを選択して Properties で (Edit Type) をクリックします。Type Properties ダイアログボックスの *Identity Data* エリアにおいて *Type Mark* を変更します。このエレメントの全てのインスタンスが更新されます。

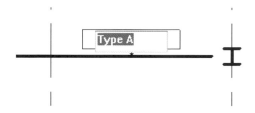

図 13–61

- タイプタグを変更すると警告ボックスが開き、タイプパラメータを変更すると他のエレメントにも影響が及ぶことを警告します。1つのタグの変更によって他の全てのエレメントを変更する場合は、Yes をクリックします。

- タイプタグにクエスチョンマークが表示される場合は、Type Mark がまだ割り当てられていないことを意味します。

Autodesk Revit 2019：構造の基本

> **ヒント：詳細ビューでエレメントにタグを付ける**
>
> トリミングされたビューでエレメントにタグを付けると、タグはそのエレメントのデフォルトの位置に置かれ、吹き出しで表示されない場合があります。View Control Bar で （Do not Crop）をクリックします。エレメントにタグを付けて、図 13-62 に示すようにクロップウィンドウで新しいタグを移動してください。 （Crop View）をクリックして、吹き出しビューのエリアに戻ります。
>
>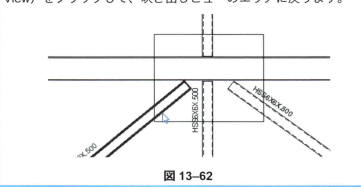
>
> 図 13-62

3D ビューでのタグの追加

図 13-63 に示すように、ビューがロックされていれば、3D ビューにタグ（と寸法）を追加することができます。アイソメトリックビューにはタグのみ追加できます。

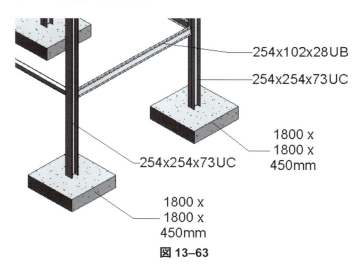

図 13-63

- パースペクティブビューもロックすることが可能です。これによって、希望通りのビューを作成した後、それが変更されないよう保存することができます。

設計図書への注釈の記入

操作手順：3D ビューをロックする

1. 3D ビューを開き、希望通りに設定してこれを表示します。
2. View Control Bar で （Unlocked 3D View）を展開し、 （Save Orientation and Lock View）をクリックします。

- デフォルトの 3D ビューを使っている場合で、ビューがまだ保存されていないときは、まずビューに名前を付けて保存するよう促されます。

- ビューの向きを変更することが可能です。 （Locked 3D View）を展開し、 （Unlock View）をクリックします。これによっても今まで適用されていたタグが削除されます。

- 1 つ前のロックされたビューに戻るには （Unlocked 3D View）を展開し、 （Restore Orientation and Lock View）をクリックします。

梁の注釈

Beam Annotation ツールによって梁タグと注釈を配置したり、図 13–64 に示すように、ビュー内の全てのエレメントに指定点高さを配置することができます。

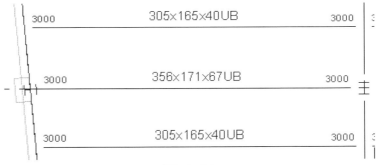

図 13–64

- 梁の注釈は、梁のいずれかの側の終点または中央点に配置できます。また、水平梁と傾斜梁に異なる注釈を指定することができます。

- 注釈を付ける梁の数を制限するには、先に注釈する梁を選択してからコマンドを実行します。これをしないと、ビュー内の全ての梁が注釈されます。

- リンクされたファイル内の梁も含めることができます。

- 既存の注釈は置き換えるか、または複製せずにその位置に置いておくこともできます。

Autodesk Revit 2019：構造の基本

- リリースと部材の力を含む、鉄骨接合のパラメータの値を定義することができます。これらの値は、設計者や製作者、解析アプリケーションによって使用され、集計表や注釈での用途に利用されます。

操作手順：梁の注釈を配置する

1. *Annotate* tab > Tag panel で、 (Beam Annotations) をクリックします。
2. 図 13–65 に示すように、Beam Annotations ダイアログボックスで、各梁に注釈を表示させる位置を指定します。

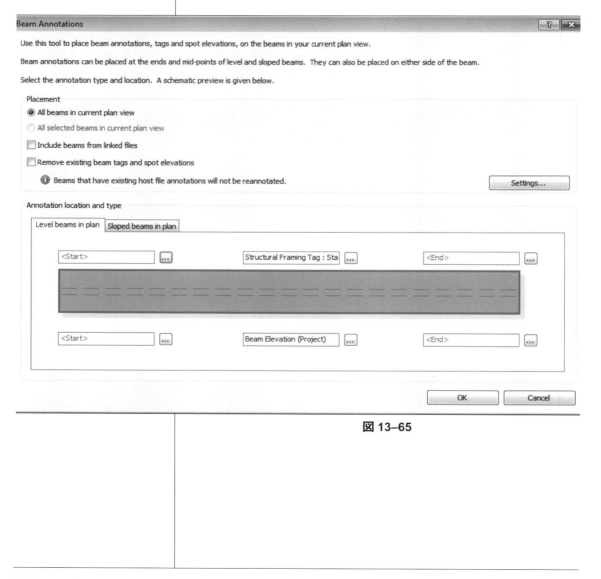

図 13–65

設計図書への注釈の記入

3. 様々な場所にある注釈のタイプを変更するには、編集ボックス横の […] (Browse) をクリックし、図 13–66 に示すような Annotation Type ダイアログボックスを開きます。

図 13–66

4. ダイアログボックスでオプションを指定し、**OK** をクリックします。
5. **OK** をクリックし、梁の注釈を配置します。

13.4 詳細線分と記号の追加

設計図書用のビューに注釈を記入する際、設計意図を明確にしたり情報を示すために、詳細線分や記号の追加が必要になる場合があります。**Span Direction Symbol**（図 13–67 参照）などの複数の記号は、特定の構造プロジェクトにのみ使用できます。

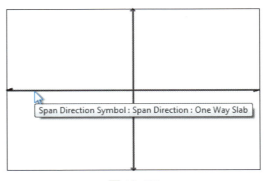

図 13–67

- 詳細線分と記号はビューに固有のもので、配置されたビュー以外では表示されません。

操作手順：詳細線分を描画する

1. *Annotation* tab > Detail panel において、 (Detail Line) をクリックします。
2. *Modify | Place Detail Lines* tab > Line Style panel において、図 13–68 に示すように、使用するラインタイプを選択します。

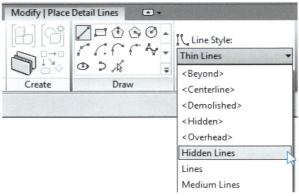

図 13–68

3. Draw パネルのツールを使って詳細線分を作成します。

記号の使用

設計図書で使用される注釈の多くは、何度も繰り返し使用されます。Autodesk Revit ソフトでは、そのような注釈のうち図 13–69 に示す North Arrow（北マーク）、Center Line（通芯）、Graphic Scale（スケールバー）などの注釈を記号として保存しています。

記号は 2D エレメントで 1 つのビューにのみ表示されるのに対し、コンポーネントは 3D 空間に存在することが可能で、多くのビューに表示されます。

図 13–69

- カスタム注釈や記号を作成して、読み込ませることも可能です。

操作手順：記号を配置する

1. *Annotate* tab > Symbol panel において、（Symbol）をクリックします。
2. Type Selector において、使用する記号を選択します。
3. その他の記号を読み込む場合は、*Modify | Place Symbol* tab > Mode panel で (Load Family) をクリックします。
4. 図 13–70 に示すように、Options Bar において *Number of Leaders*（引出線の数）を設定し、記号を挿入した後で回転させる場合は **Rotate after placement**（置後の回転）を選択します。

図 13–70

5. ビューに記号を配置します。**Rotate after placement** オプションを選択した場合は、記号を回転させます。引出線を指定した場合は、コントロールを使って位置を調整します。

- 従属するビュー（dependent view）へのタグ追加の詳細については、*付録 B.9 従属ビューに注釈を付ける（P.606（B–22））* を参照してください。

構造に固有の記号

複数のタイプの構造エレメントが、記号を（または記号とタグを一緒に）使用します。エレメントを作成する際に関連する記号が適用されていない場合は、後で追加することができます。それらの記号は、図 13–71 に示すように、*Annotate* tab > Symbol panel にあります。

図 13–71

- ビューに記号を追加するには、**Tag All Not Tagged** コマンドを使用することもできます。

操作手順：配筋記号を追加する

1. *Annotate* tab > Symbol panel で使用する記号のタイプをクリックします。

    ↥ （Beam System Symbol）

    ⇥ （Span Direction Symbol）

    ⇥ （Area Reinforcement Symbol）

    ⋎ （Path Reinforcement Symbol）

    ▨ （Fabric Reinforcement Symbol）

2. 関連する配筋エレメント（個々の鉄筋ではない）を選択します。
3. 記号の位置を選択します。図 13–72 の **Path Reinforcement** の例で示すように、記号が展開して梁システムの範囲に収まります。

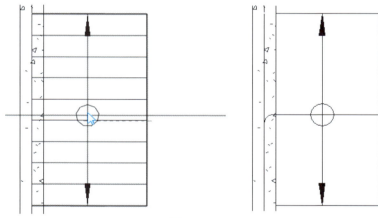

図 13–72

4. 引き続き同様のエレメントの選択と記号の配置を行います。
5. 完了したら、▷（Modify）をクリックするか、または <Esc> を押してコマンドを終了します。

- 配筋エレメントにタグを追加するには、⌐①（Tag by Category）コマンドを使用してください。

床とスラブのスパン方向を変更する

デフォルトでは、構造床または構造スラブを作成すると、スパン方向を示す記号が追加されます。これを利用して、スケッチを編集することなく、床やスラブの方向を変更できます。Floor Span Direction（床スパン方向）記号がビューに配置されていれば、図 13–73 に示すように、Type Selector でこれを編集することができます（Foundation Span Direction 記号にはない操作なので、ご注意ください）。

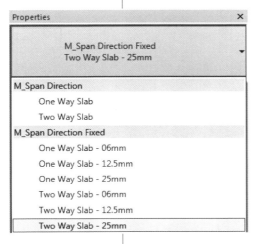
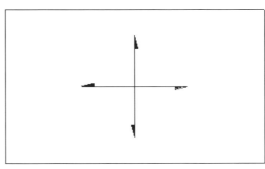

図 13–73

操作手順：スパン方向を変更する

1. Span Direction 記号を選択します。
2. *Modify | Span Direction Symbol* tab > Align Symbol panel で （Align Perpendicular）をクリックします。
3. スパンに直交するスラブの側面を選択します。
4. 図 13–74 に示すように、Span Direction 記号の方向が変わります。

図 13–74

梁システムの記号 vs フレームタグ

図 13–75 に示すように、Beam System（梁システム）は、各梁にタグを付けるかまたは梁システムの記号を使って注釈することができます。梁システムを配置する際に (Tag on Placement) を選択し、Options Bar で *Tag Style* を **Framing** または **System** に設定します。*Framing* オプションではシステム内の各梁にタグが付けられ、*System* オプションでは梁システムの記号が適用されます。

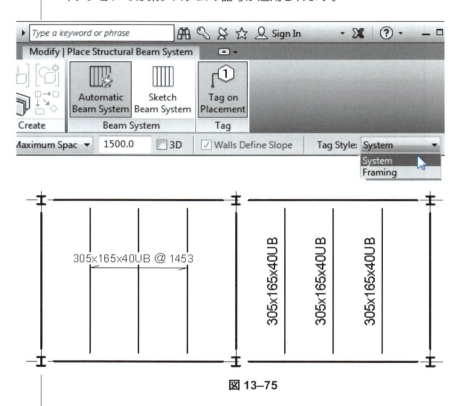

図 13–75

- 後で個別のフレームタグを追加するには、(Tag by Category) コマンドを使用します。Beam System 記号を追加するには、(Beam System Symbol) コマンドを使用します。

実習 13c　タグと記号を追加する

この実習の目標

- タグを追加します。
- 梁システムの記号を追加します。

この実習では、Tag by Category コマンドと Beam System Symbol を使用してフレームエレメントの一部にタグを付けます。次に、Tag All Not Tagged を使用して残りのフレームエレメントにタグを付けます。その後、図 13–76 に示すように、残りの梁システムの記号を追加します。

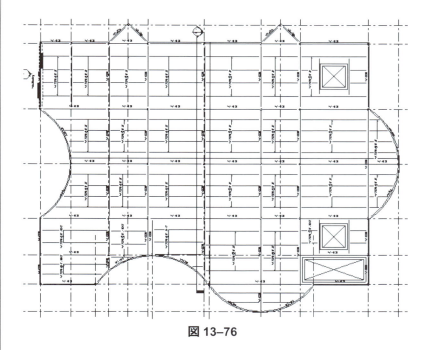

図 13–76

タスク 1 – カテゴリ別のタグと梁システム記号を使ってフレームエレメントにタグを付ける

1. Syracuse-Suites-Tags-M.rvt を開いてください。

2. Structural Plans: TOS-1ST FLOOR のビューを複製し、TOS-1ST FLOOR – Framing と名前を付けます。

3. *Annotate* tab > Tag panel で (Tag by Category) をクリックします。

4. Options Bar で Leader が選択されていないことを確認します。

5. 図 13–77 に示すように、複数の外側の梁にタグを付けます。

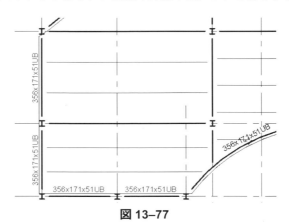

図 13–77

6. コマンドを開いている状態で、内側の梁にカーソルを合わせます。各梁に個別にタグを付けられることに留意します。

7. （Modify）をクリックします。

8. *Annotate* tab > Symbol panel で （Beam System Symbol）をクリックします。

9. 梁システムを 1 つクリックし、次に記号の位置を決めるためにクリックします。図 13–78 に示すように、自動的に梁システムのサイズに合った記号になります。

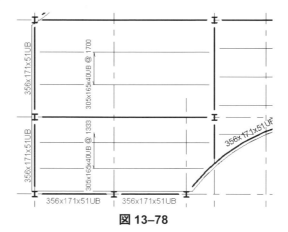

図 13–78

10. プロジェクトを保存します。

タスク 2 – タグが付いていないエレメントにタグを付ける

1. **TOS-1ST FLOOR – Framing** のビューで作業を続けます。

2. *Annotate* tab > Tag panel で (Tag All) をクリックします。

3. Tagged All Not Tagged ダイアログボックスで、**All objects in current view** が選択されていることを確認します。

4. *Structural Framing* カテゴリに移動し、図 13–79 に示すように **M_Structural Framing Tag: Standard** を選択して **OK** をクリックします。

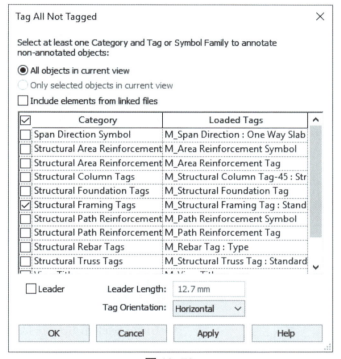

図 13–79

5. これにより、梁システムの梁一つひとつを含む全ての構造フレームエレメントにタグが追加されます。

6. タグ付けを Undo で元に戻してください。

7. フレーム構造内の梁システムの小梁を 1 つ選択します。

Autodesk Revit 2019：構造の基本

8. 右クリックして **Select All Instances > Visible in View** を選択します。図 13-80 に示すように、同じ小梁が全て選択されます。

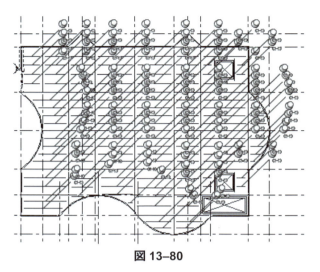

図 13-80

9. View Control Bar で （Temporary Hide/Isolate）を選択し、次に **Hide Element** を選択します（残りの梁にもタグを追加できるように、カテゴリは表示させたままにします）。

10. （Tag All）コマンドを再度実行し、同じ構造フレームタグを選択します。

11. 今度は、小梁以外の梁のみにタグが付けられます。

12. View Control Bar で （Temporary Hide/Isolate）を選択してから **Reset Temporary Hide / Isolate** を選択します。梁システムの小梁が再び表示されます。

13. Beam System Symbol は **Tag All Not Tagged** では使用できません。そのため、残りのものにタグを付けるには （Beam System Symbol）を使用する必要があります。他の近くの記号に揃えて記号を配置するには、位置合わせ線を利用すると便利です。

14. 縮小表示して、ビューが画面に収まるようにします。

15. 時間があれば、様々な配筋記号をその他のビューにも適用します。

16. プロジェクトを保存します。

13.5 凡例を作成する

凡例は、複数のシートに配置可能な独立したビューです。各平面図、キープラン、2Dエレメントと共にシートに繰り返し配置する必要がある、施工に関する注記を表記するのに使用されます。また、図13-81に示すように、プロジェクトで使用される記号を作成してリスト化し、説明を横に追記することができます。

図中のエレメントは Legend Component や Detail Component のコマンドではなく、Symbol コマンドを使って挿入されています。

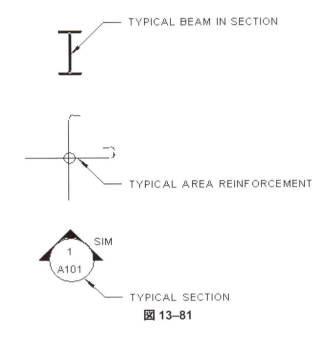

図 13-81

- 表や説明注記の作成には、(Detail Lines) や **A** (Text) を使います。凡例が作成できたら、(Legend Component)、(Detail Component)、(Symbol) などのコマンドを使って、エレメントを凡例ビューの中に配置することが可能です。

- その他のビューとは異なり、凡例ビューは複数のシートに配置することが可能です。

- View Status Bar において、凡例のスケールを設定することができます。

- 凡例内のエレメントに寸法を配置することができます。

操作手順：凡例を作成する

1. *View* tab > Create panel において 🔲 (Legend) を展開し、🔲 (Legend) をクリックするか、または Project Browser において *Legends* エリアの表題を右クリックし、New Legend を選択します。
2. New Legend View ダイアログボックスにおいて、図 13–82 に示すようにビュー名を入力し、凡例のスケールを選択して **OK** をクリックします。

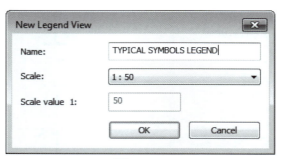

図 13–82

3. 最初にビューにコンポーネントを配置し、その後コンポーネントのサイズが分かった時点で、表の外形をスケッチします。**Ref Planes** を使ってコンポーネントを揃えます。

操作手順：凡例コンポーネントを操作する

1. *Annotate* tab > Detail panel で 🔲 (Component) を展開し、🔲 (Legend Component) をクリックします。
2. 図 13–83 に示すように、Options Bar において、使用する *Family* のタイプを選択します。
   - このリストには、凡例ビューで使えるプロジェクト内全てのエレメントが含まれます。例えば、プロジェクトで使われる全ての扉タイプの立面図を表示することができます。

図 13–83

3. 使用するエレメントの *View* を選択します。例えば、図 13–84 に示すような床の断面図を表示してもよいでしょう。

図 13–84

4. 断面エレメント（壁、床、屋根など）の *Host Length* の長さを入力します。

- ひとまとまりになっているエレメント（柱やフーチングなど）は、そのまま丸ごと表示されます。

実習 13d 凡例を作成する

この実習の目標

- 凡例コンポーネントとテキストを使って、凡例を作成します。

この実習では、凡例を追加し、凡例コンポーネントや記号、関連テキスト、詳細線分（図 13–85 参照）を使って凡例の内容を構成します。また、複数のシートで使用するためのキープランを作成します。

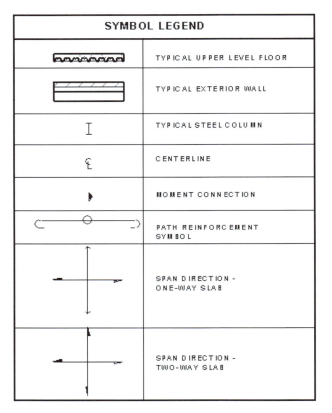

図 13–85

タスク 1 – 記号の凡例を追加する

1. **Syracuse-Suites-Legend-M.rvt** を開いてください。

2. *View* tab > Create panel で （Legend）を展開し、（Legend）をクリックします。

3. New Legend View ダイアログボックスで、図 13–86 に示すように Name を **TYPICAL SYMBOL LEGEND** に、Scale を **1:50** に設定します。

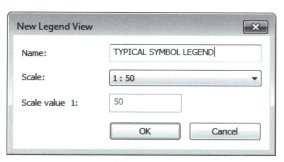

図 13–86

4. **OK** をクリックします。

5. *Annotate* tab > Detail panel で □(Component) を展開し、(Legend Component) をクリックします。

6. Options Bar で、図 13–87 に示すように以下の設定をします。

   - *Family*: **Floors: Floor: 80mm Concrete With 50mm Metal Deck**
   - *View*: **Section**
   - *Host Length*: **1000mm**

図 13–87

7. クリックして、ビュー内に床の凡例コンポーネントを配置します。

8. 図 13–88 に示すように、凡例の近くに **TYPICAL UPPER LEVEL FLOOR** とテキストを追加します。

図 13–88

9. 平面図ビューの壁や断面図ビューの柱など、その他の複数の凡例コンポーネントを追加し、その横にタイトルを追加します。

10. *Annotate* tab > Symbol panel で (Symbol) をクリックします。

Autodesk Revit 2019：構造の基本

どの記号を選択して追加す
るかによって凡例は変化し
ます。

11. Type Selector で **M_Centerline** を選択します。それを扉の下に配
置し、その横にテキスト **CENTER OF LINE DESIGNATION** を追
加します。

12. もう１つの記号 **M_Connection - Moment – Filled** を追加し、
MOMENT CONNECTION というタイトルを付けます。

13. 更に複数のエレメントを追加し、必要に応じてタイトルを付けま
す。

14. *Annotate* tab > Detail panel で ⏿ (Detail Line) をクリックします。

15. Line Style を１つ選び、図 13–89 に示すように、Draw パネルの
▱ (Rectangle) や ⟋ (Line) を使って、記号とテキスト周辺に
枠を描画します。次に、凡例の最上部でタイトルとなるテキスト
注記 **SYMBOL LEGEND** を追加します。

SYMBOL LEGEND	
▱ (floor symbol)	TYPICAL UPPER LEVEL FLOOR
▱ (wall symbol)	TYPICAL EXTERIOR WALL
I	TYPICAL STEEL COLUMN
₵	CENTERLINE
▸	MOMENT CONNECTION
(path symbol)	PATH REINFORCEMENT SYMBOL
(span one-way)	SPAN DIRECTION - ONE-WAY SLAB
(span two-way)	SPAN DIRECTION - TWO-WAY SLAB

図 13–89

16. プロジェクトを保存します。

設計図書への注釈の記入

タスク 2 – キープランの凡例を作成する

1. **Structural Plans: 00 GROUND FLOOR** のビューを開いてください。
2. 基礎スラブを選択し、一時的に分離します。これにより、建物のアウトラインが表示されます。
3. *Annotate* tab > Detail panel で (Detail Line) をクリックします。
4. *Modify | Place Detail Lines* tab > Line Styles panel で *Line Style*: **Wide Lines** を選択します。
5. Draw パネルで (Pick Lines) をクリックします。
6. スラブの外周の線分を全て選択し、キープランの輪郭を設定します。
7. （Modify）をクリックし、線分の選択を解除します。
8. 全ての詳細線分を選択します（ヒント：Filter 処理を使用する）。
9. *Modify Lines* tab > Clipboard panel で (Cut to Clipboard) をクリックします。または、＜Ctrl＞＋X を押す方法もあります。
10. *View* tab > Create panel で (Legends) を展開し、 (Legend) をクリックします。
11. 図 13–90 に示すように、凡例の *Name* と *Scale* を設定します。

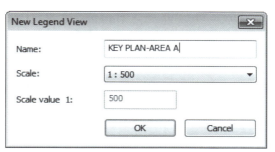

図 13–90

12. **OK** をクリックします。
13. ＜Ctrl＞＋V を押し、クリックしてエレメントを配置します。

14. *Modify | Detail Groups* tab > Edit Pasted panel で ✓（Finish）を クリックします。

15. 必要に応じてアウトラインを編集し、図 13–91 に示すような便利 なキープランを作成します。

    - 必要に応じて、**詳細線分**を使ってアウトラインを分割します。
    - **テキスト**を使って情報を追加します。新しいテキストサイズ を作成し、見やすい大きさにします。

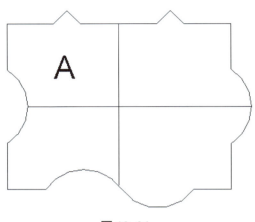

図 13–91

16. Project Browser の *Legend* エリアで、**キープラン**の凡例ビューを 選択します。右クリックして **Duplicate > Duplicate with Detailing** を選択します。図 13–92 に示すように、これによって 編集可能なキープランのコピーが作成されます。

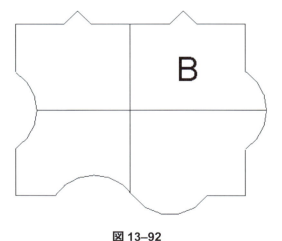

図 13–92

17. プロジェクトを保存します。

詳細線分や**テキスト**は詳細 なエレメントなので、 **Duplicate with Detailing** オプションを使用すること が重要です。

Chapter の復習

1. 通芯が移動したとき（図 13–93 参照）、どのように寸法を更新しますか？

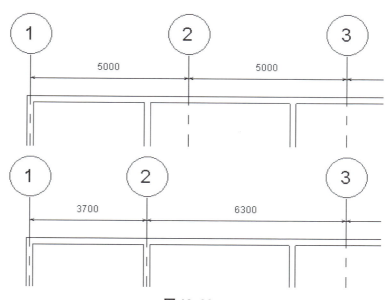

図 13–93

   a. 寸法を編集し、移動する。
   b. 寸法を選択し、Options Bar で **Update** をクリックする。
   c. 寸法は自動的に更新される。
   d. 既存の寸法を削除し、新しい寸法を追加する。

2. 新しいテキストスタイルはどのように作成しますか？

   a. **Text Styles** コマンドを使用する。
   b. 既存のスタイルを複製する。
   c. テンプレートに元々含まれている。
   d. **Format Styles** コマンドを使用する。

3. テキストを編集する際、図 13–94 で示すように、引出線ツールを使って、引出線を何本追加できますか？

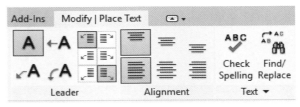

図 13–94

   a. 1 本

   b. テキストの両端に 1 本ずつ

   c. テキストの両端に好きなだけ

4. 1 つのビューで作成された詳細線分は、関連するビューでも表示されます。

   a. 正しい

   b. 間違っている

5. 以下のうち、記号とコンポーネントの違いの説明として正しいものはどれですか？

   a. 記号は 3D で、1 つのビューでのみ表示される。
      コンポーネントは 2D で、複数のビューで表示される。

   b. 記号は 2D で、1 つのビューでのみ表示される。
      コンポーネントは 3D で、複数のビューで表示される。

   c. 記号は 2D で、複数のビューで表示される。
      コンポーネントは 3D で、1 つのビューでのみ表示される。

   d. 記号は 3D で、複数のビューで表示される。
      コンポーネントは 2D で、1 つのビューでのみ表示される。

6. 以下のうち、凡例作成時に追加できないエレメントはどれですか？

   a. 凡例コンポーネント

   b. タグ

   c. 部屋

   d. 記号

設計図書への注釈の記入

コマンド概要

アイコン	コマンド	場所
寸法とテキスト		
	Aligned (Dimension)	• **Ribbon**: *Annotate* tab > Dimension panel または *Modify* tab > Measure panel で展開されるドロップダウンリスト • **Quick Access Toolbar** • **ショートカットキー**: DI
	Angular (Dimension)	• **Ribbon**: *Annotate* tab > Dimension panel または *Modify* tab > Measure panel で展開されるドロップダウンリスト
	Arc Length (Dimension)	• **Ribbon**: *Annotate* tab > Dimension panel または *Modify* tab > Measure panel で展開されるドロップダウンリスト
	Radial (Dimension)	• **Ribbon**: *Annotate* tab > Dimension panel または *Modify* tab > Measure panel で展開されるドロップダウンリスト
	Linear (Dimension)	• **Ribbon**: *Annotate* tab > Dimension panel または *Modify* tab > Measure panel で展開されるドロップダウンリスト
	Radial (Dimension)	• **Ribbon**: *Annotate* tab > Dimension panel または *Modify* tab > Measure panel で展開されるドロップダウンリスト
A	Text	• **Ribbon**: *Annotate* tab > Text panel • **ショートカットキー**: TX
その他の注釈ツール		
	Detail Component	• **Ribbon**: *Annotate* tab > Detail panel
	Detail Line	• **Ribbon**: *Annotate* tab > Detail panel • **ショートカットキー**: DL
	Symbol	• **Ribbon**: *Annotate* tab > Symbol panel
	Area Reinforcement Symbol	• **Ribbon**: *Annotate* tab > Symbol panel
	Beam System Symbol)	• **Ribbon**: *Annotate* tab > Symbol panel
	Fabric Reinforcement Symbol	• **Ribbon**: *Annotate* tab > Symbol panel
	Path Reinforcement Symbol	• **Ribbon**: *Annotate* tab > Symbol panel

© 2018, ASCENT - Center for Technical Knowledge®

Autodesk Revit 2019：構造の基本

⊣↓⊢	**Span Direction Symbol**	• **Ribbon**: *Annotate* tab > Symbol panel
	Tag by Category	• **Ribbon**: *Annotate* tab > Tag panel
	Multi-Category	• **Ribbon**: *Annotate* tab > Tag panel
	Material Tag	• **Ribbon**: *Annotate* tab > Tag panel
	Tag All	• **Ribbon**: *Annotate* tab > Tag panel
	Loaded Tags And Symbols	• **Ribbon**: *Annotate* tab > Tag panel
	Beam Annotations	• **Ribbon**: *Annotate* Tab > Tag Panel

凡例

	Legend (View)	• **Ribbon**: *View* tab > Create panel > Legends を展開
	Legend Component	• **Ribbon**: *Annotate* tab > Detail panel > Component を展開

526   13–64

© *2018, ASCENT - Center for Technical Knowledge®*

Chapter
14

詳細の作成

詳細の作成は、設計のプロセスにおいて、工事に欠かせない正確な情報を指定するための非常に重要なステップです。モデルに追加できるエレメントには、詳細コンポーネント、詳細線分、テキスト、タグ、記号、パターン表記に必要な塗り潰し領域などがあります。詳細は、モデルのビューから作成することも可能ですが、独立したビューで 2D 詳細を作成することも可能です。

この Chapter の学習目標

- 2D 詳細を追加することのできる製図ビューを作成します。
- 詳細において、標準的エレメントを表記する詳細コンポーネントを追加します。
- 詳細線分、テキスト、タグ、記号、素材パターンを使って、詳細に注釈を表記します。

14.1 詳細ビューを設定する

Autodesk® Revit® ソフト内で行うほとんどの作業は、モデル内で相互に連結し連動しているスマートエレメントの操作に限定されています。しかし、Autodesk® Revit® ソフトは、部材がどのように組み合わされ、組み立てられるかを自動的に表示してくれません。そのため、図 14–1 に示すような詳細図を作成する必要があります。

詳細は、2Dの製図ビュー、または平面図、立面図、断面図ビューからの吹き出しのビューで作成されます。

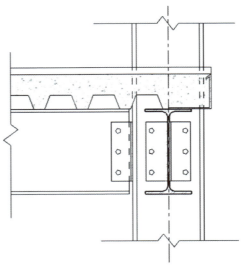

図 14–1

操作手順：製図ビューを作成する

1. *View* tab > Create panel で ▯ (Drafting View) をクリックします。
2. 図 14–2 に示すように、New Drafting View ダイアログボックスで *Name* を入力し、*Scale* を設定します。

製図ビューは、Project Browser の製図ビューのエリアに保存されています。

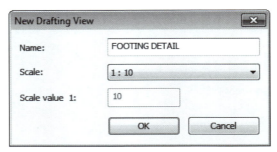

図 14–2

3. **OK** をクリックします。詳細をスケッチするための空白のビューが作成されます。

操作手順：モデルエレメントから詳細を作成する

1. **Section**（断面）コマンドまたは **Callout**（吹き出し）コマンドを開いてください。
2. Type Selector において、**Detail View：Detail** タイプを選択します。
   - 図 14–3 のマーカーが示すように、この断面図は詳細図であることが分かります。

吹き出しにも詳細ビューがあり、同じように使うことが可能です。

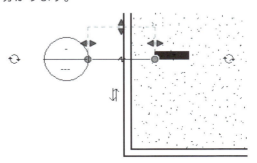

図 14–3

3. 詳細に使う部分の断面図または吹き出しを配置します。
4. 新しい詳細を開きます。ツールを使って建物のエレメントに追加するもの、または上から描き足すものをスケッチします。

- 図 14–4 に示すように、このタイプの詳細ビューでは、建物のエレメントが変更されると詳細も変更されます。

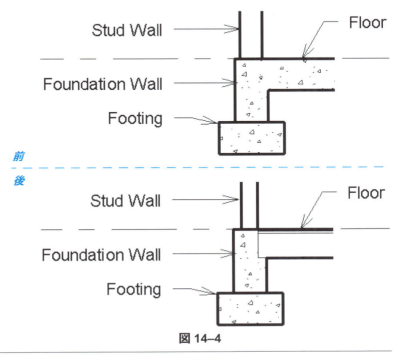

図 14–4

- モデルの上に詳細エレメントを作図し、作図後に詳細ビューでモデルが表示されないように、モデルを非表示に切り替えることができます。Properties の Graphics エリアにおいて、Display Model を **Do not display** に変更します。図 14–5 に示すように、モデルをハーフトーン表示にすることも可能です。

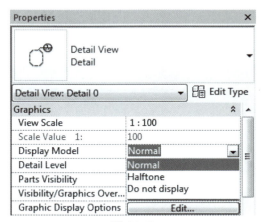

図 14–5

製図ビューの参照

製図ビューを作成したら、図 14–6 に示すように、別のビュー（吹き出し、立面図ビューまたは断面図ビューなど）から参照することが可能です。例えば、断面図ビューにおいて、既存の屋根詳細を参照する必要があるかもしれません。製図ビュー、断面図、立面図、吹き出しを参照することが可能です。

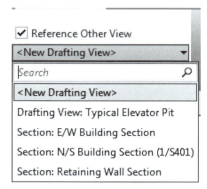

図 14–6

- Search（検索）機能を使って表示される情報を限定することができます。

詳細の作成

操作手順：製図ビューを参照する

1. 参照を配置するビューを開いてください。
2. Section、Callout または Elevation コマンドを開きます。
3. *Modify | <contextual>* tab > Reference panel において、Reference Other View を選択します。
4. ドロップダウンリストで <New Drafting View> または既存の製図ビューを選択します。
5. ビューマーカーを配置します。
6. シートに関連する製図ビューを配置すると、このビューのマーカーに対応する情報に更新されます。

- ドロップダウンリストから <New Drafting View> を選択すると、Project Browser の *Drafting Views (Detail)* に新しいビューが作成されます。必要に応じてビュー名を変更します。新しいビューはモデルエレメントを一切含みません。
- 断面図、立面図、吹き出しをもとに詳細を作成する場合は、製図ビューにリンクする必要はありません。
- 参照ビューを別の参照ビューに変更することが可能です。ビューマーカーを選択し、Ribbon のリストから新たなビューを選択します。

製図ビューの保存

標準詳細集を作成するには、モデルにリンクしていない製図ビューをサーバに保存します。詳細をサーバからプロジェクトに読み込み、プロジェクトに合わせて編集することが可能です。詳細は、RVT ファイルとして保存されます。

製図ビューを保存する方法には、以下の2種類があります。

- 個々の製図ビューを1つの新しいファイルに保存する。
- 全ての製図ビューを1つの新しいファイルにグループとして保存する。

操作手順：1つの製図ビューを1つのファイルに保存する

1. 図 14–7 に示すように、Project Browser において、保存する製図ビューで右クリックし、Save to New File... を選択します。

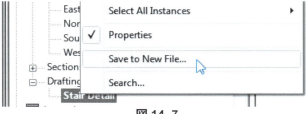

図 14–7

2. Save As ダイアログボックスでファイル名と保存場所を指定し、Save をクリックします。

シート、製図ビュー、モデルビュー（平面図）、集計表、情報レポートを保存することができます。

操作手順：製図ビューを1つのファイルにグループとして保存する

1. *File* tab において を展開し、 を展開して をクリックします。
2. Save Views ダイアログボックスの *Views:* ウィンドウにおいて、リストを展開し、**Show drafting views only** を選択します。
3. 図 14–8 に示すように、保存する製図ビューを選択します。

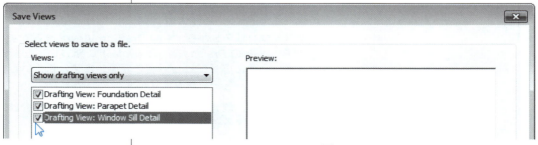

図 14–8

4. **OK** をクリックします。
5. Save As ダイアログボックスでファイル名と保存場所を指定し **Save** をクリックします。

操作手順：保存した製図ビューを別のプロジェクトで使用する

1. 製図ビューを追加するプロジェクトを開いてください。
2. *Insert* tab > Import panel において を展開し、 をクリックします。
3. Open ダイアログボックスにおいて、詳細を保存したプロジェクトを選択し、**Open** をクリックします。
4. 図 14–9 に示すように、Insert Views ダイアログボックスで、ビューのタイプを **Show drafting views only** に限定します。

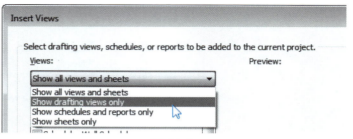

図 14–9

5. 挿入するビューを選択し、**OK** をクリックします。

ヒント：他の CAD ソフトから詳細を読み込む

AutoCAD® ソフトなどの他の CAD ソフトで作成された標準詳細一式がすでに存在する場合があります。Autodesk Revit ソフトの仮のプロジェクトに読み込むことで、その詳細を再利用することができます。読み込んだ詳細は、現行のプロジェクトに取り込む前に、クリーンアップしてからビューとして保存すると便利です。

1. 新しいプロジェクトで製図ビューを作成し、これをアクティブ表示します。
2. *Insert* tab > Import panel において、🖳 (Import CAD) をクリックします。
3. Import CAD ダイアログボックスで、読み込むファイルを選択します。ほとんどのデフォルト値は必要な設定です。*Layer/Level colors* を **Black and White** に変更する必要があるかもしれません。
4. **Open** をクリックします。

- 詳細を編集する場合は、読み込んだデータを選択します。*Modify | [filename]* tab > Import Instance panel において、🗊 (Explode) を展開し、🗊 (Partial Explode) または 🗊 (Full Explode) をクリックします。詳細を分解する前に、🗗 (Delete Layers) をクリックします。Full Explode はファイルサイズを大幅に増加させます。

- Modify パネルのツールを使って詳細を編集します。Autodesk Revit のエレメントに合わせて、全てのテキストや線スタイルを変更します。

14.2 詳細コンポーネントを追加する

図 14–10 に示す造作家具の断面などの Autodesk Revit のエレメントが正しく製作されるためには、通常、追加の情報が必要になります。図 14–11 に示すような詳細を作図するには、詳細コンポーネント、詳細線分、および各種注釈を追加します。

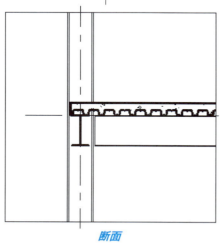
断面
図 14–10

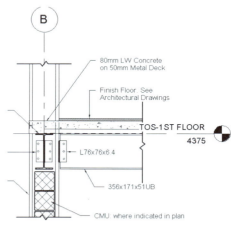
断面に描き足した詳細
図 14–11

- ビューにモデルエレメントが表示されていても、詳細エレメントはモデルに直接連動していません。

詳細コンポーネント

詳細コンポーネントは、2D エレメントと注釈エレメントから成るファミリです。図 14–12 に示すように、CSI 形式に従って整理された 500 を超える詳細コンポーネントが、ライブラリの *Detail Items* フォルダに保存されています。

図 14–12

操作手順：詳細コンポーネントを追加する

1. *Annotate* tab > Detail panel において (Component) を展開し、 (Detail Component) をクリックします。
2. Type Selector で詳細コンポーネントのタイプを選択します。Library から追加のコンポーネントを読み込むことが可能です。
3. 多くの詳細コンポーネントは、挿入時に <Spacebar> を押して回転させることができます。別の方法として、図 14–13 に示すように、Options Bar において Rotate after placement（配置後に回転する）を選択します。

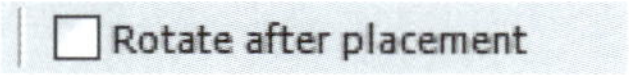

図 14–13

4. コンポーネントをビューに配置します。

破断線を追加する

Break Line（破断線）は、*Detail Items\ Div 01-General* フォルダに保存されている詳細コンポーネントです。破断線は、背面のエレメントを隠すのに使われる四角形の領域（図 14–14 にてハイライト表示）です。コントロールを使って、領域がカバーする範囲や破断線のサイズを変更することができます。

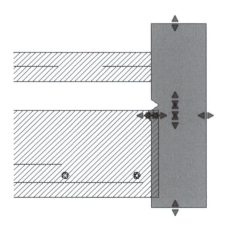

図 14–14

> **ヒント：詳細の表示順序を操作する**
>
> 詳細コンポーネントをビューで選択した際に、*Modify | Detail Items* tab > Arrange panel において、詳細コンポーネントの表示順序を変更することができます。図 14–15 に示すように、エレメントを他のエレメントの前面に移動することや、背面に移動することが可能です。
>
>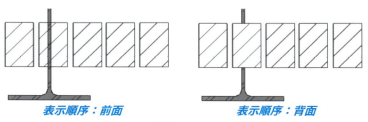
>
> 図 14–15
>
> - **(Bring to Front)**：エレメントを他の全てのエレメントの前面に移動します。
> - **(Send to Back)**：エレメントを他の全てのエレメントの背面に移動します。
> - **(Bring Forward)**：エレメントを 1 段階前面に移動します。
> - **(Send Backward)**：エレメントを 1 段階背面に移動します。
> - 複数の詳細エレメントを選択し、選択したエレメント全ての表示順序を一度の操作で変更することができます。選択したエレメントの相対的な表示順序は維持されます。

繰り返し詳細

コンポーネント（レンガやブロックなど）を何度も挿入する代わりに、図 14–16 に示すように、（Repeating Detail Component）を使って一続きのコンポーネントを作成することが可能です。

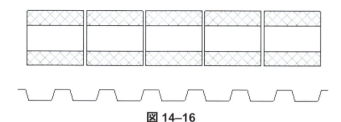

図 14–16

操作手順：繰り返し詳細コンポーネントを挿入する

1. *Annotate* tab > Detail panel において ▧（Component）を展開し、▧（Repeating Detail Component）をクリックします。
2. Type Selector で、使用する詳細を選択します。
3. Draw panel で ／（Line）または ▧（Pick Lines）をクリックします。
4. 必要に応じて、Options Bar で *Offset* の値を入力します。
5. 図 14–17 に示すように、スケッチした線または選択した線の長さに合わせて必要なだけコンポーネントが繰り返し作成されます。コンポーネントを線にロックすることが可能です。

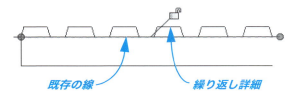

図 14–17

- 繰り返し詳細のカスタマイズに関しては、*付録 B. 12 繰り返し詳細を作成する（P.622（B–38））* を参照してください。

> **ヒント：▧（Insulation ／断熱材）**
>
> 充填材入りの断熱材の作成は繰り返し詳細の作成に似ていますが、レンガやその他のエレメントを並べる代わりに、図 14–18 に示すような充填剤のパターンが作成されます。
>
>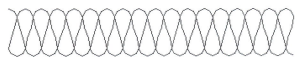
>
> 図 14–18
>
> 断熱材をビューに配置する前に、図 14–19 に示すように *Width*（充填材の厚み）やその他のオプションを Options Bar で設定します。
>
>
>
> 図 14–19

14.3 詳細への注釈の記入

詳細ビューにコンポーネントを追加し、詳細線分をスケッチした後、注釈を記入する必要があります。図 14–20 に示すように、テキスト注記や寸法だけでなく、記号やタグも配置することが可能です。塗り潰し領域は、塗り潰しパターンを追加するのに使われます。

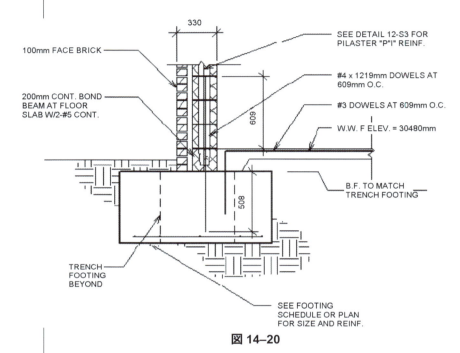

図 14–20

塗り潰し領域の作成

多くのエレメントは、材料に関する情報を平面ビューや断面ビューで表示するように設定されていますが、詳細図においてそのような情報を追加しなければいけないエレメントもあります。例えば、図 14–21 に示すようなコンクリートの壁には材料情報が含まれていますが、壁の左側の土の場合、**Filled Region**（塗り潰し領域）コマンドを使って材料の情報を追加する必要があります。

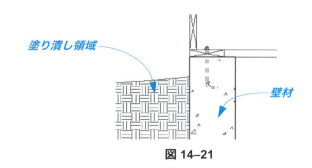

図 14–21

詳細で使われるパターンは、*drafting patterns*（製図パターン）です。製図パターンは、ビューのスケールに連動し、スケールを変更するとパターンも更新されます。フランドル積みのレンガのパターンのように、（モデル空間で）実物大の *model patterns*（モデルパターン）をエレメントに追加することも可能です。

操作手順：塗り潰し領域を追加する

1. *Annotate* tab > Detail panel で（Region）を展開し、（Filled Region）をクリックします。
2. Draw ツールを使って、閉じた境界線を作図します。
3. Line Style パネルで、境界線のスタイルを選択します。境界線を非表示にする場合は、<Invisible lines> を選択します。
4. 図 14–22 に示すように、Type Selector において塗り潰しタイプを選択します。

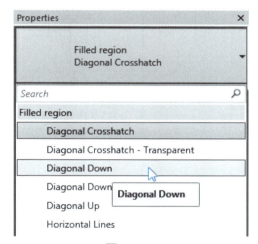

図 14–22

5. （Finish Edit Mode）をクリックします。

- Type Selector で塗り潰しタイプを変更するか、またはスケッチを編集して、領域を変更することができます。

- スケッチを編集するには、塗り潰し領域のエッジをダブルクリックします。Selection 方法を（Select elements by face）に設定している場合は、パターンを選択することが可能です。

Autodesk Revit 2019：構造の基本

> **ヒント：塗り潰し領域のパターンを作成する**
>
> 既存の塗り潰し領域パターンを複製し、編集することで、カスタムパターンを作成することができます。
>
> 1. 既存の塗り潰し領域を選択するか、または新たに境界を作成します。
> 2. Properties で 🔲（Edit Type）をクリックします。
> 3. Type Properties ダイアログボックスで **Duplicate** をクリックし、新しいパターンに名前を付けます。
> 4. 図 14–23 に示すように、*Foreground/Background Fill Pattern* と *Color* を選択し、*Line Weight* と *Masking* を指定します。
>
>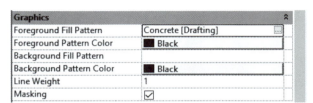
>
> 図 14–23
>
> 5. **OK** をクリックします。
>
> • 図 14–24 に示すように、**Drafting**（製図）と **Model**（モデル）の 2 種類の塗り潰しパターンから選択することができます。製図塗り潰しパターンは、ビューのスケールに連動しています。モデル塗り潰しパターンは、モデル空間内での実物大で表示されます。
>
>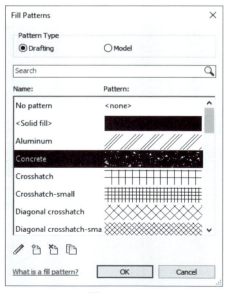
>
> 図 14–24

詳細の作成

詳細タグの追加

詳細にテキストを追加することに加えて、（Tag By Category）を使って詳細コンポーネントにタグを付けることが可能です。図 14–25 に示すように、タグ名は Type Parameters においてそのコンポーネント用に設定されています。つまり、同じコンポーネントの複製がプロジェクト内にある場合、タグをつけるたびに新たに名前を付ける必要がないということです。

Detail Item Tag.rfa タグは、Library の Annotations フォルダに保存されています。

図 14–25

> **ヒント：複数の寸法を示す場合**
>
> 図 14–26 に示すように、1 つのエレメントに対し複数の寸法値を表記する詳細を作成する場合、寸法テキストを簡単に変更することが可能です。
>
>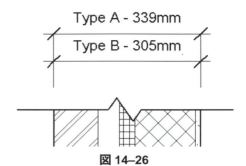
>
> 図 14–26
>
> 寸法を選択し、次に寸法テキストを選択します。Dimension Text ダイアログボックスが開きます。図 14–27 に示すようにテキストを書き換えたり、テキストフィールドを上下に追加したり、接頭辞や接尾辞を追加することが可能です。
>
>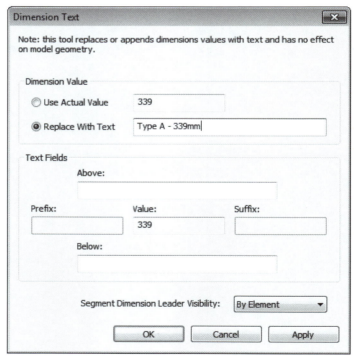
>
> 図 14–27
>
> - これは均等テキストのラベルにも使えます。

実習 14a 断面吹き出しをもとに詳細を作成する

この実習の目標

- 断面図をもとに詳細を作成します。
- 塗り潰し領域、詳細コンポーネント、注釈を追加します。

この実習では、図 14–28 に示すように、断面図をもとにして拡大詳細図を作成し、線の太さを変更し、塗り潰し領域を作成し、詳細コンポーネントと注釈を追加します。

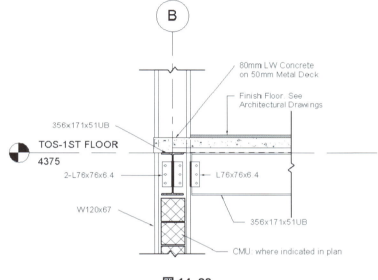

図 14–28

タスク 1 – 拡大詳細図を作成する

1. Syracuse-Suites-Detailing-M.rvt を開いてください。

2. Sections (Building Section): North-South Section のビューを開きます。

3. TOS-1ST FLOOR のレベル面と Grid B（左側）の交点を拡大表示します。必要に応じてトリミング領域を調整します。

4. *View* tab > Create panel で、(Callout) をクリックします。

Autodesk Revit 2019：構造の基本

5. 図 14–29 に示すように吹き出しを作成し、吹き出し記号をダブルクリックして開きます。

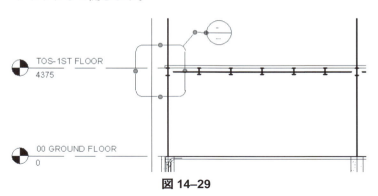

図 14–29

必要に応じて、Detail Level を ▨ (Fine) に設定します。

6. View Control Bar で *Scale* を **1:20** に設定します。

7. **TOS-1ST FLOOR** のレベル面を選択し、**Hide Bubble** コントロールを使用して右側の記号を隠します。

8. 線の太さを表示するため、交点を大きく拡大表示します。スラブと梁の断面切断線が太すぎます。

9. スラブを選択します。右クリックして **Override Graphics in View > By Element...** を選択します。

10. 図 14–30 に示すように、View-Specific Element Graphics ダイアログボックスで *Cut Lines Weight* を **2** に変更します。

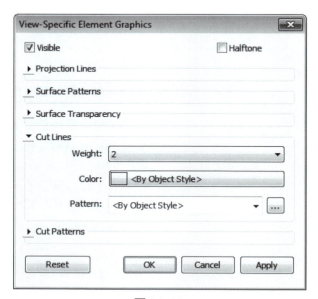

図 14–30

11. **OK** をクリックします。

12. 断面をカットした梁を選択し、*Cut Lines Weight* を **3** に変更します。

13. プロジェクトを保存します。

タスク 2 – 塗り潰し領域を作成し、建築床を表示する

1. *Annotate* tab > Detail panel で、（Filled Region）をクリックします。

2. Type Selector で、**Filled Region: Solid Black** を選択します。

3. （Edit Type）をクリックします。

4. Type Properties ダイアログボックスで **Duplicate...** をクリックし、**Solid Gray** という名前の新しいタイプを作成します。

5. Type Parameters で *Color* を薄い灰色に変更します。

6. **OK** をクリックし、スケッチに戻ります。

7. *Modify | Create Filled Region Boundary* tab > Draw panel の描画ツールを使用し、図 14–31 に示すように、床スラブの上に幅 **25mm** の境界を作成します。

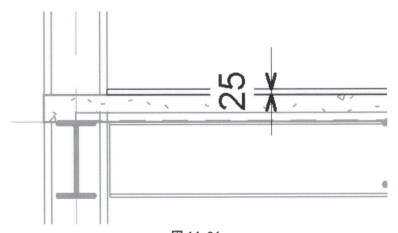

図 14–31

Autodesk Revit 2019：構造の基本

8. Mode パネルで ✓ （Finish Edit Mode）をクリックします。図 14–32 に示すように、建築床を表す領域が表示されます。

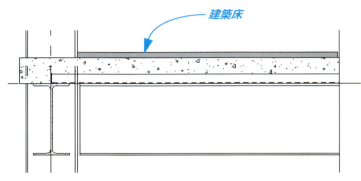

図 14–32

タスク 3 – 詳細コンポーネントを追加する

1. *Annotate* tab > Detail panel で、 （Detail Component：詳細コンポーネント）をクリックします。

2. *Modify | Place* Detail Component tab > Mode panel で、 （Load Family）をクリックします。

3. *Detail Items > Div-05-Metals > 050500-Common Work Results for Metals > 050523-Metal Fastenings* のフォルダまでブラウズしていきます。**M_L-Angle-Bolted Connection-Elevation.rfa** のファイルと、**M_L-Angle-Bolted Connection-Section.rfa** のファイルを開きます。<Ctrl> を押してファイルを 2 つとも選択します。

4. Type Selector で、**M_L-Angle-Bolted Connection- Elevation: L76x76x6.4** を選択します。

5. （Edit Type）をクリックします。

6. Type Properties ダイアログボックスで、*Number Of Bolts* を **3** に変更し、**OK** をクリックします。

詳細の作成

7. 図 14–33 に示すように、立面で示されている梁の中間点と、この梁が架けられている柱の交点にコンポーネントを配置します。

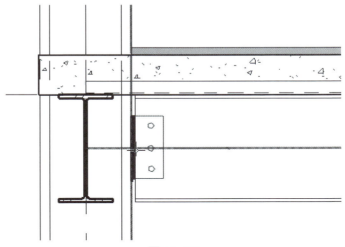

図 14–33

8. 上記の手順を繰り返します。今回は、断面を切った梁に **M_L-Angle-Bolted Connection-Section** を配置します。配置したらそれを選択し、図 14–34 に示すように、◀▶グリップを伸ばして梁にピッタリくっ付くようにしてください。

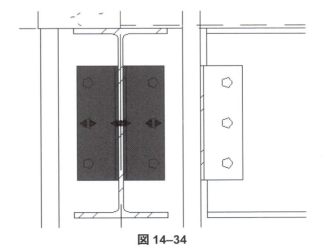

図 14–34

9. プロジェクトを保存します。

見やすくするには、Quick Access Toolbar で ▤ (Thin Lines) に切り替えてください。

タスク 4 – 繰り返し詳細コンポーネントを追加する

1. *Annotate* tab > Detail panel で Component を展開し、 (Repeating Detail Component) をクリックします。

2. Type Selector で、**Repeating Detail: CMU** を選択します。

3. Options Bar で、*Offset* を **100mm** に設定します（200mm ブロックの幅の半分）。

4. **356x171x51UB** 断面図の下部の中間点を選択し、図 14–35 に示すように、線を描画して最低 2 つのブロックを表示します。

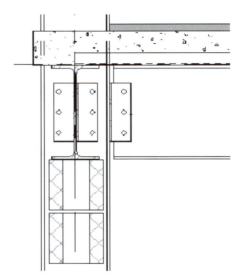

図 **14–35**

5. 新しいブロック壁を選択し、*Modify | Detail Items > Arrange* tab で (Send to Back) をクリックします。

6. (Move) をクリックし、ブロック壁全体を **25mm** 下に移動し、梁の支持板のためのスペースを設けます。

7. プロジェクトを保存します。

詳細の作成

タスク 5 – 詳細を注釈する

1. *Annotate* tab > Detail panel で、 (Detail Component) をクリックします。 (Load Family) をクリックし、破断線を追加します。

2. *Detail Items > Div 01-General* フォルダまで移動し、**M_Break Line.rfa** のファイルを開きます。

3. 図 14–36 に示すように、破断線を詳細の上部、下部、そして右側に追加します。必要に応じて、<Spacebar> を押して破断線を回転させます。

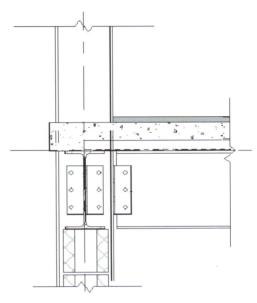

図 14–36

余分なエレメントが破断線の外側に表示されないようにトリミング領域を編集します。

4. 注釈トリミング領域を大きくし、注釈するスペースを十分に確保します。

5. *Annotate* tab > Text panel で、 **A** (Text) をクリックします。

6. 図 14–37 に示すように注釈を追加して、詳細を完成させます。

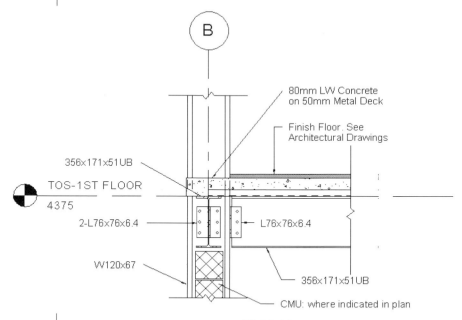

図 **14–37**

7. View Control Bar で (Hide Crop Region) をクリックします。
8. プロジェクトを保存します。

実習 14b

ブレース詳細を作成する

この実習の目標

- 吹き出しを作成し、タグと詳細線を追加します。

この実習では、軸組図の吹き出しを作成し、図 14–38 に示すようにトッププレートのタグと詳細を追加します。

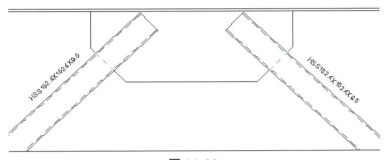

図 14–38

タスク 1 – ブレース詳細を作成する

1. Syracuse-Suites-Detailing-M.rvt を開いてください。

2. Elevations (Framing Elevation) West Bracing のビューを開きます。

3. View tab > Create panel で、 (Callout) をクリックします。

4. Type Selector で、Elevation: Framing Elevation を選択します。

5. 図 14–39 に示すように、1 階と 2 階の間の区画全体の周りに、吹き出しを描画します。

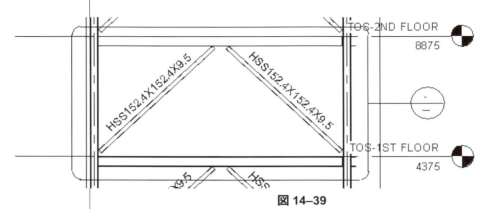

図 14–39

6. Project Browser の Elevations (Framing Elevation) エリアで、吹き出しの名前を **Bracing Bay A** に変更します。

7. 吹き出しを開きます。

8. Options Bar で、Scale を **1:50** に設定します（まだ設定されていない場合）。

9. ブレースにタグを追加します。

10. プロジェクトを保存します。

タスク 2 – 吹き出しの詳細を作成する

1. そのエリアのトッププレートが追加される箇所にもう 1 つの吹き出しを作成します。

2. Scale を **1:20** に設定します。

3. Type Selector で、タイプを **Elevation: Framing Elevation** に設定します。

4. Project Browser で、吹き出しの名前を **Typical Top Plate** に変更します。

5. View Control Bar で (Do Not Crop View) をクリックします。

6. 引出線なしで (Tag by Category) を使用し、ブレースにタグを付けます。タグはトリミング領域の外側に表示されるため、図14–40 に示すように、トリミング領域内に移動する必要があります。

7. View Control Bar で (Crop View) をクリックし、トリミングを再び適用します。

8. *Annotate* tab > Detail panel で、(Detail Line) をクリックします。

9. *Modify | Place Detail Line* tab > Line Styles panel で、**Thin Lines** を選択します。**Line** コマンドを使用し、図 14–40 に示すように、ガセットプレートを描画して表します。

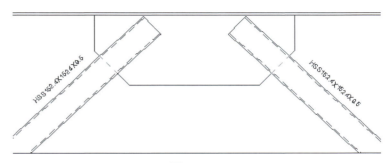

図 14–40

10. 時間があれば、Typical Bottom Plate を作成し、注釈して、詳細を追加します。

11. プロジェクトを保存します。

実習 14c　　その他の詳細

この実習の目標

- 詳細を作成し、注釈します。

この実習では、2 つの構造詳細を作成します。

これらの詳細には、プロジェクト Syracuse-Suites-Detailing-M.rvt を使用してください。

タスク 1 – 基礎の詳細

新しい製図ビューを作成し、図 14–41 に示すように、様々なスケッチツールと構造詳細コンポーネントを使用して詳細を描画します。

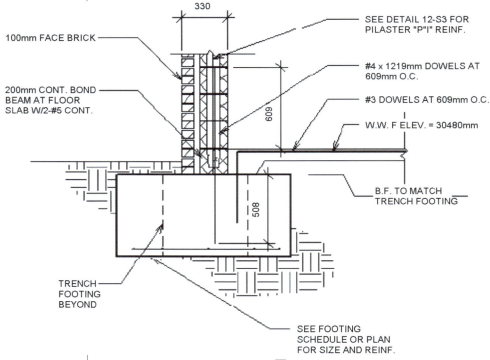

図 14–41

- 塗り潰し領域の境界の線を描画する際は、Invisible lines という線種を使用します。曲線はスプラインで作成できます。

- 既存のタイプを複製し、そこに新しい製図パターンを追加して Earth パタータイプを作成します。

詳細の作成

タスク 2 – エレベーターピットの標準詳細図

新しい製図ビューを作成し、図 14–42 に示すように、様々なスケッチツール、注釈エレメント、塗り潰し領域を使用して詳細を描画します。

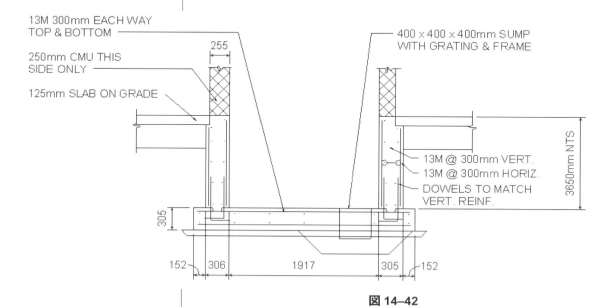

図 14–42

図 14–43 に示すように、コンクリート塗り潰し領域を追加します。

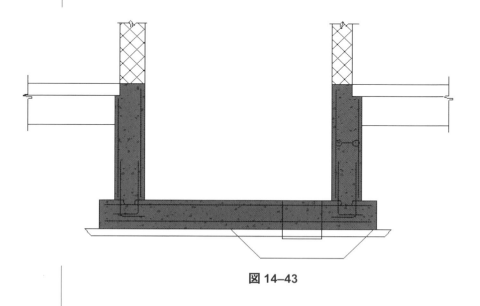

図 14–43

Chapter の復習

1. 詳細は、以下のどの方法で作成しますか？（該当するものを全て選択してください）

    a. 断面図の吹き出しを作成し、上からなぞって作図する。

    b. 全てのエレメントを一から作図する。

    c. CAD 詳細を読み込み、編集または上からなぞって作図する。

    d. 別のファイルから既存の製図ビューを挿入する。

2. 詳細線を追加できないのは、どのタイプのビュー（図 14–44 参照）ですか？

    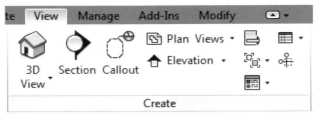

    図 14–44

    a. 平面図

    b. 立面図

    c. 3D ビュー

    d. 凡例

3. 詳細コンポーネントとモデルコンポーネントとどのように違いますか？

    a. 違いはない。

    b. 詳細コンポーネントは 2D 線分と注釈だけで構成されている。

    c. 詳細コンポーネントはモデルエレメントで構成されているが、詳細ビューでのみ表示される。

    d. 詳細コンポーネントは、2D エレメントと 3D エレメントで構成されている。

4. 詳細線分をスケッチするとき ...

    a. 詳細線分の太さは常に同じである。

    b. ビューによって詳細線分の太さが変わる。

    c. 詳細線分は、詳細図に関連する全てのビューに表示される。

    d. 詳細線分は、スケッチされたビューにだけ表示される。

5. 詳細図の一部に（図 14–45 に示すコンクリートや土のような）パターンを追加するには、どのコマンドを使いますか？

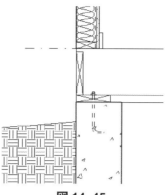

図 14–45

a. 領域
b. 塗り潰し領域
c. マスキング領域
d. パターン領域

Autodesk Revit 2019：構造の基本

コマンド概要

アイコン	コマンド	場所
CAD インポートツール		
	Delete Layers	• **Ribbon**: *Modify* | *<読み込まれたファイル名* tab > Import Instance panel
	Full Explode	• **Ribbon**: *Modify* | *<読み込まれたファイル名* > tab > Import Instance panel > Explode を展開
	Import CAD	• **Ribbon**: *Insert* tab > Import panel
	Partial Explode	• **Ribbon**: *Modify* | *<読み込まれたファイル名* > tab > Import Instance panel > Explode を展開
詳細ツール		
	Detail Component	• **Ribbon**: *Annotate* tab > Detail panel > Component を展開
	Detail Line	• **Ribbon**: *Annotate* tab > Detail panel
	Insulation	• **Ribbon**: *Annotate* tab > Detail panel
	Filled Region	• **Ribbon**: *Annotate* tab > Detail panel
	Repeating Detail Component	• **Ribbon**: *Annotate* tab > Detail panel > Component を展開
ビューツール		
	Bring Forward	• **Ribbon**: *Modify* | *Detail Items* tab > Arrange panel
	Bring to Front	• **Ribbon**: *Modify* | *Detail Items* tab > Arrange panel
	Drafting View	• **Ribbon**: *View tab* > Create panel
	Insert from File: Insert Views from File	• **Ribbon**: *Insert* tab > Import panel > Insert from File を展開
	Send Backward	• **Ribbon**: *Modify* | *Detail Items* tab > Arrange panel
	Send to Back	• **Ribbon**: *Modify* | *Detail Items* tab > Arrange panel

Chapter 15

集計表の作成

集計表は、プロジェクト内の様々なエレメントに保存された情報を集め、表形式で提示するために使用されます。Autodesk® Revit® では、フーチング集計表、数量積算集計表、柱リスト図など、特定の構造プロジェクト用の集計表を作成することができます。これらの集計表はその後、設計図書作成のためにシートに追加することができます。

この Chapter の学習目標

- 構造プロジェクトにおける集計表とその用途を理解します。
- 柱の番号、位置、高さを示す柱リスト図を作成・変更します。
- 関連エレメントのインスタンスやタイププロパティといった集計表のコンテンツを編集します。
- 設計図書を作成するため、集計表をシートに追加します。

15.1 構造集計表

Autodesk Revit ソフトでは、通常は時間がかかり、プロジェクトを通して精度を保つのが困難な集計表を、素早く正確に作成できます。プロジェクトにモデルエレメントを追加すると、集計表はそのエレメントを追加して自動的に更新されます。例えば、モデル内に柱がある場合は、集計表にも柱があります。柱が移動したり、サイズや長さが変更されたり、削除されたりすると、集計表はその変更を正確に反映して更新されます。

特に柱に使用される集計表には2種類あります。それは柱リスト図（図 15–1 参照）と数量積算集計表です。その他の集計表は、プロジェクトの必要性に応じて作成できます。

複数のプロジェクトで再利用できるように、大抵の集計表の作成には、テンプレートの使用が推奨されます。

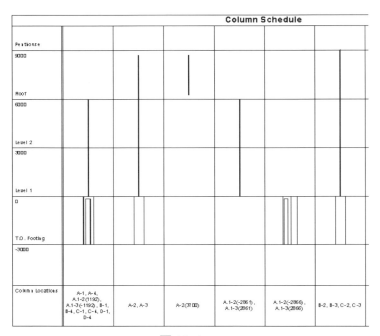

図 15–1

- 集計表の作成時に、モデル内に実際のエレメントがある必要はありません。モデルエレメントが持つ情報を集計することができます。

- モデルエレメントが保持する全てのプロパティと、ユーザが指定したプロパティを、集計表に追加することができます。

15.2 柱リスト図

柱リスト図は通常、設計図書一式の最後に表示されます。図 15–2 の詳細なビューに示すように、この集計表は、柱のタイプ、柱が延びている床、柱位置、同様の柱が属するグループを識別します。

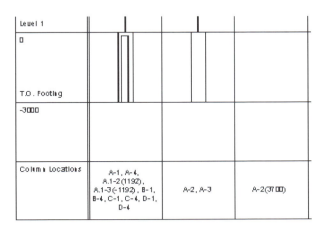

図 15–2

操作手順：柱リスト図を作成する

1. *View* tab > Create panel で (Schedules) を展開し、 (Graphical Column Schedule：柱リスト図) をクリックするか、または Project Browser の Schedule/Quantities ノードで右クリックして、**New Graphical Column Schedule...** を選択します。

    - 図 15–3 のような警告ボックスが開くことがありますが、無視しても構いません。これは後で修正できます。

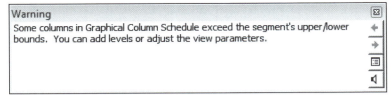

図 15–3

Autodesk Revit 2019：構造の基本

2. 図 15–4 に示すように、すでにプロジェクトに配置されている柱を使用して、柱リスト図が作成されます。

柱リスト図は、Project Browser の Graphical Column Schedules の下にあります（他の大部分の集計表のように、Schedule/Quantities の下ではありません）。

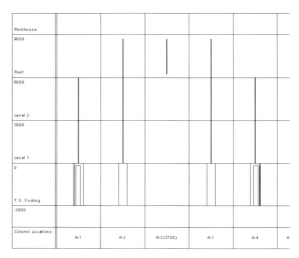

図 15–4

柱リスト図の編集

柱リスト図がプロジェクト内にあると、図 15–5 に示すように Properties の調整が可能になります。用途に合わせて集計表の書式を設定し、情報を表示することができます。

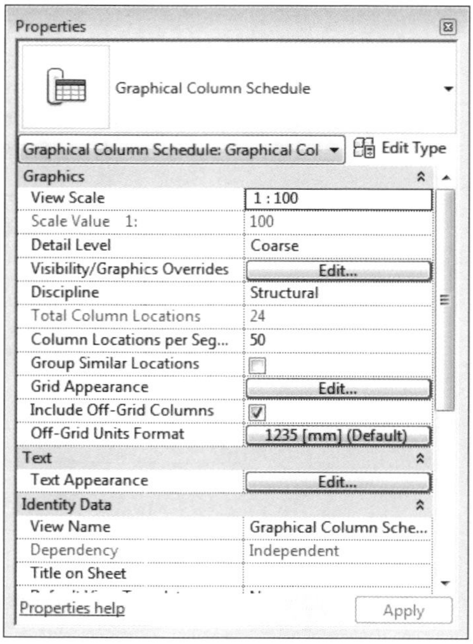

図 15–5

- **Group Similar Locations**（類似する場所をグループ化）：柱1本につき1つのタイプのみ表示するように柱レイアウトを編集してから、各タイプに該当する柱位置をリスト表示します。

- **Grid Appearance**（グリッドの外観）：図15–6に示すように、*Grid Appearance*タブが選択された状態でGraphical Column Schedule Propertiesダイアログボックスが開きます。ここには、通芯の表示方法を選択するオプションも含まれます。

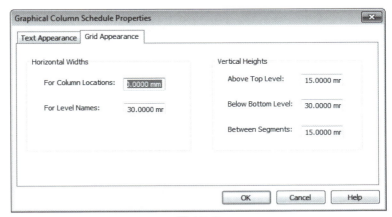

図 15–6

- **Include Off-Grid Columns** と **Off-Grid Units Format**（通芯外の柱を含む）：柱指定のある柱をグループ化し、柱の下のボックスにオフセット寸法を追加します。

- **Text Appearance**（文字の書式）：図15–7に示すように、*Text Appearance*タブが選択された状態でGraphical Column Schedule Propertiesダイアログボックスが開きます。集計表内のテキストのフォント、サイズ、オプションはここで設定します。

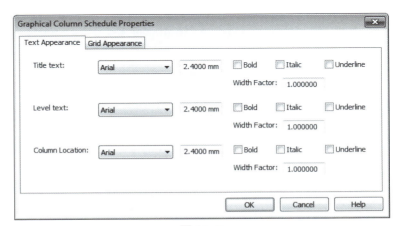

図 15–7

図 15–8 に示すように、Other エリアでは、表示される柱、レベル面、材料を指定できます。

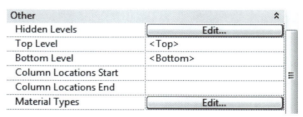

図 15–8

- **Hidden Level**（レベルを非表示）：図 15–9 に示すように、Levels Hidden in Graphical Column Schedule ダイアログボックスを使用して、任意のレベル面を削除できます。

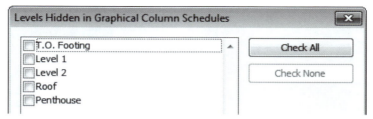

図 15–9

- **Top Level** と **Bottom Level**（上部レベルと下部レベル）：最上レベル面と最下レベル面を集計表のどこに表示するかを設定します。通常はデフォルト設定が使用されます。

- **Column Locations Start** と **Column Locations End**（開始の柱位置と終了の柱位置）：集計表の開始に使用される位置を指定します。開始位置は、必然的に A1 とならない場合があります。

- **Material Type**（マテリアル）：柱のフィルターを材料別に作成します。例えば、集計表で鉄骨柱のみを表示したい場合は、図 15–10 に示すように、Structural Material ダイアログボックスでその材料を選択します。

図 15–10

実習 15a 柱リスト図を作成する

この実習の目標

- 柱リスト図を作成する。

この実習では、図 15–11 にその一部を示すように、鉄骨柱のみを表示する柱リスト図を作成します。

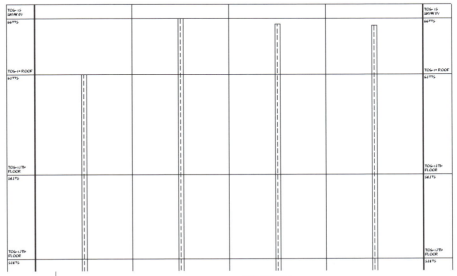

図 15–11

タスク 1 – 柱リスト図を作成する

1. **Syracuse-Suites-Schedules-M.rvt** を開いてください。

2. *View* tab > Create panel で ▦ (Schedules) を展開し、▦ (Graphical Column Schedule) をクリックします。柱リスト図のビューが表示されます。

3. Project Browser で *Graphical Column Schedule* カテゴリを展開し、新しい集計表の名前を **Steel Column Schedule** に変更します。

4. Properties または View Control Bar で、*Scale* を **1：50** に変更します。Properties で *Group Similar Locations* オプションを選択します。各タイプの柱を 1 本ずつ表示するように集計表が変更されます。

5. *Grid Appearance* の横の **Edit...** をクリックします。

6. Graphical Column Schedule Properties ダイアログボックスの *Grid Appearance* タブで、図 15–12 に示すように、*Horizontal Widths > For Column Locations* を **100mm** に、*Vertical Heights > Below Bottom Level* を **50mm** に設定します。

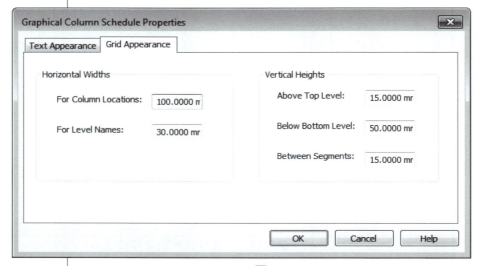

図 15–12

7. *Text Appearance* タブに切り替えます。

8. 図 15–13 に示すように、*Title text* のフォントが **Arial** であることを確認し、*size* を **6mm** まで上げ、テキストを **Bold** にします。

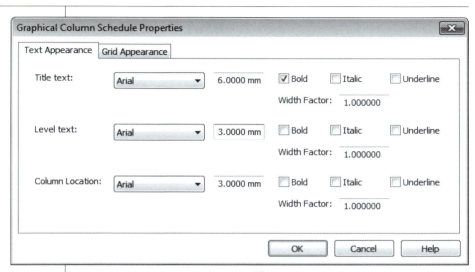

図 15–13

9. **OK** をクリックします。

10. *Other* エリアの *Material Types* の横で、**Edit...** をクリックします。

11. Structural Material ダイアログボックスで **Check None** をクリックし、図 15–14 に示すように **Steel** オプションのみを選択します。

図 15–14

12. **OK** をクリックします。すると、集計表が鉄骨柱のみに制限されます。

13. プロジェクトを保存します。

15.3 集計表を操作する

集計表は、プロジェクトから情報を抽出し、表形式で表示します。図15–15 に示すように、集計表は個別のビューとして保存され、個別にシートに配置することができます。集計表に結びついたプロジェクト内のエレメントに変更を加えると、ビューとシートの両方でその変更が自動的に反映されます。

集計表は通常、プロジェクトテンプレートに含まれています。勤務する会社の集計表については、担当のBIM責任者に確認してください。

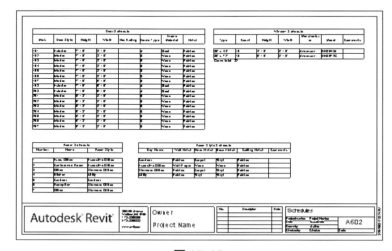

図 15–15

- デフォルトの構造解析テンプレートには、集計表が含まれていません。施工テンプレートファイルには有用な集計表が含まれています。

操作手順：集計表を操作する

1. Project Browser において Schedules/Quantities エリア（図 15–16 参照）を展開し、開きたい集計表をダブルクリックします。

図 15–16

2. 集計表は、モデル内の関連するエレメントのインスタンスパラメータとタイプパラメータに保存された情報を、自動的に反映しています。
3. 追加情報を集計表または Properties で記入します。
4. 集計表をシートにドラッグ＆ドロップします。

集計表の変更

集計表の情報は、双方向の情報です。

- エレメントを変更すると、集計表は自動的に更新されます。
- 集計表のセルで情報を変更すると、エレメントが自動的に更新されます。

操作手順：集計表のセルを変更する

1. 集計表のビューを開いてください。
2. 変更するセルを選択します。図 15–17 に示すように、いくつかのセルにはドロップダウンリストがあります。他のセルは、編集フィールドになっています。

集計表で Type Property を変更すると、その変更が同じタイプの全てのエレメントに適用されます。Instance Property を変更すると、その変更はその 1 つのエレメントだけに適用されます。

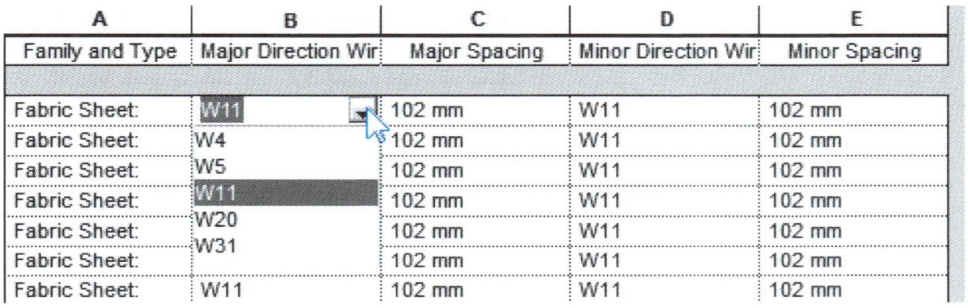

図 15–17

3. 新たな情報を追加します。変更は、集計表、シート、プロジェクト内のエレメントに反映されます。

- *Type Property* を変更すると、図 15–18 に示すような警告ボックスが表示されます。

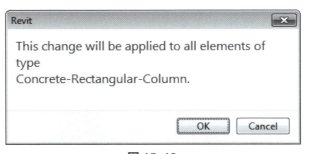

図 15–18

- 集計表でエレメントを選択するには、*Modify Schedule/Quantities* tab > Element panel において (Highlight in Model) をクリックします。図 15–19 に示すように、これによって Show Element(s) In View ダイアログボックスと共に、エレメントの拡大ビューが開きます。**Show** をクリックして、同じエレメントの他のビューを開きます。**Close** をクリックしてコマンドを終了します。

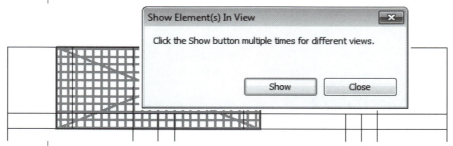

図 15–19

> **ヒント：集計表のカスタマイズ**
>
> 集計表は通常、BIM 責任者や上級ユーザが設定したプロジェクトテンプレートに含まれています。集計表にはいくつものオプションがあるため、作成手順は複雑になる場合があります。
>
> - 基本的な集計表の作成に関しては、*付録 B.11 建物コンポーネントの集計表を作成する（P.612（B–28））* を参照してください。
>
> - Autodesk Revit の外部で集計表のデータを使用することに関しては、*付録 B.10 集計表のインポートとエクスポート（P.610（B–26））* を参照してください。
>
> - 集計表の作成についての追加情報に関しては、ASCENT ガイドの *Autodesk Revit: BIM Management: Template and Family Creation（BIM 管理：テンプレートとファミリの作成）*（本書以外の書籍となります。この本の邦訳はございません。）を参照してください。

集計表の作成

シート上で集計表を編集する

シートに集計表を配置すると、シート上のスペースに合わせて集計表の情報を操作することができます。集計表を選択して、図 15–20 に示すように、集計表を調整するためのコントロールを表示します。

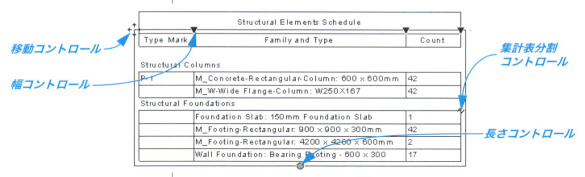

図 15–20

- 青色の三角形は、各列の幅を調節します。
- 分割マークは、集計表を 2 つに分割します。
- 表を分割した場合は、左上の十字の矢印を使って、その分割された部分を移動します。表の一番下のコントロールは、表の長さの変更に使われ、図 15–21 に示すように、分離した表の長さが連動して変わります。

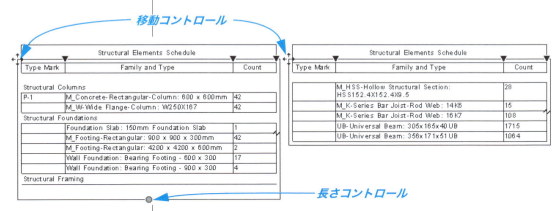

図 15–21

- 分割した集計表を再び結合するには、結合する表の移動コントロールを元の列にドラッグします。

Autodesk Revit 2019：構造の基本

実習 15b

集計表を操作する

この実習の目標

- 集計表の情報を更新します。
- シートに集計表を追加します。

この実習では、構造エレメント集計表と集計表に連動しているエレメントに Type Mark 情報を追加します。次にその集計表をシートに配置し、プロジェクトにエレメントを追加します。図 15–22 に示すように、最終情報が表示されます。

Structural Elements Schedule		
Type Mark	Family and Type	Count

Structural Columns

P-1	M_Concrete-Rectangular-Column: 600 x 600mm	43
	M_W-Wide Flange-Column: W250X167	42

Structural Foundations

	Foundation Slab: 150mm Foundation Slab	1
	M_Footing-Rectangular: 900 x 900 x 300mm	42
	M_Footing-Rectangular: 4200 x 4200 x 600mm	2
W-1	Wall Foundation: Bearing Footing - 600 x 300	17
W-2	Wall Foundation: Bearing Footing - 900 x 300	4

Structural Framing

	M_HSS-Hollow Structural Section: HSS152.4X152.4X9.5	28
	M_K-Series Bar Joist-Rod Web: 14K6	15
	M_K-Series Bar Joist-Rod Web: 16K7	108
	UB-Universal Beam: 305x165x40UB	1715
	UB-Universal Beam: 356x171x51UB	1064

図 15–22

タスク 1 – 集計表に記入する

1. **Syracuse-Suites-Schedules-M.rvt** を開いてください。

2. 3D ビューの **3D Foundation** を開きます。このビューでは、コンクリート柱脚、フーチング、壁、壁フーチングなどの基礎エレメントのみが表示されます。

3. 図 15–23 に示すように、階段とエレベーター昇降路の開口部が見えるようにビューを回転させます。

572   15–14

© 2018, ASCENT - Center for Technical Knowledge®

集計表の作成

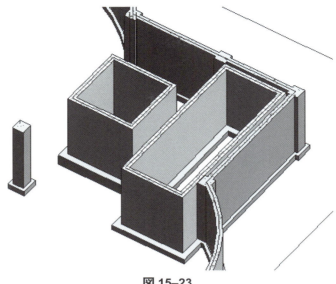

図 15–23

4. {3D} ビューのタブを閉じます。

5. Project Browser で、Schedules/Quantities を展開します。プロジェクトに集計表が 4 つ追加されていることを確認します。

6. **Structural Elements Schedule** をダブルクリックして開きます。図 15–24 に示すように、プロジェクトの既存の構造エレメントが集計表に自動入力されます。入力情報を読みやすくするために、必要に応じて列の幅を広げてください。

\<Structural Elements Schedule\>		
A	B	C
Type Mark	Family and Type	Count
Structural Columns		
	M_Concrete-Rectangular-Column: 600 x 600mm	42
P-1	M_W-Wide Flange-Column: W250X167	42
Structural Foundations		
	Foundation Slab: 150mm Foundation Slab	1
	M_Footing-Rectangular: 900 x 900 x 300mm	42
	M_Footing-Rectangular: 4200 x 4200 x 600mm	2
	Wall Foundation: Bearing Footing - 600 x 300	17
	Wall Foundation: Bearing Footing - 900 x 300	4
Structural Framing		
	M_HSS-Hollow Structural Section: HSS152.4X152.4X9.5	28
	M_K-Series Bar Joist-Rod Web: 14K6	15
	M_K-Series Bar Joist-Rod Web: 16K7	108
	UB-Universal Beam: 305x165x40UB	1715
	UB-Universal Beam: 356x171x51UB	1064

図 15–24

Autodesk Revit 2019：構造の基本

7. **Type Mark** は *Concrete* の柱にしかないことに留意します。

8. **Wall Foundation: Bearing Footing - 600 x 300** の横の *Type Mark* の列に、**W-1** と入力します。

9. 図 15–25 のような警告ダイアログボックスが表示されます。エレメントがタイプパラメータであるため、変更する前に警告を受けます。**OK** をクリックします。

図 15–25

10. **Wall Foundation: Bearing Footing - 900 x 300** を選択します。

11. *Modify | Schedule / Quantities* tab > Element panel で (Highlight in Model) をクリックします。

12. Show Element(s) in View ダイアログボックスで、図 15–26 に示すように **3D Foundations** のビューで基礎エレメントが 1 つ表示されるまで **Show** をクリックします。**Close** をクリックします。

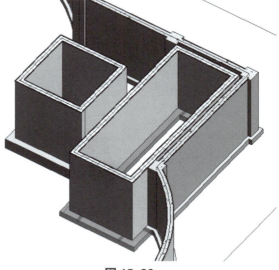

図 15–26

集計表の作成

13. エレメントがハイライト表示された状態で、Properties で ⊞ (Edit Type) をクリックします。

14. Type Properties ダイアログボックスの *Identity Data* エリアで、*Type Mark* を **W-2** に設定します。

15. **OK** をクリックして終了します。

16. 図 15–27 に示すように、**Structural Elements Schedule** のビューに戻ります。**Type Mark** が適用されています。

<table>
<tr><td colspan="3"><Structural Elements Schedule></td></tr>
<tr><td align="center">A</td><td align="center">B</td><td align="center">C</td></tr>
<tr><td align="center">Type Mark</td><td align="center">Family and Type</td><td align="center">Count</td></tr>
<tr><td colspan="3">Structural Columns</td></tr>
<tr><td>P-1</td><td>M_Concrete–Rectangular–Column: 600 x 600mm</td><td>42</td></tr>
<tr><td></td><td>M_W–Wide Flange–Column: W250X167</td><td>42</td></tr>
<tr><td colspan="3">Structural Foundations</td></tr>
<tr><td></td><td>Foundation Slab: 150mm Foundation Slab</td><td>1</td></tr>
<tr><td></td><td>M_Footing–Rectangular: 900 x 900 x 300mm</td><td>42</td></tr>
<tr><td></td><td>M_Footing–Rectangular: 4200 x 4200 x 600mm</td><td>2</td></tr>
<tr><td>W-1</td><td>Wall Foundation: Bearing Footing – 600 x 300</td><td>17</td></tr>
<tr><td>W-2</td><td>Wall Foundation: Bearing Footing – 900 x 300</td><td>4</td></tr>
<tr><td colspan="3">Structural Framing</td></tr>
<tr><td></td><td>M_HSS–Hollow Structural Section: HSS152.4X152.4X9.5</td><td>28</td></tr>
<tr><td></td><td>M_K–Series Bar Joist–Rod Web: 14K6</td><td>15</td></tr>
<tr><td></td><td>M_K–Series Bar Joist–Rod Web: 16K7</td><td>108</td></tr>
<tr><td></td><td>UB–Universal Beam: 305x165x40UB</td><td>1715</td></tr>
<tr><td></td><td>UB–Universal Beam: 356x171x51UB</td><td>1064</td></tr>
</table>

図 15–27

17. その他の集計表を開き、情報を確認します。

18. プロジェクトを保存します。

タスク 2 – 集計表をシートへ配置する

1. Project Browser で、シート **S8.1 – Schedules** を開きます
2. 図 15–28 に示すように、**Structural Elements Schedule** のビューをシートにドラッグ＆ドロップします。

シートに配置した集計表は、図 15–28 に示す表と全く同じではない可能性があります。

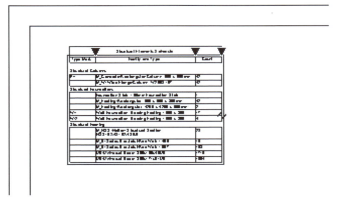

図 15–28

3. 表を拡大表示し、項目名が正しく表示されるように、表の上部の矢印を使って列の幅を調整します。
4. 集計表で Concrete Columns とその関連フーチングの数を確認します。
5. **Structural Plans: 00 T.O.Footing** のビューを開きます。
6. コンクリート柱 1 本とそのフーチングを拡大表示し、図 15–29 に示すように、柱がない近くの通芯位置にコピーします。

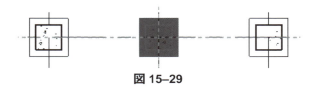

図 15–29

7. シートビューに戻ります。集計表の数字が、新しい柱を反映して自動更新されていることを確認してください。
8. **Structural Elements Schedule** のビューに切り替えます。ここでも、柱の数字が更新されていることを確認します。
9. プロジェクトを保存します。

Chapter の復習

1. 図 15–30 に示すように、Autodesk Revit モデル内で柱を 1 つ削除するとどうなりますか？

   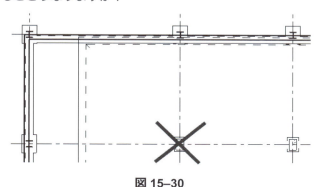

   図 15–30

   a. 図面シートでもその柱を削除しなければならない。
   b. 集計表からその柱を削除しなければならない。
   c. その柱はモデルからは削除されるが、集計表からは削除されない。
   d. モデルと集計表からその柱が削除される。

2. 柱リスト図に柱を追加するにはどうしますか？

   a. Column Schedule に *Column Number* を入力すると、残りの情報は自動で更新される。
   b. モデルに柱を追加すると、その柱の情報は集計表に自動で追加される。
   c. 集計表ビューで Update を選択し、柱を集計表に追加する。
   d. 柱リスト図で柱を描画する。

3. 集計表において、タイプ情報（Type Mark など）を変更すると、そのタイプの全てのインスタンスが新情報をもとに更新されます。

   a. 正しい
   b. 間違っている

Autodesk Revit 2019：構造の基本

コマンド概要

アイコン	コマンド	場所
	Graphical Column Schedule	• **Ribbon**: *View* tab > Create panel > Schedules を展開

付 録

A

ワークセットの紹介

ワークシェアリングは、複数の人が１つのプロジェクトモデルで作業するときに
Autodesk® Revit® ソフトで使われるワークフローです。モデルはワークセットに分割さ
れます。各個人はローカルファイルを開いて作業を行い、保存をするとそれが中央ファ
イルに同期されます。

ワークセットの確立と使用に関する詳細については、Autodesk Revit Collaboration
Tools ガイドを参照してください。

この付録の学習目標

- ワークシェアリングの原理を確認します。
- ローカルファイルを開いて、プロジェクトの担当部分に変更を加えます。
- 自分のローカルファイルを中央ファイルに同期します。中央ファイルには、全てのローカ
  ルファイルからの変更が含まれます。

© 2018, ASCENT - Center for Technical Knowledge®

A.1 ワークセットの紹介

プロジェクトが1人で作業するには大きくなりすぎた場合は、チームで作業ができるように細分される必要があります。Autodesk Revit プロジェクトには1つのファイルにビルディングモデル全体が含まれるため、ファイルは全体との接続を維持したまま、図 A–1 で示すように合理的なコンポーネントに分割される必要があります。このプロセスはワークシェアリングと呼ばれ、そのメインのコンポーネントがワークセットです。

図 A–1

プロジェクトでワークセットが確立されると、図 A–2 で示すように、1つの **Central File**（中央ファイル）とチームの人数分の **Local File**（ローカルファイル）が置かれます。

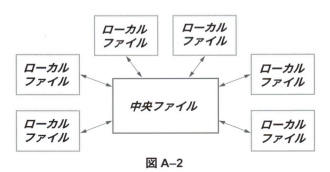

図 A–2

- **Central file** は BIM 責任者、プロジェクト責任者、プロジェクトリーダーによって作成され、複数のユーザがアクセスできるようにサーバに保存されます。

- **Local file** は自分のパソコンに保存された中央ファイルのコピーです。

- 全てのローカルファイルは中央ファイルに保存され、中央ファイルへの更新はローカルファイルに送信されます。これにより、全ての変更が1つのファイルに保存され、プロジェクト、モデル、ビュー、シートなどが自動的に更新されます。

ワークセットの紹介

操作手順：ローカルファイルを作成する

1. *File* tab または Quick Access Toolbar で （Open）をクリックします。中央ファイルからローカルファイルを作成するには、この方法でなければなりません。
2. Open ダイアログボックスで、中央ファイルのサーバの場所に行き、中央ファイルを選択します。このファイルでは作業をしないでください。図 A–3 で示すように、**Create New Local**（新規ローカルファイルを作成する）を選択します。
3. このオプションが選択されていることを確認し、**Open** をクリックします。

図 A–3

オプションでユーザ名を指定することができます。

4. プロジェクトのコピーが作成されます。中央ファイルと同じ名前が付けられますが、最後に *User Name* が追加されています。

- デフォルト名を使ってファイルを保存できますし、 （Save As）を使って、社内標準に即した名前を付けることもできます。自分のローカルなパソコンに保存されていること、または自分だけがファイルのそのバージョンで作業していることが分かるように、名前に *Local* を含めるようにします。

- 常に最新のバージョンで作業できるように、古いローカルファイルは消去します。

操作手順：ワークセット関連ファイルで作業する

1. ローカルファイルを開いてください。
2. 図 A–4 で示すように、Status Bar で Active Workset ドロップダウンリストを展開し、ワークセットを選択します。アクティブワークセットを設定すると、他の人はプロジェクトで作業することはできますが、自分がそのワークセットに追加するエレメントを編集することはできません。

図 A–4

3. 必要に応じて、プロジェクトで作業します。

ワークセット関連ファイルの保存

ワークセット関連ファイルを使用しているときは、ファイルをローカルと中央に保存する必要があります。

- ローカルファイルは頻繁に（15〜30分毎に）保存します。Quick Access Toolbar で、他のプロジェクトを保存するのと同じように ■（Save）をクリックし、ローカルファイルを保存します。

- ローカルファイルの中央ファイルとの同期は、定期的に（1〜2時間毎に）またはプロジェクトに大きな変更を加えた時に行います。

> **ヒント：保存と同期の通知を設定する**
>
> 図 A–5 で示すように、Options ダイアログボックスの General ウィンドウで、ファイルを保存して中央ファイルに同期するためのリマインダーを設定することができます。
>
>
>
> 図 A–5

中央ファイルに同期する

中央ファイルに同期するには2つの方法があります。その方法は Quick Access Toolbar または *Collaborate* tab > Synchronize panel にあります。

最後の同期以降に中央ファイルに変更が生じた場合は、 ■（Synchronize Now）をクリックすると中央ファイルが更新され、次にローカルファイルが更新されます。これによるプロンプト表示はありません。別の人が使用しているワークセットから借りたエレメントは自動的に放棄されますが、自分が使用しているワークセットは維持されます。

■（Synchronize and Modify Settings）をクリックして、図 A–6 で示すように Synchronize with Central ダイアログボックスを開きます。このダイアログボックスでは、中央ファイルの場所を設定したり、コメントを追加したり、同期の前後にファイルをローカルに保存したり、ワークセットとエレメントの放棄のオプションを設定することができます。

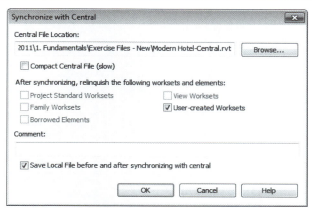

図 A–6

- **OK** をクリックする前に、**Save Local file before and after synchronizing with central** がチェックされていることを確認します。中央ファイルの変更が、すでに自分のファイルにコピーされているかもしれません。

- 中央ファイルに保存せずにローカルファイルを閉じようとすると、図 A–7 で示すようなオプションがプロンプト表示されます。

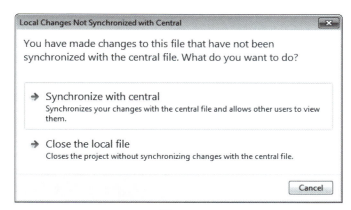

図 A–7

> **ヒント：Collaboration for Revit®**
>
> チームが複数のネットワーク上に分散している場合は、もう一つの選択肢として、Collaboration for Revit®（C4R）を利用してクラウド上で作業することができます。これによりデザイナー、エンジニア、BIM 責任者を含むデザインチーム全体が、場所に関係なく 1 つのプロジェクトファイルで作業することができます。

Autodesk Revit 2019：構造の基本

コマンド概要

アイコン	コマンド	場所
	Save	• **Quick Access Toolbar** • **File tab:** Save • **ショートカットキー**：<Ctrl>+<S>
	Synchronize and Modify Settings	• **Quick Access Toolbar** • **Ribbon:** *Collaborate* tab > Synchronize panel > Synchronize with Central を展開
	Synchronize Now	• **Quick Access Toolbar** • **Ribbon**：*Collaborate* tab > Synchronize panel > Synchronize with Central を展開

付録 B

追加のツール

Autodesk® Revit® ソフトには、モデルの作成と利用時に使うことのできるツールが他にも数多くあります。この付録では、本学習ガイドで取り上げる内容に関連する複数のツールとコマンドについて詳細に説明します。

この付録の学習目標

- 複数の建物エレメントの選択セットを保存し、使用します。
- 傾斜構造柱を追加します。
- 壁の結合部を編集します。
- べた基礎用に構造スラブタイプを作成します。
- 鉄筋タイプを作成します。
- 平面と断面の外形を編集します。
- ガイドグリッドを使ってシートにビューを配置します。
- 雲マーク、タグ、情報を追加します。
- Matchline（マッチライン）や View References（ビュー参照）を使って、従属ビューに注釈を付けます。
- 集計表のインポートとエクスポートをします。
- 基本的な建物コンポーネントの集計表を作成します。
- 繰り返し詳細のタイプを作成します。

B.1 選択セットを再び利用する

複数のエレメントタイプが選択された際、後で再び利用できるように選択セットを保存することができます。例えば、構造柱と建築柱は一緒に移動する必要があります。

エレメントを1つずつ選択する代わりに、図 B–1 で示すように、素早くアクセスできる選択セットを作成します。また、選択セットを編集して、セットからエレメントを追加したり削除したりすることができます。

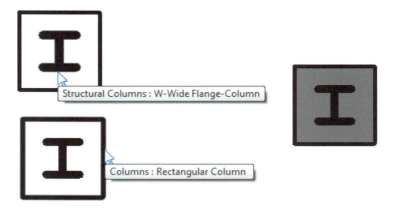

図 B–1

- 選択セットは、エレメントのタイプというより特定のエレメントのフィルターです。

操作手順：選択セットを保存する

1. 選択セットに含めるエレメントを選択します。
2. *Modify | Multi-Select* tab > Selection panel で、 (Save) をクリックします。
3. Save Selection ダイアログボックスで、図 B–2 で示すようにセットの名前を入力し、**OK** をクリックします。

図 B–2

追加のツール

操作手順：選択セットを読み出す

1. 使う可能性のあるその他のエレメントを選択します。*Modify | Multi-Select* tab > Selection panel で、(Load)をクリックします。別の方法として、他に何も選択せずに、*Manage* tab > Selection panel において(Load)をクリックします。
2. Retrieve Filters ダイアログボックスで（図 B–3 参照）、使用するセットを選択し、**OK** をクリックします。

図 B–3

3. エレメントが選択され、引き続きその他のエレメントを選択できますが、選択されたものを使うこともできます。

操作手順：選択セットを編集する

1. エレメントが選択されている場合は、*Modify | Multi-Select* tab > Selection panel で(Edit)をクリックします。あるいは選択がない場合は、Manage tab > Selection panel で(Edit)をクリックします。
2. Edit Filters ダイアログボックス（図 B–4 参照）の **Selection Filters** ノードで、使用するセットを選択して **Edit...** をクリックします。

Rule-based Filters は選択セットではありませんが、図 B–4 で示す Interior フィルターのように、エレメントのカテゴリに適用します。

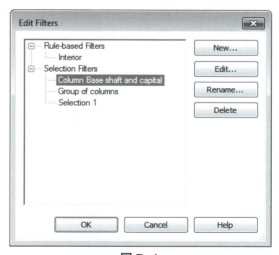

図 B–4

- フィルターの名前を編集する場合は、**Rename...** をクリックします。
3. 選択セットのエレメントは黒色のままですが、その他のエレメントはグレー表示されます。また、図 B–5 で示すように、*Edit Selection Set* の contextual tab も表示されます。

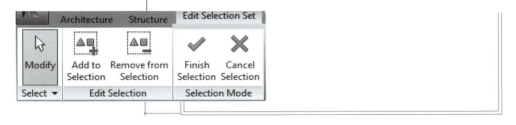

図 B–5

4. セット用に追加のエレメントを選択するには、（Add to Selection）を使用し、セットからエレメントを消去するには、（Remove from Selection）を使います。

5. 編集が終了したら、（Finish Selection）をクリックします。
- Filters ダイアログボックスで、**OK** をクリックして終了します。

B.2 傾斜構造柱を配置する

今日の建築デザインでは、図 B–6 で示すように傾斜した（傾いた）構造柱を見かけることは少なくありません。
傾斜した構造柱を平面図ビュー、立面図、断面図または 3D のビューに配置することができます。

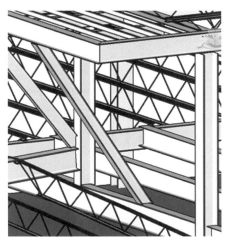

図 B–6

- 傾斜柱は Graphical Column Schedules（柱リスト図）には含まれませんが、構造柱に基づいて Building Component Schedules（建物コンポーネント集計表）に含めることができます。

操作手順：平面図ビューに傾斜構造柱を配置する

1. *Structure* tab > Structure panel で、 (Column) をクリックします。
2. Type Selector で、必要な柱タイプを選択します。
3. *Modify | Place Structural Column* tab > Placement panel で、 (Slanted Column：傾斜柱) をクリックします。
4. 図 B–7 で示すように、Options Bar で *1st Click*（最初のクリック）と *2nd Click*（2 回目のクリック）の高さを設定します。設定した高さ（レベル面など）からのオフセットを設定することもできます。

図 B–7

5. *1st Click*（最初のクリック）の点を選択します。
6. *2nd Click*（2 回目のクリック）の位置は（Options Bar で高さを設定した状態で）、必要なエレメント上または作図エリアの任意の場所で点を選択します。

3D ビューで作業する

3D ビューで傾斜柱を配置する最も簡単な方法は、図 B-8 で示すように、3D Snapping オプションを設定し、構造エレメントに沿って、または端点上の任意の場所で 2 点を選択します。

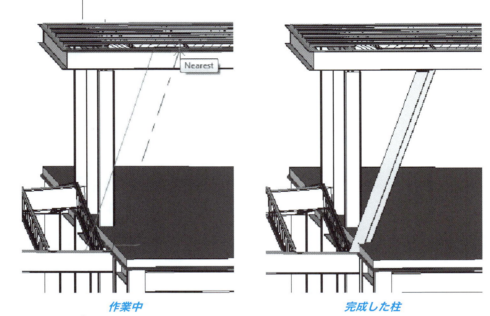

作業中　　　　　　　　　　　　　　　*完成した柱*

図 B-8

- 構造エレメントの選択は、デフォルトによって構造解析線になります。これにより、傾斜構造柱が支持と解析用に正しく結合されます。

立面図または断面図で作業する

傾斜構造柱を立面図または断面図ビューに配置する際、Work Plane（作業面）を通芯または名前を付けた参照面に沿って設定します。この作業は、Structural Column コマンドの実行前または実行中に行うことができます。

- Work Plane ダイアログボックスで、図 B–9 に示すように、Name ドロップダウンリストから作業面を選択します。OK をクリックします。

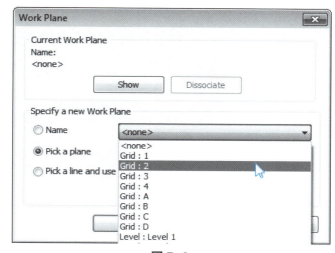

図 B–9

傾斜構造柱を編集する

複数のツールを使って、傾斜構造柱を編集することができます。

- 傾斜柱は接続した梁に沿って調整が可能であり、接続した構造床またはスラブで切断することができます。

- 傾斜柱は、エレメントに接続されていなくても、水平に、垂直に、または傾斜柱に対して直角に切断することができます。

- 梁の結合部は、既存の傾斜柱のサイズを変更する際に、自動的に調整されます。

B.3 壁結合部を編集する

図 B–10 で示すように、**Edit Wall Joins** を使って交差部の形状を編集します。複雑な壁結合部がある場合は、このコマンドは使用しないでください。代わりに、接している壁同士の関係を、壁の長さを調整して変更します。

図 B–10

操作手順：壁結合部の形状を変更する

1. *Modify* tab > Geometry panel で、 (Wall Joins) をクリックします。
2. 編集する壁結合部をクリックします。結合部の周りに四角いボックスがあります。<Ctrl> を押しながら、複数の結合部を選択します。
3. 図 B–11 で示すように、Options Bar に Configuration（形状）のオプションが表示されます。必要なオプションを選択します。

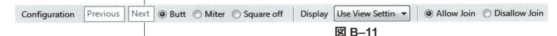

図 B–11

- 図 B–12 で示すように、**Butt**（突合せ）、**Miter**（留め継ぎ）、**Square off**（直角の小口を残す）の 3 つの形状から選択します。

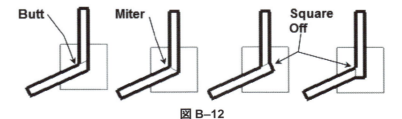

図 B–12

- **Previous** と **Next** をクリックして、様々な交差部オプションの中から butt または squared-off のコーナー形状に切り替えます。
- **Allow Join** は自動的に結合部をクリーンアップし、**Disallow Join** は接続を分解します。

4. **Wall Joins** コマンドは、他のコマンドを選択するまでアクティブ状態のままです。

操作手順：壁結合部の表示オプションを変更する

1. *Modify* tab > Geometry panel で、 (Wall Join) をクリックします。
2. 編集する壁結合部をクリックします。
   - 複数の結合部を同時に変更するには、複数の壁の交差部をウィンドウで囲む（図 B–13 参照）か、または <Ctrl> を押しながら追加の交差部を選択します。各結合部の周りに四角いボックスが表示されます。

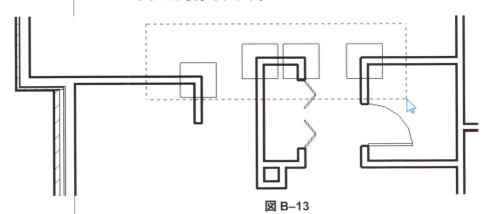

図 B–13

- *Display* は、壁結合部が表示されるかどうかを管理します。図 B–14 で示すように、オプションには **Use View Settings**（View Properties の中に配置）、**Clean Join**、**Don't Clean Join** があります。

図 B–14

3. 別の壁に結合されていない壁の端を選択した場合は、図 B–15 で示すように、Options Bar でオプションを **Allow Join** に変更することができます。壁結合部を再び選択し、設定を可能します。

図 B–15

B.4 スラブタイプを作成する

図 B-16 で示すように、このソフトに含まれたテンプレートファイルで、複数のスラブタイプを使用することができます。必要に応じて、既定のタイプをもとに追加のスラブタイプを作成することもできます。

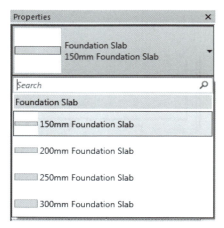

図 B-16

- 別の機能を使えば、スラブに補強を配置することができます。そのため、スラブタイプには補強を追加する必要はありません。
- 構造床または屋根スラブのタイプを作成する手順は同様です。

操作手順：スラブタイプを作成する

1. **Structural Foundation: Slab** コマンドを実行するか、または既存のスラブを選択します。
2. Type Selector で、作成するタイプと似たタイプを選択し、Properties で (Edit Type) をクリックします。
3. Type Properties ダイアログボックスで、**Duplicate...** をクリックして新しいタイプの名前を入力します。
4. 図 B-17 で示すように、Structure パラメータの横の **Edit...** をクリックします。

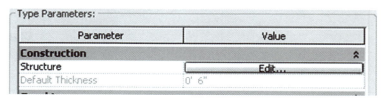

図 B-17

- Type Properties ダイアログボックスで、Graphics（グラフィック）、Identity Data（識別データ）、そして一部の Analytical Properties（解析プロパティ）を設定することができます。
5. Edit Assembly ダイアログボックスで、図 B–18 の Preview ウィンドウで示すように、スラブの構成を変更することができます。終了したら **OK** をクリックし、Edit Assembly ダイアログボックスと Type Properties を閉じます。

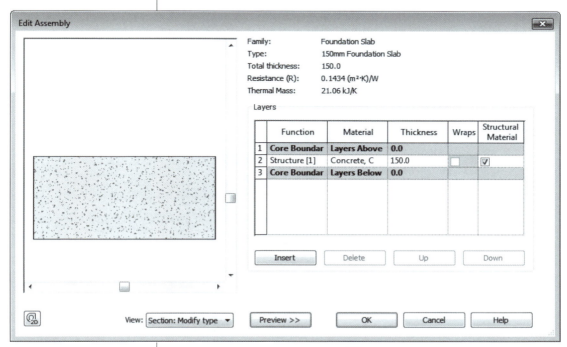

図 B–18

- 複合エレメントのレイヤを指定する場合は、それぞれに *Function*（機能）、*Material*（材料）、*Thickness*（厚さ）を設定します。

- ボタンを使って、追加のレイヤを挿入したり、レイヤリストで順番を変更します。リストからレイヤを消去することもできます。

- Core Boundary（コア境界）は、スラブ集合体の構造芯材と非構造レイヤを上下に分けます。

- 断面でスラブのレイヤを表示するには、**<<Preview** をクリックします。このツールは、スラブがさらに複雑な場合にとても役に立ちます。

B.5 鉄筋タイプを作成する

新たな Rebar（鉄筋）タイプを作成することができます。鉄筋エレメントが選択されたら、Properties で (Edit Type) をクリックします。Type Properties ダイアログボックスで既存のタイプを複製し、図 B-19 で示すように、残りのパラメータを入力します。ここで行われた変更は、Rebar Bar タイプのその他の全てのインスタンスに影響を及ぼします。

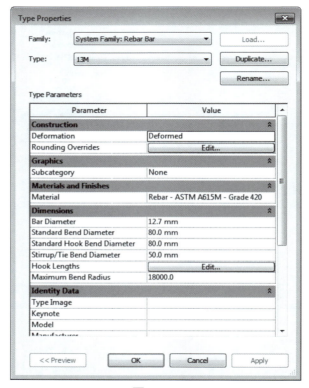

図 B-19

- **Edit...** をクリックし、図 B-20 で示すように Rebar Hook Length ダイアログボックスを使うことで、*Hook Lengths*（フック長さ）パラメータを変更することができます。オプションには *Hook Length*（フック長さ）、*Tangent Length*（タンジェント長さ）、*Offset Length*（オフセット長さ）が含まれます。

追加のツール

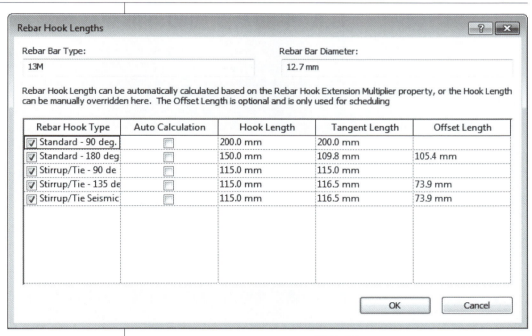

図 B–20

> **ヒント：鉄筋フックタイプを作成する**
>
> Rebar Hook Types（鉄筋フックタイプ）を追加する必要がある場合は、Project Browser の Families > Structural Rebar カテゴリで既存のタイプを複製することができます。
>
> 新しいフックタイプをダブルクリックします。これにより Type Properties が開き、図 B–21 で示すように Style（スタイル）、Hook Angle（フック角度）、Extension Multiplier（拡張乗数）を変更することができます。
>
>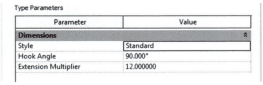
>
> 図 B–21
>
> Extension Multiplier（拡張乗数）の値を鉄筋の直径に乗じ、次に曲げ半径を方程式に加算します。
> したがって、鉄筋の Diameter（直径）が **13（#13M）** で Multiplier（乗数）が **24** の場合、実際のフック Length（長さ）は **312mm** になります。

B.6 平面と断面の外形を編集する

平面と断面の詳細で、図 B-22 で示すように、2 つの面の特定の交差部を見せるために切断の一部を編集する必要があるかもしれません。この作業には **Cut Profile**（切断面プロファイル）を使います。切断面プロファイルは切断面でのエレメントの形状を変更しますが、3D 情報は変更されません。切断面は、スケッチされたビューでのみ表示されます。

複合面（複数レイヤの情報を持つ壁など）で作業している場合は、Detail Level を Medium（中程度）または Fine（細かい）に変更して塗り潰しパターンを表示します。

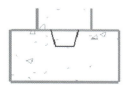 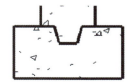

図 B-22

- 壁、床、屋根の切断を編集することができます。

操作手順：切断面プロファイルを利用する

1. *View* tab > Graphics panel で、 (Cut Profile)をクリックします。
2. 図 B-23 で示すように、Options Bar で **Face** または **Boundary between faces** を選択して編集します。

図 B-23

3. 編集する面または境界を選択します。
4. 図 B-24 で示すように、*Modify | Create Cut Profile Sketch* tab > Draw panel で、スケッチツールを使って新たな外形を描きます。

図 B-24

5. （Finish Edit Mode）をクリックします。

- 警告ボックスが開いた場合は、線の開始と終了が同じ境界線上にあること、そして線が閉じた形を作ったり互いを交差したりしないことを確認します。

追加のツール

B.7 シートのガイドグリッドを操作する

ガイドグリッドを使うと、図 B–25 で示すようにシート上にビューを楽に配置することができます。ガイドグリッドはシート毎に設定することができます。様々なグリッド間隔の異なるタイプの作成が可能です。

ビューをガイドグリッドに移動する際、垂直と水平の基準エレメント（レベル面とグリッド）と参照面だけがガイドグリッドにスナップします。

図 B–25

- コントロールを使ってガイドグリッドを移動し、サイズを変更することができます。

操作手順：ガイドグリッドを追加する

1. シートが開かれている状態で、*View* tab > Sheet Composition panel で ▦（Guide Grid）をクリックします。
2. Assign Guide Grid ダイアログボックスで、既存のガイドグリッド（図 B–26 参照）から選択するか、または新たなガイドグリッドを作成して名前を付けます。

図 B–26

3. ガイドグリッドは、指定したサイズで表示されます。

操作手順：ガイドグリッドのサイズを変更する

1. 新たにガイドグリッドを作成した場合は、Properties で正確なサイズに更新する必要があります。ガイドグリッドのエッジを選択します。
2. Properties で、図 B–27 で示すように *Guide Spacing* を設定します。

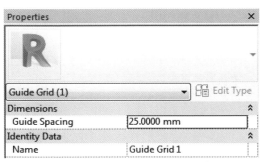

図 B–27

B.8 改訂の追跡

施工図一式の作成に着手したら、変更箇所が分かるようにする必要があります。図 B–28 で示すように、これらは一般的に、タイトルブロックの改訂表とともに雲マークやタグを使ってシート上で表示されます。改訂情報は Sheet Issues/Revisions ダイアログボックスに配置されます。

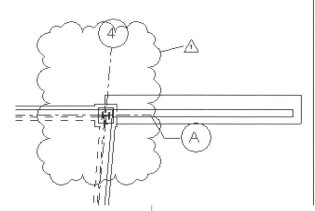

図 B–28

- 1つの改訂番号に2つ以上の雲マークを関連付けることができます。

- Autodesk Revit ソフト付属のタイトルブロックには、すでに改訂表が表題欄に挿入されています。自社標準のタイトルブロックにも改訂表を追加することを推奨します。

操作手順：改訂情報をプロジェクトに追加する

1. *View* tab > Sheet Composition panel で、(Sheet Issues/Revisions) をクリックします。
2. Sheet Issues/Revisions ダイアログボックスで、使用する *Numbering* のタイプを設定します。
3. Add をクリックして、新たな改訂を追加します。

4. 図 B–29 で示すように、改訂の Date（日付）と Description（内容）を明示します。

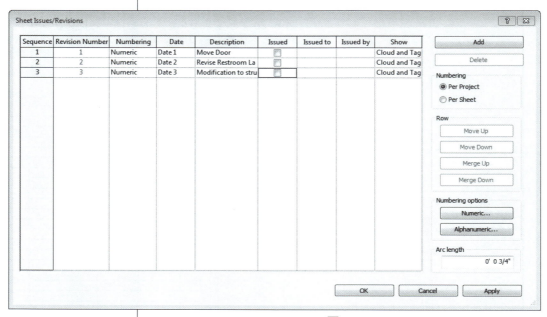

図 B–29

- *Issued、Issued by、Issued to* の列は編集しません。シートを印刷する準備が整うまで改訂は発行しません。

5. 改訂を追加し終えたら、**OK** をクリックします。
   - 改訂を削除するには、その *Sequence* 番号を選択し、**Delete** をクリックします。

改訂オプション

- *Numbering*：**Per Project**（プロジェクト全体で通し番号が使われます）または **Per Sheet**（連番がシート毎に割り当てられます）を指定します。

- *Row*：改訂を編成し直すには、列を選択して **Move Up** と **Move Down** をクリックするか、または **Merge Up** と **Merge Down** を使って改訂を **1** つにまとめます。

追加のツール

- *Numbering Options*：**Numeric...** または **Alphanumeric...** をクリックすると、Customize Numbering Options ダイアログボックスが開きます。ここでは、図 B–30 の *Alphanumeric* タブの例で示すように、連番で使用する数字と文字だけでなく接頭辞と接尾辞も指定することができます。

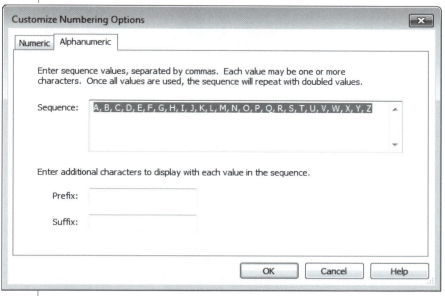

図 B–30

- *Arc length*：雲マークを形作る円弧の長さを指定します。これは注釈エレメントであり、ビューのスケールに応じてサイズが決まります。

操作手順：雲マークとタグを追加する

1. *Annotate* tab > Detail panel で、 (Revision Cloud) をクリックします。
2. *Modify | Create Revision Cloud Sketch* tab > Draw panel で、描画ツールを使って雲の形を作成します。
3. (Finish Edit Mode) をクリックします。

Autodesk Revit 2019：構造の基本

改訂表が設定されていない場合は、後で設定することができます。

4. Options Bar または Properties で、図 B–31 で示すように Revision drop-down リストを展開し、Revision リストから選択します。

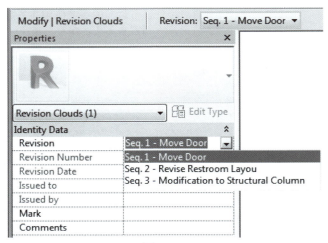

図 B–31

5. *Annotate* tab > Tag panel で、(Tag By Category) をクリックします。
6. 配置する雲マークを選択します。カーソルを雲マークの上に動かすと、図 B–32 に示すように、改訂番号とクラウドプロパティからの改訂が記載されたツールヒントが表示されます。

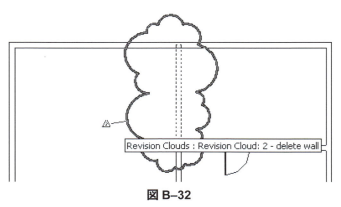

図 B–32

- 雲マークタグが読み込まれない場合は、Library の *Annotations* フォルダから **Revision Tag.rfa** を読み込みます。

- *Revision Number* と *Date* は、改訂表の仕様に基づいて自動的に割り振られます。

- 雲マークのエッジをダブルクリックして Edit Sketch モードに切り替え、雲マークの弧のサイズや位置を編集します。
- 図 B–33 で示すように、開いた雲（植栽の線のような形）を作成することができます。

図 B–33

改訂の発行

改訂を完了し、現場に新たな図面を提出する準備ができたら、記録としてまずは改訂をロックします。これを改訂の発行と言います。図 B–34 で示すように、Revision cloud（雲マーク）の Tooltip に発行された改訂は注記されます。

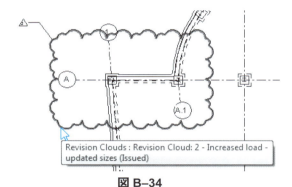

図 B–34

操作手順：改訂を発行する

1. Sheet Issues/Revisions ダイアログボックスにおいて、これから発行する改訂の列で、必要に応じて Issued to と Issued by の欄に名前を入力します。
2. 同じ列で、Issued を選択します。
3. 必要に応じて、引き続きその他の改訂を発行します。
4. OK をクリックして、終了します。

- 一度 Issued が選択されると、Revisions ダイアログボックスで、または雲マーク（複数可）を移動する方法では、改訂を変更することができなくなります。雲（複数可）のツールヒントに、それが Issued であることが注記されます。
- Issued オプションを外すことで、改訂のロックを解除することができます。ロックを解除すると、それがロックされた後であっても編集することが可能になります。

Autodesk Revit 2019：構造の基本

B.9 従属ビューに注釈を付ける

Duplicate as a Dependent（従属として複製する）コマンドはビューのコピーを作成し、選択したビューにそれをリンクします。もとのビューに加えた変更は従属ビューでも変更され、その逆も同じです。建物が大きすぎて複数のシートに建物を分割する必要があるときに、図B–35で示すように従属ビューを使います。

図 B–35

- *to the scale* や *detail level* など、複数の従属ビューを持つ1つの全体ビューを使うと、変更が見やすくなります。

- 従属ビューは、図B–36で示すようにProject Browserのトップレベルのビューの下に表示されます。

図 B–36

追加のツール

操作手順：従属ビューを複製する

1. トップレベルのビューとして使用するビューを選択します。
2. 右クリックして、Duplicate View>Duplicate as a Dependent を選択します。
3. 必要に応じて、従属ビューの名前を変更します。
4. ビュー従属のトリミング領域を変更し、モデルの特定の部分を表示します。

- 従属ビューをもとのビューから分離したい場合は、従属ビュー上で右クリックし、Convert to independent view を選択します。

従属ビューを明確にして注釈を付けるため、図 B–37 で示すように、Matchline（マッチライン）と View Reference（ビュー参照）を使います。

ビューに注釈を付ける

Annotation Crop Region（注釈トリミング領域）と Matchlines（マッチライン）は、どのタイプのビューでも使えます。

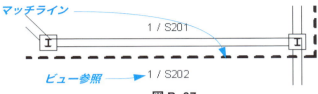

図 B–37

- 主たるビューで Matchline を描き、従属ビューが分離する場所を特定します。デフォルトでは、Matchline は全ての関連するビューで、プロジェクトの全てのレベルに渡って表示されます。

- View Reference は従属ビューのシートの位置を表示する特別なタグです。

操作手順：マッチラインを追加する

1. *View* tab > Sheet Composition panel で、 (Matchline) をクリックします。
2. Draw パネルで (Line) をクリックし、マッチラインの位置を描きます。
3. 終了したら、Matchline パネルで (Finish Edit Mode) をクリックします。

- 既存のマッチラインを編集するには、選択して *Modify | Matchline* tab > Mode panel の (Edit Sketch) をクリックします。

- Matchline の色と線種を変更するには、*Manage* tab > Settings panel で、(Object Styles)をクリックします。Object Styles ダイアログボックスが開いたら、*Annotation Objects* タブで Matchline プロパティを変更することができます。

操作手順：ビュー参照を追加する

1. *View* tab > Sheet Composition panel または *Annotate* tab > Tag panel で、(View Reference)をクリックします。
2. *Modify | View Reference* tab > View Reference panel で、図 B–38 に示すように *View Type* と *Target View* を指定します。

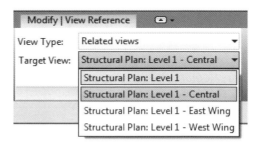

図 B–38

3. ターゲットのビューと対応するマッチラインの側にタグを配置します。
4. リストからもう 1 つのターゲットビューを選択し、マッチラインの反対側にタグを配置します。
5. ビューがシートに配置されるまで、タグは空の点線として表示されます。その後タグは更新され、図 B–39 で示すように詳細とシート番号が含められます。

```
- / ---        1 / S201
- - - -      - - - -
- / ---        1 / S202
```
図 B–39

- ビュー参照をダブルクリックし、連動するビューを開きます。

- ビュー参照を配置した時に **REF** という名前のラベルだけが表示される場合は、タグを読み込んで更新する必要があることを意味します。**View Reference.rfa** タグは *Annotations* フォルダにあります。タグを読み込んだら、Type Selector でビュー参照の1つを選択し、Properties で、 (Edit Type) をクリックします。図 B–40 で示すように、ドロップダウンリストから **View Reference** タグを選択し、**OK** をクリックしてダイアログボックスを閉じます。新しいタグが表示されます。

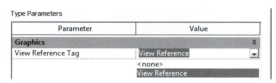

図 B–40

B.10 集計表のインポートと エクスポート

集計表はビューであり、他のプロジェクトから自分のプロジェクトにコピーすることができます。フォーマット（書式）情報のみがコピーされ、個別に集計されたアイテムに関する情報は含まれません。フォーマット情報は、集計表がコピーされたプロジェクトによって自動的に追加されます。集計表の情報をエクスポートして、スプレッドシートで使うこともできます。

操作手順：集計表をインポートする

1. *Insert* tab > Import panel で ▭（Insert from File）を展開し、▭（Insert Views from File）をクリックします。
2. Open ダイアログボックスで、使用する集計表を含んだプロジェクトファイルを探します。
3. 図 B–41 で示すように、インポートする集計表を選択します。

参照したプロジェクトに多くのタイプのビューが含まれる場合は、ビューを Show schedules and reports only に変更します。

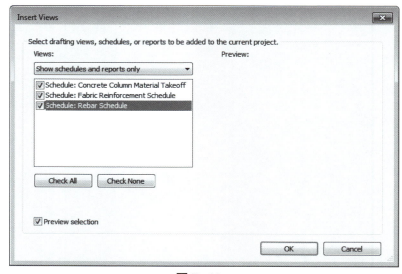

図 B–41

4. **OK** をクリックします

操作手順：集計表の情報をエクスポートする

1. エクスポートする集計表のビューに切り替えます。
2. File タブで ➡ (Export) > 📄 (Reports) > ▦ (Schedule) の順にクリックします。
3. Export Schedule ダイアログボックスでテキストファイルの場所と名前を選択し、**Save** をクリックします。
4. 図 B–42 で示すように、Export Schedule ダイアログボックスで、使用する表計算ソフトに一番合う *Schedule appearance* と *Output options* エリアのオプションを設定します。

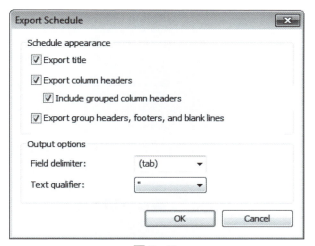

図 B–42

5. **OK** をクリックします。図 B–43 で示すように、表計算ソフトで開ける新しいテキストファイルが作成されました。

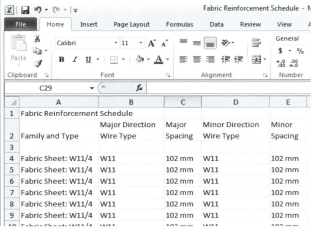

図 B–43

Autodesk Revit 2019：構造の基本

B.11 建物コンポーネントの
集計表を作成する

建物コンポーネントの集計表は、特定のエレメントのタイプとインスタンスのパラメータの表ビューです。集計表に含めるパラメータ（フィールド）は、指定することができます。集計しているエレメントのタイプにあるパラメータは、全て使用することができます。例えばコンクリート柱の集計表（図 B–44 参照）には、自動的に埋められるインスタンスパラメータ（**Height** や **Width** など）と、集計表やエレメントタイプでの情報の割当てを必要とするタイプパラメータ（**Fire Rating** や **Frame** など）が含まれると考えられます。

<Concrete Column Material Takeoff>

A	B	C	D	E	F
Type Mark	Count	Type	Length	Base Level	Structural Material
A	9	600 x 750mm		Level 1	Concrete, Cast-in-Place gray
B	10	450 x 600mm	2500	Level 1	Concrete, Cast-in-Place gray
C	6	300 x 450mm	2500	Level 1	Concrete, Cast-in-Place gray
Grand total: 25					

図 B–44

操作手順：建物コンポーネントの集計表を作成する

1. *View* tab > Create panel で ▦ （Schedules）を展開して ▦ （Schedule/Quantities）をクリックするか、または Project Browser で Schedule/Quantities ノードを右クリックして **New Schedule/Quantities** を選択します。

612   B–28

© 2018, ASCENT - Center for Technical Knowledge®

追加のツール

2. 図 B–45 で示すように、New Schedule ダイアログボックスで、*Category* リストから作成する集計表（構造柱など）のタイプを選択します。

Filter リストのドロップダウンリストで、表示したいカテゴリのみを表示するよう設計分野（複数可）を指定することができます。

図 B–45

3. デフォルトが適さない場合は、新しい *Name* を入力します。
4. **Schedule building components** を選択します。
5. 必要に応じて *Phase* を指定します。
6. **OK** をクリックします。
7. Schedule Properties ダイアログボックスで情報を入力します。これには、*Fields*、*Filter*、*Sorting/Grouping*、*Formatting*、*Appearance* タブの情報が含まれます。
8. 集計表プロパティの入力が終わったら、**OK** をクリックします。ビュー自体の中に集計表レポートが作成されます。

Autodesk Revit 2019：構造の基本

集計表プロパティ – Fields タブ

図 B–46 で示すように、*Fields*（フィールド）タブで、使用可能なフィールドをリストから選択し、集計表で表示する順に整理することができます。

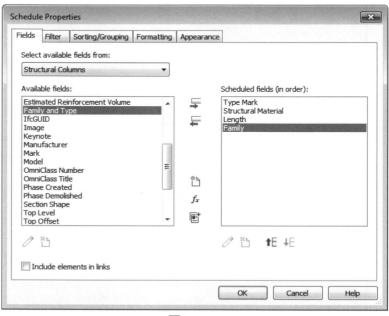

図 B–46

操作手順：フィールドタブに入力する

フィールドをダブルクリックすると、それをAvailable fields から Scheduled fields のエリアに移動することができます。

1. *Available fields* エリアで、集計表に追加するフィールドを1つ以上選択し、 (Add parameter (s)) をクリックします。フィールド（複数可）が *Scheduled fields (in order)* エリアに配置されます。

2. 必要に応じて、引き続きフィールドを追加します。

   - (Remove parameter (s)) をクリックし、フィールドを *Scheduled fields* エリアから *Available fields* エリアに移動します。

   - 集計されたフィールドの順番を変更するには、 (Move parameter up) と (Move parameter down) を使います。

追加のツール

その他のフィールドタブのオプション

Select available fields from	指定された集計表用に、追加のカテゴリフィールドを選択することができます。使用可能なフィールドのリストは、集計表のもとのカテゴリによって異なります。通常は、部屋の情報が含まれています。
Include elements in links	現在のプロジェクトにリンクされたファイルのエレメントを含めることで、そのエレメントを集計表に含めることができるようにします。
(New parameter)	仕様に基づいて新しいフィールドが追加されます。インスタンスまたはタイプ別に新しいフィールドが配置されます。
f_x (Add Calculated parameter)	その他のフィールドに基づいた計算式を使うフィールドを作成することができます。
(Combine parameters)	1つの欄に2つ以上のパラメータを組み合わせることが可能になります。他の欄で使われているフィールドであっても関係なく置くことができます。
(Edit parameter)	カスタムフィールドを編集すること可能になります。標準フィールドを選択した場合は、このフィールドはグレー表示されます。
(Delete parameter)	選択されたカスタムフィールドを消去します。標準フィールドを選択した場合は、このフィールドはグレー表示されます。

集計表プロパティ – Filter タブ

Filter タブで、特定の基準を満たしたエレメントのみが集計表に含まれるようにフィルターを設定することができます。例えば、図 B–47 で示すように、1つのレベル面の情報のみを表示したいとします。最高で8つの値のフィルターを作成することができます。表示するエレメントは全ての値を満たさなくてはいけません。

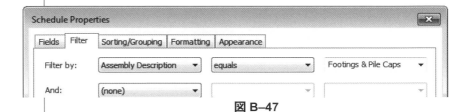

図 B–47

- フィルターとして使用するパラメータは、集計表に含まれなければなりません。集計表が完成したら、必要に応じてパラメータを非表示にすることができます。

Filter by	フィルター処理するフィールドを指定します。全てのフィールドがフィルター処理できるわけではありません。
Condition	満たさなければならない条件を指定します。これには **equal**、**not equal**、**greater than**、**less than** などのオプションが含まれます。
Value	フィルター処理するエレメントの値を指定します。適切な値のドロップダウンリストから選択することができます。例えば、**Filter By** を **Level** に設定した場合、プロジェクト内のレベル面のリストを表示します。

集計表プロパティ – Sorting/Grouping タブ

Sorting/Grouping（並べ替え / グループ化）タブで、図 B–48 で示すように、情報の並べ替え方を設定することができます。例えば、**Mark**（番号）、**Type** の順番で並べ替えることができます。

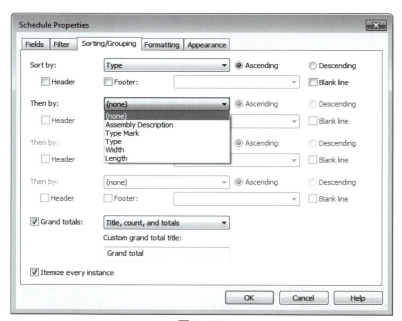

図 B–48

追加のツール

Sort by	並べ替えるフィールド（複数可）を選択することができます。4つの分類レベルまで選択することができます。
Ascending/ Descending	Ascending の順（昇順）または Descending の順（降順）にフィールドを並べ替えます。
Header/ Footer	類似する情報をグループ化し、題名のある Header と（または）数量情報のある Footer による分類を可能にします。
Blank line	グループ間に空白の線を追加します。
Grand totals	集計表全体のどの合計を表示するかを選択します。集計表で表示する Grand total（総計）の名前を指定することができます。
Itemize every instance	これが選択されている場合は、集計表でエレメントの各インスタンスを表示します。選択されていない場合は、タイプ毎に 1 つのインスタンスしか表示しません。

集計表プロパティ – Formatting タブ

Formatting（書式設定）タブでは、図 B–49 で示すように、各フィールドのヘッダーの表示方法を管理することができます。

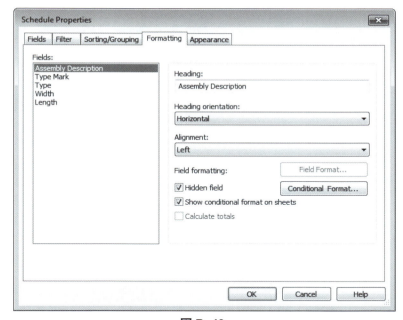

図 B–49

Autodesk Revit 2019：構造の基本

Fields	書式設定を変更するフィールドを選択することができます。
Heading	フィールド名を違うものにしたい場合に、フィールドの表題を変更することができます。例えば、Mark（一般的な名前）を扉集計表のより具体的な Door Number に置き換えることもできます。
Heading orientation	シートの表題を Horizontal または Vertical に設定することができます。これは集計表ビューには影響しません。
Alignment	表題下の列にあるテキストを Left、Right、Center に位置合わせします。
Field Format...	length、area、volume、angle、number のフィールドの単位フォーマットを設定します。デフォルトでは、プロジェクトの設定を用います。
Conditional Format...	集計表がリストに記載された条件に基づいて視覚的にフィードバックを表示するように設定します。
Hidden field	フィールドを非表示にすることができます。例えば、並べ替える目的でフィールドを使いたいのに、集計表で表示したくない場合があります。このオプションは、後で集計表ビューで変更することもできます。
Show conditional format on sheets	Conditional Format ダイアログボックスのカラーコード（色）設定をシートで表示する場合に選択します。
Calculation options	使用する計算のタイプを選択します。フィールドにある全ての値は以下の通りです。 • Standard – 個別に計算されます。 • Calculate totals – 合算されます。 • Calculate minimum – レビューされ、最小値のみが表示されます。 • Calculate maximum – レビューされ、最大値のみが表示されます。 • Calculate minimum and maximum – レビューされ、最小値と最大値の両方が表示されます これは鉄筋の数量確認でよく使われます。

618　　B–34

© 2018, ASCENT - Center for Technical Knowledge®

集計表プロパティ – Appearance タブ

Appearance タブでは、図 B–50 で示すように、集計表のテキストスタイルとグリッド（罫線）オプションを設定することができます。

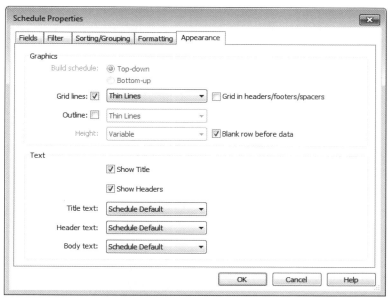

図 B–50

Grid lines	リストされた各インスタンス間の線と集計表の外枠の線を表示します。ドロップダウンリストから線のスタイルを選択します。変更されない限り、集計表の全ての線を管理します。
Grid in headers/ footers/spacers	列の間の垂直の罫線を延長します。
Outline	集計表の外枠に異なるタイプの線を指定します。
Blank row before data	集計表でデータ列の前に空白の列を表示する場合にこのオプションを選択します。
Show Title/Show Headers	集計表にテキストを含める場合は、このオプションを選択します。
Title text/Header text/Body Text	タイトル（表題）、ヘッダー、表のテキストのテキストスタイルを選択します。

集計表プロパティ

集計表ビューには、図 B–51 で示すように、*View Name*、*Phases*、そして Schedule Properties ダイアログボックスに戻る方法などのプロパティがあります。*Other* エリアでは、Schedule Properties ダイアログボックスで開きたいタブの横のボタンを選択します。ダイアログボックスでは、タブ間で切り替えたり、集計表全体に必要な変更を加えることができます。

図 B–51

数量積算集計表

数量積算集計表または数量集計表（図 B–52 参照）は、材料の見積もりと整理に使われます。このタイプの集計表は図面シートに加えることができますが、一般的にはプロジェクトの数量管理のために使われることを意図しています。

\multicolumn{5}{c}{Steel Column Takeoff}
Count	Type	Length	Base Level	Material: Name
1	W250X167	2440	Penthouse	Metal – Steel – 345 MPa
14	W250X167	6000	Level 1	Metal – Steel – ASTM A992
2	W250X167	8697	Level 1	Metal – Steel – 345 MPa
6	W250X167	9000	Level 1	Metal – Steel – 345 MPa
Grand total: 23				

図 B–52

追加のツール

- 数量積算集計表は、建物コンポーネント集計表の作成時とは異なるコマンドを使うことを除いて、同様の手順で作成されます。*View* tab > Create パネルで ▦ (Schedules) を展開し、🛒 (Material Takeoff) をクリックします。
別の方法として、Project Browser で *Schedule/Quantities* ノードを右クリックし、**New Material Takeoff** を選択します。

- 使用可能なフィールドには、図 B–53 で示すように、全ての材料のパラメータが含まれます。

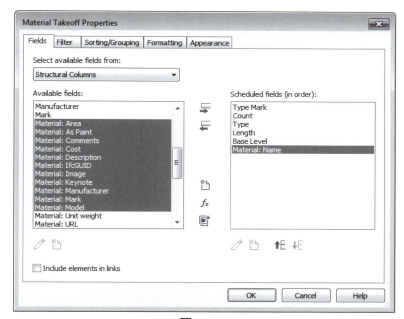

図 B–53

B.12 繰り返し詳細を作成する

レンガ壁に含まれるような複雑な詳細を作成する際は、繰り返し詳細のコンポーネントが非常に便利です。また、図 B–54 に示すガラスブロックのように、どのような詳細コンポーネントを使っても、繰り返し詳細を作成することができます。

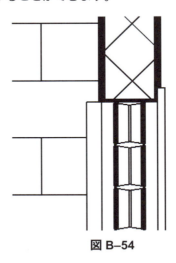

図 B–54

操作手順：繰り返し詳細を作成する

1. 使用する詳細コンポーネントを読み込みます。
2. *Annotate* tab > Detail panel で (Component) を展開し、(Repeating Detail Component) をクリックします。
3. Properties で、(Edit Type) をクリックします。
4. Type Properties ダイアログボックスで、**Duplicate...** をクリックします。名前を入力します。
5. *Detail* パラメータを設定します。これがコンポーネント名です。
6. 図 B–55 で示すように、残りのパラメータを入力します。

Parameter	Value
Pattern	
Detail	M_Concrete Block : 200 x 200mm
Layout	Fixed Distance
Inside	☐
Spacing	200.0
Detail Rotation	None

図 B–55

追加のツール

7. *Layout* を **Fill Available Space**（間隙を埋める）、**Fixed Distance**（一定の間隔）、**Fixed Number**（一定の数量）、**Maximum Spacing**（最大の間隔）に設定します。全てのコンポーネントを指定の距離または線内に配置する場合は、**Inside** を選択します。このオプションを選択していないと、最初のコンポーネントが最初の点より手前で開始してしまいます。

8. **Fixed Distance** または **Maximum Spacing** を使用している場合は、コンポーネント間の *Spacing*（間隔）を設定します。

9. 必要に応じて *Detail Rotation*（詳細の回転）を設定し、ダイアログボックスを閉じます。

© 2018, ASCENT - Center for Technical Knowledge®

Autodesk Revit 2019：構造の基本

コマンド概要

アイコン	コマンド	場所
注　釈		
	Matchline	• **Ribbon**: *View* tab > Sheet Composition panel
	View Reference	• **Ribbon**: *View* tab > Sheet Composition panel または *Annotate* tab > Tag panel
傾斜柱		
	Structural Column	• **Ribbon**: *Structure* tab > Create Panel • **ショートカットキー**：CL
	Slanted Column	• **Ribbon**: *Modify	Place Structural Column* > Placement panel
改　訂		
	Revision Cloud	• **Ribbon**: *Annotate* tab > Detail panel
	Sheet Issues/ Revisions	• **Ribbon**: *Manage* tab > Settings panel> expand Additional Settings
集計表		
	Schedule/ Quantities	• **Ribbon**: *View* tab > Create panel > Schedules を展開 • **Project Browser**: **Schedule/ Quantities** node > New Schedule/ Quantities... を右クリック
	Insert Views from File	• **Ribbon**: *Insert* tab > Insert from File を展開
n/a	**Schedule (Export)**	• **Ribbon**: *File* tab > Export を展開 > Reports > Schedule
選択セット		
	Edit Selection	• **Ribbon**: *Modify	Multi-Select* > Selection panel
	Load Selection	• **Ribbon**: *Modify	Multi-Select* > Selection panel
	Save Selection	• **Ribbon**: *Modify	Multi-Select* > Selection panel

624　　　B–40

© 2018, ASCENT - Center for Technical Knowledge®

付録 C

Autodesk Revit Structure Certification Exam Objectives

以下の表は、Autodesk® Revit® 学習ガイドのチャプターの中から試験項目を探す際に役立ちます。Autodesk Revit 構造に関する認定資格試験の準備にご利用ください。

試験のテーマ	試験項目	学習ガイド	セクション
コラボレーション	レベル面の作成と編集	• Revit Fundamentals for Structure	• 3.3（P.115）
	構造芯の作成と編集	• Revit Fundamentals for Structure	• 5.1（P.188）
	AutoCAD ファイルの Revit へのインポート	• Revit Fundamentals for Structure	• 3.1（P.100）
		• Revit Collaboration Tools *	• 3.1
	Revit モデルのリンク	• Revit Fundamentals for Structure	• 3.2（P.107）
		• Revit Collaboration Tools *	• 2.1
	リンクされたオブジェクトの可視性の調整	• Revit Collaboration Tools *	• 2.2

この章の認定資格試験は、アメリカの認定資格試験となります。一部本書以外のセクション（＊）が入っていますが、学習ガイドの Revit Fundamentals for Structure（本書）以外の書籍は別の本となります。Revit Fundamentals for Architecture の邦訳はございますが、それ以外の本は邦訳はございません。

Autodesk Revit 2019：構造の基本

試験のテーマ	試験項目	学習ガイド	セクション
資料作成	仮寸法の使用	• Revit Fundamentals for Structure	• 2.1（P.46）
	梁の注釈	• Revit Fundamentals for Structure	• 13.3（P.496）
	テキスト注釈の追加と編集	• Revit Fundamentals for Structure	• 13.2（P.481）
	寸法と寸法ラベルの追加と使用	• Revit Fundamentals for Structure	• 13.1（P.464）
	詳細コンポーネントの使用	• Revit Fundamentals for Structure	• 14.2（P.534）
	柱集計表の作成と編集	• Revit Fundamentals for Structure	• 15.2（P.561）
	フーチング集計表の作成と編集	• Revit Fundamentals for Structure	• 15.3（P.568） • B.8（P.601）
		• Revit BIM Management *	• 2.2
	標準シートの作成と編集	• Revit Fundamentals for Structure	• 12.1, 12.2（P.440, P.443）
モデリング	構造柱の配置と編集	• Revit Fundamentals for Structure	• 5.2（P.196）
	壁の配置と編集	• Revit Fundamentals for Structure	• 6.1（P.208）
	カスタム壁タイプの作成	• Revit BIM Management *	• 3.1
	フーチングの配置	• Revit Fundamentals for Structure	• 6.2, 6.4（P.215, P.232）
	コンクリートスラブ・床の作成	• Revit Fundamentals for Structure	• 8.1（P.296）
	段差の付いた基礎壁の作成と編集	• Revit Fundamentals for Structure	• 6.2（P.215）
	鉄筋の配置	• Revit Fundamentals for Structure	• 9.2（P.329）
	梁の追加	• Revit Fundamentals for Structure	• 7.1（P.246）
	梁システムの追加	• Revit Fundamentals for Structure	• 7.1（P.246）
	小梁の追加	• Revit Fundamentals for Structure	• 7.1（P.246）
	小梁への X 型ブレースの追加	• Revit Fundamentals for Structure	• 7.1（P.246）
	トラスの作成と使用	• Revit Fundamentals for Structure	• 7.3（P.281）
	床の作成と編集	• Revit Fundamentals for Structure	• 8.1（P.296）

試験のテーマ	試験項目	学習ガイド	セクション
モデリング （続き）	カスタム床の作成と編集	• Revit BIM Management *	• 3.1
	傾斜床の作成と編集	• Revit Fundamentals for Architecture *	• 9.3
	階段用の床開口部の追加	• Revit Fundamentals for Structure	• 8.2（P.311）
	階段の作成と編集	• Revit Fundamentals for Architecture *	• 12.1
	傾斜路の作成と編集	• Revit Fundamentals for Architecture *	• 12.5
	屋根のモデリングと使用	• Revit Fundamentals for Structure	• 8.1（P.296）
		• Revit Fundamentals for Architecture *	• 11.2, 11.4
ビュー	断面図ビューの作成	• Revit Fundamentals for Structure	• 4.4（P.166）
	軸組図の作成	• Revit Fundamentals for Structure	• 4.4（P.166）
	吹き出しビューの使用	• Revit Fundamentals for Structure	• 4.3（P.161）

Autodesk® Revit® 2019 Fundamentals for Structure
構造の基本

2019.12.25　初版発行

著　者　ASCENT CENTER FOR
　　　　TECHNICAL KNOWLEDGE

翻　訳　株式会社　フレーズクレーズ

発行者　小池　康仁

発　行　株式会社　イズミシステム設計
　　　　〒162-0824 東京都新宿区揚場町1の21
　　　　電話 03(6427)7511 FAX03(5615)8795

発　売　株式会社　駿河台出版社
　　　　〒101-0062 東京都千代田区神田駿河台3の7
　　　　電話 03(3291)1676 FAX03(3291)1675
　　　　振替00190-3-56669

DTP・印刷・製本　㈱フォレスト

© 2018, ASCENT - Center for Technical Knowledge®

ISBN978-4-411-04036-7　C3004
Printed in Japan